A GUIDE TO THE HOY DÍA ICONS

ACTIVITY TYPES

Icon	Type	Description
	Pair Activity	Indicates that the activity is designed to be done by students working in pairs.
	Group Activity	Indicates that the activity is designed to be done by students working in small groups.
	Audio	Indicates that related audio material is available in MySpanishLab as well as on CDs and on the Companion Website.
	World Wide Web	Includes helpful links and activities found on the *Hoy día* Companion Website and in MySpanishLab.
	Video	Indicates that the video resources are available on a DVD or in MySpanishLab.
	Student Activities Manual	Indicates that additional practice activities are available in the Student Activities Manual. The manual is available in MySpanishLab as well as in printed form.
¡Hola!	MySpanishLab	Indicates that additional resources are available in MySpanishLab. For example, in MySpanishLab you will find a pronunciation guide, a mnemonic dictionary with tips to help you learn each chapter's vocabulary, and specialized information related to professions and careers.

ANNOTATED INSTRUCTOR'S EDITION

Hoy día

Spanish for **Real Life**

John T. McMinn
Austin Community College

Nuria Alonso García
Providence College

Prentice Hall

Boston   Columbus   Indianapolis   New York   San Francisco
Upper Saddle River   Amsterdam   Cape Town   Dubai   London
Madrid   Milan   Munich   Paris   Montreal   Toronto   Delhi   Mexico City
Sao Paulo   Sydney   Hong Kong   Seoul   Singapore   Taipei   Tokyo

Executive Editor, Elementary Spanish: Julia Caballero
Editorial Assistant: Andrea Arias
Executive Marketing Manager: Kris Ellis-Levy
Senior Marketing Manager: Denise Miller
Marketing Coordinator: Bill Bliss
Development Editor: Celia Meana
Development Editor for Assessment: Melissa Marolla Brown
Senior Managing Editor for Product Development: Mary Rottino
Associate Managing Editor (Production): Janice Stangel
Senior Production Project Manager: Nancy Stevenson
Media/Supplements Editor: Meriel Martínez
Senior Media Editor: Samantha Alducin
Senior Art Director: Pat Smythe
Art Director: Miguel Ortiz
Art Manager: Gail Cocker
Line Art: Daisy DePuthod
Senior Manufacturing & Operations Manager, Arts & Sciences: Nick Sklitsis
Operations Specialist: Cathleen Petersen
Text & Cover Designer: Lisa Delgado, Delgado and Company, Inc.
Manager, Rights & Permissions: Zina Arabia
Manager, Visual Research: Beth Brenzel
Manager, Cover Visual Research & Permissions: Karen Sanatar
Image Permission Coordinator: Richard Rodrigues
Full-Service Project Management: Melissa Sacco, Pre-Press PMG
Composition: Pre-Press PMG
Printer/Binder: Courier Kendallville
Cover Printer: Lehigh-Phoenix Color
Publisher: Phil Miller

This book was set in Palatino 10/12.

Credits and acknowledgments borrowed from other sources and reproduced, with permission, in this textbook appear on appropriate page within text (or on page C-1).

10 9 8 7 6 5 4 3 2 1

Prentice Hall
is an imprint of

www.pearsonhighered.com

Student Edition, Volume 1 ISBN-10: 0-205-75602-6
Student Edition, Volume 1 ISBN-13: 978-0-205-75602-5
Student Edition, Volume 2 ISBN-10: 0-205-76152-6
Student Edition, Volume 2 ISBN-13: 978-0-205-76152-4
Annotated Instructor's Edition, Volume 1 ISBN-10: 0-205-76982-9
Annotated Instructor's Edition, Volume 1 ISBN-13: 978-0-205-76982-7
Annotated Instructor's Edition, Volume 2 ISBN-10: 0-205-76983-7
Annotated Instructor's Edition, Volume 2 ISBN-13: 978-0-205-76983-4

Brief Contents

Scope & Sequence

Scope & Sequence xi

Today's text for today's instructors, students, and classrooms...

Hoy día:
Spanish for Real Life

Instructors are busy, students are busy. Classes are bigger, courses meet less frequently, and students want to be able to apply what they learn in class immediately. Today's instructors and students need a solution that fits with real life. *Hoy día*: **Spanish for Real Life** focuses on the Spanish students' need for everyday communication. It teaches them to function in a variety of real-world settings—at work and in their neighborhoods, traveling abroad, or doing service in their local communities. *Hoy día* helps students focus on what they need to know now to use Spanish effectively in real life.

As Spanish becomes more and more indispensable in daily life, students will find *Hoy día*: **Spanish for Real Life** an excellent tool that facilitates both their immersion in the Spanish language and their connection to the people who speak it.

REAL LIFE CONNECTIONS...

help students use Spanish effectively in their daily lives.

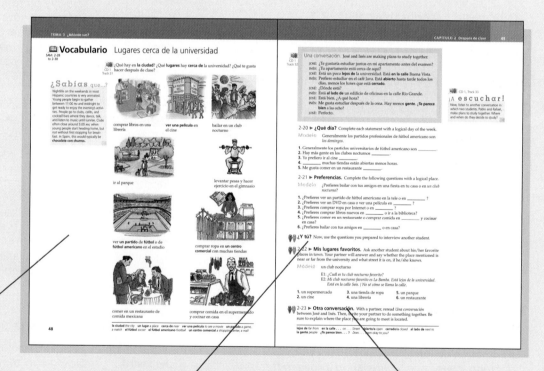

■ **Vocabulary** is presented via illustrations or photos and focuses on contexts in which a broad range of students—traditional college-aged students, working adults, or retirees returning to school—find themselves in real life.

■ *¿Y tú?* activities prompt students to personalize and share information with a partner. By making the activities personal, students see the connection between what they are practicing and its relationship to their own real lives.

■ *Otra conversación* activities have students adapt the communicative situation modeled in *Una conversación* to talk about their own real lives.

■ *En la vida real* sections integrate thematic review activities into real-life scenarios that help students understand the value of what they are learning and how it can be used in their daily lives.

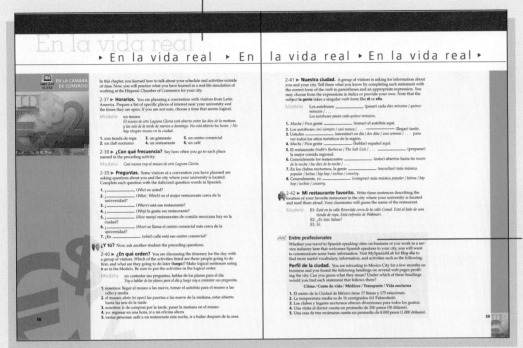

■ *Entre profesionales,* the last activity in the *En la vida real* section, focuses on expanding students' knowledge of Spanish for a particular career. Students are encouraged to go to MySpanishLab to learn more about this career path and practice with similar real scenarios and activities.

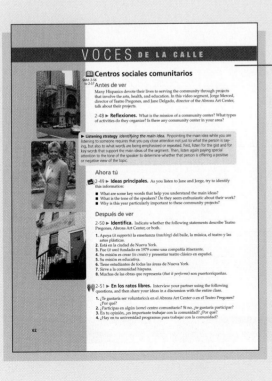

■ **Authentic video** segments in the *Voces de la calle* section feature real people using Spanish in their local communities in North America. By showing how important it is to be bilingual in our multicultural society, they help students tie what they are learning in class to their real lives.

ACCESSIBLE AND PRACTICAL ORGANIZATION...

makes it easy for students to organize their learning and for instructors to plan their classes.

▶ **Chapters 1–5 and 7–11** are divided into four interrelated sections or *Temas*. All material is presented in easy-to-follow two-page modules, with presentation of new material at the top of the left page of the spread, followed by practice on the facing page. The first three *Temas* of each chapter begin with a vocabulary presentation, followed by two grammar sections. The fourth *Tema* begins with a vocabulary presentation, but instead of new grammar presentations, it includes a review of material presented earlier in the chapter with activities integrated into a real-life situation. The final *Hoy día* section of each chapter offers readings, video activities, and structured composition topics through which students can apply their language skills to real life.

ORGANIZATION OF CHAPTERS 1–5 AND 7–11	
Chapter opener with communicative objectives and cultural advance organizer	
Tema 1	Title
	Vocabulary Grammar Grammar
Tema 2	Title
	Vocabulary Grammar Grammar
Tema 3	Title
	Vocabulary Grammar Grammar
Tema 4	Title
	Vocabulary *Resumen de gramática* *En la vida real*
Hoy día	
	Lectores de hoy *Voces de la calle* *Escritores en acción*
Vocabulary summary	

▶ **Review chapters 6 and 12** feature real-life scenarios spread over four *Temas*. Each review-chapter *Tema* recycles previously introduced vocabulary to encourage conversation while adding some new words to provide appropriate context and have students apply the comprehension strategies they have learned in previous chapters. Each of these chapters also reviews all of the grammar taught in the preceding five chapters.

ORGANIZATION OF REVIEW CHAPTERS 6 AND 12	
Chapter opener with communicative objectives and cultural advance organizer	
Tema 1	Title
	Thematic vocabulary *Repaso 1* *Repaso 2* *Repaso 3* *Repaso 4*
Tema 2	Title
	Thematic vocabulary *Repaso 1* *Repaso 2* *Repaso 3* *Repaso 4*
Tema 3	Title
	Thematic vocabulary *Repaso 1* *Repaso 2* *Repaso 3* *Repaso 4*
Tema 4	Title
	Thematic vocabulary *Repaso 1* *Repaso 2* *Repaso 3* *Repaso 4*

ADAPTABLE AND FLEXIBLE DESIGN...

supports instructors teaching face-to-face, hybrid, and fully online courses.

▶ **For classes with reduced contact hours,** the modular, two-page spreads in each *Tema* allow for maximum flexibility. The real-life communicative activities ensure that the content is immediately applicable. The wealth of additional content in MySpanishLab, including oral practice, tutorials, and more, allows you to assign meaningful practice outside of class, perfect for hybrid and fully online courses.

▶ **For classes with more contact hours,** the extensive instructor's annotations include numerous additional activities, allowing instructors to provide more practice in class with the meaningful linguistic input that students need. MySpanishLab also offers you premium content to enhance your class experience. Some of the content you can find includes the following:

  ▶ Mnemonic dictionary (memory aids designed to help students with chapter vocabulary)

  ▶ *Entre profesionales* (activities related to a variety of professions and careers)

  ▶ Podcasts

  ▶ *Escapadas* (a travelogue that takes students on a virtual voyage to different sites all over the Hispanic world)

  ▶ Games

  ▶ Pronunciation guide and practice

And much more...

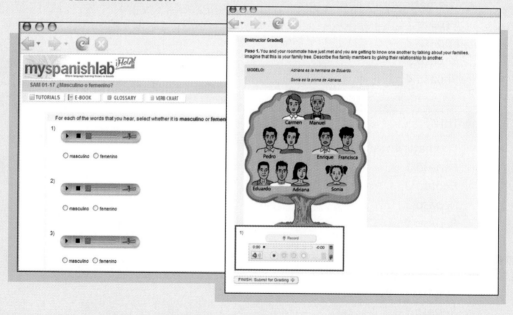

MORE TOOLS FOR STUDENT SUCCESS...

support students as they learn Spanish through
clearly organized review tools and meaningfully
sequenced activities.

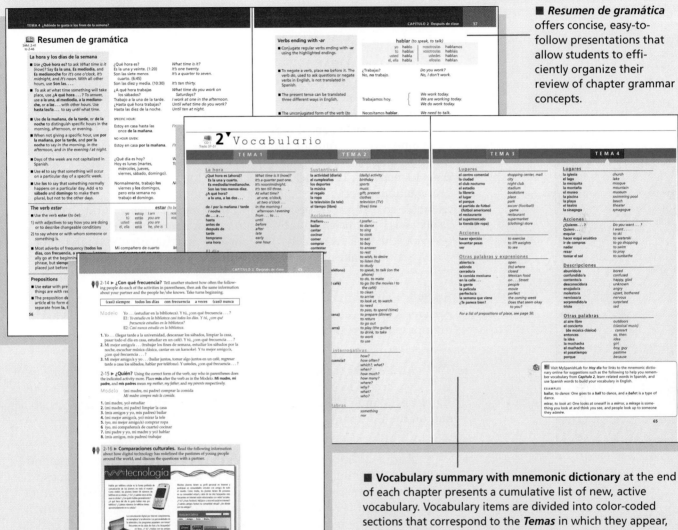

■ **Resumen de gramática**
offers concise, easy-to-
follow presentations that
allow students to effi-
ciently organize their
review of chapter grammar
concepts.

■ **Vocabulary summary with mnemonic dictionary** at the end
of each chapter presents a cumulative list of new, active
vocabulary. Vocabulary items are divided into color-coded
sections that correspond to the *Temas* in which they appear,
making it easy for students to study for quizzes and exams.
Each vocabulary list also refers students to an online
mnemonic dictionary that helps them remember new words
more easily. For example, for the verb **mirar**, it points out
that you *look at* yourself in a *mirror*. It also lists other
Spanish words with the same root, helping students to make
connections and expand their vocabulary. For **mirar**, it points
out that **una mirada** is a *glance* or a *look*.

■ **Meaningful activities.** To support students as they use their
new language skills, all vocabulary and grammar activities are
designed to promote meaningful communication on topics
about which students really have something to say. These
activities are structured so that students must understand what
they are saying in order to answer correctly. The numerous
activities are carefully sequenced in order to build students'
confidence as they use new structures, going from simple
recognition, where students answer with a word or a brief
phrase, to more global, personalized activities that allow
students to speak about their own real experiences in Spanish.

Integrated program components give students and instructors what they need to make teaching and learning Spanish a meaningful, successful, and gratifying experience. *Hoy día* is available in two paperback volumes: Volume 1: Chapters 1–6, and Volume 2: Chapters 7–12.

Student Resources

▶ Student Activities Manual. The organization of the **Student Activities Manual** (SAM) parallels that of the student text. Activities corresponding to each *Tema* in the textbook recycle and reinforce the vocabulary and grammar presented in the textbook. The *Diario* at the end of the activities for *Temas* 2 and 4 guides students in writing paragraphs on the topics of the chapter. As in the textbook, the communicative nature of activities has been maintained so that students are required to think about the meaning of what they are writing, and grammatical forms are not practiced without relating them to meaning. The order of the activities follows directly the order of presentation of vocabulary and grammar in the corresponding *Tema* of the textbook, so that instructors who cover only part of a *Tema* during a class can easily assign the matching activities from that *Tema* of the SAM. As in the textbook, the final *Tema* of the SAM reviews material from throughout the chapter contextualized in a real-life setting.

▶ Answer Key for the Student Activities Manual. A separate, optional **Answer Key for the Student Activities Manual** allows students to check their own work if the instructor wishes.

▶ Audio CDs for the Student Activities Manual. CD recordings provide easy access to each listening comprehension activity in the Student Activities Manual. The recordings are also accessible in MySpanishLab and on the Companion Website.

▶ Audio CDs for the Student Textbook. CD recordings corresponding to each listening activity in the textbook, as well as the dialogues, vocabulary presentations, and the end-of-chapter vocabulary lists, allow students flexibility in practicing listening comprehension and pronunciation at home. The recordings are also accessible in MySpanishLab and on the Companion Website.

▶ Student Video DVD. Filmed especially for *Hoy día*, the *Voces de la calle* video features approximately 25 speakers from various Spanish-speaking countries and from diverse backgrounds and professions who use Spanish in their communities. Students can listen firsthand to the personal and professional experiences of journalists, students, artists, business owners, and others. Pre-, during-, and post-viewing activities are featured in the *Voces de la calle* section at the end of each chapter. The video script is also available for self-checking of the activities or to facilitate comprehension of the video content.

Instructor Resources

▶ Annotated Instructor's Edition

Available in two paperback volumes (Volume 1: Chapters 1–6, Volume 2: Chapters 7–12) the **Annotated Instructor's Edition** contains numerous marginal annotations with warm-up and expansion activities, as well as additional cultural information. Also included are an array of tips and ideas designed specifically for graduate teaching assistants or adjunct faculty who may have limited preparation time or who may be teaching Spanish for the first time.

▶ Instructor's Resource Manual

The Instructor's Resource Manual (IRM) includes sample syllabi and lesson plans, the scripts for the SAM audio program and the video, and a guide to rubrics.

▶ The Testing Program

The Testing Program is closely correlated with the content of the textbook and includes a bank of activities that assess the vocabulary, grammar, and listening, reading, and writing skills for each chapter of the text. This flexible, modular approach allows instructors to customize tests to fit their classes. Complete, ready-to-use tests are also provided, and can either be administered by the instructor or used as models.

▶ Audio CD for the Testing Program

This CD contains the audio that accompanies the listening comprehension section for each test.

▶ Instructor Resource Center

Several of the instructor supplements listed above—the Instructor's Resource Manual and the Testing Program, as well as the SAM audio script and the video script—are available for download at the access-protected *Hoy día* Instructor Resource Center (www.pearsonhighered.com). An access code will be provided at no charge to instructors once their faculty status has been verified.

Online Resources

▶ ¡Hola! MySpanishLab

MySpanishLab is Pearson's nationally hosted online learning system created specifically for students in college-level language courses. It brings together—in one convenient, easily navigable site—a wide array of language-learning tools and resources, an electronic version of the *Hoy día* student text, an interactive version of the *Hoy día* Student Activities Manual, and all materials from the *Hoy día* audio and video programs. Readiness checks, chapter tests, and tutorials for both Spanish and English grammar personalize instruction to meet the unique needs of individual students. Instructors can use the system to make assignments, set grading parameters, listen to student-created voice recordings, and provide feedback on student work. Instructor access is provided at no charge. Students can purchase access codes online or at their local bookstore.

▶ 🌐 Companion Website

The open-access Companion Website™ has been specifically created to accompany *Hoy día*. The Website features access to the *Hoy día* audio program (Textbook and SAM) as well as links for completing the *¡Navega!* activities within the textbook.

ACKNOWLEDGMENTS

Hoy día is the result of a collaborative effort among the authors, our publisher, and our colleagues and students. We are especially thankful to many members of the Spanish teaching community for their time and insightful suggestions as they reviewed the drafts of *Hoy día*. Their critiques and recommendations helped us to sharpen our pedagogical focus and improve the overall quality of the program. We gratefully acknowledge the contributions of our faculty reviewers.

Core panel of faculty reviewers

Darren Broome, *Gordon College, Georgia*
Lori Fry, *Indian River State College*
Khedija Gadhoum, *Clayton State University*
Frozina Goussak, *Collin County Community College*
David Migaj, *Wright City College of Chicago*
Dennis Miller, *Clayton State University*
Charles Molano, *Lehigh Carbon Community College*
Milagros Juan-Ojermark, *Diablo Valley College*
Sadie Nickelson-Requejo, *The University of Puget Sound*
Michele Shaul, *Queens University of Charlotte*
Sabrina Spannagel, *South Seattle Community College*

We also wish to acknowledge our student reviewers who gave us comprehensive feedback on the mnemonic dictionary. A total of 30 students from the following 15 colleges and universities participated.

Colleges and Universities
Arizona State University
Austin Community College
Miami Dade Community College
Oklahoma University
Providence College
The University of California, Los Angeles
University of Colorado, Boulder
University of Florida
University of Maryland, College Park
University of Nebraska, Lincoln
University of North Carolina, Greensboro
University of Pennsylvania
University of Pittsburgh
University of Texas, San Antonio
University of Washington

Students

Susan E Bendernagel, Rachel Brickner, Clint Cornett, Drue Dorsey, Alexis Fabrizio, Amanda Fakhir, Jessica Garza, Christopher Gast, Allissa Goldberg, Dianna He, Adam Hughes, Jason Hustedt, Amanda Kudron, Bridget D. Landry, Alex R. Langlois, Michael Long, Jr, Colleen R. McGreal, Samantha L. Mills, Laura Morel, Rachel Nekolaichuk, Timothy B. O'Mara, Meghana Reddy, Sasha Rodriquez, Drew Rudebusch, Evan Skinner, Nicolas Trilla, Caroleena Vargas, Cheryl Walker, Whitney E. Washousky, Alyssa Whitwell.

We are also grateful for the guidance of Celia Meana, development editor, for all of her work, suggestions, attention to detail, and dedication to the text. Her support and spirit helped us to achieve the final product. We would also like to thank the contributor who assisted us in the preparation the Student Activities Manual: Stéphanie Panichelli-Batalla. We are very grateful to other colleagues and friends at Prentice Hall: Meriel Martínez, Media Editor, for helping us produce such a great video, audio program, and Companion Website; and Melissa Marolla Brown, Development Editor for Assessment, for the diligent coordination among the text, Student Activities Manual, and Testing Program. We are very grateful to our MySpanishLab team, Bob Hemmer, Samantha Alducin, and Mary Reynolds, for the creation of *Hoy día* materials for MySpanishLab. Thanks to Andrea Arias, Editorial Assistant, for her hard work and efficiency in obtaining reviews and attending to many administrative details.

We are very appreciative of our marketing team, Kris Ellis-Levy, Denise Miller, and Bill Bliss, for their creativity and efforts in coordinating all marketing and promotion of the *Hoy día* program. Thanks, too, to our production team, Mary Rottino, Senior Managing Editor for Product Development, Janice Stangel, Associate Managing Editor, and Nancy Stevenson, Senior Production Project Manager, who guided *Hoy día* through the many stages of production; to our partners at Pre-Press PMG, especially Melissa Sacco, Senior Project Manager, for her careful and professional editing and production services. We also thank our art team, Pat Smythe, Miguel Ortiz, Gail Cocker, and Maria Piper. Special thanks to Lisa Delgado for the beautiful interior and cover designs. Finally, we would like to express our sincere thanks to Phil Miller, Publisher, and Julia Caballero, Executive Editor, for their guidance and support through every aspect of *Hoy día.*

John T. McMinn
Nuria Alonso García

7 De viaje

En el este capítulo, vas a aprender a hablar sobre las vacaciones y los viajes. Te presentamos algunas ideas de turismo por estaciones dentro del mundo hispano.

El otoño es una época excelente para visitar Guanajuato, México. Todos los años en octubre se celebra el Festival Internacional Cervantino para conmemorar la obra (*work*) del autor Miguel de Cervantes. Pero este festival no sólo incluye obras de teatro, sino también (*but also*) música, danza y cine internacionales.

▶ ¿Qué lugares interesantes de Estados Unidos puede visitar el turista en otoño? ¿Qué eventos especiales hay?

El invierno es la época perfecta para visitar Buenos Aires, Argentina. ¿Recuerdas que para ellos es verano? Buenos Aires es una de las ciudades más cosmopolitas de Sudamérica, pero aún conserva la autenticidad de sus barrios. El Barrio de San Telmo es el más viejo de la ciudad y la Plaza de Mayo es el centro político de la nación.

▶ ¿Cuál es la ciudad más cosmopolita de Estados Unidos?

▶ ¿Qué puede hacer el turista allí?

En primavera, Sevilla, España abre sus puertas a millones de visitantes que quieren disfrutar de una semana de fervor religioso durante la Semana Santa, seguida de (*followed by*) una semana de flamenco y fiesta en la calle con la Feria de Abril.

▶ ¿Qué destinos turísticos de Estados Unidos son ideales en primavera? ¿Hay festivales musicales o religiosos?

Vocabulario Los viajes

SAM: 7-1
to 7-4

¿Adónde fuiste de vacaciones? ¿Con quién viajaste? ¿Dónde te alojaste? ¿Cuánto gastaste?

CD 3
Track 1

¿Qué hiciste antes de salir? ¿Leíste una guía turística para preparar un itinerario? ¿Reservaste la habitación de hotel y compraste los pasajes (los boletos, los billetes) de avión en una agencia de viajes o por Internet? ¿Hiciste la maleta la noche antes de salir o el mismo día del viaje?

¿Qué hiciste durante el viaje?

Fui al mar.

Salí en velero y **pesqué.**

Tomé el sol y nadé.

La UNESCO clasifica las playas de Bávaro en la República Dominicana como las mejores del mundo.

Hice ecoturismo porque me gusta **la naturaleza**.

Acampé con mis amigos.

Fui de excursión por **el bosque** y **saqué** muchas fotos.

Las cataratas del Iguazú en la frontera entre Argentina y Brasil es uno de los destinos más populares del ecoturismo.

Saqué un pasaporte y fui a **un país extranjero.**

Llevé cheques de viaje y **cambié** mucho dinero.

Fui a los sitios históricos y compré **recuerdos** y **postales**.

Probé muchos **platos regionales** en los restaurantes.

El palacio musulmán, la Alhambra de Granada, en España es uno de los sitios turísticos más visitados del mundo.

¿Sabías que...?

Generalmente en los países hispanos, hay leyes que garantizan un número mínimo de días de vacaciones cada año. En España, Nicaragua, Panamá y Perú son treinta días (un mes). En Chile, Colombia, Venezuela y Guatemala son quince días laborales (*work days*) y en México, seis. En Estados Unidos, no hay ninguna ley que garantice un número mínimo de días de vacaciones.

How to use ¿Sabías que . . .?
As you discuss each ¿Sabías que . . .?, ask students to make cross-cultural comparisons between Hispanic cultures and what is true where they live. For example here, ask students whether they think there should be a guaranteed amount of vacation in the United States, why or why not, and if so, how much.

¡Ojo!

- You should learn all vocabulary appearing in the *Vocabulario* sections. Words needing additional explanations are boldfaced and glossed at the bottom. A list of all the new vocabulary with translations is included at the end of the chapter.
- These verbs are in the past tense and can be used to say what you did. You will learn the other past tense forms in this chapter. Here you see the regular endings for the **yo** form: -ar > -é and -er / -ir > í. Also note the useful question **¿Qué hiciste?** (*What did you do?*) and the irregular forms **fui** (*I went*) and **hice** (*I made, I did*).

Supplemental activity.
Ask students: 1. *Generalmente, ¿cómo compras los pasajes de avión, por Internet, por teléfono o en una agencia de viajes?* 2. *¿Reservas la habitación de hotel antes de salir o buscas un hotel después de llegar? ¿Reservas el hotel por Internet, por teléfono o en una agencia de viajes? ¿Pagas con tarjeta de crédito, con dinero en efectivo o con cheques de viaje?* 3. *¿Consultas una guía turística antes de salir? ¿Haces un itinerario antes de salir o haces planes día a día durante el viaje?* 4. *¿Llevas muchas maletas?* 5. *¿Desayunas en el hotel o en un restaurante?* 6. *¿Hay un buen lugar para acampar (pescar) cerca de aquí?* 7. *¿Te gusta acampar o prefieres estar en un hotel?* 8. *¿Qué país extranjero deseas visitar? ¿Por qué?*

Suggestion.
Point out to students that people say *un billete* in Spain and *un boleto* in America.

¿Adónde fuiste? *Where did you go?* viajar *to travel* alojarse en *to stay at (on a trip), to lodge at* ¿Qué hiciste? *What did you do?* los pasajes, los boletos, los billetes *the tickets* hacer la maleta *to pack one's suitcase* Fui *I went* el mar *the sea* salir en velero *to go sailing* pescar *to fish* Hice *I made, I did* la naturaleza *nature* ir de excursión *to go on a hike / an outing* el bosque *the forest, the woods* sacar *to take, to get* un país extranjero *a foreign country* cambiar *to change, to exchange* un recuerdo *a souvenir* una postal *a postcard* probar (ue) *to try* un plato regional *a regional dish*

CD 3
Track 2

Una conversación. Dos amigos, Luis y José, hablan de sus últimas vacaciones.

LUIS: **¿Qué tal** tus vacaciones?

JOSÉ: Muy bien. Fui a México.

LUIS: ¿Qué hiciste en México?

JOSÉ: Pasé cuatro días en Cancún donde fui a la playa todos los días. Luego, fui a Mérida por tres días. Me gustó mucho. Visité las ruinas mayas de Chichén Itzá. Y tú, ¿qué hiciste durante las vacaciones?

LUIS: No hice nada en especial. Me quedé aquí y descansé.

Chichén Itzá, México

7-1 ▶ Tus vacaciones. Cambia las oraciones para describir tus últimas vacaciones.

1. Fui a *Nueva York.*
2. Viajé *con mi novio.*
3. Pasé mucho tiempo *en los museos.*

Answers for 7-1.
Answers will vary.

4. Vi (*I saw*) *muchas exposiciones.*
5. Compré *muchos recuerdos.*
6. Me divertí mucho *comiendo en los restaurantes.*

 7-2 ▶ Otra conversación. En parejas, vuelvan a leer *Una conversación* entre Luis y José. Luego, cambien la conversación para hablar de las vacaciones más interesantes de uno/a de ustedes.

7-3 ▶ Comparaciones culturales. España es el segundo país del mundo más visitado por turistas después de Francia. Aquí hay una lista de los países hispanos más turísticos y el número de visitantes anuales en millones según (*according to*) la Organización Mundial del Turismo. Mira las fotos de esta página y la página anterior para determinar cuál de los sitios turísticos de la columna derecha va con cada país.

1. España (59,2) e
2. México (21,4) a
3. Argentina (4,6) b
4. la República Dominicana (4,0) c
5. Puerto Rico (3,7) d

a. Chichén Itzá
b. las cataratas del Iguazú
c. las playas de Bávaro y Punta Cana
d. el Viejo San Juan y el Morro
e. la Alhambra

El Morro junto con el Viejo San Juan son los sitios turísticos de Puerto Rico más visitados.

 ¿Y tú? Ahora explícale a un compañero/a de clase cuáles de los sitios turísticos anteriores te gustaría visitar y por qué.

Modelo   *Me gustaría visitar las cataratas del Iguazú porque me gusta el ecoturismo.*

¿Qué tal..? *How was / were . . . ?*

How to use *Una conversación.*
• Have students listen to the conversation first with books closed for the answers to the following questions: 1. ¿Cuántos días pasó José en Cancún y cuántos días en Mérida? (cuatro en Cancún, tres en Mérida) 2. ¿Qué ruinas visitó? (las ruinas

 CD 3, Track 3

¡A escuchar!

Escuchen otra conversación en la cual dos esposos hablan de sus preparativos para las vacaciones. ¿Adónde van? ¿Qué van a hacer? ¿Qué preparativos están listos? ¿Qué necesitan hacer todavía (*still*)?

mayas de Chichén Itzá) Then, have them read along in their books as they listen a second time.
• The only new words presented are the boldfaced expression and *las ruinas mayas.*

How to use *¡A escuchar!*
Each vocabulary presentation is always accompanied by an *¡A escuchar!* listening activity, which is a variation of the communicative task modeled by *Una conversación.* You may do *¡A escuchar!* immediately after reading the printed conversation, or you may wait until just before doing the *Otra conversación* activity to serve as another model.

Possible answers for *¡A escuchar!*
Van a Costa Rica. / Van a hacer ecoturismo, salir en velero e ir a pescar. / Tienen los boletos de avión y la habitación en el hotel. / Necesitan cambiar dinero en el banco.

Audioscript for *¡A escuchar!*
ELLA: *¡No me lo puedo creer! Mañana a esta hora vamos a estar en Costa Rica. Dicen que los bosques con tanta variedad de plantas y flores son muy bonitos. Me encanta hacer ecoturismo.*
ÉL: *Pues, yo quiero salir en velero e ir a pescar. Vi unas fotos de la costa y es preciosa. ¿Lo tenemos todo listo? ¿Tienes los boletos de avión?*
ELLA: *Sí, aquí están. Necesitamos estar en el aeropuerto a las siete y media de la mañana, entonces tenemos que levantarnos temprano.*
ÉL: *Está bien. Podemos dormir en el avión. Reservaste el hotel en San José, ¿verdad?*
ELLA: *Sí, tenemos una habitación en el Hotel Barceló Parque del Lago.*
ÉL: *¿Ya cambiaste algo de dinero? No me gusta llegar a un país extranjero sin antes cambiar dinero.*
ELLA: *No, pero voy a ir al banco esta tarde.*

Note for *Comparaciones culturales.*
Throughout *Hoy día*, one activity per *Tema* integrates cultural information with the vocabulary or grammar being presented. In each *Comparaciones culturales* section, encourage students to make cross-cultural comparisons. For example here, ask them which three tourist sites in the U. S. they think are most popular with foreign tourists. See the IRM for source information relating to the statistical data presented.

How to use *¿Y tú?*
¿Y tú? activities are often included as a second step within an activity and prompt students to apply newly practiced structures in a context that is real for them. Have students take turns sharing information with a partner.

Gramática 1

SAM: 7-5 to 7-9

Saying where you went and what you did: The preterit of regular verbs, **ir,** and **ser**

Para averiguar

There are **Para averiguar** self-check questions with each grammar explanation. After reading the explanation, you should be able to answer these questions.

1. What verb tense do you use to say what someone did or what happened at some moment in the past?

2. What are the preterit endings for -**ar** verbs? For -**er** and -**ir** verbs?

3. Which preterit forms look like the present tense? With which group of regular verbs is the **nosotros** form different from the present tense?

4. What are the forms of **ir** and **ser** in the preterit? Do they differ?

5. How do you say *yesterday, last night, last week,* and *two months ago* in Spanish?

How to use *Para averiguar.*
Encourage students to look over the self-check questions in *Para averiguar* before proceeding to the activities. You may also wish to use them to quickly check that students have read and understood the explanations.

Suggestion.
Tell students that they will learn other irregular verbs later in this chapter. Also, point out that reflexive pronouns go just before the verb in the preterit, as with the present tense.

Supplemental activities.
• Ask students: *Si dices las siguientes cosas sobre tus vacaciones, ¿fuiste a una ciudad grande, al campo, a un país extranjero o al mar?* MODELO: *Visité las ruinas mayas de Chichén Itzá. >* *Fui a un país extranjero.* 1. *Fui al teatro tres veces.* 2. *Acampé en el bosque.* 3. *Saqué muchas fotos de las pirámides y otros sitios históricos.* 4. *Nadé, tomé el sol y jugué al voléibol en la playa.* 5. *Me divertí mucho en los clubes nocturnos.*
• Tell students: *Completa las siguientes oraciones, diciendo cuántas veces hiciste estas cosas la semana pasada.* MODELO: *Hablé con mis padres . . . > Hablé con mis padres una vez (dos veces, varias veces) la semana pasada. / No hablé con mis padres la semana pasada.* 1. *Lavé la ropa . . .* 2. *Trabajé . . .* 3. *Desayuné en un restaurante . . .* 4. *Cené en un restaurante . . .* 5. *Visité a mi mejor amigo/a . . .* 6. *Comí con mis padres . . .* 7. *Vi una película . . .* 8. *Fui a un concierto . . .* 9. *Leí el periódico . . .* 10. *Escribí un correo electrónico . . .* 11. *Salí a bailar . . .* 12. *Fui a la universidad . . .* 13. *Fui de compras . . .* 14. *Fui a la biblioteca . . .*

■ To say what someone did or what happened at some point in the past, use the preterit. Here are the preterit forms of regular -**ar,** -**er,** and -**ir** verbs. Note that the **nosotros** form of -**ar** and -**ir** verbs looks the same as the present tense. Context will clarify the meaning. The **nosotros** form of -**er** verbs has **i** instead of **e** in the ending of the preterit.

	hablar	comer	escribir
yo	hablé	comí	escribí
tú	hablaste	comiste	escribiste
Ud., él, ella	habló	comió	escribió
nosotros/as	hablamos	comimos	escribimos
vosotros/as	hablasteis	comisteis	escribisteis
Uds., ellos/as	hablaron	comieron	escribieron

— ¿**Tomaste** un taxi?   — *Did you take a taxi?*
— No, **tomé** el autobús.   — *No, I took the bus.*

— ¿Ya **comieron** ustedes?   — *Did you already eat?*
— Sí, **comimos** en el avión.   — *Yes, we ate on the plane.*

— ¿A qué hora **salió** el avión?   — *At what time did the plane leave?*
— **Salió** al mediodía.   — *It left at noon.*

■ **Ver** has regular -**er** preterit forms, except there is no accent on the forms (**yo**) **vi** and (**Ud. / él / ella**) **vio,** because they are each only one syllable.

■ The verbs **ir** and **ser** are irregular in the preterit. Both verbs have identical forms.

	ir / ser		
yo	fui	nosotros/as	fuimos
tú	fuiste	vosotros/as	fuisteis
Ud., él, ella	fue	Uds., ellos/as	fueron

— ¿Adónde **fuiste** de vacaciones?   — *Where did you go on vacation?*
— **Fui** a Costa Rica. **Fue** un viaje estupendo.   — *I went to Costa Rica. It was a great trip.*

■ Here are some useful words to say when something happened.

ayer (por la mañana, por la tarde)	*yesterday (morning, afternoon)*
anoche	*last night*
la semana pasada	*last week*
el mes (el año, el sábado . . .) pasado	*last month (year, Saturday . . .)*
hace tres días (dos meses, mucho tiempo . . .)	*three days (two months, a long time . . .) ago*
por última vez	*the last time*

• Ask students: *Si un turista gastó lo menos posible durante un viaje, ¿cuáles de las siguientes actividades hizo?* MODELO: *¿ir al museo o ir al teatro? > Fue al museo. (¿alojarse en un hotel grande o acampar? ¿ir al teatro varias veces o ir al cine varias veces? ¿comprar muchos recuerdos o sacar muchas fotos? ¿tomar el sol en la playa o salir en velero? ¿comprar un pasaje de avión de primera clase o de clase turista? ¿comer en restaurantes elegantes o comer en restaurantes de comida rápida?)*

7-4 ▶ Un viaje memorable. Pregúntale a un/a compañero/a de clase si hizo (*he/she did*) las siguientes cosas durante un viaje reciente.

Modelo   llevar muchas maletas
          E1: *¿Llevaste muchas maletas?*
          E2: *Sí, llevé dos maletas.*

-AR	-ER / -IR	IR
1. viajar solo/a	**6.** salir del estado	**11.** ir al teatro
2. comprar recuerdos	**7.** ver cosas interesantes	**12.** ir a la montaña
3. usar cheques de viaje	**8.** comer platos nuevos	**13.** ir a la playa
4. alojarse en un hotel	**9.** asistir a un concierto	**14.** ir a otro país
5. regresar muy cansado/a	**10.** escribir postales	**15.** ir a un museo

7-5 ▶ Postales. Un amigo recibió las siguientes postales de sus padres desde Barcelona y de su hermano desde las montañas de los Pirineos durante sus vacaciones. ¿Qué hizo su hermano y qué hicieron sus padres?

sus padres

su hermano

Modelo   visitar una ciudad grande / ir a la montaña
          Sus padres visitaron una ciudad grande. Su hermano fue a la montaña.

1. ir de excursión por el bosque el primer día / ir de compras el primer día
2. visitar muchos edificios históricos / esquiar todos los días
3. asistir a varias exposiciones en museos / descender esquiando desde la cumbre (*top*) de varias montañas
4. llevar la misma chaqueta de esquiar todos los días / llevar mucha ropa elegante
5. ver muchos monumentos / ver muchos paisajes (*landscapes*) bonitos
6. aprender a hacer snowboarding / aprender mucho sobre la historia de la ciudad

7-6 ▶ Un viaje. ¿Dicen dos turistas que hicieron estas cosas antes de salir de vacaciones o durante (*during*) el viaje? Contesta con la forma **nosotros.**

Modelo   comprar los boletos por Internet
          Compramos los boletos por Internet antes de salir.

1. comprar cheques de viaje	**5.** comer en muchos restaurantes
2. cambiar cheques de viaje	**6.** ir a una agencia de viajes
3. preparar un itinerario	**7.** escribir postales
4. reservar el hotel	**8.** ver muchos monumentos

 ¿Y tú? Ahora usa las actividades anteriores para preguntarle a un/a compañero/a de clase sobre su último viaje.

Modelo   comprar los boletos por Internet
          E1: *¿Compraste los boletos por Internet?*
          E2: *No, compré los boletos en una agencia de viajes.*

 Gramática 2

SAM: 7-10 to 7-13

Saying what you did: The preterit of stem-changing verbs

Para averiguar

1. Which category of verbs has stem changes in the preterit? Is it the **-ar, -er,** or **-ir** verbs?
2. In which forms are there stem changes?
3. In the preterit, **o** does not become **ue**. What does it become instead? How do you say *he slept and they slept?*
4. In the preterit, **e** does not become **ie**. What does it become instead? How do you say *she preferred* and *they preferred?* What other verbs have this stem change?

■ In the preterit of stem-changing verbs, there are vowel changes only in the **usted, él, ella,** and **ustedes, ellos, ellas** forms of **-ir** verbs, in which **e** becomes **i** and **o** becomes **u**. There are no stem changes in the other forms of **-ir** verbs or in any form of **-ar** and **-er** verbs.

	-ar / -er verbs (no stem changes)		-ir verbs (stem changes in two forms)	
	encontrar	**volver**	**pedir**	**dormir**
yo	encontré	volví	pedí	dormí
tú	encontraste	volviste	pediste	dormiste
Ud., él, ella	encontró	volvió	pidió	durmió
nosotros/as	encontramos	volvimos	pedimos	dormimos
vosotros/as	encontrasteis	volvisteis	pedisteis	dormisteis
Uds., ellos/as	encontraron	volvieron	pidieron	durmieron

Suggestion.
Point out to students that the same verbs that had stem changes in present participles in *Capítulo 5* will have stem changes in the third-person of the preterit.

■ These verbs follow the same pattern as **pedir: divertirse** (*to have fun*), **preferir** (*to prefer*), **repetir** (*to repeat*), **sentirse** (*to feel*), **servir** (*to serve*), **vestirse** (*to get dressed*).

— ¿Por qué **durmieron** ustedes en la estación del tren?
— No **encontramos** ningún hotel, entonces **volvimos** a la estación.

— *Why did you sleep in the train station?*
— *We didn't find any hotel, so we returned to the station.*

Answers for 7-7.
1. *El esposo se despertó . . . ;* 2. *El esposo probó . . . ;* 3. *La esposa volvió . . . ;* 4. *La esposa pasó . . . ;* 5. *La esposa repitió . . . ;* 6. *El esposo prefirió . . . ;* 7. *La esposa se sintió . . . ;* 8. *El esposo se divirtió . . . ;* 9. *La esposa se acostó . . . ;* 10. *El esposo durmió . . .*

7-7 ▶ Dos turistas. Una pareja pasó las vacaciones en un país extranjero. La esposa es una persona muy aburrida y no hizo nada interesante durante el viaje. El esposo, al contrario, es muy aventurero y probó cosas nuevas. ¿Quién hizo las siguientes cosas, el esposo o la esposa?

Modelo   dormir mucho
          La esposa durmió mucho.

1. despertarse temprano todos los días para salir
2. probar muchos platos nuevos
3. volver a comer en el restaurante del hotel todos los días
4. pasar mucho tiempo viendo la tele en el hotel
5. repetir la misma rutina todos los días
6. preferir hacer algo diferente todos los días
7. sentirse aburrido/a durante todo el viaje
8. divertirse mucho
9. acostarse temprano todas las noches
10. dormir poco

¿Y tú? Ahora pregúntale a un/a compañero/a de clase si hizo estas cosas la última vez que pasó las vacaciones en un hotel.

Modelo   dormir mucho
          E1: *¿Dormiste mucho?*
          E2: *Dormí mucho el primer día, pero en general no dormí mucho.*

7-8 ▶ Las vacaciones de primavera. Es el último día de las vacaciones de Carlos. Pregúntale a otro/a estudiante acerca de Carlos y su día usando la forma correcta del pretérito. Tu compañero/a debe contestar según la información de las ilustraciones.

Modelo E1: ¿*Empezó* (empezar) temprano el día de Carlos?
E2: *No, su día empezó a las diez.*

1. ¿ _Se despertó_ (despertarse) fácilmente?
2. ¿A qué hora _se levantó_ (levantarse)?
3. ¿ _Durmió_ (dormir) en el sofá?

4. ¿ _Almorzó_ (almorzar) solo?
5. ¿Con cuántos amigos _se encontró_ (encontrarse) para almorzar?
6. ¿Dónde _comió_ (comer)?

7. Por la noche, ¿ _se quedó_ (quedarse) en el hotel o _salió_ (salir)?
8. ¿Dónde _se divirtió_ (divertirse) con los amigos?
9. ¿ _Se vistió_ (vestirse) con ropa formal o informal?
10. ¿ _Pidió_ (pedir) algo de beber?

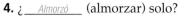 **7-9 ▶ Comparaciones.** En grupos de tres o cuatro, pregúntales a los otros estudiantes de tu grupo si hicieron estas cosas. Después, prepara un informe para la clase comparando lo que hicieron.

Modelo divertirse el sábado pasado
E1: *David, ¿te divertiste el sábado pasado?*
E2: *No, no me divertí porque trabajé todo el día. ¿Y tú, Alicia? ¿Te divertiste?*
E3: *Sí, me divertí con los amigos en el centro.*

DESPUÉS, A LA CLASE: *Alicia y yo nos divertimos con los amigos el sábado pasado, pero David no se divirtió porque trabajó todo el día.*

1. divertirse anoche
2. acostarse antes de las diez ayer
3. almorzar en un restaurante ayer
4. dormir hasta tarde esta mañana
5. volver tarde a casa el sábado
6. preferir quedarse en casa el sábado por la noche
7. despertarse temprano el domingo
8. sentirse mal el lunes por la mañana

📖 **Vocabulario**   Los vuelos

SAM: 7-14
to 7-18

Note for *¿Sabías que . . .?*
See the IRM for source information relating to the statistical data presented.

🔊 ¿Qué hiciste la última vez que viajaste en avión? ¿Cuánto tiempo **duró el vuelo**?
CD 3 ¿Llegaste a tiempo o **con retraso**?
Track 4

¿Sabías que...?

Antes de viajar al extranjero, es importante informarse de los reglamentos (*rules*) de vuelos de los otros países. Por ejemplo, en México se puede llevar a los perros y los gatos en un contenedor en los vuelos internacionales, pero no en los vuelos domésticos. Los aeropuertos de las siguientes ciudades hispanas sirven a más viajeros por año: Madrid, España (52 millones de pasajeros al año); la Ciudad de México, México (26); Bogotá, Colombia (13); Cancún, México (12); San Juan, Puerto Rico (11).

Supplemental activities.
• Ask students: *¿Quiénes hacen estas cosas durante un vuelo, los asistentes de vuelo o los pasajeros?* 1. *Suben primero al avión.* 2. *Bajan primero del avión.* 3. *Necesitan un pasaje para subir al avión.* 4. *Sirven comida y bebidas.* 5. *Esperan el vuelo en la sala de espera.* 6. *Sólo se sientan para despegar y aterrizar.* 7. *Pueden dormir durante el vuelo.* 8. *Toman el avión casi todos los días.*
• Write these nouns on the board and have students complete the following statements with one of them: *la sala de espera, la entrada, la salida, pasajeros, viajes, un asiento, los despegues.* Point out that the verb from the sentence and the adjective / noun from the list are from the same word family. 1. *Muchos . . . pasan por el aeropuerto todos los días. (pasajeros)* 2. *Los pasajeros entran al aeropuerto por . . . (la entrada)* 3. *Esperan el avión en . . . (la sala de espera)* 4. *En el avión, se sientan en . . . (un asiento)* 5. *Los pasajeros salen del aeropuerto por . . . (la salida)* 6. *Me gusta viajar. Hago muchos . . . (viajes)* 7. *Siempre tengo miedo cuando el avión va a despegar. No me gustan . . . (los despegues)*
• Ask students: *¿Dónde hizo un turista las siguientes cosas, en la agencia de viajes o en el aeropuerto?* 1. *Compró su pasaje de avión cuatro semanas antes de salir de vacaciones.* 2. *Facturó su equipaje.* 3. *Consultó varias guías turísticas para hacer un itinerario para el viaje.* 4. *Reservó la habitación de hotel.* 5. *Esperó el avión en la sala de espera.* 6. *Subió al avión.* 7. *Comparó los vuelos y los precios.* 8. *Recogió su equipaje después de bajar del avión.*

Llegué al aeropuerto dos horas antes del vuelo y facturé mi equipaje.

Pasé por **el control de seguridad** y fui a **la sala de espera** donde **esperé** un poco más de una hora.

Subí al avión y busqué mi **asiento**.

Durante el vuelo . . .

Me abroché el cinturón de seguridad antes de **despegar**.

Los asistentes de vuelo sirvieron la comida y almorcé.

Hablé con otros pasajeros y dormí un poco.

Después de **aterrizar** . . .

Bajé del avión.

Recogí mi equipaje.

Salí del aeropuerto y busqué un taxi.

---

durar *to last*   **el vuelo** *the flight*   **con retraso** *with a delay, late*   **el control de seguridad**   *the security check*   **la sala de espera** *the waiting room*   **esperar** *to wait*   **un asiento** *a seat*   **despegar** *to take off*   **aterrizar** *to land*   **bajar de** *to get off*   **recoger** *to pick up*

Una conversación. Un pasajero habla con una encargada de una aerolínea.

LA ENCARGADA: Buenos días y **bienvenido** a Aerolíneas Encanto. Su pasaje y su pasaporte, por favor. ¿Adónde va usted esta mañana?

EL PASAJERO: Voy a Lima en el vuelo 534. **Hacemos escala** en Quito, ¿verdad?

LA ENCARGADA: Sí, es correcto, hay escala en Quito. Veo que usted pidió un asiento **junto a la ventanilla,** ¿verdad?

EL PASAJERO: Sí, pero decidí que prefiero estar junto **al pasillo** si hay algo **disponible**.

LA ENCARGADA: Sí, todavía hay. ¿Cuántas maletas va a facturar?

EL PASAJERO: Tengo estas dos.

LA ENCARGADA: Aquí tiene su **tarjeta de embarque**. La salida del vuelo 534 es por **la puerta** 18 y empiezan a abordar a las diez de la mañana.

7-10 ▶ ¿Qué tal el vuelo? Un pasajero habla de su último viaje. ¿En qué orden dice que ocurrieron estas cosas?

Modelo   Hice mi maleta. / Salí para el aeropuerto. / Me levanté temprano.
Me levanté temprano, hice mi maleta y salí para el aeropuerto.

1. Tomé un taxi al aeropuerto. / Llegué una hora antes del vuelo. / Salí temprano de casa.
2. Fui a la sala de espera. / Facturé mi equipaje. / Esperé el vuelo.
3. Subí al avión. / Anunciaron mi vuelo. / Busqué mi asiento.
4. Me senté. / El avión despegó. / Me abroché el cinturón de seguridad.
5. Sirvieron el almuerzo. / Almorcé. / Los asistentes de vuelo recogieron los platos y la basura.
6. Recogí mi equipaje. / Bajé del avión. / Aterrizamos.
7. Fui a mi hotel. / Busqué un taxi. / Subí al taxi.

7-11 ▶ Otra conversación. En parejas vuelvan a leer *Una conversación* entre el pasajero y la encargada de la aerolínea. Luego, imaginen que uno de ustedes hace un viaje entre dos países de América del Sur. Cambien la conversación para decir qué ciudad vas a visitar y dónde prefieres sentarte.

7-12 ▶ Comparaciones culturales. Lee la siguiente información sobre el sistema de trenes en España y contesta las preguntas que siguen (*follow*).

RENFE, mejora tu tren de vida.

En España, viajar en tren es muy común. La RENFE (Red Nacional de Ferrocarriles), la compañía española de trenes, es la más moderna de toda Europa y conecta todas las regiones de España por este medio de transporte. Los españoles prefieren viajar en tren más que en coche por varias razones. El viaje en tren es muy agradable porque el viajero puede leer o ver el paisaje (*scenery*) y los asientos son muy cómodos. Generalmente los trenes no tienen retraso y salen y llegan a su destino a la hora. Viajar en tren es también más económico que viajar en coche o en avión, ya que los precios de la gasolina en España son muy altos. El nuevo tren de alta velocidad (*high speed*) de RENFE, el AVE, ofrece una experiencia maravillosa porque la duración del viaje es similar a la del avión, y no hay ni que (*you don't have to*) ir al aeropuerto, ni facturar el equipaje, ni pasar el control de seguridad ni esperar el vuelo.

1. ¿Te gusta viajar en tren o prefieres viajar en avión o en coche? ¿Por qué?
2. ¿Hay un sistema importante de trenes en Estados Unidos?
3. ¿Crees que la geografía del país influye en las preferencias de los viajeros por un medio de transporte u otro?

---

bienvenido/a *welcome* **hacer escala** *to make a stopover* **junto a** *next to* **la ventanilla** *the window* (of a plane)
el pasillo *the aisle* **disponible** *available* **la tarjeta de embarque** *the boarding pass* **la puerta** *the gate*

Suggestions for *Una conversación*.
• Have students listen to the conversation first with books closed for the answers to the following questions: 1. *¿Adónde va el pasajero y cuál es el número del vuelo?* (a Lima con el vuelo 534) 2. *¿Cuántas maletas factura?* (dos) Then, have them read along in their books as they listen a second time.
• New vocabulary includes all boldfaced words as well as *correcto, decidir,* and *abordar.*

 CD 3, Track 6

¡A escuchar!

Escuchen otra conversación en la cual dos esposos hablan de un viaje que van a hacer. ¿Adónde van y por qué? ¿Cuánto cuestan los boletos? ¿Cuándo salen y cuándo vuelven?

Audioscript for *¡A escuchar!*
ÉL: *Reservé los boletos para visitar a tus abuelos en Nicaragua.*
ELLA: *¿Cuestan mucho?*
ÉL: *Cuatrocientos cinco dólares cada uno. Ochocientos diez los dos.*
ELLA: *¿Tenemos que salir temprano?*
ÉL: *No, el diecisiete de julio salimos a las diez y cuarto y llegamos a Managua a las dos y diez de la tarde. Tenemos que hacer escala en San José.*
ELLA: *¿Y para volver el primero de agosto?*
ÉL: *Ese día el vuelo va a ser más temprano, pero es un vuelo directo. Sale de Managua a las ocho y diez de la mañana y llega aquí a las once y media.*

Possible answers for *¡A escuchar!*
Van a Nicaragua para visitar a los abuelos. / Cuestan 810 dólares. / Salen el 17 de julio y vuelven el 1° de agosto.

Answers for 7-10.
1. *Salí temprano de casa, tomé un taxi al aeropuerto y llegué una hora antes del vuelo.* 2. *Facturé mi equipaje, fui a la sala de espera y esperé el vuelo.* 3. *Anunciaron mi vuelo, subí al avión y busqué mi asiento.* 4. *Me senté, me abroché el cinturón de seguridad y el avión despegó.* 5. *Sirvieron el almuerzo, almorcé y los asistentes de vuelo recogieron los platos y la basura.* 6. *Aterrizamos, bajé del avión y recogí mi equipaje.* 7. *Busqué un taxi, subí al taxi y fui a mi hotel.*

Follow-up for 7-10.
Ask students: 1. *¿Tienes miedo de viajar en avión? ¿Estás más nervioso/a mientras* (while) *el avión despega o mientras aterriza?* 2. *¿Viajas en avión con frecuencia? ¿Cuántas veces viajaste en avión el año pasado?* 3. *¿Qué haces en el aeropuerto si tienes que esperar el avión por mucho tiempo? ¿Duermes? ¿Lees un libro? ¿Hablas con otros pasajeros? ¿Tomas algo? ¿Visitas las tiendas del aeropuerto? Generalmente, ¿salen los vuelos a tiempo aquí en nuestro aeropuerto?* 4. *¿Prefieres tomar un vuelo con escalas y pagar menos o tomar un vuelo sin escalas y pagar más?* 5. *¿Prefieres un asiento junto a la ventanilla, central o junto al pasillo?* 6. *Si vas a hacer escala y tienes que cambiar de avión, ¿prefieres facturar todo tu equipaje o prefieres llevar una maleta pequeña contigo?*

📖 Gramática 1   Saying what you did: The preterit of verbs ending with **-car, -gar, -zar** and verbs like **leer**

SAM: 7-19 to 7-20

Para averiguar

1. What happens to **c, g,** and **z** before the **-é** ending in the **yo** form of **-ar** verbs in the preterit?
2. When does the letter **i** in the **-er / -ir** preterit endings **-ió** and **-ieron** change to **y**? What do you have to add to the letter **i** in the endings of the other forms of the same verbs?

¿Cómo se pronuncia? ¡Hola!

The letters c and g

Spelling changes occur in the preterit **yo** form of **-car** and **-gar** verbs because the pronunciation of **c** and **g** depends on the vowel that follows them. Refer to the Pronunciation Guide in MySpanishLab under Consonants to learn more about the pronunciation of **c** and **g**.

Supplemental activities.

• Ask students: *¿Leyó u oyó un turista las siguientes cosas durante su viaje?* MODELO: *una guía turística > Leyó una guía turística.* (*su itinerario de vuelo, muchos aviones despegando y aterrizando en el aeropuerto, la revista de la aerolínea, las instrucciones de los asistentes de vuelo, un libro, música, un menú, el teléfono*)

• Ask students: *La última vez que viajaste en avión, ¿hiciste las siguientes cosas?* (*buscar el mejor precio de pasaje, pagar con tarjeta de crédito, pagar más de mil dólares, empezar el viaje en otra ciudad, despegar más de una vez, aterrizar más de una vez, almorzar en el aeropuerto antes de subir al avión, almorzar en el avión, empezar a tener miedo durante el vuelo, jugar a los videojuegos durante el vuelo, sacar algo de una maleta durante el vuelo, leer un libro, leer la revista de la aerolínea, llegar muy cansado/a a tu destino final*)

Answers for 7-13.
1. d; 2. e; 3. g; 4. c; 5. b; 6. i; 7. a; 8. h; 9. f
Suggestion for 7-13.
Give students some time to prepare.

■ Verbs ending with **-car, -gar,** and **-zar** have the following spelling changes before the **-é** ending for **yo** in the preterit: c > qu, g > gu, and z > c. The other forms are regular.

	buscar	pagar	empezar
	c > qu	g > gu	z > c
yo	busqué	pagué	empecé
tú	buscaste	pagaste	empezaste
Ud., él, ella	buscó	pagó	empezó
nosotros/as	buscamos	pagamos	empezamos
vosotros/as	buscasteis	pagasteis	empezasteis
Uds., ellos/as	buscaron	pagaron	empezaron

■ Here are the other verbs you have seen that follow these patterns:

Like **buscar: pescar, sacar, tocar**
Like **pagar: despegar, jugar, llegar**
Like **empezar: abrazar, almorzar, aterrizar, rezar**

Durante mi viaje, **jugué** mucho al vóleibol en la playa y **pesqué** en el mar. Todos los días **almorcé** en un restaurante de mariscos.	*During my trip, I played volleyball a lot on the beach and I fished in the sea. Every day I ate lunch at a seafood restaurant.*

■ There is also a spelling change with **-er** and **-ir** verbs when the stem ends with a vowel, as in **leer: le-**. The **i** of the **-ió** and **-ieron** endings becomes **y**, and the **i** of all the other endings has a written accent mark.

leer

yo	leí	nosotros/as	leímos
tú	leíste	vosotros/as	leísteis
Ud., él, ella	leyó	Uds., ellos/as	leyeron

Like **leer: creer, oír**

Mi esposa no **creyó** lo que **oyó** sobre ese hotel.	*My wife did not believe what she heard about that hotel.*

7-13 ▶ Un viaje en avión. Un pasajero habla de un viaje en avión. Completa cada oración con la terminación lógica de la columna derecha.

1. Salí temprano para el aeropuerto y . . .
2. En el avión, saqué un *Nintendo DS* y . . .
3. El pasajero a mi lado . . .
4. El avión pasó por mucha turbulencia y . . .
5. Los asistentes de vuelo sirvieron sándwiches y . . .
6. Aterrizamos a las tres de la tarde y todos . . .
7. Fui a la zona de recogida de equipaje (*baggage claim area*) y . . .
8. Compré una cámara y . . .
9. Fui de compras al mercado y . . .

a. recogí mi maleta.
b. almorcé en el avión.
c. empecé a sentirme nervioso.
d. llegué dos horas antes del vuelo.
e. jugué un poco a los videojuegos.
f. busqué unos recuerdos para mis amigos.
g. sacó una novela y leyó durante todo el vuelo.
h. saqué muchas fotos.
i. bajamos del avión.

7-14 ▶ Dos viajes. Una viajera habla de su viaje perfecto y del viaje de su amigo que fue un desastre. Utiliza **yo** en una oración y **él** en la otra para indicar quién hizo (*did*) las siguientes cosas.

Modelo   *Yo llegué* (llegar) temprano al aeropuerto.
          Él llegó (llegar) tarde y *perdió* (perder) su vuelo.

1. ___*Él despegó*___ (despegar) después de esperar más de una hora en la pista (*runway*). ___*Yo despegué*___ (despegar) sin problema.

2. ___*Yo aterricé*___ (aterrizar) a la hora prevista (*expected*) sin problema. ___*Él aterrizó*___ (aterrizar) de emergencia durante el vuelo.

3. ___*Yo saqué*___ (sacar) muchas fotos bonitas. ___*Él sacó*___ (sacar) muchas fotos también, pero ___*perdió*___ (perder) su cámara.

4. ___*Él buscó*___ (buscar) un hotel después de llegar, pero ___*no encontró*___ (no encontrar) nada razonable. ___*Yo busqué*___ (buscar) un hotel por Internet tres semanas antes de salir y ___*encontré*___ (encontrar) un hotel excelente.

5. ___*Yo pagué*___ (pagar) $85 al día por una habitación agradable. ___*Él pagó*___ (pagar) más de $300 al día por una habitación muy pequeña.

6. ___*Yo leí*___ (leer) una guía turística y ___*vi*___ (ver) todos los sitios más interesantes. ___*Él no leyó*___ (no leer) ninguna guía y ___*no vio*___ (no ver) muchas cosas.

Follow-up for 7-14.
Read the following sentences as dictation changing the underlined words to describe a trip you took. Afterwards, have students change the sentences to describe the last trip they took in a plane. Students who cannot remember their last flight should make up a logical flight to a place they would like to have visited. 1. *Fui a Boston*. 2. *Llegué al aeropuerto una hora antes del vuelo*. 3. *Facturé dos maletas.* 4. *Abordé el avión en Denver*. 5. *Despegué en Denver por la mañana y aterricé en Boston cinco horas más tarde*. 6. *Almorcé en el avión*. 7. *Durante el vuelo, hablé con otros pasajeros, dormí y leí*. 8. *Llegué a Boston por la tarde*.

 7-15 ▶ Entrevista. Entrevista a otro/a estudiante con las siguientes preguntas.

1. ¿Cuándo viajaste en avión por última vez? ¿Qué aerolínea tomaste?

2. ¿Adónde fuiste? ¿Fue un vuelo directo o con escala?

3. ¿Viajaste en primera clase o en clase turista? ¿Cuánto pagaste por el boleto?

4. ¿Quién viajó contigo? ¿Te sentaste junto a la ventanilla, junto al pasillo o en el asiento central?

5. ¿Llevaste mucho equipaje? ¿Facturaste todas las maletas?

6. ¿Desayunaste, almorzaste o cenaste en el avión? ¿Te gustó la comida?

7. ¿Cómo pasaste el tiempo durante el vuelo? ¿Leíste? ¿Dormiste? ¿Hablaste con los otros pasajeros? ¿Viste una película?

8. ¿Llegaste a tiempo o con retraso a tu destino? ¿Adónde fuiste después de salir del aeropuerto?

📖 Gramática 2

Saying what you did: The preterit of irregular verbs

Para **averiguar**

1. What are the preterit stems for **hacer, venir, querer, tener, estar, poder,** and **poner**? In which form does the **c** in the preterit stem of **hacer** change to **z**?
2. What are the endings that go with all the verbs in the preceding question? Are there written accents on any of the endings?
3. What are the preterit stems for **decir** and **traer**? In which forms do their endings differ from the other irregular verbs?
4. What is the preterit of **hay**?

Suggestion.
Point out that, except for *traer*, these verbs all have the vowel *i* or *u* in the stem and are grouped accordingly.

Possible answers for 7-16.
1. vine, traje, puse, hice, pude; 2. estuvo, vino, trajo, tuvo, dijo, puso; 3. hicimos, pudimos, estuvimos, tuvimos, pusimos

Follow-ups for 7-16.
• Ask students: *¿Quién de la clase hizo las siguientes cosas hoy?* 1. *¿Quién trajo una mochila verde (negra, azul . . .)?* 2. *¿Quién no vino a clase hoy?* 3. *¿Quién vino tarde?* 4. *¿Quién dijo algo que no entendiste?* 5. *¿Quién tuvo que repetir algo?* 6. *¿Quién hizo muchas preguntas?* 7. *¿Quién puso su libro en su mesa?* 8. *¿Quién puso algo debajo de su asiento?*
• Tell students: *Contesta las siguientes preguntas acerca de tu día ayer.* 1. *¿Tuviste muchas clases?* 2. *¿Estuviste en casa toda la mañana?* 3. *¿Estuviste muy ocupado/a?* 4. *¿Pudiste dormir hasta tarde o tuviste que levantarte temprano?* 5. *¿Qué ropa te pusiste?* 6. *¿Viniste a la universidad ayer?* 7. *¿Viniste en coche?* 8. *¿Trajiste a alguien contigo?* 9. *¿Cuántas horas estuviste en la universidad ayer?* 10. *¿Viniste a estudiar a la biblioteca anoche?* 11. *¿Estuviste en casa anoche?* 12. *¿Hiciste mucha tarea?* 13. *¿Vino alguien a tu casa / apartamento / residencia anoche?* 14. *¿Qué hicieron Uds.?*
• Have students answer the following questions about their last trip: 1. *¿Hiciste el viaje solo/a o con alguien? ¿Quién fue contigo?* 2. *¿Pudiste descansar mucho durante el viaje o estuviste muy ocupado/a?* 3. *¿Cuánto tiempo estuviste de viaje?* 4. *¿Estuviste en un hotel, te alojaste con un amigo o un familiar o acampaste?* 5. *¿Tuviste problemas durante el viaje?* 6. *¿Estuviste enfermo/a durante el viaje?* 7. *¿Estuviste cansado/a después del viaje?*

■ The following verbs are irregular in the preterit. Learn the set of endings used with them and the irregular stem for each verb. Note that the **-c-** in the stem for **hacer** changes to **-z-** before the ending **-o**.

Irregular Preterit Endings		hacer	venir	querer
yo	-e	hice	vine	quise
tú	-iste	hiciste	viniste	quisiste
Ud., él, ella	-o	hizo	vino	quiso
nosotros/as	-imos	hicimos	vinimos	quisimos
vosotros/as	-isteis	hicisteis	vinisteis	quisisteis
Uds., ellos/as	-ieron	hicieron	vinieron	quisieron

	tener	estar	poder	poner
yo	tuve	estuve	pude	puse
tú	tuviste	estuviste	pudiste	pusiste
Ud., él, ella	tuvo	estuvo	pudo	puso
nosotros/as	tuvimos	estuvimos	pudimos	pusimos
vosotros/as	tuvisteis	estuvisteis	pudisteis	pusisteis
Uds., ellos/as	tuvieron	estuvieron	pudieron	pusieron

■ The ending **-eron** is used instead of **-ieron** when preterit stems end with **-j**, as with **decir** and **traer**.

Endings after Stems with j		decir	traer
yo	-e	dije	traje
tú	-iste	dijiste	trajiste
Ud., él, ella	-o	dijo	trajo
nosotros/as	-imos	dijimos	trajimos
vosotros/as	-isteis	dijisteis	trajisteis
Uds., ellos/as	-eron	dijeron	trajeron

— ¿Dónde **pusiste** la cámara?
— No la **traje**.

— *Where did you put the camera?*
— *I didn't bring it.*

■ The preterit of **hay** is **hubo**.

Hubo mucha turbulencia durante el vuelo.

There was a lot of turbulence during the flight.

7-16 ▶ En la última clase. Indica si las siguientes personas hicieron (o no) cada una de las actividades entre paréntesis durante la última clase de español.

Modelo   (Yo) . . . (traer un diccionario a clase)
   Sí, traje un diccionario a clase. / No, no traje ningún diccionario a clase.

1. (Yo) . . . (venir a clase, traer mi libro, poner mi mochila debajo de mi silla, hacer muchas preguntas, poder contestar todas las preguntas)
2. El/La profesor/a . . . (estar en clase, venir tarde a clase, traer algo de tomar, tener que repetir mucho, decir la tarea para hoy, poner música en español)
3. (Nosotros) . . . (hacer muchos ejercicios en parejas, poder salir temprano de clase, estar muy ocupados, tener un examen, poner las respuestas de la tarea en la pizarra)

7-17 ▶ El vuelo de Mónica.
Pon los verbos en el pretérito para describir el vuelo de Mónica. Luego, indica cuál de las imagenes corresponde a cada descripción.

Modelo   No trae su coche al aeropuerto. Viene en taxi y puede bajar muy cerca de la entrada.
No *trajo* su coche al aeropuerto. *Vino* en taxi y *pudo* bajar muy cerca de la entrada.
Es la imagen a.

1. Trae una maleta que factura. Después de facturar su equipaje, va a la sala de espera donde tiene que esperar más de una hora.
2. Aborda el avión, se sienta, pone su bolsa debajo del asiento delante de ella y se abrocha el cinturón de seguridad.
3. Habla un poco con el pasajero a su lado pero el otro pasajero no dice mucho. El otro pasajero duerme durante dos horas del vuelo.
4. Trae una novela que lee durante la mayor parte del vuelo. Está en el avión cuatro horas y hay poca turbulencia.
5. Cuando el asistente de vuelo viene con el almuerzo, Mónica come un sándwich, pero el pasajero a su lado no quiere nada.

Answers for 7-17.
1. *Trajo, facturó, fue, tuvo. Es la imagen b.*
2. *Abordó, se sentó, puso, se abrochó. Es la imagen c.* 3. *Habló, dijo, durmió. Es la imagen f.*
4. *Trajo, leyó, Estuvo, hubo. Es la imagen d.*
5. *vino, comió, quiso. Es la imagen e.*

Follow-ups for 7-17.
• Supplemental questions about the illustrations.
1. ¿Se puso Mónica pantalones o una falda el día del vuelo? ¿Se puso una chaqueta?
2. ¿Trajo Mónica una maleta verde o una maleta roja? 3. ¿Trajo una bolsa? 4. ¿Vino su esposo con ella? 5. En el avión, ¿estuvo en un asiento junto a la ventanilla o junto al pasillo? 6. ¿Se puso gafas para leer? 7. ¿Empezó a leer antes de almorzar o después? 8. ¿Qué leyó, el periódico o un libro? 9. ¿Estuvo al lado de un hombre o de una mujer durante el vuelo? 10. ¿Quién habló más durante el vuelo, Mónica o el pasajero a su lado? 11. ¿Leyó el otro pasajero algo durante el vuelo?

a.

b.

c.

d.

e.

f.

• Ask students: *Si fue un vuelo perfecto . . .*
1. ¿Hubo escalas o no hubo ninguna escala?
2. ¿Fue el servicio excelente u horrible?
3. ¿Salió el avión a la hora o salió con retraso?
4. ¿Llovió e hizo mucho viento durante todo el vuelo o hizo buen tiempo? 5. ¿Hicieron mucho ruido algunos niños o no fue un vuelo ruidoso?
6. ¿Fue un vuelo tranquilo o se pelearon dos pasajeros? 7. ¿Habló constantemente el pasajero a tu lado o no dijo nada? 8. ¿Sirvieron los asistentes de vuelo un almuerzo delicioso o sirvieron comida fría? 9. ¿Estuvieron muchos pasajeros enfermos o estuvieron todos bien durante el vuelo? 10. ¿Pusieron una película divertida o pusieron una película aburrida? 11. ¿Tuvo que ir al baño cada quince minutos el pasajero junto a la ventanilla, o no se levantó durante todo el vuelo? 12. ¿Durmieron muchos pasajeros durante el vuelo o no pudo dormir nadie por la turbulencia? 13. ¿Llegó el avión a tiempo (on time), o llegó con retraso? 14. ¿Aterrizó el avión sin problema o tuvo que hacer un aterrizaje de emergencia?

 ## 7-18 ▶ El fin de semana pasado.
Entrevista a varios compañeros de clase hasta que encuentres a dos que hayan hecho (*did*) estas cosas el fin de semana pasado. Luego, infórmale a la clase sobre qué estudiantes hicieron cada cosa.

Modelo   estar muy ocupado/a
E1: *Ivonne, ¿estuviste muy ocupada el fin de semana pasado?*
E2: *Sí, estuve muy ocupada.*
E1: *Roberto, ¿estuviste muy ocupado?*
E3: *No, no estuve muy ocupado . . .*

DESPUÉS, A LA CLASE: *Ivonne y . . . estuvieron muy ocupadas.*
(*Nadie de la clase estuvo muy ocupado.*)

1. tener que trabajar
2. ponerse ropa elegante para salir
3. estar con su mejor amigo/a
4. poder descansar el domingo
5. venir a la universidad
6. hacer un viaje
7. ir al cine
8. hacer algo con sus padres

📖 Vocabulario   Lugares en la ciudad

SAM: 7-26
to 7-28

Note for *¿Sabías que...?*
See the IRM for source information relating
to the statistical data presented.

¿Sabías que...?

El uso del teléfono celular está tan
extendido en los países hispanos
como en Estados Unidos. A pesar de
que *(even though)* en las grandes
ciudades hay teléfonos públicos en las
esquinas de las calles, en los parques y
también dentro de edificios públicos, la
gente los utiliza cada vez menos. En
Perú ya hay más de 18 millones de
teléfonos celulares, en Uruguay hay
más celulares (3.5 millones) que
habitantes (3.3 millones) y en España
un 90% de las personas tiene móvil
(cell phone). En países como España,
conducir *(to drive)* y hablar por el
móvil o celular es ilegal, con sanciones
de 200 euros.

¡Ojo!

• Use **se pueden** if a following
infinitive has a plural direct object:
¿Dónde se pueden comprar sellos?
Otherwise, use **se puede: ¿Dónde
se puede comprar gasolina?**
• **Timbres postales** and **estampillas**
are other words used to say **sellos.**

Suggestion for *Una conversación.*
• Have students listen to the conversation first
with books closed for the answers to the following
questions: 1. *¿Cuál es el problema con el primer
restaurante? (La turista ya comió en ese restaurante. Es un poco caro.)* 2. *¿A cuántas cuadras
del hotel está el segundo restaurante? (a tres
cuadras)* Then, have them read along in their
books as they listen a second time.
• New vocabulary presented in the
conversation includes all boldfaced words
as well as *recomendar* (ie), *me*, and *popular.*

 CD 3, Track 9

¡A escuchar!

Escuchen otra conversación en la cual
un huésped *(guest)* de un hotel habla
con la recepcionista. ¿Qué lugares
busca el turista? ¿Por qué?

Possible answers for *¡A escuchar!*
*Busca un banco y un quiosco de periódicos. /
Necesita cambiar unos cheques de viaje y quiere
comprar un periódico. (See facing page for
Audioscript.)*

 CD 3
Track 7

¡Disculpe, señor / señora / señorita! **¿Conoce** usted bien **el vecindario**? ¿Dónde **se
puede(n)** . . . ?

■ cambiar dinero

■ comprar medicamentos (gasolina, periódicos internacionales, **un plano de la
ciudad, sellos,** tarjetas telefónicas)

■ hacer una llamada con una tarjeta telefónica

■ **enviar un paquete**

■ **cortarse el pelo**

Una conversación. Una turista habla con un recepcionista de un hotel
sobre los restaurantes del vecindario.

 CD 3,
Track 8

LA TURISTA:	¡Disculpe, señor! ¿Puede recomendarme un buen restaurante cerca de aquí?
EL RECEPCIONISTA:	*El Papagayo* es muy popular.
LA TURISTA:	**Ya** comí en ese restaurante ayer. Es un poco caro. ¿Conoce usted algún restaurante un poco menos caro?
EL RECEPCIONISTA:	La *Olla de Oro* tiene buena comida a buen precio.
LA TURISTA:	¿Dónde está la *Olla de Oro*?
EL RECEPCIONISTA:	En la calle Seis. Si va a la derecha **al salir** del hotel, está a tres **cuadras**, en **la esquina** de la calle Seis con la calle Guadalupe.

¡Disculpe! *Excuse me!*   **conocer** *to know*   **el vecindario** *the neighborhood*   **se puede(n)** *one can*
un plano de la ciudad *a city map*   **un sello** *a stamp*   **enviar un paquete** *to send a package*   **cortarse el
pelo** *to cut one's hair*   **ya** *already*   **al** + *infinitive upon . . . -ing, as you* + *verb*   **una cuadra** *a (city) block*
la esquina *the corner*

7-19 ▶ ¡Disculpe! Completa las siguientes oraciones con el nombre de un lugar lógico.

Modelo   Necesito sacar dinero con mi tarjeta de débito. ¿Hay *un banco* cerca de aquí?

1. Quiero comprar unos periódicos en español. ¿Hay _____ por aquí?
2. Necesito comprar unos medicamentos. ¿Dónde hay _____?
3. Necesito gasolina. ¿Hay _____ cerca de aquí?
4. Necesito comprar sellos y quiero enviar un paquete. ¿Dónde hay _____?
5. Tenemos hambre. ¿Nos puede recomendar _____?
6. Necesitamos un lugar para pasar la noche. ¿Nos puede recomendar _____?
7. Quiero cortarme el pelo. ¿Hay _____ cerca de aquí?

¿Y tú? Ahora, imagina que eres turista y que buscas los lugares anteriores cerca de la universidad. Hazle las preguntas a otro/a estudiante.

Modelo   E1: *¡Disculpe, señor (señora / señorita)! Necesito sacar dinero con mi tarjeta de débito. ¿Hay un banco cerca de aquí?*
          E2: *Sí, hay un banco en la esquina de la calle Metric con la calle Parmer.*

7-20 ▶ ¿Por qué fuiste allí? ¿Cuándo fuiste a los siguientes lugares por última vez? ¿Qué hiciste en cada lugar?

Modelo   el banco
          Fui al banco hace tres días. Saqué dinero con mi tarjeta de débito.

1. la peluquería   **5.** la farmacia
2. la gasolinera   **6.** el café
3. la librería   **7.** la oficina de correos
4. el aeropuerto   **8.** el parque

7-21 ▶ Otra conversación. En parejas, vuelvan a leer *Una conversación* entre la turista y el recepcionista. Luego, preparen una conversación en la cual un/a turista busca un restaurante cerca de su universidad.

7-22 ▶ Comparaciones culturales. Cuando visitamos otros países, es importante no asumir que las cosas funcionan igual que en nuestra sociedad.

■ En Estados Unidos, ¿qué productos se pueden comprar en las farmacias? En muchos países hispanos, las farmacias no ofrecen la misma variedad de productos que ofrecen en Estados Unidos. En las farmacias allí, se pueden comprar medicamentos y algunos productos de belleza (*beauty*) y para la higiene personal. Pero no se pueden comprar revistas, ni chocolates ni refrescos, por ejemplo.

■ Generalmente, ¿dónde se pueden comprar periódicos y revistas en Estados Unidos? Algo muy típico de España y algunos países de Latinoamérica son los quioscos de periódicos. En las esquinas de las calles principales o en las plazas, siempre se puede encontrar un quiosco donde se venden periódicos, revistas, tarjetas telefónicas, sellos, golosinas (*candy*), etc.

■ ¿Gastas mucho en gasolina? En los países hispanos, la gasolina se mide (*is measured*) por litros y no por galones. Un galón equivale a 3,78 litros. El precio de la gasolina está regulado por el gobierno en algunos países, como México donde PEMEX (Petróleos Mexicanos) es la compañía nacional de distribución de gasolina.

Audioscript for *¡A escuchar!* (from previous page)

EL TURISTA: *Disculpe, señora. Necesito cambiar unos cheques de viaje. ¿Hay un banco cerca de aquí?*
LA RECEPCIONISTA: *Si va a la izquierda al salir del hotel y gira a la derecha en la primera esquina, va a encontrar un banco a dos cuadras.*
EL TURISTA: *¿Sabe si abre a las nueve?*
LA RECEPCIONISTA: *No estoy segura, pero creo que está abierto de nueve a cinco de lunes a viernes.*
EL TURISTA: *También quiero comprar un periódico. ¿Dónde venden periódicos internacionales cerca de aquí?*
LA RECEPCIONISTA: *Al salir del hotel a la izquierda, hay un quiosco de periódicos a dos cuadras. Tiene periódicos de muchos países.*
EL TURISTA: *Gracias, señora.*
LA RECEPCIONISTA: *De nada, señor.*

Answers for 7-19.
1. *un quiosco de periódicos;* 2. *una farmacia;* 3. *una estación de servicio / una gasolinera;* 4. *una oficina de correos;* 5. *un restaurante;* 6. *un hotel;* 7. *una peluquería*

Follow-up for 7-19.
Ask: *¿Dónde está la persona que dice las siguientes cosas? MODELO: Si envío esta carta a Estados Unidos, ¿en cuántos días va a llegar? > Está en la oficina de correos.* 1. *¿Vende Ud. revistas en inglés?* 2. *¿Puede recomendarme algo para las alergias? Me siento muy congestionado.* 3. *Necesito un vuelo a Buenos Aires para el tres de enero.* 4. *Necesito cambiar 300 dólares por pesos.* 5. *Me puede cortar el pelo un poco más por los lados.* 6. *¿Cuántos sellos necesito para esta carta?* 7. *¿Cuánto cuesta un litro de gasolina?* 8. *Aquí tiene el itinerario de su viaje, y recuerde que debe llevar su pasaporte.*

Suggestion for *¿Y tú?*
Give students time to prepare the questions together. Remind them to talk about places near your university or in your city.

Recycle: *Hace* meaning *ago*
Activity 7-20 recycles the use of *hace* to mean *ago* from *Tema 1.*

Supplemental activities for vocabulary
• Ask students: *¿Dónde se puede comprar gasolina (champú)? ¿Dónde se pueden comprar medicamentos (revistas, pasajes de avión, sellos, periódicos, guías turísticas)?*
• Ask students: *¿Dónde hizo un turista las siguientes cosas? MODELO: hacer una llamada internacional > Hizo una llamada internacional en un teléfono público.* (*cortarse el pelo, encontrar revistas de países extranjeros, comprar gasolina, comprar medicamentos, enviar unos recuerdos a su casa, sacar dinero con su tarjeta de débito, buscar información sobre los vuelos*)
• Have students refer to the illustration on the preceding page to answer these questions: *Estás en la agencia de viajes.* 1. *Al salir de la agencia de viajes, ¿qué hay a la derecha?* 2. *Si vas a la derecha y pasas por la peluquería, ¿qué hay en la siguiente esquina?* 3. *Al salir de la agencia de viajes, ¿dónde hay un quiosco de periódicos? ¿Dónde hay un café?* 4. *Al salir de la agencia de viajes, ¿dónde hay una gasolinera?* 5. *¿A cuántas cuadras está la oficina de correos del hospital?* 6. *¿Dónde hay teléfonos públicos?*

 Gramática 1 Avoiding repetition: Direct object pronouns

SAM: 7-29
to 7-31

Para averiguar

1. What is a direct object? What are the direct object pronouns in Spanish?
2. Where do you place direct object pronouns with a single conjugated verb in the present or preterit tense?
3. What are the two possible placements for direct object pronouns when there is an infinitive following a conjugated verb or in the present progressive?
4. Do the placement rules for direct object pronouns differ from those you learned for reflexive pronouns?

 ¡Ojo!

In some regions, people use **le** instead of **lo** or **la** and **les** instead of **los** or **las** for direct objects referring to people.

Suggestion.
Point out that the direct object pronouns look like reflexive pronouns, except for *se*. Give examples such as the following to illustrate the different uses of reflexive and direct object pronouns: *Mi amigo se despierta.* (My friend wakes up himself.); *Mi amigo lo despierta.* (My friend wakes him up. [someone else]) Also point out the different verb endings in *Me despierto* (I wake myself up) and *Me despierta* (He/She wakes me up).

Supplemental activities.
• Ask students: *¿Traes las siguientes cosas a clase generalmente? Contesta con un pronombre de complemento directo.* Modelo: *tu mochila > Sí, la traigo. / No, no la traigo. (tu libro de español, tu diccionario, el periódico, tu celular, tu computadora, tu reloj, café)*
• Give students the following context: *Te mudas* (are moving) *a otro/a apartamento / casa. ¿Dónde pones las siguientes cosas?* Modelo: *el televisor > Lo pongo en la sala. (la mesa, la cama, el sofá, tu ropa, la comida, tus zapatos)*

Note for 7-23 and word lists.
Point out to students that words from lists of possible responses that have already been used in the *Modelo* are italicized, such as *el banco* in this list.

Recycle: *Ir a* + infinitive
Activity 7-23 recycles *Ir a* + infinitive from *Capítulo 2, Tema 3.*

Answers for 7-23.
1. *Voy a comprarlo / Lo voy a comprar al quiosco de periódicos.* 2. *Voy a comprarlos / Los voy a comprar a la farmacia.* 3. *Voy a comprarlos / Los voy a comprar a la oficina de correos.* 4. *Voy a reservarlo / Lo voy a reservar a la agencia de viajes.* 5. *Voy a comprarla / La voy a comprar a la gasolinera.* 6. *Voy a comprarla / La voy a comprar al quiosco de periódicos.*

■ Direct objects refer to people, places, or things that are acted on by the subject of a sentence. Remember that human direct object nouns are preceded by the personal **a**.

Reservé **el hotel** antes de salir.   *I reserved **the hotel** before leaving.*
Voy a acompañar **a mis padres**.   *I'm going to accompany **my parents**.*

■ Use the following direct object pronouns to replace direct objects.

Direct Object Pronouns

me	*me*	nos	*us*
te	*you (fam., sing.)*	os	*you (fam., pl.)*
lo	*you (form., sing.), him, it*	los	*you (pl.), them*
la	*you (form., sing.), her, it*	las	*you (pl.), them*

■ Use **lo** to say *it* for masculine nouns and **la** for feminine nouns. Use **las** to say *them* when replacing a group of only feminine nouns. Use **los** to say *them* for masculine nouns or a mixed group of masculine and feminine nouns. The placement rules for direct object pronouns are the same as those for the reflexive / reciprocal pronouns. They go immediately before the conjugated verb.

— ¿Trajiste **tu pasaporte**?   —*Did you bring your passport?*
— Sí, **lo** traje. (No, no **lo** traje.)   —*Yes, I brought it. (No, I didn't bring it.)*

■ Pronouns that are direct objects of an infinitive used after another conjugated verb may be placed before the conjugated verb or on the end of the infinitive.

— ¿Vas a llevar **esas maletas**?   —*Are you going to take those suitcases?*
— Sí, **las** voy a llevar. / Sí, voy a llevar**las**. (No, no **las** voy a llevar. / No, no voy a llevar**las**.)   —*Yes, I am going to take them. (No, I'm not going to take them.)*

■ In the present progressive (**estar** + **-ando** / **-iendo** form of verb), direct object pronouns may be placed before the conjugated form of **estar**, or they may be attached to the end of the present participle (the **-ando** / **-iendo** form of verb). There is a written accent mark on present participles with pronouns attached to them.

— ¿Estás buscando **al guía**?   —*Are you looking for the guide?*
— Sí, **lo** estoy buscando. / Sí, estoy buscándo**lo**. (No, no **lo** estoy buscando. / No, no estoy buscándo**lo**.)   —*Yes, I'm looking for him. (No, I'm not looking for him.)*

7-23 ► ¿Adónde vas? Estás de viaje. ¿Adónde vas a hacer las siguientes cosas? Contesta cambiando los complementos directos (*direct objects*) en letra cursiva por un pronombre.

la oficina de correos	la farmacia	el banco
el quiosco de periódicos	la agencia de viajes	la gasolinera

Modelo   cambiar *dinero*
Voy a cambiarlo al banco. / Lo voy a cambiar al banco.

1. comprar *un plano de la ciudad*
2. comprar *medicamentos*
3. comprar *sellos*
4. reservar *otro hotel*
5. comprar *gasolina*
6. comprar *una tarjeta telefónica*

7-24 ▶ En el aeropuerto. Completa cada pregunta con el pronombre lógico.

Modelo   ¿Es menos caro *el pasaje* si *lo* compro varias semanas antes del vuelo?

1. Si traigo *dos maletas* grandes, ¿puedo llevar*las*_____ en la cabina o tengo que facturar*las*_____?
2. ¿Puedo usar *mi computadora* durante el vuelo o _____*la*_____ tengo que apagar (*to turn off*)?
3. Si facturo *equipaje*, ¿tengo que recoger*lo*_____ durante la escala o sólo al llegar al destino final?
4. ¿Sirven *comida vegetariana* en todos los vuelos o _____*la*_____ tengo que pedir?

¿Y tú? Ahora imagina que un/a compañero/a de clase trabaja para una aerolínea y hazle las preguntas anteriores.

7-25 ▶ Un viaje al extranjero. Una amiga va a hacer un viaje internacional en avión. ¿Qué respuesta de la columna derecha es lógica para cada pregunta?

1. __c__ ¿Te llevo al aeropuerto?
2. __f__ ¿Me vas a llamar al llegar?
3. __a__ ¿Ya reservaste el hotel?
4. __i__ ¿Cómo lo encontraste?
5. __d__ ¿Te va a recoger alguien al aeropuerto?
6. __h__ ¿Tienes el número de teléfono del hotel?
7. __e__ ¿Necesitas llevar tu pasaporte?
8. __b__ ¿Ya cambiaste dinero?
9. __g__ ¿Confirmaste tu vuelo?

a. Sí, lo reservé hace tres semanas.
b. No, pero lo puedo cambiar en el aeropuerto al llegar.
c. No, no necesitas llevarme. Puedo tomar un taxi.
d. Sí, un servicio de autobús del hotel me va a recoger.
e. Sí, tengo que presentarlo antes de abordar el avión.
f. Sí, te voy a llamar al llegar al hotel.
g. Si, acabo de confirmarlo.
h. Sí, lo tengo memorizado. Es el 231-1213.
i. Lo encontré por Internet.

7-26 ▶ En clase. Hablas con un/a amigo/a de la clase de español. Utiliza el pronombre **nos** como en el Modelo para describir las interacciones de tu profesor/a con los estudiantes.

Modelo   llamar por teléfono si estamos ausentes
El/La profesor/a (no) nos llama por teléfono si estamos ausentes.

1. ver todos los días
2. ayudar en clase
3. criticar mucho
4. oír siempre bien
5. comprender siempre bien

6. aburrir con frecuencia
7. tratar con respeto
8. escuchar cuando hablamos
9. dejar (*to let*) salir temprano
10. hacer hablar mucho español

7-27 ▶ Entrevista. Entrevista a otro/a estudiante con estas preguntas.

1. ¿Quién te invita más a salir? ¿Qué te invita a hacer? ¿Quién te invitó la última vez que saliste con alguien?
2. ¿Quién te llama más por teléfono? ¿Con qué frecuencia te llama? ¿Te llamó ayer?
3. ¿Quién te acompaña generalmente cuando vas de vacaciones? ¿Te hace sentir más seguro/a (*safer*) viajar con otra persona?
4. Cuando viajas en avión ¿quién te lleva al aeropuerto? Generalmente, ¿te deja delante de la entrada del aeropuerto o te acompaña adentro (*inside*) hasta el control de seguridad? ¿Te recoge también cuando vuelves? Si te recoge, ¿te espera adentro al bajar del vuelo, te busca en la recogida de equipaje (*baggage claim area*) o te espera afuera en el auto?

Supplemental activities.
• Set up the following scenario for students: *Vas a hacer un crucero* (cruise) *a Puerto Rico. ¿Vas a llevar estas cosas? MODELO: ropa formal > Sí, voy a llevarla. (Sí, la voy a llevar.) 1. tu traje de baño 2. tu abrigo 3. mucho dinero 4. suéteres 5. tu cámara 6. camisetas 7. sandalias 8. botas 9. un DVD de* Titanic *10. tu libro de español*

Follow-ups for 7-25.
• Have students identify the direct object in each sentence and determine in which ones the direct object pronoun may be placed in a different position.
• Ask students: *¿Con qué frecuencia se hacen las siguientes cosas aquí en el aeropuerto: (casi) siempre, con frecuencia, a veces o (casi) nunca? Contesta con un pronombre de complemento directo. MODELO: > Las aerolíneas cancelan vuelos. > A veces los cancelan. 1. Abren las maletas de los pasajeros en el control de seguridad. 2. Las aerolíneas pierden el equipaje de los pasajeros. 3. Los pasajeros llevan mascotas en el vuelo. 4. Las aerolíneas invitan a los pasajeros de primera clase a abordar primero. 5. Los pasajeros usan su computadora durante el despegue. 6. Los pasajeros toman cerveza* (beer) *durante el vuelo. 7. Los pasajeros prefieren el asiento junto a la ventanilla (el asiento central, el asiento junto al pasillo).*

Follow-ups for 7-26.
• Have students imagine that they are telling a friend whether they have the following interactions with their Spanish instructor, using direct object pronouns as in the model. *MODELO: ver todos los días > Lo / La veo casi todos los días. 1. ver fuera del campus a veces 2. oír siempre bien en clase 3. comprender siempre bien 4. escuchar siempre bien 5. hacer repetir mucho 6. visitar a veces durante sus horas de oficina 7. llamar a veces durante sus horas de oficina 8. acompañar a su oficina a veces después de clase*

Supplemental activity.
Tell students: *Contesta las siguientes preguntas acerca de tu último viaje utilizando un pronombre de complemento directo. MODELO: ¿Reservaste el hotel antes de salir? > Sí, lo reservé antes de salir. / No, no lo reservé antes de salir.*
1. ¿Tomaste el avión? 2. ¿Compraste recuerdos? 3. ¿Hiciste tu maleta la noche antes de salir o la hiciste el mismo día del viaje? 4. ¿Perdiste tu equipaje durante el viaje o lo perdió una aerolínea? 5. ¿Invitaste a tu mejor amigo/a a acompañarte? 6. ¿Llamaste mucho a tus padres durante el viaje? 7. ¿Llevaste tu cámara? 8. ¿Sacaste fotos? 9. ¿Hablaste mucho español durante el viaje? 10. ¿Llevaste tu pasaporte? 11. ¿Tuviste que cambiar dinero? 12. ¿Usaste cheques de viaje? 13. ¿Pagaste el hotel con tarjeta de crédito? 14. ¿Gastaste todo tu dinero?

Gramática 2 Asking what people know:
Saber and **conocer**

SAM: 7-32
to 7-35

Para **averiguar**

1. Do you use **saber** or **conocer** to say that someone knows information or something memorized?
2. Which verb do you use to say that someone knows or is familiar with a person, place, or thing?
3. Which verb is used with infinitives to say what someone knows how to do?
4. What are the forms of **saber** and **conocer** for **yo**?
5. What do **saber** and **conocer** usually mean in the preterit? What are their forms? Which verb has regular -**er** preterit forms?

Supplemental activities.
Ask students: ¿Quién de tu familia sabe hacer las siguientes cosas? MODELO: esquiar > Todos sabemos esquiar. / Mi padre y yo sabemos esquiar, pero mi madre no sabe esquiar. / Nadie sabe esquiar. (hablar español, hablar francés, hablar inglés, hacer enchiladas, nadar, jugar al tenis, bailar tango, tocar el piano, tocar la guitarra, comprar boletos de avión por Internet, arreglar un coche, arreglar una computadora)

■ Both **saber** and **conocer** mean *to know*. In the present tense, they are irregular in the **yo** form, but have regular -**er** verb endings for the other forms.

saber

yo	sé	nosotros/as	sabemos
tú	sabes	vosotros/as	sabéis
Ud., él, ella	sabe	Uds., ellos/as	saben

conocer

yo	conozco	nosotros/as	conocemos
tú	conoces	vosotros/as	conocéis
Ud., él, ella	conoce	Uds., ellos/as	conocen

■ Use **saber** . . .

• to say you know facts, information, or something memorized. It is often followed by **que** (*that*), **si** (*if*), or a question word such as **dónde, cuándo,** or **quién.**

—¿**Sabe** usted **dónde** se pueden cambiar unos cheques de viaje?
—Sí, pero no **sé si** está abierto.

Do you know where one can change some traveler's checks?
Yes, but I don't know if it's open.

• with an infinitive to say you know how to do something.

¿**Sabes usar** el metro?
El guía **sabe hablar** varias lenguas.

Do you know how to use the subway?
The guide knows how to speak several languages.

■ Use **conocer** . . .

• to say you know a person, place, or thing. It may also be used to say *to be acquainted / familiar with* or *to meet* someone for the first time. Remember to use the personal **a** after **conocer** before nouns referring to specific people.

No **conozco** bien la ciudad.
¿**Conoces a** mi agente de viajes?
Quiero **conocer a** tu agente de viajes.

I don't know the city well.
Do you know my travel agent?
I want to meet your travel agent.

■ In the preterit, **saber** usually means that you *found out* something and **conocer** means you *met* or *became acquainted with* someone or something. They are used in another past tense studied in the next chapter to say what or whom you knew in the past. **Conocer** is conjugated as a regular -**er** verb in the preterit, but **saber** is irregular and has the same endings as **tener** or **hacer.**

saber: supe, supiste, supo, supimos, supisteis, supieron
conocer: conocí, conociste, conoció, conocimos, conocisteis, conocieron

—¿Cómo **supiste** que salgo con el hombre que **conocí** durante las vacaciones?
—Los vi juntos. ¿Cómo **se conocieron**?
—**Nos conocimos** en un museo de arte.

How did you find out that I'm going out with the man I met during my vacation?
I saw you together. How did you meet?
We met each other in an art museum.

7-28 ▶ Un buen guía turístico. Indica si un buen guía turístico sabe o conoce las siguientes cosas. Empieza cada oración con **Un buen guía turístico sabe . . .** o **Un buen guía turístico conoce . . .**

Modelo   buenas tiendas para comprar recuerdos
Un buen guía turístico conoce buenas tiendas para comprar recuerdos.

1. hablar varias lenguas	**6.** qué quieren ver los turistas
2. las calles de la ciudad	**7.** restaurantes con comida regional
3. hoteles excelentes	**8.** cuándo están abiertos los museos
4. cuánto cuestan los hoteles	**9.** contestar las preguntas de sus clientes
5. muchos lugares interesantes	**10.** divertir a la gente

 7-29 ▶ Mis cosas favoritas. Identifica las siguientes cosas y pregúntale a otro/a estudiante si las conoce también.

Modelo   tu restaurante favorito
E1: *Mi restaurante favorito es El Poblanito. ¿Lo conoces, Andrea?*
E2: *Sí, lo conozco. A mí también me gusta. / No, no lo conozco.*

1. tu restaurante favorito	**4.** tu lugar favorito para las vacaciones
2. tu tienda de ropa favorita	**5.** tu museo favorito
3. tu película favorita	**6.** tu lugar favorito para acampar

7-30 ▶ Un viaje a México. Vas a visitar la Ciudad de México. ¿Sabes o conoces las siguientes cosas?

Modelo   ¿Algún hotel en la ciudad?
No, no conozco ningún hotel en la ciudad. / Sí, conozco un buen hotel en el centro.

1. ¿Reservar una habitación de hotel en español?
2. ¿Usar el metro (*subway*) de la ciudad?
3. ¿El centro de la Ciudad de México?
4. ¿Cuánto cuesta un vuelo a la Ciudad de México?
5. ¿Si se necesita pasaporte para ir a México?
6. ¿El número de tu pasaporte?
7. ¿Dónde está la catedral?
8. ¿Regatear (*to haggle*) en el mercado?
9. ¿Las pirámides que están cerca de la Ciudad de México?
10. ¿Cómo se llaman esas pirámides?

7-31 ▶ Entrevista. Completa las siguientes preguntas con **sabes** o **conoces**.

1. ¿___Sabes___ cuándo vas a tomar tus próximas vacaciones? ¿___Sabes___ adónde quieres ir? ¿Ya ___conoces___ ese lugar? ¿Qué sitios turísticos ___conoces___ en España? ¿___Sabes___ si los norteamericanos necesitan pasaporte para visitar España?
2. ¿___Conoces___ una buena agencia de viajes cerca de aquí? ¿___Sabes___ cuántas horas dura un vuelo a Cancún, México? ¿___Sabes___ cuánto cuesta un vuelo a Cancún?
3. ¿Qué otras lenguas ___sabes___ hablar? ¿___Sabes___ en qué países de Sudamérica no se habla español? ¿___Conoces___ a alguien de Sudamérica?

 ¿Y tú? Ahora, usa las preguntas anteriores para entrevistar a un/a compañero/a de clase.

Teotihuacán

📖 Vocabulario El hotel

SAM: 7-36 to 7-40

How to use Tema 4. In *Tema 4* of each chapter, the *Vocabulario* section presents new vocabulary related to the chapter theme, but no new grammar is introduced. Instead, the following *Resumen de gramática* summarizes all of the grammar presented in *Temas 1, 2,* and *3.* You may discuss the *Resumen de gramática* with students or ask them to review it outside of class. The last section of *Tema 4, En la vida real,* recycles chapter vocabulary and grammar in activities centered around a real life simulation.

🔊 CD 3 Track 10 ¿Cuándo pasaste las vacaciones en un hotel por última vez? ¿Te gustó el hotel? ¿Reservaste una habitación de hotel antes de salir o encontraste un hotel después de llegar? ¿Cuánto pagaste por noche?

¿Sabías que...?

En algunos países hispanos *the first floor / ground floor* es **la planta baja.** **El primer piso** es *the first floor above the ground floor* pero en Estados Unidos es *the second floor.*

Suggestion for *Una conversación.*
• Have students listen to the conversation first with books closed for the answers to the following questions:
1. ¿Cuánto cuesta la habitación? (750 pesos la noche) 2. ¿Cómo paga el turista? (con tarjeta de crédito)
Then, have them read along in their books as they listen a second time.
• New vocabulary presented in the conversation includes the boldfaced words, as well as *de (no) fumadores, el desayuno, incluido/a,* and *la identificación.*

Possible answers for ¡A escuchar!
Van a Mallorca. / Un hotel está en la playa, es más grande y cuesta más. Tiene veinte pisos. / El otro hotel está más lejos de la playa, es más pequeño, tiene jardín y cuesta menos. Tiene dos pisos / Deciden reservar una habitación en el hotel pequeño con el jardín. (See facing page for Audioscript.)

con vistas al mar
con balcón
con cama doble
con ducha
una habitación sencilla / doble
con baño

la escalera
el ascensor
la recepción
el/la recepcionista
el pasillo
un mensaje
el/la huésped
la llave

el décimo piso
el noveno piso
el octavo piso
el séptimo piso
el sexto piso
el quinto piso
el cuarto piso
el tercer piso
el segundo piso
el primer piso
la planta baja

👁 ¡Ojo!

- The final **-o** is dropped in the adjectives **primero** and **tercero** before a masculine singular noun: **el primer piso, el tercer piso.**
- In some regions **el elevador** is used instead of **el ascensor.**

🔊 CD 3, Track 12

¡A escuchar!

Escuchen otra conversación en la cual dos esposos buscan un hotel por Internet. ¿Adónde van? ¿Cómo son los dos hoteles que consideran? ¿En cuál de los dos deciden reservar una habitación?

🔊 CD 3 Track 11

Una conversación. Un turista que acaba de llegar a un hotel con su esposa habla con el recepcionista.

EL TURISTA: Buenas tardes. Necesitamos una habitación doble para esta noche y mañana.
EL RECEPCIONISTA: ¿Para cuántas personas?
EL TURISTA: Dos.
EL RECEPCIONISTA: ¿Prefiere una habitación de fumadores o no fumadores?
EL TURISTA: De no fumadores, si hay.
EL RECEPCIONISTA: Tengo una habitación en el segundo piso a 750 pesos la noche con el desayuno incluido.
EL TURISTA: Está bien.
EL RECEPCIONISTA: **Me permite** su identificación, por favor.
EL TURISTA: Claro. Aquí tiene nuestros pasaportes y mi tarjeta de crédito también.
EL RECEPCIONISTA: Bueno, aquí tiene la llave para la habitación 214. Pueden tomar el ascensor o subir por la escalera. Están **al fondo de** este pasillo.
EL TURISTA: Gracias.

Me permite . . . *May I see . . .* **al fondo de** *at the end of, at the back of*

7-32 ▶ ¿En qué hotel?

¿Describen estas oraciones el hotel A o el hotel B?

A

Modelo   No hay ascensor.
No hay ascensor en el hotel A.

1. Hay varios pisos. B
2. No hay balcón en las habitaciones. A
3. Muchas habitaciones tienen vistas al mar. B
4. Trabajan muchas personas en la recepción. B
5. Hay más de trescientos huéspedes en el hotel. B
6. No hay restaurante en el hotel. A

7-33 ▶ Dos huéspedes.

Dos turistas se alojaron en los hoteles A y B de la actividad anterior. ¿Quién hizo las siguientes cosas, el huésped del hotel A o el huésped del hotel B?

B

Modelo   salir al balcón para ver el mar
El huésped del hotel B salió al balcón para ver el mar.

1. ver muchas flores cerca de su ventana
2. leer el periódico en el balcón
3. ir a la playa
4. bajar a la planta baja para desayunar
5. tomar café en el patio cerca de su habitación
6. oír a mucha gente en el pasillo por la noche
7. subir a su habitación del cuarto piso por la escalera
8. hacer una excursión por el bosque detrás del hotel

 ## 7-34 ▶ Otra conversación.

¿Recuerdas tu última habitación de hotel? Con otro/a estudiante, prepara una conversación con un/a recepcionista de un hotel en la cual pides una habitación similar.

7-35 ▶ Comparaciones culturales.

Lee la siguiente información sobre los hábitos de vacaciones de los españoles y contesta las preguntas.

■ Cuando planea sus vacaciones, el turista español usa generalmente los servicios de las agencias de viaje, donde los paquetes vacacionales son el producto más vendido. Si no va a una agencia de viajes, el viajero español reserva hotel y compra pasajes de tren o de avión por Internet. ¿Prefieres planificar tus vacaciones en una agencia de viajes o en Internet? ¿Por qué? ¿Crees que son populares los paquetes vacacionales entre los turistas norteamericanos?

■ Los destinos turísticos preferidos por el viajero español son, en España, las playas, como las Islas Canarias y las Islas Baleares. Fuera de España, a los turistas españoles les gusta viajar a Egipto y al Caribe, y en las Américas, a Nueva York, Buenos Aires y Caracas. ¿Cuáles crees que son los destinos turísticos preferidos por los turistas norteamericanos dentro y fuera de Estados Unidos? ¿Dónde pasaste tus últimas vacaciones?

Audioscript for ¡A escuchar! (from previous page)

ELLA: *Mira. Encontré dos habitaciones en viajar.com para nuestro viaje a Mallorca. Uno de los hoteles está en la playa pero cuesta más. El otro está a tres kilómetros de la playa, pero cuesta menos.*
ÉL: *¿Cuál es la diferencia de precio? A mí me gustaría estar en la playa.*
ELLA: *El de la playa cuesta 109 euros la noche. El otro cuesta 85.*
ÉL: *Y a parte del precio, ¿son iguales?*
ELLA: *En nuestra guía dice que los dos son excelentes, pero el de la playa es un edificio más grande, de veinte pisos. El otro es más pequeño. Sólo tiene dos pisos, pero tiene un jardín famoso con muchas plantas y flores exóticas.*
ÉL: *Pues, no sé. ¿Qué opinas tú?*
ELLA: *Yo personalmente no quiero pasar todo el tiempo en la playa. Creo que me gustaría ese hotel más pequeño con el jardín.*
ÉL: *Está bien. Reserva una habitación en ese hotel si quieres.*

Supplemental activities.
• Go over the *¡Ojo!* note on the preceding page with students, then ask: *¿Cuál es el piso más alto, el tercer piso o el quinto (el noveno o el sexto, el cuarto o el décimo, el octavo o el noveno . . .)? En un hotel, si las habitaciones 100–199 están en el primer piso y las habitaciones 200–299 están en el segundo, etc., ¿en qué piso está la habitación 312 (928, 689, 299, 765, 1000, 845, 409, 564)?*
• Ask students: *¿Quién dice las siguientes cosas, el huésped de un hotel o el recepcionista?* 1. *¿En qué le puedo servir?* 2. *Necesito una habitación para esta noche.* 3. *Prefiero una habitación de no fumadores.* 4. *El precio de la habitación más barata es de 125 euros la noche con el desayuno incluido.* 5. *Voy a tomar la habitación con vistas al mar.* 6. *¿Cómo desea pagar?* 7. *Aquí tiene mi tarjeta de crédito.* 8. *¿Me permite su pasaporte, por favor?* 9. *Tiene la habitación número 547. Está en el quinto piso, a la derecha al salir del ascensor.* 10. *¿Dónde está el ascensor?* 11. *Perdí la llave de mi habitación.*

Recycle: The preterit
Activity 7-33 recycles forms of the preterit from *Temas 1* and *2*.

Answers for 7-33.
1. *El huésped del hotel A vio . . .* ; 2. *El huésped del hotel B leyó . . .* ; 3. *El huésped del hotel B fue . . .* ; 4. *El huésped del hotel B bajó . . .* ; 5. *El huésped del hotel A tomó . . .* ; 6. *El huésped del hotel B oyó . . .* ; 7. *El huésped del hotel B subió . . .* ; 8. *El huésped del hotel A hizo . . .*

Warm-up for 7-34.
Ask students: *¿Prefieres una habitación . . .?*
1. *de fumadores o de no fumadores* 2. *en la planta baja, el primer piso o el décimo piso* 3. *con balcón por $200 o sin balcón por $150* 4. *cerca del ascensor o lejos del ascensor* 5. *con vistas al mar o con vistas a las montañas* 6. *con vistas a la calle o con vistas a la piscina* 7. *con el desayuno incluido por $105 o sin desayuno por $100* 8. *en un hotel con piscina por $125 o sin piscina por $115*

Resumen de gramática

SAM: 7-41 to 7-43

How to use *Resumen de gramática*. The *Resumen de gramática* summarizes all of the grammar presented in *Temas 1, 2,* and *3.* You may discuss the *Resumen de gramática* with students or ask them to review it outside of class.

The Preterit

■ Use the preterit to say what someone did or what happened at some point in the past. The preterit endings are the same for -**er** and -**ir** verbs. **Ver** has regular -**er** preterit forms, except there is no accent on the forms **(yo) vi** and **(Ud., él, ella) vio.**

	bajar	recoger	subir
yo	bajé	recogí	subí
tú	bajaste	recogiste	subiste
Ud., él, ella	bajó	recogió	subió
nosotros/as	bajamos	recogimos	subimos
vosotros/as	bajasteis	recogisteis	subisteis
Uds., ellos/as	bajaron	recogieron	subieron

Bajé del avión, **recogí** mi equipaje y **subí** a un taxi.

I got off the plane, picked up my luggage, and got in a taxi.

■ Verbs ending with -**car**, -**gar**, and -**zar** have the following spelling changes in the **yo** form of the preterit:

c > qu   g > gu   z > c

Busqué los mejores precios por Internet y **pagué** menos.

I looked for the best prices on the Internet and I paid less.

Empecé mis vacaciones el lunes.

I started my vacation on Monday.

■ In the preterit of -**er** and -**ir** verbs with stems that end with a vowel, such as **leer**, **creer**, and **oír**, the **i** of the -**ió** and -**ieron** endings becomes **y**. The **i** of the other endings has a written accent mark.

leer

yo	leí	nosotros/as	leímos
tú	leíste	vosotros/as	leísteis
Ud., él, ella	leyó	Uds., ellos/as	leyeron

Cuando **oyeron** el precio, no lo **creyeron**.

When they heard the price, they didn't believe it.

■ In the preterit of stem-changing verbs, there are vowel changes only in the **usted, él, ella** and **ustedes, ellos, ellas** forms of -**ir** verbs, where **e** becomes **i** and **o** becomes **u**. There are no stem changes in the other forms of -**ir** verbs or in any form of -**ar** and -**er** verbs.

-ar / -er verbs (no stem changes)		-ir verbs (stem changes in two forms)	
pensar	**entender**	**preferir**	**dormir**
pensé	entendí	preferí	dormí
pensaste	entendiste	preferiste	dormiste
pensó	entendió	prefirió	durmió
pensamos	entendimos	preferimos	dormimos
pensasteis	entendisteis	preferisteis	dormisteis
pensaron	entendieron	prefirieron	durmieron

■ These verbs follow the same pattern as **preferir**: **divertirse** (*to have fun*), **pedir** (*to ask for*), **repetir** (*to repeat*), **sentirse** (*to feel*), **servir** (*to serve*), **vestirse** (*to get dressed*).

Todos se **sintieron** seguros y se **divirtieron** en el viaje.

Everyone felt safe and had fun on the trip.

■ The verbs **hacer, venir, querer, tener, estar, poner, poder, saber, decir,** and **traer** are irregular in the preterit. Learn the irregular stem and use the same verb endings with each one, except for the **ustedes, ellos,** and **ellas** forms of **decir** and **traer,** where -**eron** is used instead of -**ieron**. Also note the spelling change with **z** for **hacer** in (**usted, él, ella**) **hizo**. There are no written accents on any of these irregular endings.

■ The preterit of **hay** is **hubo**.

Irregular Preterit Stems

hacer:	hic- (hiz-)
venir:	vin-
querer:	quis-
tener:	tuv-
estar:	estuv-
poner:	pus-
poder:	pud-
saber:	sup-
decir:	dij-
traer:	traj-

Endings

yo:	-e
tú:	-iste
Ud., él, ella:	-o
nosotros/as:	-imos
vosotros/as:	-isteis
Uds., ellos/as:	-ieron (-eron for decir and traer)

No **pude** traer mi maleta en el avión. **Tuve** que facturarla.

I couldn't bring my suitcase on the plane. I had to check it.

- The verbs **ir** and **ser** are irregular in the preterit and have identical forms. Context will distinguish their meaning.

ir / ser

yo	fui	nosotros/as	fuimos
tú	fuiste	vosotros/as	fuisteis
Ud., él, ella	fue	Uds., ellos/as	fueron

Fui a Costa Rica. — *I went to Costa Rica.*
Fue un viaje muy interesante. — *It was a very interesting trip.*

Direct object pronouns

- Use direct object pronouns for nouns that receive the action of the verb. Use **lo** for *it* with masculine nouns and **la** for feminine nouns. Use **las** to say *them* for a group of only feminine nouns. Use **los** to say *them* if there are any masculine nouns in a group. Placement rules for direct object pronouns are the same as for reflexive pronouns.

Direct Object Pronouns

me	*me*	nos	*us*
te	*you* (fam., sing.)	os	*you* (fam., pl.)
lo / la	*you* (form., sing.) / *him / her* / *it*	los / las	*you* (pl.) / *them*

1) When these pronouns are the direct object of the conjugated verb, place them before the verb.

2) In the present progressive, they may be placed either before the conjugated form of **estar** or attached to the -**ando** or -**iendo** ending. When attaching them to the end of the verb, write an accent mark on the **a** or **e** of the verb ending.

3) When they are the direct object of an infinitive after a conjugated verb, they may be placed before the conjugated verb or on the end of the infinitive.

4) They are placed on the end of an infinitive after prepositions like **antes de, después de,** and **para.**

— ¿Trajiste **la guía turística**? — *Did you bring the tourist guide?*

— Sí, **la** tengo aquí. — *Yes, I have it here.*
— ¿**La** estás leyendo? / ¿Estás leyéndo**la**? — *Are you reading it?*
— No, ¿**la** quieres ver? / No, ¿quieres ver**la**? — *No, do you want to see it?*
— No gracias, voy a dormir un poco antes de leer**la**. — *No thanks, I'm going to sleep a little before reading it.*

Saber and conocer

- Both **saber** and **conocer** mean *to know* and have irregular present tense forms for **yo.**

- Use **saber** to say you *know* how to do something, or that you *know* information or something memorized.

- Use **conocer** to say that you *know* (*of*) a person, place, or thing, you *are acquainted / familiar with* them, or you *meet* people for the first time. Use the personal **a** after **conocer** before nouns referring to specific people.

- In the preterit, **saber** usually means that you *found out* something and **conocer** means you *met* someone. **Conocer** is a regular -**er** verb in the preterit, but **saber** has the irregular stem **sup-**.

	saber	conocer
yo	sé	conozco
tú	sabes	conoces
Ud., él, ella	sabe	conoce
nosotros/as	sabemos	conocemos
vosotros/as	sabéis	conocéis
Uds., ellos/as	saben	conocen

— Disculpe señor, ¿**sabe** Ud. dónde hay un banco? — *Excuse me sir, do you know where there is a bank?*
— No, no **conozco** bien el vecindario. — *No, I'm not familiar with the neighborhood.*

¿Cómo **supiste** que **conocí** a tu hermano? — *How did you find out I met your brother?*

SAM: 7–44
to 7–48

EN EL AEROPUERTO

LLEGADAS
SALIDAS

En este capítulo aprendiste a hablar de los viajes. Ahora vas a repasar lo que aprendiste con una simulación de la vida real trabajando como empleado/a bilingüe en el centro de información del aeropuerto.

7-36 ▶ ¡Disculpe . . . ! Unos viajeros hacen las siguientes preguntas en el centro de información. Completa cada oración con **sabe** o **conoce**.

Modelo   ¿*Conoce* usted un buen hotel cerca del aeropuerto?

1. ¿___*Sabe*___ usted si hay una oficina de correos cerca del aeropuerto?
2. ¿___*Sabe*___ usted cuánto cuesta un taxi para ir del aeropuerto al centro?
3. ¿___*Conoce*___ usted alguna excursión interesante por la ciudad? Tengo una escala de ocho horas.
4. ¿___*Sabe*___ usted dónde se puede encontrar el equipaje del vuelo 512?
5. ¿___*Conoce*___ usted algún restaurante con comida regional cerca del aeropuerto?
6. ¿___*Sabe*___ usted si el vuelo 977 va a llegar a tiempo?
7. ¿___*Sabe*___ usted dónde está el mostrador (*counter*) de esta aerolínea?

7-37 ▶ ¿En qué puedo servirle? Unos viajeros hacen las siguientes preguntas en el centro de información del aeropuerto. Contesta sus preguntas de manera lógica. Utiliza la forma **usted** del verbo y un pronombre de complemento directo.

Modelo   ¿Puedo dejar mi vehículo en la calle delante de la terminal por media hora?
No, no lo puede dejar en la calle delante de la terminal. | No, no puede dejarlo en la calle delante de la terminal.

1. ¿Puedo acompañar a mi amigo a su puerta de embarque?
2. ¿Necesito mostrar (*to show*) mi tarjeta de embarque en el control de seguridad?
3. ¿Puedo llevar a mi perro conmigo en el avión?
4. ¿Tengo que dejar a mi perro en el contenedor durante todo el vuelo o lo puedo sacar?
5. ¿Cancelan las aerolíneas todos los vuelos si nieva mucho?
6. ¿Tiene usted planos de la ciudad?
7. ¿Puede usted averiguar la hora de salida de mi vuelo?
8. ¿Puede usted llamar al servicio de autobús de mi hotel?

7-38 ▶ Quejas (*Complaints*). Una aerolínea tuvo muchos problemas hoy y los pasajeros se enojaron. Forma oraciones con **Muchos pasajeros . . .** o **La aerolínea . . .** y el pretérito para explicar lo que pasó.

Modelo   enojarse con la aerolínea
Muchos pasajeros se enojaron con la aerolínea.

1. aceptar un exceso de reservas (*to overbook*)
2. tener que esperar otro vuelo
3. estar en la sala de espera todo el día
4. cancelar muchos vuelos
5. no poder salir hasta el día siguiente
6. dormir en el aeropuerto
7. perder el equipaje de muchos pasajeros
8. perder la paciencia con la aerolínea

7-39 ▸ Un niño perdido. Un niño te cuenta como se perdió. Completa su narración con el verbo lógico en el pretérito.

Modelo   Mis padres y yo *llegamos* al aeropuerto a las diez y *fuimos* a facturar el equipaje. (ir, llegar)

1. (Nosotros) ___pasamos___ por el control de seguridad y (nosotros) ___fuimos___ a comer. Mi padre ___pidió___ algo para nosotros. (ir, pasar, pedir)
2. Después de comer, (yo) ___fui___ al baño al otro lado del pasillo. (Yo) ___estuve___ en el baño cinco minutos y luego (yo) ___volví___ al restaurante. (ir, volver, estar)
3. Cuando (yo) ___regresé___ a la mesa, (yo) no ___encontré___ a mis padres y ___empecé___ a llorar (*to cry*). (empezar, regresar, encontrar)
4. Una señora me ___vio___ y ___vino___ a ayudarme. Ella me ___trajo___ aquí. (traer, venir, ver)

 7-40 ▸ Más preguntas. Quieres averiguar la información del niño perdido de la actividad anterior. Un/a compañero/a de clase debe hacer el papel (*role*) del niño y contestar de manera lógica, utilizando un pronombre de complemento directo.

Modelo   E1: ¿Quién *te* trajo al aeropuerto?
          E2: *Mis padres me trajeron al aeropuerto.*

1. ¿Facturaron ustedes *su equipaje* antes o después de comer?
2. ¿Tus padres *te* vieron cuando fuiste al baño?
3. ¿*Te* acompañó alguien al baño?
4. Al salir del baño, ¿buscaste *a tus padres* en el pasillo cerca del baño?
5. ¿Conoces *a la señora que te trajo aquí*?

¡Hola! Entre profesionales

If you work in the travel industry or fly frequently to Spanish-speaking countries, you will hear many of the following phrases in Spanish. Visit MySpanishLab for *Hoy día* to find more useful vocabulary, information, and activities that will help you to communicate with airline and airport employees.

¿Quién habla? Con frecuencia se oyen las siguientes frases en los aeropuertos o los aviones. ¿Quién habla en cada caso? ¿Un/a asistente de vuelo, otro/a encargado/a de la aerolínea o un/a agente de seguridad del aeropuerto?

Modelo   ¿Podría (*Could you*) usted abrir esta maleta, por favor?
          Un/a agente de seguridad del aeropuerto.

1. ¿Cuántas maletas desea facturar? Con tres maletas hay que pagar exceso de equipaje.
2. ¿Trae usted líquidos u objetos punzantes (*sharp-pointed*) en su equipaje?
3. Última llamada para el pasajero García con destino a Bogotá. Por favor, diríjase inmediatamente a la puerta de embarque número 19.
4. Todo pasajero debe poner su equipaje de mano debajo del asiento delantero o en el compartimento superior.
5. Vamos a aterrizar en Bogotá en unos minutos. Por favor, abróchense el cinturón de seguridad, coloquen el respaldo de su asiento en posición vertical y pongan su mesa en su lugar.

Blog de viajes

SAM: 7-49
to 7-50

Antes de leer

Cuando preparas tus vacaciones, ¿consultas guías turísticas o blogs en Internet? ¿Crees que los blogs de viajes pueden ser útiles cuando planeas unas vacaciones? ¿De qué forma pueden ayudar al viajero?

> ▶ **Reading Strategy** *Recognizing words from the same family.* As you expand your vocabulary in a foreign language, previously learned words can help you recognize vocabulary from the same family. You can often guess the meaning of new words you encounter in readings by using related words you have already learned with the same root.

Ahora tú

7-41 ▶ En familia. ¿Puedes identificar el significado de las palabras en negrita (*boldface*) en las siguientes oraciones según las palabras en cursiva que ya conoces?

1. *disponible, antes:* La gente viaja mucho y no siempre hay **disponibilidad** en los vuelos, por eso es importante planear los viajes **con antelación**.
2. *alojarse, recoger:* Los paquetes vacacionales a Perú incluyen generalmente **alojamiento** en hotel y boleto de avión. Generalmente los hoteles también ofrecen un servicio de **recogida** de viajeros en el aeropuerto.
3. *ir, volver:* En nuestro viaje a Machu Picchu, a **la ida** nos alojamos en un hostal, y a **la vuelta** nos quedamos en casa de unos amigos.

El huésped crítico

http://elhuespedcritico.com/

| Buscar blog | 🔍 Siguiente blog » | Crear blog | Regístrate ahora |

Junio

Cuzco, capital de la civilización inca

Perú recibe 1.800.000 visitantes al año y 800.000 de ellos van a Cuzco. Cuando planificamos nuestro viaje a Perú, decidimos viajar a Cuzco, claro. En Cuzco, el visitante puede admirar una de las ruinas arqueológicas más impresionantes del mundo: la ciudadela inca de Machu Picchu. El sitio arqueológico está bastante saturado,[1] por eso tuvimos que comprar las entradas con tres días de antelación. Para llegar a Machu Picchu tomamos el Backpacker Cerrojo, un tren que sale de Cuzco y que cuesta alrededor de 40 dólares. Salimos a las ocho de la noche de Cuzco y nos quedamos dos noches en Aguas Calientes, una noche a la ida y otra a la vuelta. Aguas Calientes es la ciudad más cercana a Machu Picchu. Encontramos alojamiento en un hostal bastante económico, donde pagamos 40 soles por noche, aproximadamente unos 10 dólares, y a la vuelta nos quedamos en casa de unos amigos. Desde Aguas Calientes subimos a pie[2] a Machu Picchu. Caminamos por dos horas, pero la experiencia fue magnífica, porque vimos toda la belleza natural de la selva[3] tropical. No hay palabras para describir Machu Picchu. Las magníficas construcciones de piedra[4] nos inspiraron un profundo respeto por la civilización inca. La UNESCO declaró Machu Picchu Patrimonio Cultural y Natural de la Humanidad en 1983.

ARCHIVO DE BLOGS
▶ junio
▶ mayo
▶ abril
▶ marzo
▶ febrero
▶ enero

▶ Años anteriores

---

[1]crowded [2]on foot [3]rainforest [4]stone

Después de leer

7-42 ▶ La experiencia de Machu Picchu. Lee el blog de viajes de la página anterior y contesta las siguientes preguntas.

1. ¿Por qué decidieron los viajeros del blog visitar Cuzco?
2. ¿Es Machu Picchu un destino turístico popular? ¿Tuvieron que comprar los turistas las entradas con antelación?
3. ¿Cómo viajaron las personas del blog de Cuzco a Aguas Calientes?
4. ¿Dónde se alojaron?
5. ¿Llegaron a Machu Picchu en autobús? ¿Cuánto tiempo estuvieron en Aguas Calientes?
6. ¿Qué sintieron los visitantes del blog en su excursión a Machu Picchu?

 7-43 ▶ ¿Saber o conocer? Completen las siguientes preguntas utilizando **saber** o **conocer,** según el contexto, y después practiquen los diálogos de forma oral.

1. — Alberto, ¿ ___conoces___ Perú?
   — Sí, visité Cuzco con mi familia hace unos años, pero no ___conozco___ la ciudad de Lima.
2. — Sonia y Eduardo, ¿ ___saben___ que voy a hacer el Camino del Inca este verano?
   —¡Impresionante! Vas a tener una experiencia maravillosa. Nosotros ___conocemos___ a otras personas que lo hicieron y les gustó muchísimo.
3. — Jorge, ¿ ___sabes___ ya la fecha de tu viaje?
   — Sí, ___sé___ que las mejores fechas para visitar Machu Picchu son de mayo a octubre, así que voy a ir en junio.
4. — Jorge, ¿ ___sabes___ dónde vas a alojarte?
   — Sí, mis padres ___conocen___ a un profesor que vive allí y me voy a quedar en su casa.
5. — Sonia, ¿ ___conoces___ a Luis Ortiz? Él hizo el Camino del Inca en Machu Picchu en bicicleta.
   — Sí, lo ___conozco___. Es el agente de viajes de la agencia *Horizontes*, ¿verdad?

 7-44 ▶ ¿Qué hacer? En grupos, imaginen que pasaron las vacaciones juntos en estos destinos. Mencionen dos o tres cosas que hicieron en cada lugar.

Answers for 7-42.
1. *Los viajeros del blog decidieron visitar Cuzco porque es una de las ruinas arqueológicas más impresionantes del mundo.* 2. *Sí, Machu Picchu es un destino muy popular y está bastante saturado. Los turistas tuvieron que comprar las entradas con tres días de antelación.* 3. *Las personas del blog viajaron de Cuzco a Aguas Calientes en tren.* 4. *A la ida se alojaron en un hostal bastante económico, donde pagaron 40 soles. A la vuelta se quedaron en casa de unos amigos.* 5. *No, llegaron a Machu Picchu a pie. Estuvieron dos noches en Aguas Calientes.* 6. *Sintieron un profundo respeto por el pasado de la civilización inca.*

Recycle: *Saber* and *conocer*
Activity 7-43 recycles *saber* and *conocer* from *Tema 3.*

Recycle: The preterit
Activity 7-44 recycles all forms of the preterit from *Temas 1* and *2.*

Estación de esquí, Penitentes, Mendoza, Argentina

Sagrada Familia, Barcelona, España

Catarata de Oropéndola, Costa Rica

Punta Cana, La República Dominicana

📖 Dime adónde viajas y . . .

SAM: 7-51 to 7-53

Antes de ver

Planear un viaje puede ser una actividad emocionante, pero al mismo tiempo puede ser estresante. Las agencias de viajes son una gran ayuda a la hora de planificar unas vacaciones. En el video, van a escuchar los testimonios de Fernando Carbone, dueño (*owner*) de Carbone Travel, y de Luis Barbieri, empleado en el departamento de visas del consulado de Venezuela en Nueva York.

7-45 ▶ Reflexiones. ¿Cuáles son las épocas en las que viajan más los estudiantes en tu universidad? ¿Cuáles son los destinos más populares? ¿Por qué crees que son populares estos lugares?

▶ **Listening strategy** *Putting yourself in the place of the interviewer.* Before you listen to an interview, it is helpful to think about what questions you yourself would like to ask the person being interviewed. This will help you process the information as you hear it, because you will have already thought about what might be discussed.

Ahora tú

🎬 **7-46 ▶ Anticipa las preguntas.** En el video, no se oyen las preguntas de la entrevistadora, sólo las respuestas de Fernando Carbone y Luis Barbieri. Prepara dos preguntas para Fernando Carbone acerca de su experiencia como agente de viajes y los clientes de su agencia. Luego, prepara dos preguntas para Luis Barbieri acerca de las solicitudes de (*applications for*) visas para viajar a Venezuela. ¿Corresponden sus respuestas a tus preguntas? Si no, ¿qué les preguntó la entrevistadora?

Después de ver

 7-47 ▶ La clientela es lo primero. En parejas, contesten las siguientes preguntas relacionadas con la agencia Carbone Travel y sus clientes.

1. ¿Qué tipo de clientela recibe Fernando en su agencia?
2. ¿Cuál es el propósito (*purpose*) principal de los viajes del hispano que vive en Estados Unidos?
3. En su opinión, ¿cuáles creen que pueden ser los atractivos de viajar a Latinoamérica para el turista norteamericano?

7-48 ▶ ¿Necesito una visa? Provee (*Provide*) la información correcta después de escuchar al empleado del consulado venezolano Luis Barbieri.

1. Menciona dos documentos que se necesitan para solicitar (*apply for*) una visa de turismo.
2. ¿Cuál es el precio de tramitación (*processing fee*) de una visa de turismo?
3. ¿Cómo son los viajes de negocios (*business*)?
4. ¿Quiénes necesitan una carta de su empresa (*company*) para entrar en Venezuela?

Answers for 7-47.
1. *Un 60% de su clientela son latinoamericanos que viven en Estados Unidos y el resto es gente mayormente americana de Estados Unidos.* 2. *Es regresar a su país para ver a su familia o ir de vacaciones.* 3. *Answers will vary.*

Answers for 7-48.
1. *Se necesitan una carta del trabajo, una carta del banco, un money order por treinta dólares o un cheque certificado, copia y original de la tarjeta de residencia y dos fotografías.* 2. *Es treinta dólares.* 3. *Son temporales o más cortos.* 4. *Las personas que van a Venezuela en viaje de negocios la necesitan.*

Una reseña de hotel

AM: 7-54

► **Writing strategy** *Using models.* Using models can guide you through the writing process when approaching a writing task. The review from **El huésped crítico** can serve as a model when you write your own hotel review.

Antes de escribir

Acabas de regresar de unas vacaciones y tienes que escribir una reseña (*review*) sobre uno de los hoteles donde te alojaste durante el viaje.

7-49 ► **¡Prepárate!** Antes de escribir tu reseña, anota ideas relacionadas con:

1. el nombre del hotel y su localización geográfica
2. las características de la habitación, el precio y los servicios incluidos donde te alojaste
3. la atención de los empleados del hotel

Ahora tú

7-50 ► **Una reseña de hotel.** Escribe tu reseña incluyendo ideas de las categorías anteriores y tomando como modelo la reseña de Casa Sirena.

Después de escribir

7-51 ► **¡Edita!** Intercambia (*Exchange*) tu reseña con un/a compañero/a y revisa la descripción de su hotel. ¿Aparece toda la información relevante? Piensa en sugerencias para mejorar (*to improve*) el texto.

7-52 ► **¡Revisa!** Revisa tu nota y asegúrate (*make sure*) que contenga:

❑ el vocabulario para describir un hotel y sus servicios
❑ el vocabulario para hablar de lugares de interés que están cerca del hotel
❑ acciones en el pretérito para describir las cosas que hiciste en el hotel

Suggestion for 7-53.
Direct students to their online resource for *Hoy día* to complete the activity. Explain to them that on the website there is a section named *Reproches y Alabanzas* where they can read the best and worst hotel reviews according to travelers.

7-53 ► **¡Navega!** Visita la página web de *Hoy día* para encontrar enlaces a sitios en Internet con reseñas que algunos viajeros escribieron sobre su experiencia en hoteles de todo el mundo. ¿Son las reseñas similares a la tuya (*yours*)?

TEMA 1	TEMA 2

De vacaciones

la agencia de viajes	travel agency
el bosque	woods, forest
los cheques de viaje	traveler's checks
el ecoturismo	ecotourism
el/la guía (turístico/a)	(tourist) guide
la guía (turística)	(tourist) guidebook
la habitación	room
el hotel	hotel
el itinerario	itinerary
la maleta	suitcase
el mar	sea
la naturaleza	nature
el país extranjero	foreign country
el pasaje (el boleto, el billete) de avión	plane ticket
el pasaporte	passport
el plato regional	regional dish
el recuerdo	souvenir
las ruinas	ruins
el sitio histórico / turístico	historic / tourist site
el velero	sailboat

Acciones

acampar	to camp
alojarse en	to stay at (on a trip), to lodge at
cambiar	to change, to exchange
hacer la maleta	to pack your suitcase
ir de excursión	to go on an outing, to go on a hike
ir de vacaciones	to go on vacation
pescar	to fish
probar (ue)	to try
reservar	to reserve
sacar	to take (out), to get
salir en velero	to go sailing
viajar	to travel
visitar	to visit

Otra expresión

¿Qué tal . . . ?	How was / were . . . ?

For time expressions used with the preterit, see page 192.

Viajar en avión

la aerolínea	airline
el aeropuerto	airport
el asiento	seat
el/la asistente de vuelo	flight attendant
el avión	airplane
el control de seguridad	security check
el/la encargado/a	person in charge, employee
la entrada	entrance
la llegada	arrival
el/la pasajero/a	passenger
el pasillo	aisle, hall
la puerta	gate
la sala de espera	waiting room
la salida	departure
la tarjeta de embarque	boarding pass
el taxi	taxi
la ventanilla	window (of a vehicle or a box office)
el vuelo	flight

Acciones

abordar	to board
abrocharse el cinturón de seguridad	to buckle your seatbelt
aterrizar	to land
bajar de	to get off / out of, to get down from
decidir	to decide
despegar	to take off
durar	to last
esperar	to wait (for)
facturar el equipaje	to check your luggage
hacer escala	to make a stopover
recoger	to pick up, to gather
subir a	to get on / in, to go up

Otras palabras y expresiones

bienvenido/a	welcome
con retraso	with a delay, late
correcto/a	right, correct
disponible	available
en ese caso	in that case
junto a	next to
más de + number	more than + number

Lugares y necesidades

el banco	bank
la cuadra	(city) block
la esquina	corner
la estación de servicio / la gasolinera	service station, gas station
la farmacia	pharmacy
la gasolina	gasoline
la llamada	call
los medicamentos	medicine, medication
la oficina de correos	post office
el paquete	package
la peluquería	barber shop, hair salon
el periódico internacional	international newspaper
el plano de la ciudad	city map, street map
el quiosco de periódicos	newsstand
el/la recepcionista	receptionist
el sello	stamp
la tarjeta telefónica	phone card
el teléfono público	public telephone
el vecindario	neighborhood

Acciones

conocer	to know, to be familiar with, to be acquainted with, to meet
cortarse el pelo	to cut one's hair
enviar	to send
recomendar (ie)	to recommend
saber	to know, to find out

Otras palabras y expresiones

al + infinitive	as soon as you + verb, upon . . . ing
¡Disculpe!	Excuse me! Pardon me!
popular	popular
se puede(n) . . .	one can . .
ya	already

En el hotel

el ascensor	elevator
el balcón	balcony
la cama doble	double bed
el desayuno	breakfast
la ducha	shower
la escalera	stairs, staircase
la habitación sencilla / doble	single / double room
el/la huésped	guest
la identificación	identification
la llave	key
el mensaje	message
la planta baja	ground floor
la recepción	front desk

Otras palabras y expresiones

al fondo de	at the end of, at the back of
con vistas a . . .	with a view of . . . , overlooking . . .
de (no) fumadores	(non-)smoking
incluido/a	included
Me permite . . . ?	May I see . . . ?

For a list of ordinal numbers, see page 208.

 ▶ Visit MySpanishLab for *Hoy día* for links to the mnemonic dictionary online for suggestions to help you remember vocabulary from this chapter, learn related words in Spanish, and use Spanish words to build your vocabulary in English.

EXAMPLES

el/la huésped, *the guest:* As you have seen with stem-changing verbs, the vowel **o** often becomes **ue** in stressed syllables in Spanish. This word is related to the English words **hospit**ality and **hospic**e. You show hospitality to your guests. Related word in Spanish: **la hospitalidad,** *hospitality;* **hospedar,** *to lodge, to put up;* **un hospicio,** *a hospice.*

el vecindario, *the neighborhood:* The neighborhood is the area in the **vicin**ity. This word is a synonym of **el barrio** and is related to the noun **el/la vecino/a,** *the neighbor,* which you have already learned.

8 La niñez

En este capítulo, vas a aprender a describir cómo eras de niño/a y a hablar de días importantes en tu niñez (*childhood*). Te presentamos algunas tradiciones infantiles del mundo hispano.

Una tradición muy popular en México son las piñatas. Originalmente los mexicanos usaban (*used*) piñatas en celebraciones religiosas. La piñata tradicional tenía (*had*) forma de estrella (*star*) y sus siete conos (*cones*) representaban los siete pecados capitales (*cardinal sins*). Hoy día, las piñatas son una diversión sin significado religioso para los niños en las fiestas de Navidad y de cumpleaños.

▶ ¿Qué tradiciones infantiles típicas recuerdas de tu niñez?

En muchos países del mundo hispano, los niños y las niñas esperan con ilusión (*excitement*) la llegada de los Tres Reyes Magos (*The Three Wise Men*) el seis de enero. Según la tradición, los Tres Reyes vienen de Oriente y dejan regalos para pequeños y mayores. En la tarde del cinco de enero, se ve la tradicional cabalgata (*parade*), donde los Tres Reyes Magos montados en sus camellos desfilan (*parade*) por las calles. Es un evento extraordinario para los más pequeños y las calles se llenan de elementos exóticos y festivos.

▶ ¿Se celebra la fiesta de los Reyes Magos en tu comunidad?

▶ ¿Qué desfiles infantiles recuerdas?

Suggestion for Chapter Opener.
As students answer the questions in the culture note, you may wish to guide them by asking the following. Note 1: *¿Ves muchas piñatas en Estados Unidos? ¿Qué otros elementos de la cultura mexicana están presentes en la sociedad norteamericana?* Note 2: *¿Cómo es la atmósfera de Navidad en Estados Unidos? ¿Qué actividades hacen los adultos y los niños en estas fechas? ¿Cómo celebras el Año Nuevo?*

Suggestion.
You may wish to give students the words to the traditional song that you sing as you hit piñatas in Mexico.
Dale, dale, dale,
no pierdas el tino (aim)
porque si lo pierdes,
pierdes el camino (way).
(2 veces)
Dale, dale, dale,
dale y no le dio,
quítenle la venda (blindfold)
porque sigo (follow) *yo.*

📖 Vocabulario La niñez

SAM: 8-1
to 8-3

¿Sabías que...?

Hay varias maneras de traducir *high school* en español, dependiendo de la región. Generalmente, en España se dice **el instituto** y en México **la preparatoria**, coloquialmente **la prepa**. En otras regiones se dice **el colegio** o **el liceo**. Generalmente, se puede usar **la escuela secundaria** también, pero en México, **la secundaria** se usa para referirse al *middle school*.

¡Ojo!

In this chapter, you will learn a new past tense, the imperfect, which is used to talk about how things used to be. Here you see the endings for **yo (-ar → aba, -er / -ir → ía)**.

Supplemental activities.
• Ask students: *¿Hablo de mi vida actual* (current) *o de mi vida de niño/a?* (Give statements such as the following, changing the underlined words so that they describe you.) *MODELOS: Me gustaba mucho la escuela. (de niño/a) / Me gustan mis clases. (ahora)* 1. *Vivo en Boston.* 2. *Vivía en Santa Fe.* 3. *Vivía en una casa en el campo.* 4. *Vivo en un apartamento en una ciudad grande.* 5. *Pasaba mucho tiempo leyendo.* 6. *Paso mucho tiempo en el gimnasio.* 7. *Paso mucho tiempo con mi esposo/a.* 8. *Pasaba mucho tiempo con mis primos.* 9. *Quería ser dentista.* 10. *Quiero ser profesor/a de español.* 11. *Soy un poco tímido/a.* 12. *Era un/a buen/a estudiante.*
• Reread the statements in the imperfect from the preceding activity, writing the verb on the board, and have students give the same information about themselves when they were young. *MODELO: Me gustaba mucho la escuela de niño/a. Y a ti, ¿te gustaba?*

🔊 ¿Cómo eres ahora?

CD 3
Track 24

Ahora . . .
Me gusta dormir hasta tarde.
Paso mucho tiempo en la biblioteca.
Estudio mucho.
Prefiero estudiar matemáticas.
Soy muy serio/a y trabajador/a.
Soy un/a buen/a estudiante universitario/a.

Nunca **falto a** clase.

¿Dónde vives ahora?

Vivo cerca de la universidad con un/a amigo/a.
Hay mucho tráfico en la calle donde vivo.
Hay muchos cafés y librerías en el vecindario.
No conozco bien a mis vecinos.
Casi nunca estoy en casa los fines de semana.
Casi siempre hago algo con mis amigos los sábados.

¿Cómo eras **de niño/a?**

De niño/a . . .
Me gustaba levantarme temprano.
Pasaba mucho tiempo en el parque.
Casi nunca estudiaba.
En la escuela, prefería **el recreo**.
Era **travieso/a**. No **me portaba** bien.
No era un/a buen/a **alumno/a** cuando estaba en **la escuela primaria** ni en la secundaria.
Faltaba a clase con frecuencia porque estaba enfermo/a.

¿Dónde vivías a **la edad** de diez años?

Vivía en San Antonio con mis padres.
La calle donde vivía era muy tranquila.
Había muchas casas nuevas en el vecindario.
Conocía bien a todos los vecinos.
Casi siempre estaba en casa los fines de semana.
No hacía nada en especial los sábados.

---

la niñez *childhood*   **de niño/a** *as a child*   **el recreo** *recess, recreation*   **travieso/a** *mischievous*   **portarse** *to behave*   **alumno/a** *student, pupil*   **la escuela primaria** *elementary school*   **faltar (a)** *to be absent, to be missing*   **la edad** *the age*

CD 3
Track 25

Una conversación. Dos amigos hablan de su niñez.

DIEGO: Mónica, ahora eres muy seria, ¿te portabas tan bien cuando eras pequeña?

MÓNICA: De niña yo era un poco traviesa. ¿Y tú? ¿Cómo eras?

DIEGO: Era muy tímido. No tenía muchos amigos y pasaba mucho tiempo en mi cuarto. Me gustaba leer y jugar con los videojuegos.

MÓNICA: Yo prefería jugar afuera. Era muy **deportista** y jugaba al béisbol con mis hermanos. En el verano pasaba todo el tiempo en la piscina.

DIEGO: ¿Dónde vivía tu familia?

MÓNICA: Aquí. ¿Y tu familia?

DIEGO: Mi familia vivía en El Paso.

8-1 ▶ ¿Ahora o de niño/a? ¿Cuál de las oraciones te describe mejor?

Modelo   Paso más tiempo con mis padres ahora. —
          Pasaba más tiempo con mis padres de niño/a.
          Pasaba más tiempo con mis padres de niño/a.

1. Paso más tiempo solo/a ahora. — Pasaba más tiempo solo/a de niño/a.
2. Ahora me gusta más estudiar. — Me gustaba más estudiar de niño/a.
3. Ahora leo más. — Leía más de niño/a.
4. Ahora veo más la televisión. — Veía más la televisión de niño/a.
5. Ahora estoy más ocupado/a. — Estaba más ocupado/a de niño/a.
6. Ahora soy más tímido/a. — Era más tímido/a de niño/a.

8-2 ▶ Mi niñez. Cambia las palabras en letra cursiva para describir tu niñez.

1. De niño/a me gustaba *leer*. No me gustaba *jugar afuera*.
2. De carácter, yo era *un poco travieso/a*. No era *tímido/a*.
3. Vivía en *una casa con mi madre y mi hermano*.
4. En mi vecindario, había *muchos niños de mi edad*. No había *ningún parque*.

 ## 8-3 ▶ Otra conversación. En parejas, vuelvan a leer *Una conversación* entre Diego y Mónica. Luego, cambien la conversación para hablar de su propia niñez.

8-4 ▶ Comparaciones culturales. Un alumno mexicano que vive ahora en Estados Unidos explica cómo eran las escuelas en México. Cambia los verbos al presente para explicar cómo son las escuelas en Estados Unidos.

Modelo   En México, los alumnos llevaban uniforme en la escuela.
          Generalmente en Estados Unidos, los alumnos llevan uniforme sólo en las escuelas privadas.

1. En México, la mejor calificación (*grade*) era de 10 y una calificación de menos de 6 era insuficiente.
2. Los alumnos asistían a la escuela en dos turnos (*shifts*). Los de la mañana estaban en clase de 7:30 a 1:30 y los de la tarde de 1:30 a 7:30.
3. Los alumnos no practicaban muchos deportes en la escuela.
4. Los alumnos se quedaban en el mismo salón de clase y los maestros cambiaban de clase.
5. A veces había hasta cincuenta alumnos por clase.
6. No teníamos que pagar los libros ni teníamos que devolverlos (*return them*) al final del año.

---

deportista *athletic, fond of sports*

Suggestions for *Una conversación*.
• Have students listen to the conversation first with books closed for the answers to the following questions. Then, have them read along in their books as they listen a second time. 1. ¿*Cómo se portaba Mónica de niña? (Era traviesa.)* 2. ¿*Dónde vivía Diego de niño? (Vivía en El Paso.)*
• The only new vocabulary presented in the conversation are the boldfaced words and *el béisbol.*

 CD 3, Track 26

¡A escuchar!

Escuchen otra conversación en la cual Marco habla de su mejor amigo cuando era niño. ¿Quién era? ¿Cómo era? ¿Qué le gustaba hacer con su mejor amigo?

Possible answers for ¡A escuchar!
Era su vecino Roberto. / Era alto, deportista y tímido. / Le gustaba jugar al fútbol y con los videojuegos.

Audioscript for *¡A escuchar!*
FELIPE: *Marco, cuando eras pequeño, ¿había muchos niños de tu edad con quienes podías jugar cerca de tu casa?*
MARCO: *Pues, mi vecino Roberto estaba en la misma clase que yo y era mi mejor amigo. Éramos como hermanos. Hacíamos todo juntos.*
FELIPE: *¿Qué te gustaba hacer con él? ¿Cómo era?*
MARCO: *Era muy alto para su edad y era muy deportista. Le gustaba jugar al fútbol. Él jugaba mejor que yo y siempre me ganaba.*
FELIPE: *¿Pasabas mucho tiempo en su casa?*
MARCO: *Preferíamos estar afuera, pero a veces iba a su casa a jugar con los videojuegos si hacía mal tiempo.*
FELIPE: *¿Tenían ustedes otros amigos en la escuela?*
MARCO: *No muchos. Roberto era muy tímido y no le gustaba hablar mucho en la escuela. Sólo hablaba conmigo.*

Suggestion for *Otra conversación*.
You may wish to have students do this activity after the grammar section that follows.

Possible answers for 8-4.
1. *En Estados Unidos, la mejor calificación es una A y una calificación insuficiente es una F.*
2. *En Estados Unidos, los alumnos no asisten a la escuela en dos turnos.* 3. *Generalmente en Estados Unidos, los alumnos practican muchos deportes en la escuela.* 4. *Generalmente en Estados Unidos, los alumnos cambian de salón de clase y los maestros se quedan en el mismo salón de clase.* 5. *Generalmente en Estados Unidos, hay aproximadamente veinticinco alumnos por clase.* 6. *Generalmente en Estados Unidos, los alumnos no tienen que pagar los libros, pero tienen que devolverlos al final del año.*

Gramática 1

SAM: 8-4
to 8-7

Describing how things used to be: The imperfect

Para averiguar

1. What verb tense do you use to describe ongoing actions in the past?
2. What are the imperfect endings for **-ar** verbs? For **-er / -ir** verbs?
3. What is the imperfect of **hay**?
4. What are the only three irregular verbs in the imperfect? What are their forms?
5. Are there stem changes in the imperfect?
6. What are three ways **comíamos** might be expressed in English?

Supplemental activities.
• Point out that the verb form looks the same for *yo* and *él/ella*. Then, have students answer the following questions comparing themselves with their best friend in high school, using the appropriate pronoun. Remind students of the comparatives *más . . . que, menos . . . que, tanto . . . como, tan . . . como,* and to use *tanto como* for *as much as,* and *tan . . . como* for *as . . . as.* MODELO: *En la escuela secundaria, ¿quién vivía más cerca de la escuela, tú o tu mejor amigo/a? > Yo vivía más cerca de la escuela. / Él/Ella vivía tan cerca de la escuela como yo. ¿Quién . . . (era mejor estudiante, faltaba más a la escuela, era más tímido/a, era más alto/a, era mayor, era más deportista, estaba más ocupado/a generalmente, se portaba mejor, hablaba más en clase, trabajaba más, tenía la familia más grande, tenía los padres más estrictos)?*
• Have students compare themselves as high school students to how they are now by saying whether the following sentences are true and changing those that are false. MODELO: *Tenía más amigos que ahora. > Es verdad. Tenía más amigos que ahora. / No es verdad. Tenía menos amigos que ahora. / Tenía tantos amigos como ahora.* 1. *Estudiaba más que ahora.* 2. *Pasaba más tiempo en clase que ahora.* 3. *Hacía más tarea que ahora.* 4. *Me gustaba más la escuela que la universidad.* 5. *Leía más que ahora.* 6. *Comía más en restaurantes que ahora.* 7. *Trabajaba más que ahora.* 8. *Iba más al centro comercial que ahora.* 9. *Hablaba más en clase que ahora.* 10. *Dormía más que ahora.* 11. *Era más travieso/a que ahora.* 12. *Estaba más ocupado/a que ahora.* 13. *Me levantaba más temprano que ahora.* 14. *Me acostaba más tarde que ahora.*
• Read statements such as the following about yourself when you were in high school, making half of them true and half false, and have students guess which ones are false. 1. *Vivía en México.* 2. *Tenía dos perros.* 3. *Hablaba español en casa con mis padres.* 4. *Mi padre trabajaba en una escuela.* 5. *Después de las clases practicaba básquetbol en el gimnasio de la escuela.* 6. *Tocaba la trompeta con la banda.* 7. *Trabajaba en una tienda de ropa los fines de semana.* 8. *Me gustaba estudiar lenguas extranjeras.* 9. *Mi clase favorita era la clase de historia.*

■ To describe how things *used to be*, use the imperfect. Unlike the preterit, which focuses on the completion of an event, the imperfect describes the habitual or ongoing nature of past actions.

PRETERIT:	IMPERFECT:
(THE ACTIVITY WAS CLEARLY COMPLETED.)	(THE ACTIVITY WAS ONGOING.)
Visité a mis abuelos la semana pasada.	Visitaba a mis abuelos todos los veranos cuando era pequeño.
I visited my grandparents last week.	*I visited my grandparents every summer when I was little.*

■ All verbs are conjugated regularly with the following **-ar** or **-er / -ir** endings, except **ir, ser,** and **ver,** and there are no stem changes. Since the ending for **yo** is the same as the **usted, él, ella** ending, the subject pronouns of these forms should be included if it is not clear from the context who the subject is.

	jugar	**comer**	**vivir**
yo	jugaba	comía	vivía
tú	jugabas	comías	vivías
Ud., él, ella	jugaba	comía	vivía
nosotros/as	jugábamos	comíamos	vivíamos
vosotros/as	jugabais	comíais	vivíais
Uds., ellos/as	jugaban	comían	vivían

■ There are only three irregular verbs in the imperfect. The imperfect of **hay** is **había**.

	ser	**ir**	**ver**
yo	era	iba	veía
tú	eras	ibas	veías
Ud., él, ella	era	iba	veía
nosotros/as	éramos	íbamos	veíamos
vosotros/as	erais	ibais	veíais
Uds., ellos/as	eran	iban	veían

Cuando **era** niña, siempre **iba** a casa de mis primos.
When I was a child, I always went to my cousins' house.

Veíamos la tele o jugábamos en el jardín.
We would watch T.V. or play in the yard.

¡Siempre **había** algo que hacer!
There was always something to do!

■ The imperfect may be expressed in a variety of ways in English.

Siempre **comíamos** temprano.
{ *We always ate early.*
{ *We always used to eat early.*
{ *We would always eat early.*

8-5 ▶ En el colegio. ¿Hacías las siguientes cosas cuando estabas en el colegio (*high school*)?

Modelo   levantarse antes de las siete
Sí, en el colegio me levantaba antes de las siete. |
No, en el colegio, me levantaba después de las siete.

Verbos -ar:

1. llegar tarde a la escuela
2. hablar mucho en clase
3. regresar a casa antes de las cuatro

4. practicar un deporte
5. tocar con la banda
6. acostarse tarde

Verbos -er / -ir:

7. vivir cerca de la escuela
8. hacer muchas preguntas en clase
9. comer en la cafetería

10. tener mucha tarea
11. divertirse en la escuela
12. dormir en clase

Verbos irregulares:

13. ir a la biblioteca por la tarde
14. ir a la escuela en autobús
15. ser un/a buen/a estudiante

16. ser muy tímido/a
17. ver muchos partidos de béisbol
18. ver a los maestros en la calle

8-6 ▶ ¿Qué hacías? Pregúntale a un/a compañero/a de clase qué hacía en el colegio.

Modelo   ir casi siempre a clase — faltar a clase con frecuencia
E1: *¿Ibas casi siempre a clase o faltabas a clase con frecuencia?*
E2: *Casi siempre iba a clase.*

1. estudiar mucho — no necesitar estudiar
2. estar aburrido/a en la escuela — encontrar interesantes tus clases
3. tomar el autobús para ir a la escuela — vivir cerca
4. tener muchos amigos — pasar mucho tiempo solo/a
5. practicar un deporte — no ser deportista
6. salir con los amigos los fines de semana — estar en casa generalmente

8-7 ▶ ¿Y en tu familia? Pregúntale a otro/a estudiante quién hacía estas actividades con más frecuencia en su familia cuando era pequeño/a.

Modelo   preparar más la comida
E1: *¿Quién preparaba más la comida en tu familia*
cuando eras pequeño/a?
E2: *Mi padre preparaba más la comida. | Mi madre y*
yo preparábamos la comida. | Nadie preparaba la
comida. Siempre comíamos en restaurantes.

1. limpiar más la casa
2. enojarse más
3. quedarse más en casa

4. hacer más ejercicio
5. dormir más
6. tener más ropa

7. ver más la tele
8. ser más perezoso/a
9. ir más de compras

8-8 ▶ ¿Cómo eran? Prepara tres preguntas para otro/a estudiante sobre cada una de las siguientes personas o cosas de su niñez.

Modelo   su cuarto
¿Tenías tu propio cuarto o lo compartías? | ¿De qué color eran las
paredes? | ¿Había un televisor en tu cuarto?

1. su barrio
2. sus vecinos de al lado
3. su escuela primaria

4. su mejor amigo/a de la escuela primaria
5. su clase preferida del colegio (*high school*)
6. su maestro/a preferido/a

¿Y tú? Ahora, usa las preguntas que preparaste para entrevistar a un/a compañero/a de clase.

Follow-up for 8-5.
• Ask students: *¿Hablo de lo que hice anoche con el pretérito o de lo que hacía en el colegio con el imperfecto? Contesta* ayer *o* en el colegio. (Remind students that *el colegio* means *high school*.) MODELOS: *Me acosté a las diez. (ayer) | Me acostaba muy tarde. (en el colegio)* 1. *Comía mucha pizza.* 2. *Comí ensalada.* 3. *Fui a la biblioteca después de clase.* 4. *Iba a la casa de mis primos después de clase.* 5. *Jugué al tenis con un amigo.* 6. *Jugaba a los videojuegos con un amigo.* 7. *Leí el periódico por la mañana.* 8. *Leía el periódico por la tarde.* 9. *Hablaba mucho por teléfono.* 10. *No hablé por teléfono.* 11. *Salí con mi mejor amigo a un café.* 12. *Casi nunca salía por la noche con los amigos.*
• Reread the sentences above including the words *ayer* or *en el colegio* and have students say whether they are true or false for them, changing the false statements so that they describe them correctly.

Supplemental activities to practice the imperfect.
• Ask students: *De niño/a, ¿qué hacías generalmente . . . ?* 1. *después de la escuela* 2. *los sábados por la mañana* 3. *los domingos por la tarde* 4. *cuando hacía mal tiempo* 5. *cuando hacía buen tiempo* 6. *justo antes de acostarte*
• Ask students to bring pictures of themselves, their family, their house, or their bedroom when they were little and have them prepare several sentences describing what they were like.
• Show old photos of yourself, your family, and where you grew up and have students work in groups to ask questions about what you or they were like.
• Write these sentences on the board or on a transparency and have students complete them about elementary school. 1. *En la escuela primaria, mi maestro/a favorito/a se llamaba . . . Era . . .* 2. *En la escuela me gustaba . . . porque . . .* 3. *No me gustaba . . . porque . . .* 4. *Mi mejor amigo/a se llamaba . . . Era . . . Me gustaba . . . con él / ella.*
• Have students prepare four statements comparing themselves now to ten years ago. MODELOS: *Ahora casi siempre salgo con los amigos los sábados. Hace diez años nunca salía los sábados. Ahora soy más alto/a. Hace diez años era bajo/a.*

📖 Gramática 2
SAM: 8-8
to 8-10

Saying what is or was done: Impersonal se

■ Use the impersonal **se** to make generalized statements about what is or used to be done. Phrases with **se** may be expressed in a variety of ways in English.

Se habla español allí.	*People speak Spanish there.* *They speak Spanish there.* *Spanish is spoken there.*
Eso no se hacía.	*People didn't do that.* *One didn't do that.* *That wasn't done.*
No se usaban las computadoras.	*People didn't use computers.* *One didn't use computers.* *Computers weren't used.*

■ With **se**, use the third-person form (**él, ella, ellos, ellas**) of the verb. It may be singular or plural, depending on the subject, which most commonly follows the verb.

Se estudia álgebra en la escuela secundaria.	*Algebra is studied in secondary school.*
Se estudian las fracciones en la escuela primaria.	*Fractions are studied in elementary school.*
Se necesita uno más.	*One more is needed.*
Se necesitan dos más.	*Two more are needed.*

■ A verb with the impersonal **se** is in the singular form when it is followed by infinitives or with a group of people introduced by the personal **a**, even when you are referring to more than one action or person.

Se puede oír música y bailar allí.	*You can hear music and dance there.*
Se ve a muchas personas en el parque los sábados.	*One sees many people in the park on Saturdays.*

■ When using a verb that is normally reflexive in an impersonal **se** construction, the word **uno** is added as the subject.

Uno se divertía mucho.	*One used to have a good time.*

8-9 ▶ ¿Dónde? Nombra un lugar donde se hacen estas cosas en tu ciudad.

Modelo   Se come bien.
          Se come bien en el restaurante El Patio. / Se come bien en la casa de mi abuela.

1. Se aprende mucho.
2. Se puede nadar.
3. Se prohíbe fumar.
4. Se habla mucho español.
5. Uno se divierte mucho.
6. Se toma mucha cerveza.
7. Se conoce a muchachos y muchachas interesantes.

8-10 ▶ ¿Y en el colegio? Ahora di si (*say whether*) cada cosa de la actividad anterior se hacía en tu colegio.

Modelo   *No se comía bien en la cafetería del colegio.*

8-11 ▶ Entrevista. Completa las siguientes preguntas con la forma correcta del verbo entre paréntesis y entrevista a un/a compañero/a de clase.

1. ¿(Se habla / Se hablan) mucho español en tu vecindario? ¿(Se ve / Se ven) muchos restaurantes de comida mexicana en el vecindario? ¿(Se vende / Se venden) revistas en español en los supermercados? ¿(Se oye / Se oyen) a mucha gente hablando español en los supermercados?

2. ¿(Se usa / Se usan) mucho el transporte público en tu vecindario? ¿(Se ve / Se ven) a muchas personas en bicicleta? ¿(Se ve / Se ven) muchos accidentes en las calles?

8-12 ▶ ¿Y de niño/a? Vuelve a hacer las mismas preguntas de la actividad anterior, pero ahora en el imperfecto para hablar del vecindario de tu compañero/a cuando él/ella era pequeño/a.

Modelo   E1: *¿Se hablaba mucho español en tu vecindario cuando eras pequeño/a?*
           E2: *No se hablaba mucho, pero tenía una vecina de Colombia.*

8-13 ▶ Comparaciones culturales. ¿Dónde se hacen las siguientes cosas: en España, en México o en Perú? Si no sabes la respuesta correcta, adivina (*guess*).

Modelo   Además (*Besides*) del español, también se habla catalán en *España*. A veces, se oye el quechua en *Perú*. El náhuatl se habla en algunas comunidades indígenas de *México*.

Monumento en Lima, Perú, dedicado a José de San Martín, quien declaró la independencia de Perú el 28 de julio de 1821.

1. En . . . se celebra el Día de la Independencia el 16 de septiembre. En . . . se celebra la Declaración de Independencia el 28 de julio y en . . . se celebra la fiesta nacional el 12 de octubre, la fecha en que Cristóbal Colón tomó posesión de los primeros territorios de América en 1492.

2. En . . . se puede visitar la Alhambra, un palacio musulmán. En . . . se encuentran las ruinas incas de Machu Picchu. En . . . se conoce Teotihuacán por las Pirámides del Sol y de la Luna.

3. En . . . la moneda (*currency*) se llama el nuevo sol, en . . . se paga con euros y en . . . se usa el peso.

4. En . . . se ven muchas ruinas mayas y aztecas, en . . . se observa mucha influencia musulmana en la arquitectura y en . . . se encuentran vestigios incas.

5. Generalmente, en . . . *high school* se traduce como **la preparatoria,** en . . . se dice **el instituto** y en . . . se llama **el colegio.**

📖 **Vocabulario** Los grandes acontecimientos de la vida

SAM: 8-11
to 8-13

🔊 ¿Cuáles son los **recuerdos** más importantes de tu **vida**? ¿Qué grandes
CD 3 **acontecimientos** recuerdas?
Track 27

¿ S a b í a s que...?

En Centroamérica, México y el Caribe
las muchachas celebran a los quince
años la transición de la niñez a la
adolescencia con una fiesta muy
tradicional: la quinceañera. Primero la
muchacha va a la iglesia vestida muy
elegantemente y acompañada de su
familia para recibir la bendición
(*blessing*) de su transformación de
niña a mujer. También acompañan
a la quinceañera sus amigas, como
damas de honor, y sus amigos, como
chambelanes (*attendants*). Después de
la celebración religiosa, hay una gran
fiesta con música y comida exquisita.

Supplemental activities for vocabulary.

• Ask students: *¿Qué ocurre primero? ¿el nacimiento
o la muerte? ¿el primer cumpleaños o el nacimiento?
¿el primer cumpleaños o la quinceañera? ¿la graduación de la escuela secundaria o la quinceañera? ¿la
graduación de la universidad o la jubilación? ¿la
muerte o el funeral?*

• Give students questions such as the following
about famous Hispanics. 1. *El pintor Pablo
Picasso nació el 25 de octubre de 1881 y murió
el 8 de abril de 1973. ¿Cuántos años tenía
cuando murió?* 2. *La pintora Frida Kahlo nació el
6 de julio de 1907 y murió el 13 de julio de
1954.* 3. *Eva Perón (Evita) nació el 7 de mayo de
1919 y murió el 26 de julio de 1952.*

• Make transparencies of photos from important
events of your life and describe them to the class
or ask questions and have students guess the
answers. Put students in groups and have them
prepare questions about your relationship with
one of the persons in the photos. Tell them to use
the imperfect to talk about how things used to
be and not to ask about specific events. Write
one question from each group on the board.
Afterwards, have students use the same questions to interview a classmate about his/her relationship with a best friend or a family member
and report back to the class.

• Give students the following verbs and phrases
and have them say whether they did them with
their best friend as children: *pasar mucho tiempo
juntos/as, verse todos los días, abrazarse con
frecuencia, pelearse con frecuencia, hablar
mucho por teléfono, jugar juntos/as afuera, com-
prarse regalos, ir a la misma escuela, ir juntos/as
al cine con frecuencia, divertirse juntos/as,
enojarse a veces, decirse cosas feas a veces.*

Un nacimiento

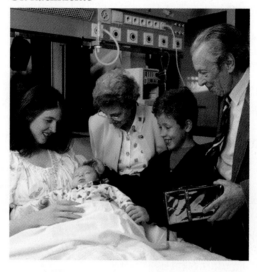

Mi hermano tenía diez años cuando
yo **nací**.

Una graduación

Me gradué de la escuela
secundaria a la edad de dieciocho
años.

Un cumpleaños

Todos mis amigos vinieron a mi
fiesta de cumpleaños cuando
cumplí cinco años. Me gustaba
golpear la piñata, pero no era muy
fuerte.

Una boda

Mi hermano se casó cuando yo
tenía quince años.

Una muerte

Mi abuelo **se jubiló** a la edad de
sesenta y cinco años. Después
de su **jubilación**, vivió con
nosotros hasta su muerte. **Murió**
cuando yo tenía diecisiete años.

---

un recuerdo *a memory*   **la vida** *life*   **un acontecimiento** *an event*   **nacer** *to be born*   **cumplir** *to turn*
(an age), *to carry out, to fulfill*   **golpear** *to hit*   **fuerte** *strong*   **una muerte** *a death*   **jubilarse** *to retire*
la jubilación *retirement*   **morir (ue, u)** *to die*

CD 3
Track 28

Una conversación. Dos amigos hablan de sus mejores recuerdos.

SOFÍA: ¿Cuáles son los mejores recuerdos de tu niñez?

MARCO: Tengo muchos buenos recuerdos pero **sobre todo** recuerdo el día en que mi **equipo ganó el campeonato** de fútbol.

SOFÍA: ¿Cuántos años tenías?

MARCO: Tenía nueve años.

SOFÍA: ¿Qué **pasó** ese día?

MARCO: Recuerdo que ese día llovía cuando me desperté e íbamos a jugar a las dos de la tarde. Estaba un poco **preocupado**, pero un poco antes del partido salió el sol y hacía buen tiempo cuando empezamos a jugar.

SOFÍA: ¿Cómo te sentías?

MARCO: **Al principio** estaba un poco nervioso pero muy **emocionado**. Cuando **marqué el gol** con que ganamos el partido me sentí muy **orgulloso**.

Suggestions for *Una conversación.*
Have students listen to the conversation first with books closed for the answers to the following questions. Then, have them read along in their books as they listen a second time.
1. *¿Cuántos años tenía Marco cuando ganó el partido de fútbol que recuerda? (Tenía 9 años.)*
2. *¿Qué tiempo hacía cuando el partido empezó? (Hacía buen tiempo.)*

 CD 3, Track 29

¡A escuchar!

Escuchen otra conversación en la cual Amalia habla de un recuerdo de su niñez. ¿Qué pasó ese día? ¿Cuántos años tenía? ¿Quiénes estaban con ella ese día?

 8-14 ▶ Entrevista. Entrevista a un/a compañero/a de clase con las siguientes preguntas. Para contestar, usa el mismo tiempo verbal (el pretérito o el imperfecto) que en la pregunta.

1. ¿Cómo celebrabas los cumpleaños cuando eras pequeño/a? ¿Hacían tus padres una fiesta cada año? ¿Tenías una piñata a veces?
2. ¿En qué año te graduaste de la escuela secundaria? ¿Fue tu familia a la graduación? ¿Qué hiciste después de la ceremonia?
3. ¿Tienes hermanos menores? ¿Cuántos años tenías cuando nacieron? De niño/a, ¿jugabas más con tus hermanos, con tus amigos o solo/a?
4. ¿Tienes hermanos mayores? ¿Ya se casaron? ¿Estuviste en su boda? ¿Tienen hijos? ¿Cuántos años tenías cuando tus sobrinos nacieron?
5. ¿Ya se jubilaron tus padres o todavía trabajan? ¿Y tus abuelos? ¿Cuántos años tenían cuando se jubilaron? ¿Pasabas mucho tiempo con tus abuelos de niño/a? ¿Venían ellos a tus fiestas de cumpleaños?

Possible answers for *¡A escuchar!*
Su hermano nació. / Cumplió (Tenía) cinco años. / Sus abuelos, sus amigos y sus padres.

Audioscript for *¡A escuchar!*
TRISTÁN: *Amalia, ¿qué recuerdos importantes tienes de tu niñez?*
AMALIA: *Verás, lo que mejor recuerdo es cuando mi hermano nació.*
TRISTÁN: *¿Cuántos años tenías?*
AMALIA: *Cumplí cinco años ese mismo día. Hacíamos una fiesta en mi casa para celebrar mi cumpleaños cuando mi madre comenzó a sentirse mal. Recuerdo que todos estaban sorprendidos y preocupados cuando salieron para el hospital. Mi hermano nació un mes temprano.*
TRISTÁN: *Entonces tu hermano cumple años el mismo día que tú.*
AMALIA: *Sí, el 21 de agosto.*
TRISTÁN: *¿Fuiste al hospital con tu madre?*
AMALIA: *No. Mi padre la llevó al hospital y mis abuelos se quedaron conmigo y mis amigos para terminar la fiesta.*
TRISTÁN: *¿Cuándo viste a tu hermano por primera vez?*
AMALIA: *Esa misma noche mis abuelos me llevaron al hospital a verlo.*

 8-15 ▶ Otra conversación. En parejas, vuelvan a leer *Una conversación* entre Sofía y Marco. Luego, cambien la conversación para hablar de un día importante de la vida de uno/a de ustedes.

8-16 ▶ Comparaciones culturales. Los momentos importantes en la vida de los jóvenes tienen características diversas en las distintas culturas.

1. En muchos países hispanos, las primeras citas (*dates*) de los jóvenes no son totalmente íntimas. Los padres acostumbran mandar (*usually send*) a los hermanos menores como chaperones, para vigilar (*keep an eye*) a la pareja. ¿Recuerdas tu primera cita? ¿Dónde fue? ¿Tuviste chaperones alguna vez en tus citas?
2. En muchos países hispanos, los jóvenes no pueden sacar la licencia de conducir (*to drive*) hasta los dieciocho años. ¿Cuántos años tenías cuando sacaste tu licencia de conducir? ¿Cómo te sentías cuando tomaste el examen de conducir? ¿Cuál fue tu primer auto? ¿Adónde ibas con tu auto?
3. Al finalizar el colegio, muchos jóvenes hispanos hacen un viaje con su clase. Ellos eligen (*pick*) el destino del viaje, planean los detalles y recaudan fondos (*raise money*) para viajar. Los estudiantes viajan acompañados de profesores para hacer del viaje una experiencia educativa. ¿Hiciste un viaje con tu clase? ¿Adónde fueron? ¿Era la primera vez que viajabas sin tus padres?

sobre todo *above all* **un equipo** *a team* **ganar** *to win* **el campeonato** *the championship*
pasar *to happen* **preocupado/a** *worried* **al principio** *at the beginning* **emocionado/a** *excited*
marcar un gol *to score a goal* **orgulloso/a** *proud*

📖 Gramática 1

SAM: 8-14 to 8-17

Describing an event interrupting an action in progress: Using the preterit and imperfect

Para averiguar

1. Do you use the imperfect or the preterit to describe something in progress in the past?
2. Which tense do you use for something that occurred, interrupting something in progress?
3. Do you use the preterit or the imperfect of the verb **ir** to say what someone *was going to do*?

Note.
More uses of the preterit and imperfect are practiced in the next three grammar sections.

Supplemental activities.
• Refer students back to the photos in the vocabulary presentation for this *Tema* on page 228 and ask the following questions. 1. *Cuando se sacó la foto de la fiesta de cumpleaños, ¿qué hacían los niños, cantaban "Cumpleaños Feliz" o jugaban con la piñata? ¿Estaban en la casa o afuera? ¿Hacía frío o calor? ¿Cuántos niños había en la fiesta?* 2. *Cuando se sacó la foto del nacimiento del bébé, ¿cuántas personas estaban al lado de la cama? ¿El niño que visitaba a su nueva hermana estaba con su padre o con sus abuelos? ¿Quién tenía al bébé cuando se sacó la foto, la mamá o la abuela?* 3. *Cuando se sacó la foto de la boda, ¿estaban en una iglesia o en un parque? ¿Había muchas flores en la iglesia? ¿Cuántas damas de honor (bridesmaids) había? ¿De qué color eran sus vestidos? ¿De qué color era el traje del novio?* 4. *Cuando se sacó la foto del abuelo jubilado con su nieto, ¿estaban en la cocina o en el patio? ¿Qué ropa llevaba el niño? ¿Qué tiempo hacía?* 5. *Cuando se sacó la foto de la graduación, ¿quién hablaba, el director de la escuela o una alumna? ¿Llevaba ella un vestido o una toga? ¿De qué color era la toga? ¿Qué llevaba el director que estaba sentado detrás de ella?*
• Ask questions such as the following about when students left home today. *Cuando saliste de la casa hoy, ¿llovía o hacía sol? ¿Hacía frío o hacía calor? ¿Llevabas chaqueta o no? ¿Estabas solo/a o estabas con alguien? ¿Era antes de las ocho o después de las ocho? ¿Querías dormir más o no tenías sueño? ¿Ibas a la universidad o ibas a otro lugar? ¿Tenías mucho tiempo o ibas a llegar tarde? ¿Había muchos coches en las calles o no? ¿Traías tu mochila o no? ¿Tenías hambre o no? ¿Estabas listo/a para la clase de español o necesitabas estudiar más? ¿Tenías ganas de quedarte en casa o querías salir?*
• Ask students: *¿Dónde estabas y qué hacías ayer a estas horas? ¿a las seis / ocho / diez de la mañana, a las dos / cuatro / seis de la tarde, a las nueve / once de la noche?*

■ The preterit and the imperfect both refer to past actions, but they cannot be used interchangeably since they give different messages. Compare the following sentences. In the first sentence, *we embraced* would be expressed by the preterit in Spanish, and in the second sentence the imperfect would be used to translate *we were embracing*.

When my parents returned, we embraced.
When my parents returned, we were embracing.

■ Use the preterit for a sequence of events that happened one after another.

WHAT HAPPENED FIRST (PRETERIT)	WHAT HAPPENED NEXT (PRETERIT)
Cuando mis padres regresaron . . . *When my parents returned, . . .*	nos abrazamos. *we embraced.*

■ Use the imperfect to describe an activity that was in progress when something else happened, and the preterit to say what occurred that interrupted it. In this context, the imperfect is often, but not always, translated as *was / were . . . -ing* in English.

WHAT HAPPENED INTERRUPTING SOMETHING IN PROGRESS (PRETERIT)	WHAT WAS IN PROGRESS (IMPERFECT)
Cuando mis padres **regresaron** . . . *When my parents returned, . . .*	**nos abrazábamos**. *we were embracing.*
Cuando yo **nací** . . . *When I was born, . . .*	mis padres **vivían** en San Antonio. *my parents lived in San Antonio.*

■ Put both verbs in the imperfect to say that two activities were in progress at the same time. These two activities are often connected by **mientras** (*while, as*).

Mis amigos me miraban **mientras** yo golpeaba la piñata. | *My friends were watching me as I was hitting the piñata.*

■ To say what was going to happen in the past, use the imperfect of **ir** followed by **a** + infinitive.

Íbamos a hacer la fiesta en el parque, pero empezó a llover. | *We were going to have the party at the park, but it started to rain.*

8-17 ▶ Una boda. ¿Qué acción estaba en progreso (imperfecto) cuando ocurrió la otra acción (pretérito)? Selecciona la forma correcta de cada verbo para completar la descripción de esta boda.

1. Todos los invitados (esperaban / esperaron) en la iglesia cuando el novio (entraba / entró).
2. Él (llegaba / llegó) tarde porque no (tenía / tuvo) la dirección de la iglesia.
3. Cuando la novia (entraba / entró), se veía que ella (estaba / estuvo) un poco nerviosa.
4. Al final de la ceremonia, la novia (miraba / miró) a su madre y (veía / vio) que su madre (estaba / estuvo) muy emocionada.
5. El fotógrafo (sacaba / sacó) tres fotos mientras los novios (salían / salieron) de la iglesia.
6. Los novios (estaban / estuvieron) exhaustos cuando los últimos invitados (se iban / se fueron) del banquete después de la boda.
7. Al día siguiente, (hacía / hizo) un tiempo estupendo cuando los novios (se iban / se fueron) de luna de miel (*honeymoon*).

8-18 ▶ Una fiesta de cumpleaños. Describe esta fiesta de cumpleaños poniendo uno de los verbos en el imperfecto y el otro en el pretérito.

Modelo   los niños: jugar afuera con la piñata — cuando: empezar a llover
Los niños jugaban afuera con la piñata cuando empezó a llover.

1. la madre: hacer un pastel de chocolate — porque: ser el favorito de su hijo

2. la madre: traer el pastel a la mesa — cuando el gato: pasar por delante de ella

3. todos: cantar "Cumpleaños Feliz" — cuando el perro: empezar a aullar (*to howl*)

4. cuando el niño: abrir el primer regalo — ser un videojuego

5. dos niños: pelearse — porque los dos: querer jugar con el videojuego

6. los dos: tener que sentarse cinco minutos en el sofá — porque (ellos): portarse mal

Answers for 8-18.

1. *La madre hizo un pastel de chocolate porque era el favorito de su hijo.* 2. *La madre traía el pastel a la mesa cuando el gato pasó por delante de ella.* 3. *Todos cantaban "Cumpleaños Feliz" cuando el perro empezó a aullar.* 4. *Cuando el niño abrió el primer regalo, era un videojuego.* 5. *Dos niños se pelearon porque los dos querían jugar con el videojuego.* 6. *Los dos tuvieron que sentarse cinco minutos en el sofá porque (ellos) se portaban mal.*

Supplemental activities.
• Give students the following context: *Explica por qué hiciste las siguientes cosas la última vez.* MODELO: *Estudié toda la noche porque . . . > Estudié toda la noche porque tenía tres exámenes al día siguiente.* 1. *No fui a clase porque . . .* 2. *Me puse un suéter porque . . .* 3. *Me puse ropa elegante porque . . .* 4. *Dormí hasta tarde porque . . .* 5. *Comí en un restaurante porque . . .* 6. *Salí temprano de la casa porque . . .* 7. *Tomé el avión porque . . .* 8. *Fui al centro comercial porque . . .*
• Ask students the following set of questions about each of the indicated moments, or have students ask one another: *¿Qué hora era? ¿Cómo te sentías? ¿Quiénes estaban allí y qué hacían? ¿Qué querías hacer después?* MODELO: *Cuando te levantaste hoy . . .* E1: *Cuando te levantaste hoy ¿qué hora era?* — E2: *Eran las seis y media.* — E1: *¿Cómo te sentías?* — E2: *Estaba cansado/a y quería dormir más . . .*
1. *Cuando saliste de casa hoy . . .* 2. *Cuando llegaste a clase hoy . . .* 3. *Cuando volviste a casa ayer . . .* 4. *Cuando cenaste anoche . . .*
• Remind students that the imperfect is used to say what someone was going to do, and have them say that the following people ended up doing the opposite of what they intended. MODELO: *Mis amigos y yo íbamos a divertirnos, pero . . . > Mis amigos y yo íbamos a divertirnos, pero nos aburrimos.*
1. *Mis padres iban a salir el sábado por la noche, pero . . .* 2. *Mi padre iba a descansar el sábado por la tarde, pero . . .* 3. *Yo iba a levantarme temprano por la mañana, pero . . .* 4. *Mi novio/a y yo íbamos a comer en un restaurante, pero . . .* 5. *Mi novio/a iba a portarse bien con mi madre, pero . . .* 6. *Mi madre y mi novio/a iban a llevarse bien, pero . . .* 7. *Yo no iba a decir nada, pero . . .*

8-19 ▶ En el pasado. Completa las siguientes oraciones con el imperfecto para describir la acción en progreso y el pretérito para hablar de la acción terminada.

Modelo   Cuando (yo) *nací* (nacer), mis padres ya *tenían* (tener) dos hijos.

1. Mi familia ___estaba___ (estar) en Santa Fe cuando (yo) ___nací___ (nacer).
2. (Nosotros) ___Vivíamos___ (vivir) en San Diego cuando (yo) ___empecé___ (empezar) la escuela primaria.
3. (Yo) ___Conocí___ (conocer) a mi mejor amigo cuando (yo) ___estaba___ (estar) en la escuela secundaria.
4. (Yo) ___Tenía___ (tener) dieciséis años cuando (yo) ___aprendí___ (aprender) a conducir (*to drive*).
5. Cuando (yo) ___me gradué___ (graduarse) de la escuela secundaria, (yo) ___quería___ (querer) trabajar en un hospital.

 ¿Y tú? Cambia las oraciones anteriores para contarle a un/a compañero/a de clase tu propio pasado. Luego, pregúntale lo mismo a él/ella.

Modelo   E1: *Cuando nací, mis padres no tenían otros hijos. Y tus padres, ¿cuántos hijos tenían cuando tú naciste?*
E2: *Ya tenían dos.*

📖 Gramática 2
SAM: 8-18 to 8-21

Distinguishing completed and ongoing actions: Using the preterit and imperfect

Para **averiguar**

1. Do you use the preterit or the imperfect to describe situations that continued in the past? Which tense do you use to say what happened and was finished?
2. What are four uses of the imperfect? What is a contrasting use of the preterit for each one?

Note.
The use of the preterit and imperfect in narration is practiced more in the next *Tema.*

Suggestion.
As you do each activity in this section, ask students how the preterit and imperfect are being used and have them indicate use(s) 1, 2, 3, or 4 from the chart.

Possible answers for 8-20.
1. de niño/a (no) iba, . . . , ayer (no) fui . . . .
2. de niño/a (no) comía . . . , ayer (no) comí . . . .
3. de niño/a (no) llevaba . . . ayer (no) llevé . . . .
4. de niño/a (no) hacía . . . . ayer (no) hice . . . .
5. de niño/a (no) practicaba . . . ayer (no) practiqué . . . . 6. de niño/a (no) hacía . . . ayer (no) hice . . . . 7. de niño/a (no) regresaba . . .ayer (no) regresé . . . . 8. de niño (no) salía . . . ayer (no) salí . . . .

Follow-up for 8-20.
Remind students to use the imperfect for something done over an unspecified period of time in the past and the preterit for something done for a specific duration, a specific number of times, or on a specific occasion. Then, ask them the following: 1. ¿Cómo se llamaba tu escuela primaria? ¿En qué año empezaste tu primer año de escuela? 2. ¿Quién era tu mejor amigo/a en la escuela primaria? Generalmente, ¿qué hacías con él / ella? ¿Cuándo lo / la viste por última vez? 3. ¿Cómo se llamaba tu colegio (high school)? ¿De qué año a qué año fuiste a ese colegio? 4. En el colegio, ¿jugabas al fútbol americano con el equipo de la escuela? ¿Cuántos partidos ganaron ustedes el último año? ¿Cómo se llamaba su rival número uno? ¿Ganaron el partido contra ellos el último año? 5. De niño/a, ¿te gustaban los parques de atracciones como Disney World? ¿Ibas a parques de atracciones con frecuencia? ¿Cómo se llamaba el parque de atracciones más cerca de tu casa? ¿Cuántas veces fuiste a Disney World? 6. Generalmente, de niño/a, ¿hacían tus padres una fiesta para celebrar tu cumpleaños? ¿Cuántas fiestas de cumpleaños te hicieron? ¿Cuántos años tenías cuando hicieron la última fiesta? 7. ¿Cuántos hijos tuvieron tus padres después de ti? ¿Cuántos años tenías cuando nacieron? ¿Cuántos hijos tuvieron antes de ti? ¿Cuántos años tenían tus hermanos cuándo tú naciste? 8. ¿En qué año dejaste la casa de tus padres para vivir en otro lugar? ¿Cuántos años tenías? ¿Adónde fuiste a vivir?

■ Whereas the imperfect is used to describe actions that continued in the past, the preterit is used for actions that happened and then clearly ended. Contrast the following uses of each tense.

USE THE IMPERFECT FOR . . .	USE THE PRETERIT FOR . . .
1. something that continued or was repeated for an unspecified duration. En 2006, yo **vivía** en Florida y **estudiaba** en la universidad. *In 2006, I was living in Florida and I was studying at the university.*	1. something that happened for a specified duration or for a specific number of times, or was completed at a precise moment. **Me gradué** de la universidad en 2008. *I graduated from the university in 2008.*
2. something in progress that was interrupted. **Tenía** 30 años cuando me casé. *I was thirty when I got married.*	2. what happened, interrupting an action in progress. Tenía 30 años cuando **me casé.** *I was thirty when I got married.*
3. in narration, to set the scene and describe things that continued to be true. El día de mi boda **hacía** mucho frío y **había** mucha nieve en las calles. **Estaba** perdido . . . *The day of my wedding it was very cold and there was a lot of snow on the streets. I was lost . . .*	3. in narration, to state the sequence of events that advance the story line. Por fin, **llegué** a la iglesia. **Bajé** del coche, **entré** a la iglesia y **fui** a vestirme . . . *Finally, I arrived at the church. I got out of the car, I entered the church, and I went to get dressed . . .*
4. continuing conditions, such as when describing mental or physical states. Era el día de mi boda y **me sentía** nervioso. *It was the day of my wedding and I was feeling nervous.*	4. for changes in conditions or reactions. Después de la boda, **me sentí** muy feliz. *After the wedding, I felt very happy.*

8-20 ▶ De niño y ayer. Primero di si hacías las siguientes cosas cuando eras niño/a. Luego, di si las hiciste ayer o el último día que fuiste a clase.

Modelo   estar en clase todo el día
            De niño/a estaba en clase todo el día. Ayer no estuve en clase todo el día.

1. ir a la escuela / universidad en autobús
2. comer en la cafetería
3. llevar jeans a clase
4. hacer toda la tarea
5. practicar un deporte después de las clases
6. hacer muchas preguntas en clase
7. regresar a casa después de las clases
8. salir con los amigos por la noche

8-21 ▶ Siempre lo mismo. Marco siempre hace lo mismo todas las noches. Cambia las siguientes oraciones que describen su rutina típica para describir su noche anterior.

Modelo   Siempre *cena* en un restaurante porque no *tiene* ganas de cocinar.
           Anoche cenó en un restaurante porque no tenía ganas de cocinar.

1. Siempre *tiene* mucha hambre y *cena* mucho.
2. *Está* cansado cuando *vuelve* a su casa.
3. Después de volver a casa, *ve* un poco la tele y luego *hace* su tarea.
4. *Estudia* tres horas porque *tiene* mucha tarea.
5. *Son* las diez cuando *termina* su tarea.
6. *Empieza* a tener sueño a las diez y media y *se acuesta* a las once.
7. *Se ducha* y *se lava* los dientes antes de acostarse.
8. *Duerme* ocho horas y *se despierta* a las ocho de la mañana.

 8-22 ▶ Una fiesta. ¿Qué pasaba en esta fiesta cuando llegaste? En grupos, preparen oraciones para describir la escena.

Modelo   *Cuando llegué a la fiesta un grupo tocaba música, varias personas . . .*

8-23 ▶ ¿Qué pasó luego? En grupos, cuenten lo qué pasó más tarde en la fiesta de la actividad anterior. Preparen varias oraciones.

Modelo   *Un muchacho bailó con la novia de otro. El otro se enojó y los dos se pelearon . . .*

8-24 ▶ Un examen. Una estudiante habla de su último examen. Completa su narración con el imperfecto para describir estados físicos o mentales, o el pretérito para describir una reacción momentánea o un cambio.

Modelo   Cuando me levanté el día del examen *me sentía* (sentirse) un poco enferma.

Cuando llegué a la clase, (1) ___estaba___ (estar) un poco nerviosa y no (2) ___quería___ (querer) tomar el examen. (3) ___Creía___ (creer) que (4) ___estaba___ (estar) lista para el examen, pero cuando vi la primera pregunta (5) ___tuve___ (tener) un ataque de pánico. Después (6) ___me calmé___ (calmarse) porque el examen era fácil y (7) ___sabía___ (saber) casi todas las respuestas. Después de terminar el examen (8) ___me sentí___ (sentirse) aliviada (*relieved*). Cuando recibí mi nota (*grade*) (9) ___me enojé___ (enojarse) porque cometí muchos errores por descuido (*carelessness*).

8-25 ▶ Tu último examen. Escribe un párrafo para describir la última vez que tomaste un examen en una de tus clases. Usa la actividad anterior como modelo.

Modelo   *Estudié hasta muy tarde la noche anterior y cuando me levanté el día del examen tenía mucho sueño . . .*

📖 **Vocabulario** Expresiones para narrar

SAM: 8-22
to 8-24

🔊 CD 3 Track 30 En la narración de un acontecimiento importante o en un cuento se pueden usar las siguientes palabras para conectar las ideas.

cuando	*when*	**por eso**	*so, that's why, therefore*
mientras	*while*	**para** + infinitivo	*(in order) to* + verb
al principio	*at first*	**antes de** + infinitivo	*before* verb + *-ing*
luego	*then, next*	**después de** + infinitivo	*after* verb + *-ing*
entonces	*so, (back) then*	**al** + infinitivo	*upon* verb + *-ing*
porque	*because*		

Verónica, una alumna inmigrante, recuerda su primer día en una escuela de Estados Unidos. Observa el uso de las palabras anteriores en letra cursiva.

Supplemental activities.

• Explain the use of *al* + infinitive and do the following activity. *Varios alumnos hablan de cuando estaban en la escuela primaria. Completa cada oración con* al llegar a la escuela *o* al volver a casa. MODELO: *Siempre hacía mi tarea primero al volver a casa.* 1. *Siempre le daba mi tarea a la maestra inmediatamente . . .* 2. *Siempre saludaba a todos mis compañeros de clase . . .* 3. *Me gustaba jugar a los videojuegos . . .* 4. *Las clases siempre recitaban el juramento de lealtad (Pledge of Allegiance) . . .* 5. *Me sentaba tranquilamente en mi pupitre . . .* 6. *Siempre leía primero la agenda del día en la pizarra . . .* 7. *A veces dormía la siesta . . .* 8. *Si no entendía la tarea de la noche anterior, le hacía preguntas a la maestra . . .* 9. *Antes de las clases, los alumnos esperaban en la cafetería . . .* 10. *Ayudaba a mi mamá con mis hermanitos . . .*

• Remind students of the use of *para* before infinitives and ask them: *¿Hacía un alumno las siguientes cosas para sacar buena notas (to get good grades) o para divertirse?* MODELO: *Siempre escuchaba en clase para sacar buenas notas.* 1. *Siempre hacía toda la tarea . . .* 2. *Le gustaba salir durante el recreo . . .* 3. *Invitaba a sus compañeros de clase a su casa los fines de semana . . .* 4. *Estudiaba mucho . . .* 5. *Aprendía bien las lecciones . . .* 6. *Jugaba a los videojuegos . . .* 7. *Volvía a leer les explicaciones varias veces . . .* 8. *Hacía muchas preguntas en clase . . .* Afterwards, have students say whether they did each of these things when they were in elementary school.

• Remind students of the use of infinitives after *antes de* and *después de* and do the following activity. *Generalmente en la escuela primaria, ¿hacías la primera acción antes o después de hacer la segunda?* MODELO: *hacer la tarea / cenar > Generalmente, hacía la tarea antes de cenar.* 1. *desayunar / ir a la escuela* 2. *estudiar mucho / tomar un examen* 3. *tener hambre / almorzar* 4. *tener sueño por la tarde / almorzar* 5. *volver a casa / pasar el día en clase* 6. *tener casi tres meses de vacaciones / empezar un nuevo año de escuela* 7. *comprar cuadernos y lápices nuevos / empezar un nuevo año* 8. *tener nuevos compañeros de clase / empezar un nuevo año*

Mi familia **se mudó** a Estados Unidos *cuando* estaba en el tercer grado.

Cuando empecé la escuela, estaba **asustada** *porque* no hablaba inglés ni conocía a nadie. *Al entrar* en el salón el primer día, todos me miraron *porque* llegué tarde. Quise **llorar**.

No sabía cómo me iban a **tratar** los otros alumnos. *Al principio*, nadie me dijo nada y *luego* en la cafetería, dos niñas me **saludaron** y me invitaron a sentarme con ellas. Yo las escuchaba con atención *mientras* hablaban, pero no entendía nada. *Entonces* traté de comunicarme con **una sonrisa** y otros **gestos**.

Ese día, mucho tiempo *antes de salir* de la escuela necesitaba ir al baño, pero no sabía las palabras en inglés *para pedir* permiso. *Por eso*, fueron las primeras palabras que aprendí al día siguiente.

---

mudarse *to move (to a new residence)*   **asustado/a** *frightened*   **llorar** *to cry*   **tratar** *to treat, to try*
saludar *to greet, to say hello / hi*   **una sonrisa** *a smile*   **un gesto** *a gesture*

CD 3
Track 31

Una conversación. Después de clase, Verónica habla con su mamá del primer día en su nueva escuela.

SU MADRE: ¿Qué tal tu primer día en la nueva escuela? ¿Te gustó?

VERÓNICA: Pues, todos me trataron bien, pero no entendí nada de **lo que** decían.

SU MADRE: ¿Hiciste amigos?

VERÓNICA: Sí, conocí a dos niñas que se llaman Olivia y Emma. Comí con ellas en la cafetería y luego jugué con ellas durante el recreo.

SU MADRE: Y la maestra, ¿cómo es?

VERÓNICA: Es buena, pero no sabe **ni una sola** palabra de español.

 CD 3, Track 32

¡A escuchar!

Ahora, escuchen otra conversación en la cual dos estudiantes universitarios, Jaime y Marta, hablan del primer día de la clase de francés de uno de ellos. ¿Por qué estaba nervioso al principio de la clase? ¿Cuánto francés sabía? ¿Por qué pudo comprender la mayoría (*majority*) de lo qué decía el profesor en francés?

8-26 ▶ La Cenicienta (*Cinderella*). Verónica está aprendiendo inglés y tiene que traducir la historia de la Cenicienta del inglés al español. Ayúdala a traducir los verbos entre paréntesis.

Modelo   Cuando su padre *murió* (*died*), Cenicienta *se quedó* (*stayed*) con su madrastra mala y dos hermanastras. *Eran* (*They were*) tontas, malas y perezosas. Por eso, Cenicienta *tenía* (*had*) que hacer todo el trabajo.

1. Un día un mensajero ____llegó____ (*arrived*) a la casa de Cenicienta para anunciar que el príncipe ____iba____ (*was going*) a hacer una fiesta en el palacio.

2. La noche de la fiesta Cenicienta no ____tenía____ (*had*) ropa para ir, entonces se quedó en casa. ____Lloraba____ (*She was crying*) cuando su hada madrina (*fairy godmother*) ____llegó____ (*arrived*) y la ____ayudó____ (*helped*).

3. Al entrar al palacio, Cenicienta ____vio____ (*saw*) que el príncipe la ____miraba____ (*was looking at*) con curiosidad porque no la conocía y ____era____ (*she was*) la mujer más encantadora (*enchanting*) de todas.

4. El príncipe ____bailaba____ (*was dancing*) con Cenicienta cuando las campanas (*bells*) ____empezaron____ (*began*) a tocar la medianoche. Cenicienta echó a correr (*took off running*) afuera del palacio y ____perdió____ (*lost*) uno de sus zapatos de cristal cuando ____salía____ (*she was going out*).

5. El príncipe y sus hombres ____iban____ (*were going*) de casa en casa buscando a la muchacha de la fiesta cuando ____llegaron____ (*they arrived*) a la casa de Cenicienta. Cuando Cenicienta ____se puso____ (*put on*) el zapato de cristal, el príncipe ____vio____ (*saw*) que ____era____ (*she was*) la muchacha de la fiesta.

6. Después de encontrar a la Cenicienta, el príncipe ____se casó____ (*married*) con ella y los dos vivieron felices para siempre.

8-27 ▶ El primer día de esta clase. ¿Recuerdas el primer día de la clase de español de este semestre / trimestre? Entrevista a otro/a estudiante con las siguientes preguntas acerca de ese día.

1. Al entrar en el salón, ¿cuántos estudiantes estaban aquí ya? ¿Qué hacían? ¿Ya estaba el/la profesor/a? ¿Qué hacía? ¿Cómo te sentías al principio de la clase?

2. ¿Estabas sentado/a en el mismo lugar que hoy o en otro? ¿Recuerdas quiénes estaban sentados cerca de ti? ¿Con qué estudiantes hablaste ese día?

3. ¿Recuerdas lo primero que hicimos ese día? ¿Ya tenías el libro? ¿Salimos de clase temprano el primer día o nos quedamos la clase entera? ¿Cómo te sentías cuando saliste de la clase?

8-28 ▶ Otra conversación. En parejas, vuelvan a leer *Una conversación* entre Verónica y su madre. Luego, cambien la conversación para describir el primer día de escuela primaria o secundaria o el primer día de una de las clases universitarias de uno/a de ustedes.

lo que *what, that which*   **ni un/a solo/a** *not a single*

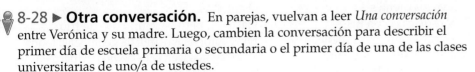

📖 Gramática 1   Narrating in the past: Using the preterit and imperfect

SAM: 8-25
to 8-28

Para averiguar

1. Do you use the preterit or the imperfect to describe events that took place in a certain order? Which tense do you use to set the scene?
2. If you were describing a play, would you use the preterit or the imperfect to describe the scene when the curtain first went up? Which tense would you use to describe what the characters did, advancing the story?

Supplemental activities for narrating in the past.
• Put the names of the following fairy tales on the board or a transparency and have students guess what they are called in English: "*La Bella y la Bestia,*" "*Caperucita Roja,*" "*El flautista de Hamelín,*" "*Ricitos de Oro y los tres osos,*" "*Los tres cerditos,*" "*El gato con botas,*" "*El patito feo,*" "*Blancanieves y los siete enanitos,*" "*La Bella Durmiente,*" "*Juanito y la planta de frijoles.*" Read the following summaries and have students identify the fairy tales from the preceding list of titles. (You may also give students the passages with verbs in the infinitive form and have them decide whether to use the preterit or imperfect.) After each summary, ask the meaning of words that students should understand from context, such as *una caperuza roja* and *un lobo* in the first summary. 1. *Es la historia de una niña que vivía con su madre en el bosque. Su abuela vivía al otro lado del bosque. Siempre llevaba una caperuza roja. Un día le llevaba algo de comer a su abuelita enferma cuando se encontró con un lobo en el bosque.* 2. *Tres osos vivían en el bosque en una casa pequeña. Un día la mamá preparó una sopa para almorzar pero estaba muy caliente y no podían comerla. Entonces los tres osos decidieron dar un paseo por el bosque. Mientras estaban en el bosque, una niña con el pelo largo y rubio llegó a la casa de ellos. Probó la sopa y se durmió.* 3. *Una mujer pobre vivía con su hijo de doce años. Sólo tenían una vaca vieja. Un día no había nada de comer en la casa y tenían hambre y por eso la mamá envió a su hijo al mercado a vender la vaca para comprar comida. Pero en vez de comprar comida, el niño compró tres frijoles mágicos.*
• Have students work in groups to complete one of the preceding stories or have them recount a scene from one of the other fairy tales listed. Provide a list of needed vocabulary.

Possible answers for 8-29.
1. *Rápidamente desayunó y se lavó los dientes porque no tenía mucho tiempo e iba a perder el autobús.* 2. *Cuando salió de casa con prisa, hacía sol, pero hacía un poco de frío.* 3. *Perdió el autobús y tuvo que esperar el siguiente. Luego, en el autobús había mucha gente. Casi todos los pasajeros leían el periódico o dormían.* 4. *Llegó tarde a la oficina a las nueve y cuarto, y por eso su jefe estaba esperándolo y no estaba contento con él.*

■ When telling a story in the past, use the imperfect to set the scene and give background information that continued to be true through a sequence of events, and use the preterit for the sequence of events that advance the story line. For example, if you were describing a play, you would use the imperfect to describe the stage when the curtain went up.

Una mujer y un hombre **estaban** en en la cocina. El hombre **hablaba** por por teléfono y la mujer **leía**. La cocina **era** pequeña. . . .

A man and woman were in the kitchen. The man was talking on the phone and the woman was reading. The kitchen was small. . . .

■ In the preceding sentences, all the verbs are in the imperfect because they set the scene and nothing new happens advancing the story line. The events that take place advancing the story will be in the preterit.

. . . La cocina era pequeña. Luego, un muchacho **abrió** la puerta, **entró**, **puso** la radio y **se sentó**.

. . . The kitchen was small. Then a boy opened the door, entered, turned on the radio, and sat down.

■ The diagram below helps you visualize the use of both tenses.

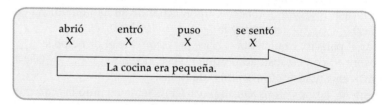

The Xs (the preterit) represent events or actions that can be sequenced in order. The continuous arrow (the imperfect) represents background information or a continuing situation that cannot be ordered in the sequence of events, but continued to be true throughout the scene or while something else happened.

8-29 ▶ ¿Qué hizo? Las siguientes oraciones describen la mañana de Marco. En parejas, pongan los verbos de la columna izquierda en el pretérito para explicar lo que hizo y en qué orden y pongan los verbos de la columna derecha en el imperfecto para describir las circunstancias. Usen palabras como **luego, por eso, cuando** y **porque** para combinar las oraciones.

Modelo

Se despierta a las siete y media, pero se levanta veinte minutos después.

Tiene mucho sueño y quiere dormir un poco más. Está solo en la casa.

*Esta mañana, se despertó a las siete y media pero se levantó veinte minutos después **porque** tenía sueño y quería dormir un poco más. Estaba solo en la casa.*

Sequence of events: Preterit
1. Rápidamente desayuna y se lava los dientes.
2. Sale de casa con prisa.
3. Pierde el autobús y tiene que esperar el siguiente.
4. Llega tarde a la oficina a las nueve y cuarto.

Circumstances, situation: Imperfect
No tiene mucho tiempo y va a perder el autobús.
Hace sol, pero hace un poco de frío.
En el autobús hay mucha gente. Casi todos los pasajeros leen el periódico o duermen.
Su jefe (*boss*) está esperándolo y no está contento con él.

8-30 ▶ Esta mañana. Prepara una descripción de la mañana que tuviste hoy. Primero haz una lista en el pretérito de cinco cosas que hiciste esta mañana en el orden en que las hiciste. Luego, para cada acción de la lista, escribe una oración en el imperfecto para describir las circunstancias o la escena cuando ocurrió. Usa la actividad anterior como modelo.

Modelo

Sequence of events:
Me levanté a las ocho.
Me bañé . . .

Circumstances, situation:
Estaba solo/a en la casa.
Hacía frío en el baño . . .

Recycle: Reflexive verbs
Activity 8-30 encourages students to recycle reflexive verbs from *Capítulo 5, Tema 1*

Suggestion for 8-31.
Refer students back to the illustration in activity 8-22 (page 233) showing the party and have students use it to set the scene for the incidents that later disturbed the party.

8-31 ▶ Testigos (Witnesses). Ustedes fueron testigos de lo que pasó en esta fiesta y la policía quiere hacerles unas preguntas. En grupos de tres, preparen una conversación en la cual uno/a de ustedes es el policía / la mujer policía y les hace preguntas a los/las otros/as dos.

Palabras útiles: una moto *a motorcycle*, **un/a motociclista** *a biker*, **caer a** *to fall into*

8-32 ▶ Comparaciones culturales: La Malinche. Cada cultura tiene leyendas y cuentos basados en acontecimientos históricos. La historia de la Malinche es muy popular entre los niños mexicanos. Completa la historia que sigue con la forma correcta de los verbos entre paréntesis. En la cultura norteamericana, ¿hay un cuento parecido acerca de una relación entre una mujer indígena y un colonizador?

Suggestions for 8-32.
• Remind students to use the preterit to say what was the next thing that happened in the story and then was completed, but the imperfect for feelings or situations that continued.
• Have students work together to recount the story of Pocahontas. Tell them that there are other legends about Native American women and colonists, and have them research the Puerto Rican legend of "*Guanina y Sotomayor.*"

Supplemental activities for narrating in the past.
• Have students work in pairs to prepare five sentences describing what happened in a well-known movie without naming the characters. They then read the sentences one at a time to see how quickly their classmates can guess the name of the movie. *Modelo: Había una muchacha que vivía en Kansas. Tenía un perro pequeño. Un día se enojó y se fue de casa. Luego, regresó porque hacía muy mal tiempo. Se durmió y cuando se despertó estaba en otro país donde todos eran muy pequeños.* > "*El Mago de Oz*"
• Have students work in pairs to do 5-8 *Una pareja feliz* (p. 137) using the preterit and imperfect, rather than the present.

La Malinche (1. nació, nacía) en el sur de México y su nombre verdadero (2. fue, era) Malintzin. Su padre (3. murió, moría) cuando (4. fue, era) muy joven y su madre (5. volvió, volvía) a casarse y (6. tuvo, tenía) un hijo con su segundo esposo. Después de eso, su madre y su padrastro (7. vendieron, vendían) a Malintzin como esclava (*as a slave*).

Cuando Hernán Cortés (8. llegó, llegaba) a la región en 1519, (9. recibió, recibía) a la esclava Malintzin como ofrenda de paz (*peace offering*) y los españoles le (10. pusieron, ponían) el nombre de Marina. Marina (11. aprendió, aprendía) español muy pronto (*soon, fast*) y Cortés la (12. hizo, hacía) su intérprete. Marina (13. sintió, sentía) odio (*hatred*) por su pueblo de origen y (14. ayudó, ayudaba) a los españoles a vencer (*to defeat*) a los aztecas en 1521. Dos años después, la Malinche, como la (15. llamaron, llamaban) los indígenas, (16. tuvo, tenía) un hijo de Cortés, Martín Cortés.

En 1524, Cortés (17. salió, salía) con la Malinche a conquistar Honduras, pero la expedición fue un desastre. Muchos hombres (18. murieron, morían) y Cortés (19. perdió, perdía) su poder (*power*). (20. Entregó, Entregaba) (*He handed over*) la Malinche a otro soldado (*soldier*) español y nunca más se supo de ella.

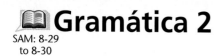 **Gramática 2**

SAM: 8-29 to 8-30

Taking about the past: Using **querer, poder, saber,** and **conocer** in the imperfect and preterit

Supplemental activities.
• Review the use of *saber* versus *conocer* and have students say whether they knew the following people or things when they were in elementary school. Remind them to use the personal *a* if it is needed. *MODELO: hablar español > No, no sabía hablar español cuando estaba en la escuela primaria.* 1. *tu mejor amigo/a de ahora* 2. *todos los alumnos de tus clases* 3. *el nombre de todos los maestros de la escuela* 4. *hacer álgebra* 5. *qué querías ser de mayor* 6. *muchos alumnos de otros países* 7. *todas las respuestas correctas* 8. *llevarte bien con todos*
• Point out to students that *saber* is used to say you can do something in the sense that you know how to, and *poder* is used to say that you can do something because other circumstances allow it. Then ask students: *¿Podías o sabías hacer las siguientes cosas en la escuela secundaria? MODELO: tocar un instrumento musical > No no sabía tocar ningún instrumento musical. / Sí, sabía tocar el clarinete.* 1. *escuchar tu iPod en la escuela* 2. *salir del campus para almorzar* 3. *estudiar eficientemente* 4. *estudiar tranquilamente en casa* 5. *hacer cálculo* 6. *usar una calculadora durante los exámenes de matemáticas* 7. *llegar a casa después de la medianoche* 8. *manipular a tus padres*

■ As you have seen, the imperfect is used to talk about situations that continued in the past, but the preterit is used to indicate a change in situations. Note the different uses of **querer, poder, saber,** and **conocer** in the imperfect and preterit.

IN THE IMPERFECT, USE:	IN THE PRETERIT, USE:
querer to describe what people continued to want over an unspecified period in the past or were wanting when something occurred.	**querer** to express a reaction to something that made people want to do something, or with **no** to say that someone refused or declined an offer on a specific occasion.
En el colegio, quería salir con un muchacho que se llamaba Marco. *In high school, I wanted to go out with a boy who was named Marco.*	Cuando me invitó al cine un día, quise gritar de alegría. *When he invited me to the movies one day, I wanted to shout with joy.*
poder to say what people were capable of doing or allowed to do if they had wanted to.	**poder** to say what people did or did not manage to do on a specific occasion when they wanted to.
No podía salir hasta tarde durante mis días de colegio. *I couldn't go out until late in my high school days.*	No pude regresar a tiempo esa noche porque hubo un accidente. *I couldn't return on time that night because there was an accident.*
saber to say people knew information or how to do something.	**saber** to say people found something out.
Mi padre no sabía que estaba con Marco. *My father didn't know I was with Marco.*	Cuando mi padre lo supo, se enojó. *When my father found it out, he got mad.*
conocer to say people knew or were familiar with a person, place, or thing.	**conocer** to say people met someone.
Mi padre no conocía a Marco. *My father didn't know Marco.*	Cuando mi padre lo conoció, se hicieron amigos. *When my father met him, they became friends.*

8-33 ▶ Mi mejor amigo/a. Cambia las palabras en letra cursiva para describir tu relación con tu mejor amigo/a.

Suggestion for 8-33.
Remind students to use *No recuerdo* . . . if they do not remember something.

1. *No* lo/la conocía cuando éramos pequeños/as. Lo/La conocí hace *dos años*.
2. Me sorprendí mucho cuando supe que mi mejor amigo/a *iba a casarse con un/a muchacho/a que acababa de conocer*.
3. La última vez que mi mejor amigo/a me invitó a hacer algo pero yo no quise, él/ella quería *ir de compras*.
4. Yo quería *cenar* con él/ella *el sábado pasado*, pero no pude porque *me enfermé*.

8-34 ▶ En la clase de español. Completa las siguientes preguntas con los verbos indicados en la forma **tú** para entrevistar a otro/a estudiante. Usa el pretérito en uno de los espacios en blanco y el imperfecto en el otro para formar preguntas lógicas para otro/a estudiante.

1. ¿Ya ___sabías___ (saber) quién era el/la profesor/a de esta clase antes de empezar el semestre / trimestre o lo ___supiste___ (saber) el primer día de clase?
2. El primer día de clase, ¿ya ___conocías___ (conocer) a algunos de los estudiantes de la clase o los ___conociste___ (conocer) a todos después de empezar la clase?
3. El semestre / trimestre pasado ¿___podías___ (poder) hacer preguntas durante los exámenes? ¿___Pudiste___ (poder) terminar el examen final?
4. En tu última clase, ¿sacaste la nota (*did you get the grade*) que ___querías___ (querer)? ¿___Quisiste___ (querer) gritar de alegría (*shout with joy*) o llorar cuando la supiste o era la nota que creías que ibas a sacar?

 ¿Y tú? Ahora, entrevista a otro/a estudiante con las preguntas anteriores.

8-35 ▶ Bien está lo que bien acaba. Usa el pretérito o el imperfecto de los verbos entre paréntesis para contar lo que pasó el día de la boda de Marco.

El día de su boda con Laura, Marco (1) ___llegó___ (llegar) tarde a la ceremonia porque primero (2) ___había___ (haber) mucho tráfico y después (3) ___tuvo___ (tener) un accidente. Después del accidente, una grúa (*tow truck*) (4) ___tuvo___ (tener) que llevarlo a la iglesia. Ninguno de los dos (5) ___conocía___ (conocer) bien el vecindario y por eso (ellos) (6) ___se perdieron___ (perderse). Cuando finalmente (ellos) (7) ___llegaron___ (llegar) a la iglesia, Marco (8) ___vió___ (ver) que la dama de honor de su futura esposa (9) ___era___ (ser) su ex novia. Cuando su nueva esposa lo (10) ___supo___ (saber) después de la ceremonia, (ella) no (11) ___quiso___ (querer) hablar con él durante casi una hora. Por fin Marco (12) ___pudo___ (poder) convencerla de que él la (13) ___quería___ (querer) más que a nadie. Entonces (ellos) (14) ___salieron___ (salir) con prisa para su luna de miel (*honeymoon*) en la moto de un amigo. Después de todo, Marco y Laura (15) ___tuvieron___ (tener) una luna de miel muy romántica y sin más problemas.

Vocabulario Profesiones

SAM: 8-31
to 8-35

 ¿A qué **se dedicaban** tus padres cuando eras niño/a? Y tú, ¿qué querías ser cuando eras pequeño/a? **¿Qué carrera estás haciendo** en la universidad? ¿Estás estudiando para ser . . . ?

CD 3
Track 33

¿Sabías que...?

En los países hispanos, las carreras de más prestigio son las de abogado y de médico, pero las que tienen más salida laboral (*work opportunities*) para los jóvenes entre 20 y 24 años son la computación, el turismo, el mercadeo (*marketing*) y el diseño gráfico. ¿Qué carreras tienen más prestigio en Estados Unidos? ¿Cuáles tienen más salida laboral?

¡Ojo!

When identifying someone's profession, the indefinite article (**un/a**) is not used in Spanish.

Mi padre era policía.
My father was a policeman.

The indefinite article is used if the name of the profession is modified.

Mi padre era un policía responsable.
My father was a responsible policeman.

Suggestions.
Point out that the verb *ser* is often dropped in phrases like *Estoy estudiando para (ser) médico/a.* Also tell students that in some regions *asistente social* is used instead of *trabajador/a social* and one says *contable* instead of *contador/a.*

Supplemental activities for vocabulary practice.
• Ask students: *Generalmente, ¿quién gana más dinero? ¿un médico o un enfermero? ¿un maestro de escuela primaria o un profesor de universidad? ¿un cantante famoso o un programador de computadoras? ¿un obrero de la construcción o un abogado? ¿un hombre de negocios o un secretario? ¿un contador o un pintor? ¿un trabajador social o un abogado?*
• Ask: *¿Quiénes trabajan en estos lugares?* MODELO: *en un teatro > los actores (en una universidad, en una escuela, en una fábrica, en una oficina)*
• Ask: *¿Quién tiene el trabajo más peligroso (dangerous)? ¿un policía o un contador? ¿un obrero de la construcción o un ingeniero? ¿un profesor de universidad o un bombero? ¿un maestro de escuela primaria o de escuela secundaria?*
• Have students name the most important university courses for someone studying for each profession.

maestro/a de escuela
primaria
profesor/a de
universidad

trabajador/a social
consejero/a

científico/a
ingeniero/a
programador/a
diseñador/a de software

médico/a
enfermero/a

bombero/a
policía (mujer policía)
paramédico/a

**abogado/a
hombre (mujer) de
negocios
contador/a**
secretario/a

cantante
músico
actor (actriz)
pintor/a
escritor/a

**gerente de fábrica
obrero/a** de fábrica
obrero/a de la construcción

240

dedicarse a *to do for a living, to dedicate oneself to* **¿Qué carrera estás haciendo?** *In what are you getting a degree?* (**una carrera** *a career*) **abogado/a** *lawyer* **hombre (mujer) de negocios** *businessman (businesswoman)* **contador/a** *accountant* **gerente de fábrica** *factory manager* **obrero/a** *worker*

CD 3
Track 34

Una conversación. Sofía habla con Marco acerca de sus padres y sus sueños cuando era niño.

SOFÍA: ¿A qué se dedicaban tus padres cuando eras pequeño?
MARCO: Vivíamos en el campo y mi padre era agricultor. Mi madre era **ama de casa**.
SOFÍA: Y tú, ¿querías ser agricultor como tu padre?
MARCO: No, estaba aburrido de vivir en el campo. **Soñaba con** ser famoso. Mi **sueño** era ser futbolista o beisbolista profesional.
SOFÍA: ¿Todavía sueñas con ser deportista profesional?
MARCO: No, ahora soy más realista. Estoy estudiando para paramédico.

8-36 ► Profesiones. Un amigo habla de su familia cuando era pequeño. Completa las oraciones con el nombre de una profesión.

Modelo   Me gustaban los videojuegos y quería crearlos (*create them*). Quería ser *diseñador de software*.

1. Mi padre ayudaba a los médicos en un hospital. Era . . .
2. Mi abuelo trabajaba con las personas sin techo (*the homeless*). Era . . .
3. Mi madre trabajaba con computadoras. Era . . .
4. Mi abuela enseñaba en una escuela primaria. Era . . .
5. A mi hermana le gustaba cantar y quería ser famosa. Soñaba con ser . . .
6. Mi tío ayudaba a personas enfermas en una ambulancia. Era . . .

8-37 ► Otra conversación. En parejas, vuelvan a leer *Una conversación* entre Sofía y Marco. Luego, cambien la conversación para describir el trabajo de los padres, los sueños y los planes actuales de uno/a de ustedes.

8-38 ► Comparaciones culturales. Lee las siguientes frases de hispanos famosos. ¿Sabes a qué se dedican o dedicaban?

abogada	científico	escritora	músico	pintora
beisbolista	*escritor*	futbolista	pintor	

Modelo   El colombiano Gabriel García Márquez dijo: *"La vida no es la que uno vivió, sino (rather) la que uno recuerda, y cómo la recuerda para contarla"*. Es *escritor*.

1. La mexicana Frida Kahlo dijo: *"Pinto autorretratos (self-portraits) porque a menudo (often) estoy sola, porque soy la persona que mejor conozco"*. Era . . .
2. El puertorriqueño Roberto Clemente dijo: *"¿Porqué todos hablan de lo que pasó ayer? Todo lo que importa es el juego de mañana"*. Era . . .
3. El argentino Diego Maradona dijo: *"Jugar sin público es jugar adentro de un cementerio"*. Es ex . . .
4. La chilena Isabel Allende dijo: *"Un hombre hace lo que puede. Una mujer hace lo que un hombre no puede"*. Es . . .
5. El mexicano Carlos Santana dijo: *"Pienso en la música como en un menú. No puedo comer lo mismo todos los días"*. Es . . .
6. El español Severo Ochoa dijo: *"El amor es física y química"*. Era . . .
7. La argentina Cristina Fernández de Kirchner dijo: *"La memoria y la libertad deben ser ejercicios cotidianos (daily) de todos para evitar (to avoid) un nuevo holocausto y violaciones a los derechos (rights) humanos"*. Es . . .
8. El español Pablo Picasso dijo: *"A los doce años sabía dibujar (to draw) como Rafael, pero necesité toda una vida para aprender a pintar como un niño"*. Era . . .

un ama de casa *a housewife*   **soñar (ue) con** *to dream of / about*   **un sueño** *a dream*

Possible answers for ¡A escuchar!
Estudia para maestra bilingüe de escuela primaria. / Quería ser contadora. / Cambió después de un año.

 CD 3, Track 35

¡A escuchar!

Ahora, escuchen otra conversación en la cual dos estudiantes, Felicia y Clarisa, hablan de los planes profesionales de una de ellas. ¿Qué carrera está haciendo en la universidad? ¿Qué quería ser cuando empezó sus estudios? ¿Cuándo cambió de carrera?

Suggestions for *Una conversación.*
• Have students listen to the conversation first with books closed for the answers to the following questions. Then, have them read along in their books as they listen a second time. 1. *¿A qué se dedicaba el padre de Marco? (Su padre era agricultor.)* 2. *¿Qué quería ser Marco? (Quería ser futbolista o beisbolista profesional.)*
• New vocabulary includes the boldfaced words, as well as *agricultor, beisbolista, futbolista,* and *deportista*
• Point out that *un* is used before the feminine noun *ama,* since it starts with a stressed *a.*

Audioscript for ¡A escuchar!
FELICIA: *Clarisa, ¿qué carrera estás haciendo en la universidad?*
CLARISA: *Ahora estudio para maestra bilingüe de escuela primaria.*
FELICIA: *Pensé qué estudiabas contabilidad.*
CLARISA: *Quería ser contadora cuando empecé mis estudios universitarios pero sólo estudié contabilidad un año antes de cambiar de carrera.*
FELICIA: *¿Por qué cambiaste?*
CLARISA: *Decidí que me gusta más trabajar con niños que con números.*

Answers for 8-36.
1. enfermero; 2. trabajador social; 3. programadora; 4. maestra; 5. cantante; 6. paramédico

Answers for 8-38.
1. *pintora*; 2. *beisbolista*; 3. *futbolista*; 4. *escritora*; 5. *músico*; 6. *científico*; 7. *abogada*; 8. *pintor*

Suggestions for 8-38.
Point out that Severo Ochoa won the Nobel Prize for Medicine and that Cristina Fernández de Kirchner was elected president of Argentina in 2007.

Follow-ups for 8-38.
• Give names such as the following and have students identify the profession and place of origin of each. 1. *Salma Hayek (es actriz / de México)* 2. *Antonio Banderas (es actor / de España)* 3. *Celiz Cruz (era cantante / de Cuba)* 4. *Gloria Estefan (es cantante / de Cuba)* 5. *Diego Rivera (era pintor / de México)* 6. *Jorge Luis Borges (era escritor / de Argentina)* 7. *Ricky Martin (es cantante / de Puerto Rico)*
• Have students work in pairs to investigate interesting facts about the life of a famous Hispanic, such as where he/she was born and went to school, what he/she studied, etc.

Resumen de gramática

SAM: 8-36 to 8-38

Impersonal se

- Use the impersonal **se** to state what people do or used to do as a general rule. Phrases with **se** may be expressed in a variety of ways in English.

Eso se comprende.
{ *People / You / They understand that.*
One understands that.
That's understood.

- With **se,** use the third-person form (**él, ella, ellos, ellas**) of the verb. It may be singular or plural, depending on the subject, which most commonly follows the verb.

Se vende la casa de al lado y también **se venden** otras casas del vecindario.

The house next door is being sold and other houses from the neighborhood are also being sold.

- Use the singular form of the verb with the impersonal **se** when it is followed by infinitives or with a group of people introduced by the personal **a,** even when you are referring to more than one action or person.

Se necesita limpiar y pintar la casa.
Se invita a los amigos a una fiesta.

The house needs to be cleaned and painted.
One invites his / her friends to a party.

- When using a reflexive verb in an impersonal **se** construction, the word **uno** is added as the subject.

Uno se aburre solo.

One gets bored alone.

The imperfect

- Use the imperfect to describe habitual or ongoing actions in the past.

De niño/a, **pasaba** mucho tiempo afuera.

As a child, I used to spend a lot of time outside.

- All verbs, except **ir, ser** and **ver**, are conjugated regularly without any stem changes using the -**ar** or -**er** / -**ir** endings shown. Since the ending for **yo** is the same as the **usted, él, ella** ending, the subject pronouns of these forms should be included if needed for clarity.

	estar	tener	venir
yo	estaba	tenía	venía
tú	estabas	tenías	venías
Ud., él, ella	estaba	tenía	venía
nosotros/as	estábamos	teníamos	veníamos
vosotros/as	estabais	teníais	veníais
Uds., ellos/as	estaban	tenían	venían

- The only three irregular verbs in the imperfect are **ir, ser,** and **ver.**

	ser	ir	ver
yo	era	iba	veía
tú	eras	ibas	veías
Ud., él, ella	era	iba	veía
nosotros/as	éramos	íbamos	veíamos
vosotros/as	erais	ibais	veíais
Uds., ellos/as	eran	iban	veían

- The imperfect of **haber (hay)** is **había.**

Siempre **había** mucha gente en nuestra casa.
There were always a lot of people at our house.

- The imperfect may be expressed in a variety of ways in English.

A veces **iba** al cine.
{ *I went to the movies sometimes.*
I used to go to the movies sometimes.
I would go to the movies sometimes.

Using the imperfect and the preterit

■ Whereas the imperfect describes habitual or ongoing past actions, the preterit indicates the completion of actions. Contrast these uses:

■ Use the . . .

1) IMPERFECT: for how things used to be over an unspecified period.

    PRETERIT: for what happened at a precise moment or for a specific duration.

2) IMPERFECT: for what was going on when something occurred or what was going to happen.

    PRETERIT: for what happened interrupting something in progress.

3) IMPERFECT: for continuing physical or mental states.

    PRETERIT: for changes in states or reactions.

4) IMPERFECT: for setting the scene and saying what things were like.

    PRETERIT: for what happened next in the narration of a sequence of events.

■ Use **querer** in the imperfect to say what people continued to want, and in the preterit to say what they suddenly wanted as a reaction or declined.

■ Use **poder** in the imperfect to say what people could do if they had wanted to, and in the preterit to say whether they managed to do something that was attempted.

■ Use **saber** in the imperfect to say what information people knew or what they knew how to do, and in the preterit to say what they found out.

■ Use **conocer** in the imperfect to say whom or what people knew, and in the preterit to say whom they met.

Siempre **veía** programas policíacos.
I always used to watch police shows.

Vi un episodio interesante anoche.
I saw an interesting episode last night.

De niño, **quería** ser policía.
As a child, I wanted to be a police officer.

En la universidad **estudié** justicia criminal.
In college, I studied criminal justice.

Acababa mi primera semana como policía cuando **ocurrió** algo que **me asustó.** **Iba** a cumplir veinticinco años al día siguiente.
I was just finishing my first week as a police officer when something happened that frightened me. I was going to turn twenty-five the next day.

Esa mañana mi esposa **estaba** muy nerviosa y **dijo** que **presentía** que algo me **iba** a pasar. Por fin mi esposa **se calmó**.
That morning my wife was very nervous and said that she felt something was going to happen to me. At last my wife calmed down.

Al final del día, **respondí** a una llamada de una mujer que **necesitaba** ayuda. Al llegar a su casa, todo **estaba** oscuro y la puerta **estaba** abierta. **Llamé** a la señora, pero no **contestó**. Entonces **entré** a la casa y de pronto **sentí** que me **observaban** varias personas. Luego, **gritaron** "¡Feliz cumpleaños!"
At the end of the day, I responded to a call from a woman who needed help. Upon arriving at her house, everything was everything was dark and the door was open. I called the woman, but she didn't answer. So I entered the house and all of a sudden I felt that several people were watching me. Then they shouted "Happy Birthday!"

Mi esposa **quería** mantener la fiesta en secreto.
My wife wanted to keep the party a secret.

Por eso no **quiso** cenar fuera esa noche.
That's why she refused to dine out that night.

Con mi nuevo trabajo, no **podía** volver a casa hasta tarde.
With my new job, I couldn't return home until late.

Así ella **pudo** preparar la fiesta en secreto.
That way she was able to prepare the party secretly.

No **sabía** nada de la fiesta sorpresa.
I didn't know anything about the surprise party.

Supe de la fiesta cuando oí "¡Feliz cumpleaños!"
I found out about the party when I heard "Happy Birthday!"

Conocía a casi todos en la fiesta, pero esa noche **conocí** a la amiga de mi esposa que vivía en esa casa.
I knew almost everyone at the party, but that night I met my wife's friend who lived in that house.

En la vida real

EN EL DEPARTAMENTO DE POLICÍA

SAM: 8-39 to 8-42

En este capítulo, aprendiste a hablar de lo que se hace ahora, lo que se hacía en el pasado y de los acontecimientos pasados. Ahora vas a repasar lo que aprendiste con una simulación de la vida real trabajando como policía.

8-39 ▶ ¿Se permite? Utiliza el **se** impersonal para explicarle a un grupo de turistas extranjeros lo que se hace o no en la ciudad donde vives.

Modelo   poder fumar en los autobuses
          No se puede fumar en los autobuses.

Possible answers for 8-39:
1. *No se venden . . .* 2. *(No) se necesita . . .*
3. *No se puede . . .* 4. *No se debe . . .* 5. *Se llama . . .*
6. *No se permite . . .* 7. *(No) se habla . . .*

1. vender bebidas alcohólicas a los menores de edad
2. necesitar mucho tiempo para ir de un lado a otro de la ciudad
3. poder estacionar delante de la entrada de una estación de bomberos
4. deber manejar después de beber alcohol
5. llamar a un taxi después de beber alcohol
6. permitir entrar con perros en los restaurantes
7. hablar español en muchas tiendas

8-40 ▶ Hace diez años. Estás trabajando con una comisión en un informe (*report*) sobre problemas de tu ciudad. Primero indica si cada oración describe la situación actual (*current*) de tu ciudad. Luego, di si la situación era igual hace quince años.

Modelo   Hay mucho tráfico.
          Cierto. Hay mucho tráfico.
          No había tanto tráfico hace quince años.

1. Las calles están en buenas condiciones.
2. Es peligroso andar (*dangerous to walk*) solo/a por las calles de noche.
3. Se ven grafitis en muchos lugares públicos.
4. Hay muchas personas sin techo (*homeless people*).
5. Se encuentran muchos edificios abandonados.
6. Las casas y los apartamentos cuestan mucho.
7. Los padres pueden dejar a sus hijos pequeños jugar en la calle sin preocuparse (*worrying*).
8. No quedan muchos espacios verdes.

8-41 ▶ ¿Qué pasó? Estás preparando un informe sobre un incidente que ocurrió en un bar donde se pelearon dos muchachos. Uno de los dos muchachos cuenta su versión de los hechos (*facts*). Cambia los verbos del presente al imperfecto o pretérito.

Estoy (1) sentado en un bar con mi novia y unos amigos cuando *oigo* (2) a alguien haciendo mucho ruido cerca de la barra. *Es* (3) un imbécil que *está* (4) bebiendo demasiado e insultando a todas las mujeres que no *quieren* (5) hablar con él. Luego, mi novia y una amiga *se levantan* (6) para ir al baño y al pasar cerca de la barra, él *empieza* (7) a insultarlas. Cuando *voy* (8) para ayudar a mi novia y su amiga, ese estúpido me *golpea* (9) y *nos peleamos* (10).

Answers for 8-41.
1. *Estaba;* 2. *oí;* 3. *Era;* 4. *estaba;* 5. *querían;* 6. *se levantaron;* 7. *empezó;* 8. *fui;* 9. *golpeó;* 10. *nos peleamos*

8-42 ▸ **Otra versión.** En grupos, vuelvan a leer la version del muchacho de la actividad **8-41** *¿Qué pasó?* Luego, imaginen la versión del otro muchacho.

Modelo *Estaba sentado traquilamente bebiendo una cerveza en la barra . . .*

8-43 ▸ **Un robo (*burglary*).** Necesitas investigar un robo en una casa. Completa la siguiente conversación con el pretérito o el imperfecto de los verbos entre paréntesis.

EL POLICÍA: Buenas noches. Soy agente de policía. ¿Usted desea presentar una denuncia (*file a report*)?

LA VÍCTIMA: Sí, alguien (1) ___entró___ (entrar) a mi casa mientras (yo) (2) ___estaba___ (estar) en el trabajo y (3) ___se llevó___ (llevarse) mi estéreo, mi televisor, mi cámara digital y doscientos dólares.

EL POLICÍA: ¿Cuántas horas (4) ___estuvo___ (estar) (usted) en el trabajo y a qué hora (5) ___regresó___ (regresar)?

LA VÍCTIMA: El robo (6) ___ocurrió___ (ocurrir) entre la una y las seis porque (yo) (7) ___regresé___ (regresar) a casa para almorzar y todo (8) ___estaba___ (estar) bien cuando (9) ___volví___ (volver) al trabajo a la una.

EL POLICÍA: ¿Sabe por dónde (10) ___entraron___ (entrar) los ladrones (*thieves*)?

LA VÍCTIMA: Sí, cuando (yo) (11) ___volví___ (volver) después del trabajo, la puerta del garaje (12) ___estaba___ (estar) abierta y la ventana del comedor (13) ___estaba___ (estar) rota (*broken*). Creo que alguien (14) ___entró___ (entrar) por la ventana y (15) ___abrió___ (abrir) la puerta del garaje.

EL POLICÍA: ¿No tiene idea de quién lo (16) ___hizo___ (hacer)?

LA VÍCTIMA: No, ni idea.

 Entre profesionales

If you are considering a public service career in law enforcement, it will be useful to know how to communicate certain information in Spanish. Visit MySpanishLab for *Hoy día* to find more useful vocabulary, information, and activities like the following one.

La Advertencia de Miranda. ¿Cómo se dice lo siguiente en inglés? ¿Cuándo se usan estas frases?

■ Usted tiene derecho a guardar silencio.

■ Cualquier cosa que usted diga puede ser usada en su contra enfrente de un tribunal.

■ Usted tiene derecho a hablar con un abogado y a tenerlo presente durante su interrogatorio ahora y en el futuro.

■ Si usted no puede pagar un abogado, se le asignará uno sin costo antes de iniciarse el interrogatorio, si usted quiere.

■ Si usted decide contestar las preguntas sin la presencia de un abogado, usted puede solicitar un abogado en cualquier momento durante el interrogatorio.

■ ¿Entiende usted sus derechos como se los expliqué? Teniendo en cuenta estos derechos, ¿quiere usted hablar con nosotros ahora?

La Llorona

SAM: 8-43
to 8-47

Antes de leer

Cuando eras niño/a, ¿te gustaba leer? ¿Te gustaban los cuentos, los comics, los libros de aventuras? ¿Cuáles eran tus historias favoritas? ¿Quiénes eran tus héroes preferidos? ¿Conoces alguna leyenda popular de Estados Unidos? ¿Qué cuenta la leyenda? ¿Te interesan las leyendas populares de otros países? ¿Por qué?

> ▶ **Reading Strategy** *Story mapping.* When reading a story, story maps provide a concrete framework for identifying the main elements of the narrative. The basic elements of a story map are: *Setting:* Where and when did the story occur? *Characters:* Who was involved? Who is the main character? *Conflict and Main Events:* What major problem does the character face? What was the main issue that set events in motion? *Resolution:* Does the main character solve the problem? How did the main character feel? How did the story end?

Ahora tú

8-44 ▶ Una tragedia. Vas a preparar el mapa narrativo de la historia de *La Llorona* contestando las siguientes preguntas:

- ¿Dónde ocurre la historia?
- ¿Qué personas participan en la historia? ¿Quién es el personaje principal?
- ¿Qué conflictos tienen los personajes de la historia?
- ¿Cómo se resuelve el conflicto? ¿Cómo termina la historia?

La Llorona

Había una muchacha que vivía en un pueblo pobre. Dicen que era la muchacha más bella, pero también que se creía mejor que los demás[1]. Todos los muchachos del pueblo querían ser su novio, pero ella quería casarse con el hombre más guapo y rico del mundo.

Un día llegó al pueblo el hijo de un ranchero rico. Seducido por la belleza de la muchacha, el joven tocó la guitarra varias noches bajo la ventana de ella para enamorarla. Después de un corto noviazgo[2], la muchacha y el joven se casaron. Al principio, ellos parecían[3] felices y tuvieron dos hijos. Pero después de unos años, todo cambió y el joven empezó a pasar mucho tiempo fuera de casa. La gente decía que el muchacho estaba con otras mujeres y sólo iba a casa para ver a sus hijos.

La pareja peleaba mucho y ya no había amor entre ellos. Un día, la esposa salió con sus hijos a pasear cerca del río[4] y vio a su esposo con una mujer muy elegante. El esposo vino a abrazar a sus hijos, pero no saludó a su esposa. Ella se sintió muy celosa[5] y tiró[6] a sus hijos al río. Cuando la madre vio que sus hijos se estaban ahogando[7], saltó[8] al río para salvarlos[9] pero ya era demasiado tarde.

A la mañana siguiente, unos niños del pueblo encontraron a la madre muerta en la orilla[10] del río y la enterraron[11] allí mismo. Desde entonces, muchas noches se oye un llanto[12] triste que viene del río. Se dice que es la Llorona que llora la muerte de sus hijos.

---

[1] *everybody else* [2] *courtship* [3] *appeared* [4] *the river* [5] *jealous* [6] *threw* [7] *were drowning* [8] *she jumped* [9] *to save them* [10] *the edge, the bank* [11] *they buried* [12] *crying, weeping*

Después de leer

8-45 ▶ Con más detalle. Utilizando el mapa narrativo que preparaste en la actividad anterior contesta las siguientes preguntas.

1. ¿Cómo era la muchacha de la historia?
2. ¿Con quién quería casarse?
3. ¿Qué hizo varias noches el hijo del ranchero para enamorar a la joven?
4. Al principio del matrimonio, ¿era feliz la pareja? ¿Tuvieron hijos?
5. ¿Cómo cambió la relación después de algunos años?
6. ¿Por qué peleaban los esposos?
7. ¿Qué pasó un día mientras la madre paseaba por el río con sus hijos?
8. ¿Cómo reaccionó la madre?
9. ¿Lamentó la madre su reacción? ¿Qué hizo entonces por sus hijos?
10. ¿Por qué le pusieron a la muchacha el nombre de La Llorona?

 8-46 ▶ Moraleja. Muchas leyendas populares ofrecen una lección moral. Completen las siguientes oraciones con el imperfecto o el pretérito de los verbos entre paréntesis. Después discutan cuáles son las lecciones morales de *La Llorona*.

Modelo   La bella muchacha *era* (ser) pobre y materialista, por eso quería casarse con un hombre rico. Su boda con el hijo del ranchero *fue* (ser) un momento muy feliz para ella.

1. La bella muchacha y el hijo del ranchero se __conocieron__ (conocer) un día y se casaron muy pronto. Pero la verdad es que la pareja no __conocía__ (conocer) sus personalidades y posibles diferencias.
2. El joven esposo no __podía__ (poder) ser feliz con su esposa, y ni siquiera (*not even*) los hijos __pudieron__ (poder) salvar el matrimonio.
3. La muchacha no __sabía__ (saber) que su esposo estaba en el río con otra mujer esa tarde. Cuando la muchacha lo __supo__ (saber), se sintió muy celosa.
4. La Llorona no __quería__ (querer) sacrificar a sus hijos, pero cuando vio a su esposo con otra mujer __quiso__ (querer) castigarlo (*to punish him*).

 8-47 ▶ Otras leyendas populares. Piensen en una leyenda popular de su país de origen. Preparen un mapa narrativo de la historia y después narren la historia para la clase usando el pretérito y el imperfecto, según el contexto.

De niño/a, ¿qué cuentos o leyendas te gustaban más?

Possible answers for 8-45:
1. *Era la muchacha más bella del pueblo, pero se creía mejor que los demás.* 2. *Ella quería casarse con el hombre más guapo y rico del mundo.*
3. *El joven tocó la guitarra bajo la ventana de ella para enamorarla.* 4. *Al principio, ellos parecían felices y tuvieron dos hijos.* 5. *El esposo empezó a pasar mucho tiempo fuera de casa. La gente decía que el muchacho estaba con otras mujeres y sólo iba a casa para ver a sus hijos.* 6. *Los esposos peleaban porque ya no había amor entre ellos.* 7. *La esposa vio a su esposo con una mujer muy elegante. El esposo vino a abrazar a sus hijos, pero no saludó a su esposa.* 8. *Ella se sintió muy celosa y tiró a sus hijos al río.* 9. *Sí, la madre lamentó mucho su reacción. Cuando vio que sus hijos se estaban ahogando, saltó al río para salvarlos pero ya era demasiado tarde.*
10. *Porque a la mañana siguiente unos niños del pueblo encontraron a la madre muerta en la orilla del río y la enterraron allí mismo. Desde entonces, muchas noches se oye un llanto triste que viene del río y se dice que es la Llorona que llora la muerte de sus hijos.*

Recycle: Using preterit and imperfect
Activity 8-46 recycles the uses of *querer, poder, saber,* and *conocer* in the preterit and imperfect from *Tema 3.*

Ayer y hoy

SAM: 8-48
to 8-50

Antes de ver

En este segmento de video vas a escuchar los testimonios de varias personas que hablan de su niñez y de los recuerdos más bonitos.

Possible answers for 8-51.
1. Su infancia fue una infancia feliz.
2. Gloria tenía muchos tíos y tías que la cuidaban. 3. Gloria tenía un tío compositor que influyó mucho en su carrera artística.
4. Cuando tenía dieciocho años, Gloria viajó a Francia con una beca. 5. Gloria vivió en Francia cinco años.

8-48 ▶ Reflexiones. Cuando eras niño, ¿qué soñabas ser de mayor? ¿Qué profesiones admirabas más? ¿Por qué? ¿Quién era tu héroe de la niñez?

> ▶ **Listening strategy** *Making inferences from non-verbal clues.* While listening, one can make inferences about the personality and / or the attitude of the person talking based on gestures, tone of voice, and eye contact. A speaker's body language can convey a message as well.

Ahora tú

8-49 ▶ Lenguaje corporal. En el video, escucha el tono de voz y la emoción de las personas entrevistadas y observa también su lenguaje corporal para responder a estas preguntas.

1. ¿Es animado o aburrido el tono de esta persona? ¿Se emociona cuando habla de sus recuerdos de la niñez?
2. ¿Influye el tono de la persona en la información que transmite? ¿Entiendes mejor la información dependiendo del tono de voz?
3. ¿Es el lenguaje corporal coherente con su tono de voz y expresión verbal?

Después de ver

8-50 ▶ Recuerdos de la infancia. Analissa y Alejandro hablan de cuando eran niños. Completa los siguientes testimonios con el imperfecto o el pretérito.

Alejandro en la bodega

Yo (1) ___me crié___ (criarse) (*to be brought up*) detrás del mostrador (*counter*) de mi negocio. Cuando yo (2) ___era___ (ser) joven, mis padres me (3) ___traían___ (traer) a la bodega todos los días. Me (4) ___gustaba___ (gustar) pasar el rato (*to while away the time*) aquí, y normalmente (5) ___ayudaba___ (ayudar) con los quehaceres.

Analissa y su chelo

Los recuerdos más bonitos de mi niñez son recuerdos de la música. Yo desde los diez años, con mi papá y mi mamá, y a veces con mis hermanos, (1) ___viajaba___ (viajar) con mi chelo siempre. Nos (2) ___íbamos___ (ir) a Zacatecas; (3) ___estudiaba___ (yo) (estudiar) en Bellas Artes en México en los veranos. Y siempre con mi chelo, siempre (4) ___tenía___ (tener) mi chelo, tocando con mis amigos, con los maestros. La verdad es que no me acuerdo cómo (5) ___era___ (ser) mi vida antes de la música.

8-51 ▶ Mi niñez fue . . . Escucha el testimonio de Gloria Celaya y anota cinco detalles sobre su niñez y su adolescencia.

Palabras útiles: **cuidar** *to take care of*, **una beca** *a scholarship*

8-52 ▶ Algo muy importante en mi vida . . . ¿Cuál fue el acontecmiento más importante en la vida de Alejandro? ¿Por qué fue tan importante para él? Entrevista a un/a compañero/a sobre el acontecimiento más importante de su vida. ¿Cuándo ocurrió? ¿Por qué fue tan importante?

Possible answers for 8-52. *El acontecimiento más importante en la vida de Alejandro fue graduarse de la universidad, Fue importante porque fue el único miembro de su familia que se graduó de la universidad.*

📖 Un informe policial

SAM: 8-51

Antes de escribir

Imagina que fuiste testigo de un asalto, un robo o un accidente cometido en las proximidades de tu campus y ahora tienes que presentar un informe detallado del incidente a la policía.

> ▶ **Writing strategy** *Preparing an incident report*. An incident report is a fact-based description of an episode, and it should provide an accurate picture of the course of the events, the external circumstances, and the individuals involved. The first part of the report should set the scene describing when and where it was, who was there, and what they were doing. The second part should provide an orderly, clear, and objective narration of the facts recounting what happened step by step.

8-53 ▶ **¡Prepárate!** En preparación a tu informe, contesta las siguientes preguntas:

■ ¿Quién sufrió el asalto, el robo o el accidente? ¿Quién fue el culpable (*the offender*)?
■ ¿Cómo, cuándo y dónde ocurrió el asalto, el robo o el accidente?

Ahora tú

8-54 ▶ **Tu informe.** Escribe ahora tu informe en dos párrafos. Piensa en lo que ocurrió y trata de incorporar el mayor número posible de detalles relacionados con el incidente: hora del día, aspecto físico del asaltante (*assailant*) y de la víctima, hechos concretos.

Después de escribir

 8-55 ▶ **¡Edita!** Intercambia (*Exchange*) tu informe con un/a compañero/a y revisa su texto. ¿Aparece toda la información relevante? Piensa en sugerencias para mejorar (*to improve*) la gramática y la organización del informe.

8-56 ▶ **¡Repasa!** Revisa tu informe prestando atención a las siguientes preguntas:

❏ ¿Utilizaste el imperfecto para describir el marco (*framework*) contextual de los hechos y las acciones en progreso?
❏ ¿Utilizaste el pretérito para hablar de la secuencia de las acciones?
❏ ¿Contaste los hechos de manera organizada y objetiva? ¿Incluiste todos los detalles del incidente?

8-57 ▶ **¡Navega!** ¿Qué medidas de seguridad se pueden tomar en los campus universitarios? ¿Cómo se puede prevenir ser víctima de un asalto o de un robo? Prepara una lista de diez medidas de seguridad que la universidad y tú pueden aplicar. Utiliza las estructuras de **se impersonal**. Luego, visita la página web de *Hoy día* para ver las recomendaciones que distintas universidades les ofrecen a sus estudiantes. Compara tu lista con las suyas (*theirs*).

Modelo   *Se necesitan más alarmas en las residencias. Se puede(n). . . Se debe . . .*

8 ▼ Vocabulario

TEMA 1		TEMA 2	

La niñez

el/la alumno/a	*pupil, student*
el béisbol	*baseball*
la edad	*age*
la escuela primaria	*elementary school*
la escuela secundaria	*secondary school*
la niñez	*childhood*
el recreo	*recess*

Descripciones

deportista (adj.)	*athletic, fond of sports*
travieso/a	*mischievous*
universitario/a (adj.)	*university*

Acciones

faltar (a)	*to be absent, to be missing*
portarse	*to behave*

Otra expresión

de niño/a	*as a child*

Acontecimientos

el acontecimiento	*event*
la boda	*wedding*
el campeonato	*championship*
la fiesta de cumpleaños	*birthday party*
la graduación	*graduation*
la jubilación	*retirement*
la muerte	*death*
el nacimiento	*birth*

Otros sustantivos

el equipo	*team*
la piñata	*piñata*
el recuerdo	*memory*
la vida	*life*

Descripciones

emocionado/a	*excited*
fuerte	*strong*
orgulloso/a	*proud*
preocupado/a	*worried*

Acciones

cumplir	*to turn (an age), to carry out*
ganar	*to win*
golpear	*to hit, to strike*
graduarse	*to graduate*
jubilarse	*to retire*
marcar un gol	*to score a goal*
morir (ue, u)	*to die*
nacer	*to be born*
pasar	*to happen*

Otras expresiones

al principio	*at the beginning*
mientras	*while*
sobre todo	*above all*

Sustantivos

el cuento	*story, tale*
el gesto	*gesture*
el grado	*grade*
la idea	*idea*
la narración	*narration*
el permiso	*permission*
la sonrisa	*smile*

Acciones

conectar	*to connect*
invitar	*to invite*
llorar	*to cry*
mudarse	*to move* (residence)
saludar	*to greet*
tratar (de)	*to treat, to try*

Otras palabras y expresiones

asustado/a	*frightened, scared*
con atención	*with attention*
inmigrante	*immigrant*
lo que	*what, that which*
ni un/a solo/a	*not a single*
para + infinitive	*(in order) to + verb*
por eso	*so, that's why, therefore*

Profesiones

el/la abogado/a	*lawyer*
el actor	*actor*
la actriz	*actress*
el/la agricultor/a	*farmer*
el ama de casa (f)	*housewife*
el/la beisbolista	*baseball player*
el/la bombero/a	*firefighter*
el/la cantante	*singer*
el/la científico/a	*scientist*
el/la consejero/a	*counselor*
el/la contador/a	*accountant*
el/la deportista	*athlete*
el/la diseñador/a de software	*software designer*
el/la enfermero/a	*nurse*
el/la futbolista	*soccer player*
el/la gerente de fábrica	*factory manager*
el hombre / la mujer de negocios	*businessman/woman*
el/la ingeniero/a	*engineer*
el/la maestro/a	*teacher*
el/la médico/a	*doctor, physician*
el/la músico	*musician*
el/la obrero/a de fábrica	*factory worker*
el/la obrero/a de la construcción	*construction worker*
el/la paramédico/a	*paramedic*
el/la pintor/a	*painter*
el policía / la mujer policía	*police officer*
el/la programador/a	*programmer*
el/la secretario/a	*secretary*
el/la trabajador/a social	*social worker*

Acciones

dedicarse a	*to do (for a living), to devote oneself to*
hacer la carrera de . . .	*to get a degree in . . .*
soñar (ue) con	*to dream of / about*

Otras palabras y expresiones

acerca de	*about*
el colegio	*high school*
famoso/a	*famous*
profesional	*professional*
el sueño	*dream*

 ▶ Visit MySpanishLab for *Hoy día* for links to the mnemonic dictionary online for suggestions such as the following to help you remember vocabulary from this chapter, learn related words in Spanish, and use Spanish words to build your vocabulary in English.

EXAMPLES

nacer, *to be born:* The English word *nascent* is an adjective meaning *emerging* or *coming into being,* and in English *nascence* is a noun meaning *birth.* Related words in Spanish include **el nacimiento,** *the birth, the Nativity scene* and **naciente,** *nascent, new.*

saludar, *to greet:* In English, a *salute* is a type of *greeting* used in the military, *a salutation* is *a greeting* at the beginning of a letter, and *a salutatorian* gives the opening address or *greeting* at a graduation. Related words in Spanish include **un saludo,** *a greeting* and **una salutación,** *a salutation.*

9 En el restaurante

En este capítulo, vas a aprender a hablar de la comida y de los hábitos alimenticios (*eating habits*) de los hispanos.

La tradición tiene un rol importante en la dieta de los hispanos. En Estados Unidos la población hispana conserva en general sus hábitos alimenticios y prefiere cocinar platos tradicionales en la casa. El consumidor hispano gasta unos 133 dólares en comida a la semana, superior a los 91 dólares que gasta el consumidor no-hispano. Aunque los hispanos compran mucho en supermercados, también van a tiendas especializadas del barrio donde encuentran productos nativos.

▶ ¿Dónde compras la comida generalmente?

▶ ¿Vas alguna vez a tiendas de productos hispanos o de otros países?

El ritmo frenético de la sociedad norteamericana afecta en algunos casos a la dieta de los hispanos que viven en Estados Unidos. Muchas madres trabajan fuera de la casa y tienen menos tiempo para cocinar. Eso resulta en un mayor consumo de comida rápida, un concepto no muy extendido hasta ahora en los países hispanos.

▶ ¿Sientes que tus responsabilidades de la universidad y del trabajo afectan a tu dieta?

▶ ¿Comes comida rápida a veces? ¿Qué comida rápida prefieres?

Suggestion for Chapter Opener.
As students answer the questions in the culture note, you may wish to guide them with questions such as the following. Note 1: *En tu casa, ¿comen platos tradicionales? ¿Qué platos tradicionales comes a veces? ¿Qué platos tradicionales hispanos conoces? ¿Vas a veces a restaurantes de comida étnica? En el barrio cerca de la universidad, ¿hay tiendas de productos hispanos?* Note 2: *¿Por qué crees que la comida rápida es tan popular en Estados Unidos? ¿Crees que la comida rápida es buena para la salud (healthy)? ¿Tienes una dieta equilibrada (balanced)?*

Note.
See the IRM for source information relating to the statistical data presented.

Vocabulario Comidas y bebidas

SAM: 9-1
to 9-3

¡Ojo!

In Spain, people say **patatas** instead of **papas**.

¡Ojo!

When talking about having portions of food or drink, no article is used in Spanish where *some* may be used in English:

Tomo café por la mañana.
I have (some) coffee in the morning.

However, when making generalized statements about a whole category of food, rather than talking about a portion, the definite article is used in Spanish where no article is used in English. This includes when saying you like a type of food after **gustar**.

El café contiene cafeína.
Coffee contains caffeine.

Me gusta **el café.**
I like coffee.

Supplemental activity for vocabulary.
Ask students: *¿Es una carne, una verdura, un postre o una bebida? Modelo: el agua > El agua es una bebida. (el bistec, las zanahorias, el té, el café, los espárragos, el pastel, el jamón, el pollo, el helado, el vino, el flan)*

LA CARNE, EL PESCADO Y LOS MARISCOS

CD 3
Track 51

el bistec   el pollo **asado**   el jamón   la chuleta de cerdo

los huevos   el pescado   los camarones

LAS VERDURAS

las zanahorias   los espárragos   la ensalada de lechuga y tomate   las papas fritas   el arroz

LOS POSTRES

el pastel de chocolate   el helado de vainilla   el flan   la fruta

LAS BEBIDAS

el agua   el café, **el té helado / caliente**   el jugo de **naranja**   la limonada   la cerveza   el vino (tinto / blanco)

EL PAN Y LOS CONDIMENTOS

el pan, la mantequilla   la sal y la pimienta   el azúcar   la crema, **la leche**

254

asado/a *roasted*   **el té helado** *iced tea*   **caliente** *hot*   **la naranja** *orange*   **la leche** *milk*

CD 3 Track 52

Una conversación. Dos nuevas compañeras de casa, Érica y Julia, hablan de lo que comen todos los días.

ÉRICA: Voy al supermercado. Si vamos a comer juntas, necesito saber qué te gusta comer.

JULIA: Pues . . . generalmente por la mañana sólo tomo café con un poco de pan, pero a veces desayuno cereales. Como más al mediodía. Para mí, el almuerzo es **la comida** más importante. Casi siempre como carne con verduras, pero a veces como pizza.

ÉRICA: ¿Qué carnes y verduras prefieres?

JULIA: Me gustan mucho el jamón y el pollo, pero casi nunca como bistec. **En cuanto a** las verduras, me gustan casi todas menos los espárragos, pero mis verduras preferidas son **el maíz** y el brócoli.

ÉRICA: ¿Qué te gusta cenar?

JULIA: Generalmente, prefiero una cena **ligera**. Con frecuencia hago una ensalada de lechuga y tomate, **una papa al horno** o **tomo sopa**.

9-1 ▶ Preferencias.
Contesta las siguientes preguntas usando un pronombre de complemento directo (**lo, la, los, las**) como en el Modelo.

Modelo   ¿Prefieres el café con crema, con leche, con azúcar o solo?
Lo prefiero con crema y azúcar. / Nunca lo tomo.

1. ¿Prefieres el té helado o caliente? ¿Con azúcar o sin azúcar?
2. ¿Prefieres las papas fritas o al horno?
3. ¿Prefieres la ensalada con mucho tomate, con un poco de tomate o sin tomate?
4. ¿Prefieres las zanahorias crudas (*raw*) o cocidas (*cooked*)?
5. ¿Prefieres la pizza con carne o sin carne?
6. ¿Prefieres el pollo frito o asado?

 ## 9-2 ▶ Otra conversación.
En parejas, vuelvan a leer *Una conversación* entre Érica y Julia. Luego, cambien la conversación para hablar de lo que uno/a de ustedes come en un día típico.

9-3 ▶ Comparaciones culturales.
El mundo hispano tiene una gastronomía muy rica y los distintos países ofrecen una gran variedad de platos típicos.

- Argentina es uno de los grandes mercados productores de carne de res (*beef*) y su cocina tradicional incluye platos como el asado argentino, carne a la parrilla cocinada a las brasas (*charcoal grilled*) y servida con chimichurri, una salsa de aceite (*oil*) de oliva, vinagre, orégano, perejil (*parsley*), romero (*rosemary*), sal y ajo (*garlic*). En Estados Unidos, ¿hay regiones famosas por la carne de res? ¿Comes carne de res o prefieres el pollo?

- En países de Centroamérica predominan los platos cocinados con frutas como el plátano (*banana*) y el coco (*coconut*). En Guatemala, por ejemplo, son típicos los plátanos en mole, preparados con chocolate, ajonjolí (*sesame seeds*) y canela (*cinnamon*). En Honduras y Nicaragua, es típico el arroz con coco, un plato de origen africano cocinado con frijoles, arroz, leche de coco sin azúcar, ajo, cebolla (*onion*) y sal. En varios países centroamericanos y caribeños los maduros, plátanos salteados (*sautéed*) en aceite, se sirven de guarnición (*side dish*) a muchos platos. Generalmente, ¿comes platos cocinados con frutas? De los platos anteriores, ¿cuál prefieres? ¿Por qué?

---

la comida *the meal, the food*   **En cuanto a . . .** *as for . . .*   **el maíz** *corn*   **ligero/a** *light*   **una papa al horno** *a baked potato*   **tomar sopa** *to eat soup*   (Note that the verb **tomar** is used instead of **comer** to say that you *have / eat* soup.)

Suggestions for *Una conversación*.
• Have students listen to the conversation first with books closed for the answers to the following questions. 1. *¿Cuándo come más Julia, por la mañana, al mediodía o por la noche? (al mediodía)* 2. *¿Qué carnes prefiere? (el jamón y el pollo)* Then, have them read along in their books as they listen a second time.
• The new vocabulary presented in the conversation includes the boldfaced words and *cereales, el almuerzo* (as a noun), *pizza, el brócoli.*

 CD 3, Track 53

¡A escuchar!

Escuchen otra conversación en la cual una pareja habla de lo que va a preparar para la cena esta noche. ¿Qué va a preparar el esposo a la parrilla (*on the grill*)? ¿Qué más va a hacer la esposa?

¡Ojo!

Remember that the verbs **desayunar, almorzar (ue)**, and **cenar** are used to say *to eat* or *have breakfast, lunch,* and *dinner.* These verbs are also used to say what you eat / have for those meals.

Ceno una ensalada.
I eat (have) a salad for dinner.

Possible answers for ¡A escuchar!
El esposo va a preparar bistec a la parrilla. / La esposa va a hacer papas al horno y ensalada de lechuga y tomate.

Audioscript for ¡A escuchar!
EL ESPOSO: *¿Fuiste al supermercado?*
LA ESPOSA: *Sí, compré comida pero no sé qué preparar esta noche. ¿Prefieres pollo o bistec?*
EL ESPOSO: *Tengo ganas de comer bistec. Lo puedo preparar a la parrilla, si quieres.*
LA ESPOSA: *Buena idea. Hace buen tiempo hoy. Vamos a cenar en el patio. Voy a preparar unas papas también. ¿Las prefieres fritas o al horno?*
EL ESPOSO: *Me gustan más al horno con el bistec.*
LA ESPOSA: *¿Quieres algo más?*
EL ESPOSO: *Tengo ganas de comer ensalada.*
LA ESPOSA: *Sí, yo también. Voy a hacer una ensalada de lechuga y tomate . . . y te tengo una sorpresa también.*
EL ESPOSO: *¿Sí? ¿Qué es?*
LA ESPOSA: *Te compré tu postre preferido.*
EL ESPOSO: *¿Me compraste pastel de zanahoria?*
LA ESPOSA: *Sí, pero vas a tener que esperar hasta después de comer.*

Recycle: Direct object pronouns
Activity 9-1 recycles direct object pronouns from *Capítulo 7, Tema 3.*

Answers for 9-1.
1. *Lo prefiero . . .*; 2. *Las prefiero . . .*; 3. *La prefiero . . .*; 4. *Las prefiero . . .*; 5. *La prefiero . . .*; 6. *Lo prefiero . . .*

📖 Gramática 1

SAM: 9-4
to 9-7

Describing interactions: Indirect object pronouns and the verb **dar**

Para averiguar

1. Which indirect object pronouns differ from the direct object pronouns?
2. What are some verbs of communication and exchange that typically have indirect object pronouns?
3. How do placement rules for indirect object pronouns compare with those for direct object or reflexive pronouns?
4. Why do indirect object pronouns sometimes seem repetitive?

Suggestion.
Remind students that *decir* means to tell a piece of information while *contar* means to tell a story or joke. Also point out that *regalar* is generally used instead of *dar* to say that something is given as a gift.

Supplemental activity.
Give students the following context: *Unos amigos vienen de Chile a visitar tu ciudad. ¿Haces las siguientes cosas? Si no, cambia las oraciones para expresar tu opinión.* 1. *Les recomiendo el hotel Marriott.* 2. *Les digo que julio es el mes más interesante.* 3. *Les digo que hace mejor tiempo aquí en otoño.* 4. *Les recomiendo el restaurante Burger King.* 5. *Les hablo en español.* 6. *Les enseño el lago.*

¡Ojo!

Indirect objects are often used with the following verbs.

EXCHANGE

comprar (*to buy*)
dar (*to give*)
deber (*to owe*)
enviar (*to send*)
llevar (*to take*)
ofrecer (*to offer*)
prestar (*to lend*)
regalar (*to give as a gift*)
servir (i) (*to serve*)
traer (*to bring*)
vender (*to sell*)

COMMUNICATION

contar (ue) (*to tell*)
decir (i) (*to say, to tell*)
enseñar (*to show, to teach*)
escribir (*to write*)
explicar (*to explain*)
hablar (*to speak, to talk*)
leer (*to read*)
pedir (i) (*to ask for*)
preguntar (*to ask*)
recomendar (ie) (*to recommend*)

■ When giving or telling something to someone, the thing being given or told is the direct object and the person to whom it is being given or told is the indirect object.

Do you recommend *this dish* *to us*?
　　　　　　　　　　d.o.　　i.o.

Can you tell *me* *the ingredients*?
　　　　　　i.o.　　　d.o.

■ Indirect object pronouns in Spanish look like direct object pronouns, except **le** is used instead of **lo** or **la**, and **les** is used instead of **los** or **las**.

Indirect Object Pronouns

me	*(to, for) me*		nos	*(to, for) us*
te	*(to, for) you* (fam. sing.)		os	*(to, for) you* (fam. pl.)
le	*(to, for) you* (form. sing.), *him, her*		les	*(to, for) you* (pl.), *them*

■ Indirect object pronouns follow the same placement rules as direct object or reflexive pronouns.

1. They are usually placed before the the conjugated verb.

　¿Qué **me** dijiste?　　　　　　*What did you tell me?*

2. When there is a conjugated verb followed by an infinitive, they may be placed before the conjugated verb or attached to the end of the infinitive.

　¿Qué **me** quieres decir?　⎫
　¿Qué quieres decir**me**?　⎰　　*What do you want to tell me?*

3. In the present progressive, they may be placed either before the conjugated form of **estar** or attached to the **-ando** or **-iendo** ending. When attaching them to the end of the verb, write an accent mark on the **a** or **e** of the **-ando** or **-iendo** ending.

　¿Qué **me** estás diciendo?　⎫
　¿Qué estás diciéndo**me**?　⎰　　*What are you telling me?*

4. They are placed on the end of an infinitive after prepositions like **antes de, después de,** or **para**.

　¿Llamaste para decir**me** algo?　　　*Did you call to tell me something?*

■ Indirect objects are often used with the irregular verb **dar** (*to give*) and the other verbs listed in the margin that indicate exchange or communication.

	Present	Preterit	Imperfect
yo	doy	di	daba
tú	das	diste	dabas
Ud., él, ella	da	dio	daba
nosotros/as	damos	dimos	dábamos
vosotros/as	dais	disteis	dabais
Uds., ellos/as	dan	dieron	daban

■ Indirect objects are also used to request favors or to say for whom they are done.

　¿**Me** trae un café, por favor?　　　*Would you bring me a coffee, please?*
　Siempre **le** preparo la cena.　　　*I always prepare him/her dinner.*

■ Indirect object nouns are generally accompanied by the corresponding indirect object pronoun in the same sentence. This may seem repetitive, but it is normal in Spanish. The pronoun and the noun refer to the same person(s).

Le envié flores **a mi novia.**   *I sent flowers to my girlfriend.*
Nunca **les** presto dinero **a mis amigos.**   *I never lend money to my friends.*

9-4 ▶ En el restaurante.
En un restaurante, ¿les hace el mesero (*the waiter*) las siguientes cosas a los clientes o viceversa?

Modelos   explicar el menú
           El mesero les explica el menú a los clientes.
           pedir la comida
           Los clientes le piden la comida al mesero.

1. traer el menú
2. hacer preguntas sobre el menú
3. describir los platos
4. preguntar qué quieren beber
5. decir qué quieren
6. servir la comida
7. pedir la cuenta (*bill, check*)
8. traer la cuenta
9. dar dinero
10. dar propina (*tip*)

9-5 ▶ Interacciones.
Completa las oraciones con el pronombre lógico: **me, nos, le** o **les**. Luego, cambia las oraciones para describir tu propia situación.

Modelo   Cada año le envío flores a mi madre para el Día de la Madre.
          No le envío flores cada año, pero le envié flores una vez.

1. Generalmente, mis padres ___*me*___ regalan dinero para mi cumpleaños.
2. Con frecuencia ___*les*___ pido mucho dinero a mis padres.
3. A veces ___*les*___ presto mi coche a mis amigos.
4. Cada semana mi novio/a (esposo/a) ___*me*___ escribe un poema.
5. Nunca ___*les*___ sirvo bebidas alcohólicas a mis amigos.
6. ___*Le*___ podemos hacer preguntas en inglés al profesor / a la profesora (*bill, check*) de español.
7. Nuestro/a profesor/a de español prefiere hablar___*nos*___ en español.

9-6 ▶ ¿A quién?
Pregúntale a otro/a estudiante a quién le hace las siguientes cosas.

Modelo   deber dinero
          E1: *¿A quién le debes dinero?*
          E2: *Les debo dinero a mis padres. / No le debo dinero a nadie.*

1. enviar flores   4. contar chistes
2. pedir favores   5. hablar en español
3. prestar dinero   6. dar consejos (*advice*)

9-7 ▶ Entrevista.
Entrevista a otro/a estudiante con estas preguntas.

1. Generalmente, ¿les escribes más correos electrónicos a tus amigos o les hablas más por teléfono? Y tus padres, ¿te escriben más correos electrónicos o te hablan más por teléfono? ¿Quién te envía más correos electrónicos? ¿Te envían correos electrónicos algunos de tus profesores?
2. ¿A quién le puedes contar tus secretos? ¿Les puedes hablar a tus padres de todo o prefieres no decirles algunas cosas? ¿A quién le pides consejos (*advice*) si tienes problemas? ¿Quién te pide consejos? ¿Te piden tus amigos más consejos sobre relaciones, dinero o estudios?

📖 Gramática 2   Expressing likes, dislikes, and interests: Verbs like **gustar**

SAM: 9-9
to 9-10

■ You already know to use the expression **me gusta(n)** to say what you like and **me gustaría(n)** to say what you would like. The **me** of **me gusta(n)** / **me gustaría(n)** is an indirect object pronoun. Similarly, the other indirect object pronouns are used with **gustar**:

me	nos	
te	os	} gusta(n)
le	les	

■ A phrase like **Nos gustan las verduras** literally means *Vegetables are pleasing to us.* **Gustar** agrees with the subject **las verduras** and not with **nos**. Note that the subject of **gustar** generally follows the verb and the definite article is used with it.

Les gusta la comida mexicana.   *They like Mexican food.*
(Mexican food is pleasing to them.)
(Singular subject > **gusta**)

Les gustan las enchiladas.   *They like enchiladas.*
(Enchiladas are pleasing to them.)
(Plural subject > **gustan**)

■ When followed by an infinitive or a series of infinitives, **gustar** is in the third-person singular form.

Les **gusta** comer, beber y bailar.   *They like to eat, drink, and dance.*

■ When you name a person who likes something (to whom something is pleasing), the name or noun is preceded by **a,** since it is an indirect object. Remember that an indirect object pronoun will be included along with the indirect object noun.

A mis padres no **les** gusta cocinar.   *My parents don't like to cook.*
(Cooking isn't pleasing to my parents.)

A Juan le gusta mucho.   *Juan likes it a lot.*
(To Juan, it's very pleasing.)

■ To clarify or emphasize an indirect object pronoun, you may add the preposition **a** followed by a prepositional pronoun: **a (mí, ti, él, ella, usted, nosotros/as, vosotros/as, ustedes, ellos/as)**.

A mí no **me** gusta el chocolate.   *I don't like chocolate.*
A él le gusta, pero **a ella** no **le** gusta nada.   *He likes it, but she doesn't like it at all.*

■ The following verbs and expressions are used with indirect object pronouns as **gustar** is.

dar asco	*to be revolting, to not be able to stand*	Me dan asco los espárragos.
dar hambre	*to make hungry*	Me da hambre hablar de comida.
dar sed	*to make thirsty*	Me da sed si como mucha sal.
doler (ue)	*to hurt, to ache*	Me duele el estómago (*stomach*).
encantar	*to love*	Me encanta ese restaurante.
faltar	*to be missing / to be needed*	Le falta sal a la sopa.
importar	*to be important, to matter*	No nos importa si tenemos que esperar una mesa.
interesar	*to interest*	¿Te interesa la cocina (*cooking*)?
molestar	*to bother*	¿Te molesta si fumo en la mesa?

9-8 ▶ ¿Le gusta(n)? Pregúntale a otro/a estudiante si le gustan las siguientes cosas.

Modelo
E1: *Marco, ¿te gusta el pollo?*
E2: *Sí, me gusta. | ¡Me encanta el pollo! | No, no me gusta mucho. | Me da asco el pollo.*

1.   **2.**  **3.**

4.  **5.**  **6.**

7. **8.** **9.**

Follow-ups for 9-8.

• Have students report about their partner's likes and dislikes to the class: *Ahora descríbele los gustos de tu compañero/a a la clase. Modelo: A Marco le gusta(n) . . . Le encanta(n) . . . No le gusta(n) . . . Le da(n) asco . . .*

• Ask students: 1. ¿Qué carne te gusta más? ¿Qué carnes no te gustan o te gustan menos? ¿Te gusta la pizza con o sin carne? 2. ¿Qué bebida te gusta más con las comidas? ¿Qué bebidas te gustan pero no con las comidas? ¿Qué bebidas no te gustan? ¿Te gusta más el té helado o el té caliente? ¿Te gusta el té con o sin azúcar? ¿Con o sin limón? ¿Cómo te gusta el café, con azúcar, con crema o solo? 3. ¿Te gusta más la comida italiana, mexicana, francesa, china, vietnamita o india? ¿Qué comida étnica no te gusta? 4. ¿Qué comidas o bebidas te encantan? ¿Qué comidas o bebidas te dan asco?

9-9 ▶ ¿A quién? ¿A quién(es) de tu familia le(s) gustan las siguientes cosas?

Modelo
el vino tinto
A mi padre le gusta (A mi padre y a mí nos gusta | A mí me gusta | A todos nos gusta | A nadie le gusta) el vino tinto.

1. cocinar
2. la comida vegetariana
3. los jalapeños
4. la ensalada

5. preparar la carne a la parrilla (*on the grill*)
6. ir a McDonalds
7. comer muchos postres
8. lavar los platos

Follow-up for 9-9.

Ask students: *¿A quién de tu familia le interesan las siguientes cosas?* 1. los deportes 2. la política 3. la física 4. las computadoras 5. viajar 6. probar platos nuevos 7. la música 8. la ópera

9-10 ▶ Entrevista. Entrevista a otro/a estudiante con estas preguntas.

1. ¿Te interesa la cocina? ¿Te gusta cocinar? ¿Te molesta comer los mismos platos todos los días o no te importa?

2. ¿Dónde te gustaría cenar esta noche? ¿Te importan más los precios de un restaurante o el servicio? ¿Te gusta estar en la sección de fumadores de un restaurante o te molesta?

3. ¿Te gusta probar la comida de otros países? ¿Te duele el estómago (*stomach*) si comes jalapeños? ¿Te duele si comes mucha salsa picante?

4. ¿Qué no te gustaba comer de niño/a que ahora sí te gusta? ¿Qué te encantaba comer de niño/a? ¿Te molestaba comer las sobras (*leftovers*) de un día para otro?

¿Les gustaría ver los postres?

📖 **Vocabulario**   En el restaurante

SAM: 9-11
to 9-13

CD 3
Track 54

¿Qué les dice **el/la mesero/a**
a los clientes?

¿Están listos para pedir la comida?
¿Tienen preguntas **sobre la carta**?
¿Qué desean de **plato
principal**? ¿de beber / tomar? ¿de postre?
¿**Les traigo** (Necesitan) algo más?

¿Puedo **retirar** este plato?

¿Qué hay en la mesa?

¿Qué le dicen los clientes al
mesero / a la mesera?

¿Qué me recomienda . . . ?
¿Con qué viene . . . ?
Quiero (Me gustaría) . . .
Para mí . . .
Me trae (Necesito) . . . ,
por favor.
La cuenta, por favor.

¿Sabías que...?

La palabra **tortilla** tiene significados
distintos en México, Centroamérica y
España. En Centroamérica y México
las tortillas se hacen generalmente de
maíz o de harina (*flour*) y acompañan
a muchos platos. En España, la tortilla
se prepara con huevos, patatas y
cebolla (*onion*) y se sirve caliente o fría
acompañada de pan.

¡Ojo!

■ In some regions people also say
ordenar la comida instead of **pedir**
and **el/la camarero/a** instead of
el/la mesero/a.
■ In Spanish, **la carta** is the list of
all the dishes that are available
to order and **el menú** refers to
the daily specials.

Suggestions for *Una conversación.*
• Have students listen to the conversation first
with books closed for the answers to the following
questions. 1. *¿Qué bebidas piden? (agua mineral
y limonada)* 2. *¿Qué piden de plato principal?*
(enchiladas de queso y un chile relleno) Then,
have them read along in their books as they listen
a second time.
• The new vocabulary presented in the
conversation includes the boldfaced words
and *mineral, tortillas, enchiladas,* and *ofrecer.*

CD 3
Track 55

Possible answers for *¡A escuchar!*
*La mujer pide una ensalada y pollo asado con
espárragos. / El hombre pide bistec a la parrilla
con papas fritas y una ensalada César. / Piden
vino tinto (un merlot de Chile) de beber.* (See facing page for Audioscript.)

CD 3, Track 56

¡A escuchar!

Escuchen otra conversación en la cual
un hombre y una mujer piden algo de
comer en un restaurante. ¿Qué piden
de comer y de beber?

una botella
un vaso
una copa
una taza
una servilleta
un plato hondo
una cuchara
un tenedor
un plato llano
un cuchillo

Una conversación. Dos personas piden la comida en un restaurante de
comida mexicana.

EL MESERO: Buenas tardes. ¿Qué les traigo de tomar?
EL CLIENTE: Me trae agua mineral, por favor.
LA CLIENTA: Y para mí, una limonada, por favor.
EL MESERO: ¿Ya saben lo que quieren comer o necesitan más tiempo?
EL CLIENTE: Creo que estamos listos. Yo quiero el plato de enchiladas
de **queso**.
EL MESERO: ¿Con tortillas de maíz o de **harina**?
EL CLIENTE: De maíz, por favor.
EL MESERO: ¿Y para usted, señora?
LA CLIENTA: Me trae **el chile relleno**, por favor. Viene con arroz y **frijoles**,
¿verdad?
EL MESERO: Sí, **así es**. ¿Les puedo ofrecer algo más?
EL CLIENTE: No, gracias, es todo.

---

el/la mesero/a *the server, the waiter* **sobre** *over, about, on* **la carta** *the menu* **el plato principal** *the
main dish, the entrée* **¿Les traigo . . . ?** *Can I bring you . . . ?* **retirar** *to remove, to take away* **la cuenta**
the check, the bill **el queso** *cheese* **la harina** *flour* **el chile relleno** *the stuffed pepper* **los frijoles** *beans*
así es *that's right*

9-11 ► ¿Qué es? ¿Qué palabra corresponde a cada definición?

Modelo   una lista de los platos que se sirven en un restaurante
Es una carta.

1. la persona que sirve la comida en un restaurante
2. la cantidad de dinero que se debe pagar
3. un objeto que se usa para cortar la carne
4. un plato que se usa para tomar sopa
5. dos recipientes que se usan para servir el vino
6. un recipiente que se usa para tomar café

9-12 ► Una cena. Pon los verbos en el pretérito o el imperfecto para describir la última vez que Alicia cenó en un restaurante.

Modelo   Son las seis y media cuando Alicia llega al restaurante.
Eran las seis y media cuando Alicia llegó al restaurante.

1. Está con su novio y se quedan dos horas en el restaurante.
2. Hay mucha gente en el restaurante y tienen que esperar mucho por una mesa.
3. Piden lasaña y espaguetis.
4. El mesero es muy bueno y les sirve la comida inmediatamente.
5. Cuando el mesero trae la comida está muy caliente.
6. Tienen mucha hambre y comen mucho.
7. No pueden comer toda la comida y se llevan un poco a casa.
8. El restaurante es muy caro y pagan con tarjeta de crédito.
9. Llueve cuando salen del restaurante.
10. Después de comer tienen ganas de descansar y vuelven a su casa.

 ¿Y tú? Ahora cambia las oraciones anteriores para contarle a un/a compañero/a la última vez que comiste en un restaurante con alguien.

Modelo   *Era la una de la tarde cuando llegué al restaurante.*

9-13 ► Otra conversación. En grupos de tres, vuelvan a leer *Una conversación* entre el mesero y los clientes. Luego, cambien la conversación para pedir sus platos preferidos en un restaurante. Una persona del grupo debe ser el/la mesero/a.

9-14 ► Comparaciones culturales. Están en un restaurante en México con unos amigos mexicanos. Cambien sus descripciones de los restaurantes en México para decirles cómo es un restaurante típico en Estados Unidos.

Modelo   Normalmente, en México el servicio está incluido en la cuenta.
Generalmente, en Estados Unidos el servicio está incluido en la cuenta sólo para grupos grandes.

1. Generalmente en México, los clientes pagan un 10% (por ciento) de la cuenta por el servicio.
2. Los meseros no traen la cuenta automáticamente. Los clientes tienen que pedirla.
3. Algunos restaurantes cierran a las cuatro después de servir el almuerzo y abren otra vez a las siete para servir la cena.
4. En muchos restaurantes hay más mesas en la terraza que en el interior.
5. Con frecuencia se dice "Buen provecho" antes de empezar a comer.
6. Hay algunas cadenas de restaurantes (*restaurant chains*) pero el 90% de los restaurantes en México son negocios familiares (*family businesses*).

Audioscript for ¡A escuchar! (from previous page)
EL MESERO: *Buenas tardes. ¿Qué desean beber?*
EL HOMBRE: *Queremos una botella de vino tinto. ¿Qué nos recomienda?*
EL MESERO: *Tenemos un excelente merlot chileno y les recomiendo nuestro cabernet de Argentina también.*
EL HOMBRE: *Nos trae el merlot de Chile, por favor.*
EL MESERO: *¿Están listos para pedir la comida o necesitan más tiempo?*
EL HOMBRE: *Estamos listos.*
EL MESERO: *¿Qué va a ser?*
LA MUJER: *Para mí una ensalada de primero, y después quisiera el pollo asado con espárragos.*
EL MESERO: *¿Y para el señor?*
EL HOMBRE: *¿Me recomienda el bistec a la parrilla o el bistec apanado?*
EL MESERO: *Los dos son excelentes, pero personalmente, yo prefiero el bistec a la parrilla.*
EL HOMBRE: *Entonces el bistec a la parrilla para mí con papas fritas.*
EL MESERO: *¿Quisiera ensalada o sopa delante?*
EL HOMBRE: *Me trae una ensalada César, por favor.*

Supplemental activity for vocabulary.
Ask students: *¿Se comen o se toman las siguientes cosas con una cuchara o con un tenedor? (el bistec, el helado, el pastel, las papas al horno, los cereales, el jamón, la ensalada, la sopa, el pescado)*

Answers for 9-11.
1. *Es el/la mesero/a.* 2. *Es la cuenta.* 3. *Es un cuchillo.* 4. *Es un plato hondo.* 5. *Son una botella y una copa.* 6. *Es una taza.*

Recycle: The preterit and imperfect
Activity 9-12 recycles the preterit and imperfect from *Capítulo 8.*

Answers for 9-12.
1. *Estaba con su novio y se quedaron dos horas en el restaurante.* 2. *Había mucha gente en el restaurante y tuvieron que esperar mucho por una mesa.* 3. *Pidieron lasaña y espaguetis.* 4. *El mesero era muy bueno y les sirvió la comida inmediatamente.* 5. *Cuando el mesero trajo la comida estaba muy caliente.* 6. *Tenían mucha hambre y comieron mucho.* 7. *No pudieron comer toda la comida y se llevaron un poco a casa.* 8. *El restaurante era muy caro y pagaron con tarjeta de crédito.* 9. *Llovía cuando salieron del restaurante.* 10. *Después de comer tenían ganas de descansar y volvieron a su casa.*

Alternative for ¿Y tú?
Have students ask their partner questions about the last time he / she ate out. *MODELOS: ¿Qué hora era cuando llegaste al restaurante? ¿Con quién estabas? ¿Cuántas horas se quedaron en el restaurante? . . .*

Possible answers for 9-14.
1. *Generalmente, en Estados Unidos los clientes pagan un 15%–20% de la cuenta por el servicio.* 2. *Con frecuencia en Estados Unidos, los meseros traen la cuenta automáticamente. Los clientes no tienen que pedirla.* 3. *En Estados Unidos, generalmente los restaurantes no cierran a las cuatro después de servir el almuerzo.* 4. *En pocos restaurantes de Estados Unidos hay más mesas en la terraza que en el interior.* 5. *En Estados Unidos, se dice "Enjoy" a veces, pero no con mucha frecuencia.* 6. *En Estados Unidos hay más cadenas de restaurantes que negocios familiares.*

📖 Gramática 1

SAM: 9-14
to 9-16

Avoiding repetition: Using direct and indirect object pronouns together

Para **averiguar**

1. Where are indirect object pronouns placed when used together with direct object pronouns?
2. What happens to the indirect object pronouns **le** and **les** when they are followed by the direct objects **lo, la, los,** or **las**?
3. What must you add to the stressed vowel of a verb when two pronouns are attached to the end of it?

Supplemental activities.
• Ask a friend to pass you what you want. MODELO: *Quiero la sal.* > *¿Me la pasas, por favor? Quiero el azúcar.* (el pan, las zanahorias, el vino, la crema, los espárragos, la mantequilla)
• Have students redo activity 9-4 on p. 257 using pronouns for the direct objects. MODELOS: *explicar el menú > El mesero se lo explica a los clientes. / pedir la comida > Los clientes se la piden al mesero.*
• Ask students: *¿Les hago yo las siguientes cosas en esta clase? Contesten, reemplazando el complemento directo con el pronombre correcto. MODELO: enseñar español > Sí, nos lo enseña.* (dar tarea todos los días, pedir la tarea todos los días, explicar la gramática en clase, hablar inglés en clase a veces, enseñar el vocabulario, contar chistes en español a veces, recomendar películas en español a veces, dar las preguntas de los exámenes el día anterior para estudiar, servir comida en clase, dar exámenes todas las semanas)

■ When using an indirect object pronoun together with a direct object pronoun, place the indirect object pronoun first.

— ¿Quién les recomendó este restaurante?

— El recepcionista del hotel **nos lo** recomendó.

— *Who recommended this restaurant to you?*

— *The hotel receptionist recommended it to us.*

■ The indirect object pronouns **le** and **les** change to **se** when they are followed by the direct object pronouns **lo, la, los,** or **las.**

— **¿Les** vas a llevar **la cuenta** a esos clientes?
— Sí, **se la** voy a llevar ahorita.

— *Are you going to take the check to those customers?*
— *Yes, I'm going to take it to them right now.*

— **¿Le** diste **su dinero** a ese señor?
— Sí, **se lo** di.

— *Did you give that man his money?*
— *Yes, I gave it to him.*

■ Since **se** can have a variety of meanings when it replaces **le** (*to you, to him, to her*) or **les** (*to you, to them*), you may add the preposition **a** followed by a prepositional pronoun to clarify to whom you are referring.

Se lo di a usted (a él, a ella, a ustedes, a ellos/as).

I gave it to you (to him, to her, to you, to them).

■ A written accent must be added to the stressed vowel of a verb when two pronouns are attached to the end of it. When attached to the end of the verb, the object pronouns follow the same order, indirect before direct.

— ¿Puede **preparármelo** sin sal?

— Están **preparándoselo** ahora.

— *Can you prepare it for me without salt?*

— *They are preparing it for you now.*

9-15 ▶ Favores. Hazle las siguientes preguntas a un/a compañero/a de clase con las palabras entre paréntesis. Él/Ella debe contestar con un pronombre de complemento directo (*direct object pronoun*) según el Modelo.

Suggestion for 9-15.
You may do this as a pair activity or as a class, having students pick any other student from the class to answer questions aloud as they ask them.

Answers for 9-15.
Answers will vary. 1. *Sí, a veces / No, nunca (se lo, se la, se lo, se los, se lo) presto.* 2. *Sí, con frecuencia / No, nunca (se los, se los, se los, se los, se las) cuento.* 3. *Sí, con frecuencia / No, nunca (me los, me lo, me la, me los, me los) dan.* 4. *Sí, ya / No, no (nos lo, nos las, nos lo, nos la, nos los, nos la) dio.*

Modelo   E1: ¿Les prestas *dinero* a tus amigos?
          E2: *Sí, a veces se lo presto. / No, nunca se lo presto.*

1. ¿Les prestas . . . (tu coche, ropa, dinero, libros, tu teléfono celular) a tus amigos?
2. ¿Le cuentas . . . (tus secretos, tus problemas, tus planes, chistes, mentiras [*lies*]) a tu mejor amigo/a con frecuencia?
3. ¿Tus padres te dan . . . (regalos de cumpleaños, dinero para los estudios, ropa, problemas, libros) con frecuencia?
4. ¿El/La profesor/a ya nos dio . . . (el teléfono de su oficina, sus horas de oficina, el programa de estudios [*syllabus*], la fecha del próximo examen, los resultados del último examen, la tarea para la próxima clase)?

9-16 ▶ Me lo trae, por favor. Usa un pronombre de complemento directo en vez de las palabras en cursiva para contestar las preguntas de un mesero.

Modelo   ¿Le traigo *la ensalada* ahora o con el plato principal?
          Me la trae ahora, por favor.

1. ¿Le sirvo *el bistec* con brócoli, con espárragos o con zanahorias?
2. ¿Le sirvo *la papa al horno* con queso o sin queso?
3. ¿Le preparamos *el bistec* bien hecho (*well-done*), a término medio (*medium*) o poco cocido?
4. ¿Le enseño *la carta* de postres ahora o después de terminar el plato principal?
5. ¿Le sirvo *el pastel* con helado o sin helado?
6. ¿Le doy *la cuenta* a usted o se la doy a su amigo/a?

9-17 ▶ En el restaurante. Dos amigos y un mesero hablan en un restaurante. En parejas, completen las oraciones con los pronombres correctos de complemento indirecto y directo.

1. — ¿Necesitan ver la carta?
    — Sí, _____nos_____ _____la_____ trae, por favor.
2. — ¿Qué nos recomienda? ¿Qué tal está la paella hoy?
    — Está muy buena. _____Se_____ _____la_____ recomiendo.
3. — Usted desea el pastel, ¿verdad? ¿ _____Se_____ _____lo_____ sirvo con o sin helado?
    — _____Me_____ _____lo_____ sirve sin helado, por favor.
4. — ¿Están listos para la cuenta?
    — Sí, ¿ _____nos_____ _____la_____ trae, por favor?
5. — Le diste tu tarjeta de crédito al mesero, ¿verdad?
    — Sí, _____se_____ _____la_____ di.
6. — ¿No le vas a dejar propina (*tip*) al mesero?
    — Ya _____se_____ _____la_____ dejé.

¿Qué tal está la paella?

9-18 ▶ Recomendaciones. Quieres saber las opiniones de tus compañeros de clase en cuanto a los siguientes lugares o actividades. Pídeles sus opiniones según el Modelo y ellos deben darte algunas recomendaciones.

Modelo   un restaurante de comida italiana
          E1: *¿Me puedes recomendar un buen restaurante de comida italiana?*
          E2: *Te recomiendo Giovanni's.*
          E3: *Sí, yo también te lo recomiendo. Es un buen restaurante. / Pues, yo no te lo recomiendo. Es muy caro. / No, no conozco ninguno.*

1. un buen café para tomar una copa
2. un restaurante de comida mexicana
3. un restaurante de comida china
4. un lugar para pasar las vacaciones
5. una película
6. una tienda de ropa

9-19 ▶ Relaciones. Usando los verbos y las palabras de los cuadros, prepara cinco preguntas para otro/a estudiante sobre su relación con su mejor amigo/a, su novio/a o su esposo/a. Contesta las preguntas de tu pareja, usando pronombres de complemento indirecto y directo.

comprar	explicar	prestar
contar	llevar	regalar
dar	pedir	servir
decir	preguntar	traer
enviar	preparar	

la cena	mentiras (*lies*)
comida	problemas
el desayuno	ropa
dinero	sueños
favores	vino
flores	. . .

Modelo   E1: *¿Le regalas ropa a tu mejor amigo/a para su cumpleaños?*
          E2: *Sí, se la regalo a veces.*

📖 Gramática 2   Making polite requests: The conditional

SAM: 9-17
to 9-20

Para averiguar

1. How is the conditional generally translated in English?
2. What is the stem of most verbs in the conditional?
3. What are ten verbs with irregular stems in the conditional? What are their stems?

Suggestion.
You may want to point out to students that the verb endings for the conditional are the same as those used to form the imperfect tense of -er / -ir verbs.

■ Use the conditional to say that someone *would, could,* or *should do* something or that something *would, could,* or *should happen* under certain circumstances. You have already used the conditional in **me gustaría** to say that you would like to do something. For most verbs, form the conditional using the infinitive as the stem to which you attach the same endings as shown below.

	hablar	**comer**	**vivir**
yo	hablaría	comería	viviría
tú	hablarías	comerías	vivirías
Ud., él, ella	hablaría	comería	viviría
nosotros/as	hablaríamos	comeríamos	viviríamos
vosotros/as	hablaríais	comeríais	viviríais
Uds., ellos/as	hablarían	comerían	vivirían

— ¿A qué restaurante **debería** llevar a unos amigos que me visitan?
— Yo **iría** a Casa García.
— ¿Te **gustaría** ir con nosotros?
— Me **encantaría**.

— *To what restaurant should I take some friends who are visiting me?*
— *I would go to Casa García.*
— *Would you like to go with us?*
— *I would love to.*

■ Although the infinitive is the stem used to form the conditional of most verbs, the following verbs have irregular stems. The same endings are used with these irregular stems as with regular verbs.

INFINITIVE	STEM	CONDITIONAL
decir	**dir-**	diría, dirías . . .
haber (hay)	**habr-**	habría
hacer	**har-**	haría, harías . . .
poder	**podr-**	podría, podrías . . .
poner	**pondr-**	pondría, pondrías . . .
querer	**querr-**	querría, querrías . . .
saber	**sabr-**	sabría, sabrías . . .
salir	**saldr-**	saldría, saldrías . . .
tener	**tendr-**	tendría, tendrías . . .
venir	**vendr-**	vendría, vendrías . . .

■ The conditional may be used to make polite requests or suggestions.

¿Podría usted traerme otra cuchara?
¿Me **diría** usted la hora?

Could you bring me another spoon?
Would you tell me the time?

9-20 ▶ **¿Lo harías?** Para bajar de peso (*to lose weight*), ¿haría alguien las siguientes cosas?

Modelo   ponerle mucha mantequilla a la comida
           No le pondría mucha mantequilla a la comida.

1. pedir muchos postres
2. comer ensaladas
3. preparar más verduras al vapor (*steamed*)
4. tomar té con mucho azúcar
5. ir a restaurantes de comida rápida
6. salir a comer todos los días
7. saber qué platos tienen muchas calorías
8. poder comer de todo
9. tener que comer menos
10. hacer ejercicio

Suggestion for 9-20.
Point out to students that items 1–5 use the infinitive as the stem, but items 6–10 have irregular stems.

Answers for 9-20.
1. *No pediría muchos postres.* 2. *Comería ensaladas.* 3. *Prepararía más verduras al vapor.* 4. *No tomaría té con mucho azúcar.* 5. *No iría a restaurantes de comida rápida.* 6. *No saldría a comer todos los días.* 7. *Sabría qué platos tienen muchas calorías.* 8. *No podría comer de todo.* 9. *Tendría que comer menos.* 10. *Haría ejercicio.*

Follow-ups for 9-20.
• Ask students: *¿Con más tiempo libre (free time) harías las siguientes cosas?* MODELO: *dormir más > Sí, dormiría más. / No, no dormiría más.* (hacer más ejercicio, hacer más viajes, estudiar otra lengua extranjera, pasar más tiempo con tu familia, estar menos ocupado/a, ser mejor estudiante, salir más con tus amigos, salir más a comer, preparar más comida en casa, invitar más a tus amigos a tu casa a cenar, practicar más deportes, tener menos estrés, poder relajarte más, vivir mejor)
• Ask: *¿Qué harías con un millón de dólares? ¿Cuáles son tres cosas que harías con la lámpara de Aladino?*

9-21 ► Con cortesía.
Cambia los verbos de las siguientes oraciones del presente al condicional para ser más cortés en un restaurante.

Modelo   ¿Podemos ver la carta, por favor?
           ¿Podríamos ver la carta, por favor?

1. ¿Hay otra mesa más lejos de la puerta?
2. ¿Tiene una mesa afuera en la terraza?
3. ¿Qué me recomienda usted?
4. ¿Qué vino es bueno con este plato?
5. ¿Es posible servirlo con frijoles en vez de (*instead of*) ensalada?
6. ¿Sabe usted qué hay en la sopa?
7. ¿Puede hacerme la sopa sin carne?
8. ¿Me puede servir un poco de café, por favor?
9. ¿Me puede traer la cuenta, por favor?
10. ¿Puedo pagar con cheques de viaje?

9-22 ► ¿Qué harías tú?
Un/a amigo/a tiene que entretener a unas personas que visitan la ciudad de ustedes por razones de trabajo y quiere saber qué debería hacer con ellas este fin de semana. Contesta sus preguntas explicando lo que tú harías, utilizando el condicional del verbo en letra cursiva.

Modelo   ¿Qué hotel debería *recomendar*les?
           Pues, yo les recomendaría el hotel Driskoll.

1. ¿En qué restaurante debería *cenar* con ellos?
2. ¿A qué hora deberíamos *ir* al restaurante?
3. ¿Debería *hacer* una reserva?
4. ¿En qué restaurante deberíamos *desayunar* al día siguiente?
5. ¿Qué les debería *decir* acerca de la ciudad?
6. ¿Debería *visitar* la universidad con ellos?
7. ¿Qué les debería *enseñar* fuera del campus universitario?
8. ¿Debería *tener* todo el fin de semana planeado o les debería *dejar* un poco de tiempo libre?

9-23 ► ¿Eres un cliente exigente?
Completa la siguiente prueba de personalidad con otro/a estudiante para determinar si él/ella es un/a cliente/a exigente (*demanding*) en un restaurante.

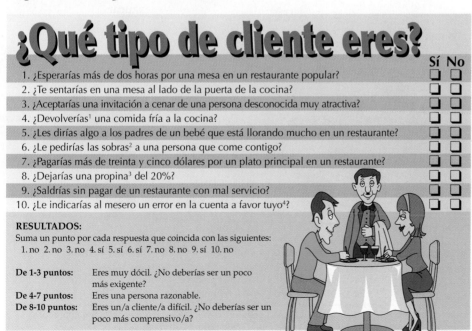

¿Qué tipo de cliente eres?

	Sí	No
1. ¿Esperarías más de dos horas por una mesa en un restaurante popular?	☐	☐
2. ¿Te sentarías en una mesa al lado de la puerta de la cocina?	☐	☐
3. ¿Aceptarías una invitación a cenar de una persona desconocida muy atractiva?	☐	☐
4. ¿Devolverías¹ una comida fría a la cocina?	☐	☐
5. ¿Les dirías algo a los padres de un bebé que está llorando mucho en un restaurante?	☐	☐
6. ¿Le pedirías las sobras² a una persona que come contigo?	☐	☐
7. ¿Pagarías más de treinta y cinco dólares por un plato principal en un restaurante?	☐	☐
8. ¿Dejarías una propina³ del 20%?	☐	☐
9. ¿Saldrías sin pagar de un restaurante con mal servicio?	☐	☐
10. ¿Le indicarías al mesero un error en la cuenta a favor tuyo⁴?	☐	☐

RESULTADOS:
Suma un punto por cada respuesta que coincida con las siguientes:
1. no 2. no 3. no 4. sí 5. sí 6. no 7. no 8. no 9. sí 10. no

De 1-3 puntos: Eres muy dócil. ¿No deberías ser un poco
                       más exigente?
De 4-7 puntos: Eres una persona razonable.
De 8-10 puntos: Eres un/a cliente/a difícil. ¿No deberías ser un
                       poco más comprensivo/a?

¹Would you return ²the leftovers ³a tip ⁴your(s)

Answers for 9-21.
1. ¿Habría otra mesa más lejos de la puerta?
2. ¿Tendría una mesa afuera en la terraza?
3. ¿Qué me recomendaría usted? 4. ¿Qué vino sería bueno con este plato? 5. ¿Sería posible servirlo con frijoles en vez de ensalada?
6. ¿Sabría usted qué hay en la sopa? 7. ¿Podría hacerme la sopa sin carne? 8. ¿Me podría servir un poco de café, por favor? 9. ¿Me podría traer la cuenta, por favor? 10. ¿Podría pagar con cheques de viaje?

Follow-up for 9-21.
Have students prepare the following conversation: *En grupos de tres, preparen una conversación entre dos clientes y un/a mesero/a en un restaurante. Los clientes tienen que pedir una mesa, pedir la comida y pagar la cuenta. En la conversación, incluyan al menos cuatro verbos en el condicional como en las oraciones de la actividad 9-21.*

Answers for 9-22.
1. Pues, yo cenaría en . . . ; 2. Iría . . . ; 3. Sí, (No, no) haría . . . ; 4. Desayunaría en . . . ; 5. Les diría . . . ; 6. Sí, (No, no) visitaría . . . ; 7. Les enseñaría . . . ; 8. Tendría . . . / Les dejaría . . .

Follow-ups for 9-23.
• Give students the following context: *Una pareja cena en un restaurante elegante y caro porque la esposa quiere cenar allí. El esposo preferiría cenar en un restaurante de comida rápida. Los dos dicen cómo sería la cena en un restaurante de comida rápida comparada con el restaurante elegante. Completa las siguientes oraciones de la esposa de manera lógica con el condicional, diciendo cómo sería la cena en un restaurante de comida rápida. MODELO: Aquí, las servilletas son de algodón* (cotton). *En un restaurante de comida rápida . . . > En un restaurante de comida rápida, las servilletas serían de papel. Aquí, tenemos un mesero excelente (los vasos y las copas son de cristal, hay quince postres excelentes en la carta, es tranquilo y muy elegante, podemos beber vino con la cena, hay flores en las mesas, me gusta mucho la comida). En un restaurante de comida rápida . . .*
• Have students now provide the husband's comments: *Ahora completa las oraciones del esposo que se queja del* (is complaining about the) *restaurante caro. MODELO: Aquí, necesitamos hacer reserva. En un restaurante de comida rápida . . . > En un restaurante de comida rápida no tendríamos que hacer reserva. Aquí, tenemos que esperar la comida casi una media hora (no puedo cenar en pantalones cortos y tenis, no sé pronunciar los nombres de los platos de la carta, la cena cuesta casi cien dólares, tengo que dejar propina de casi quince dólares, salgo del restaurante con hambre). En un restaurante de comida rápida . . .*

Vocabulario Una dieta equilibrada

SAM: 9-21
to 9-24

CD 3
Track 57

¿Quieres sentirte mejor, tener más energía o **bajar de peso**? Para mantener una buena **salud**, es importante **seguir** una dieta **sana** y **equilibrada**.

¿Evitas . . . ?

las galletas y otros **dulces** con demasiados carbohidratos

la comida basura con **grasa**, colesterol y muchas calorías como la hamburguesa

la cerveza y otras bebidas alcohólicas

el café y otras bebidas con cafeína

los refrescos y otras bedidas con mucho azúcar

¿Comes ...?

verduras con muchas vitaminas y fibra

legumbres y otras comidas con proteína

---

bajar de peso *to lose weight* **la salud** *health* **seguir (i, i)** *to follow* **sano/a** *healthy* **equilibrado/a** *balanced* **evitar** *to avoid* **los dulces** *sweets* **la comida basura** *junk food* **la grasa** *fat* **las legumbres** *legumes*

CD 3
Track 58

Una conversación. Lean la siguiente conversación en la cual Cristina le pide consejos de salud a su amigo Alejandro.

CRISTINA: Alejandro, ¿qué haces para tener tanta energía todo el tiempo? Yo siempre duermo mal y luego me siento cansada en clase y en el trabajo.

ALEJANDRO: Sigo la misma rutina todos los días. Me acuesto y me levanto a la misma hora y nunca **como** muy **fuerte**. Como comidas ligeras varias veces al día. ¿Qué comes al mediodía?

CRISTINA: No tengo tiempo para comer durante el día. Tomo un café o un refresco y como un poco de chocolate o **papitas** para tener un poco de energía en clase y en el trabajo.

ALEJANDRO: No deberías comer comida basura. Si no tienes tiempo para comer mucho, deberías comer una fruta o una verdura cada tres o cuatro horas **en vez de** tomar cafeína. Vas a sentirte menos cansada y vas a dormir mejor. ¿Cenas muy fuerte?

CRISTINA: Sí, cuando llego a casa a las ocho y media estoy muerta de hambre. Con frecuencia ceno casi una pizza entera.

ALEJANDRO: Deberías comer más al mediodía y menos por la noche.

9-24 ▶ **La nutrición.** ¿Qué contienen estos productos?

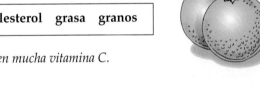

| vitamina D | *vitamina C* | colesterol | grasa | granos |

Modelo   *Las naranjas contienen mucha vitamina C.*

1.

2.

3.

4.

9-25 ▶ **¿Qué contienen?** En parejas, hagan listas de dos o tres comidas o bebidas que contienen las sustancias de esta lista.

Modelo   vitamina C
Las naranjas y los chiles contienen mucha vitamina C.

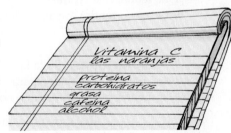

¿Y tú? Ahora pregúntale a tu compañero/a si come o bebe estas cosas con frecuencia.

Modelo   E1: *¿Comes naranjas con frecuencia?*
E2: *Las como a veces, pero no muy a menudo* (often).

9-26 ▶ **Otra conversación.** Cambien *Una conversación* entre Cristina y Alejandro para hablar de sus propios hábitos alimenticios. Si quieren mejorarlos, hablen de lo que deberían hacer para cambiar su dieta o su rutina.

---

comer fuerte *to eat heavy*   **las papitas** *potato chips*   **en vez de** *instead of*

Suggestions for *Una conversación.*
• Have students listen to the conversation first with books closed for the answers to the following questions. 1. ¿Qué come Cristina al mediodía? *(Sólo come un poco de chocolate o papitas con un café o un refresco.)* 2. ¿Debería comer más al mediodía o por la noche? *(al mediodía)* Then, have them read along in their books as they listen a second time.
• The new vocabulary includes *entero/a.*

Possible answers for *¡A escuchar!* Nunca come carne. / Come muchos frijoles, arroz y maíz. / Come verduras y una manzana todos los días.

 CD 3, Track 59

¡A escuchar!

Escuchen otra conversación en la cual dos amigos hablan de la dieta de uno de ellos. ¿Qué es lo que nunca come Patricio? ¿Qué come con muchas proteínas? ¿Qué más come para mantenerse en forma?

Audioscript for *¡A escuchar!*
VICENTE: *Patricio, eres vegetariano, ¿verdad? ¿Nunca comes carne?*
PATRICIO: *No, no como carne.*
VICENTE: *¿Cómo te mantienes tan fuerte sin proteínas? ¿No son necesarias para los músculos?*
PATRICIO: *Hay otros alimentos ricos en proteínas. Como muchos frijoles, arroz y maíz.*
VICENTE: *¿Qué más comes? Siempre tienes buena salud. Nunca te enfermas.*
PATRICIO: *Como verduras y una manzana todos los días. Son ricas en vitamina E y dicen que protegen el sistema inmunológico. Puede ser por eso que no me enfermo.*
VICENTE: *Creo que necesito comer mejor. Nunca tengo energía.*

Answers for 9-24.
1. *La leche contiene mucha vitamina D.*
2. *Los huevos contienen mucho colesterol.*
3. *Los cereales contienen muchos granos.*
4. *La mantequilla contiene mucha grasa / mucho colesterol.*

Suggestion for 9-25.
Refer students to the food pyramid on page 278 for ideas of foods to mention.

Gramática 1   Making resolutions: The future tense

SAM: 9-25
to 9-27

Para averiguar

1. How do you translate the future tense in English?
2. What other verb form has the same stem as the future tense?
3. What endings are used for all verbs in the future tense?
4. What is one use of the future tense in Spanish not found in English?

¡Ojo!

Do you remember these irregular verb stems you learned for the conditional? They are also used for the future.

INFINITIVE	FUTURE
decir	**diré, dir**ás . . .
haber (hay)	**habr**á
hacer	**haré, har**ás . . .
poder	**podré, podr**ás . . .
poner	**pondré, pondr**ás . . .
querer	**querré, querr**ás . . .
saber	**sabré, sabr**ás . . .
salir	**saldré, saldr**ás . . .
tener	**tendré, tendr**ás . . .
venir	**vendré, vendr**ás . . .

Suggestion for 9-27.
Point out to students that the first three verbs in parentheses are regular in the future tense and the last three are irregular for each group.

Answers for 9-27.
1. *Iré más al gimnasio. / No comeré muchos postres. / Evitaré comidas con mucha grasa. / Sabré comer mejor. / Me pondré a dieta. / Haré ejercicio.* 2. *No tomará mucho alcohol. / No fumará. / No se enojará todo el tiempo. / Tendrá más paciencia. / No dirá cosas negativas. / Tendrá una actitud positiva.* 3. *Viviremos mejor. / Seguiremos una dieta equilibrada. / No comeremos comida basura. / No saldremos mucho a restaurantes de comida rápida. / Vendremos a casa a almorzar. / Haremos comida sana.*

Follow-ups for 9-27.
• Have students prepare three resolutions for themselves for the future.
• Tell students: *¿Harán estas personas las cosas mencionadas? Hagan predicciones. MODELO: Yo . . . (graduarte este año) > Sí, me graduaré este año. / No, no me graduaré este año. 1. Yo . . . (ver a tus padres esta noche, poder descansar esta noche, casarte dentro de tres años, tomar otra clase de español, vivir en esta ciudad en cinco años) 2. Mis padres . . . (comprar un coche nuevo este año, tener más hijos, estar en casa esta noche, hacer un viaje contigo este verano) 3. En la clase de español, nosotros . . . (tener un examen la semana que viene, venir a clase mañana, salir temprano de clase hoy, terminar este capítulo esta semana)*

■ You have learned to say what someone *is going to do* using **ir a** + infinitive. Use the future tense to say what someone *will do*. The future tense is formed using the same verb stem as the conditional, which you learned in the preceding *Tema*. For most verbs it is the infinitive. All verbs in the future have the same endings shown below. There is a written accent on all of the endings except the **nosotros** form.

	hablar	**comer**	**vivir**
yo	hablaré	comeré	viviré
tú	hablarás	comerás	vivirás
Ud., él, ella	hablará	comerá	vivirá
nosotros/as	hablaremos	comeremos	viviremos
vosotros/as	hablaréis	comeréis	viviréis
Uds., ellos/as	hablarán	comerán	vivirán

Cenaremos a las ocho.   *We will have dinner at eight.*
La comida **estará** lista en diez minutos.   *The food will be ready in ten minutes.*
Nunca **volveré** a comer allí.   *I will never eat there again.*

■ Verbs with irregular stems in the conditional will also be irregular in the future.

Tendremos que servir comida vegetariana.   *We will have to serve vegetarian food.*
No **querrán** comer nada con carne.   *They will not want to eat anything with meat.*

Haré pasta.   *I'll make pasta.*

■ As in English, use the future tense in *if / then* sentences to say what will happen under certain circumstances.

Si no comes menos, nunca **bajarás** de peso.   *If you don't eat less, you will never lose weight.*
Saldremos a cenar si no hay comida en casa.   *We will go out for dinner if there is no food at home.*

■ Unlike in English, the future tense can also be used to express conjecture or probability in Spanish. In English, speakers generally use the present tense preceded by words like *I wonder . . .* or *probably* to express the same ideas.

— ¿Qué **tendrá** este postre?   *— I wonder what this dessert has in it.*
— No sé, pero **tendrá** muchas calorías.   *— I don't know, but it probably has a lot of calories.*

9-27 ▶ Resoluciones. En la familia de Cristina todos se hacen propósitos (*resolutions*) para el Año Nuevo para vivir mejor y mejorar su salud. ¿Dice Cristina que las siguientes personas harán o no harán las cosas indicadas?

Modelo   Yo . . . (bajar de peso, tomar más café)
          Bajaré de peso. No tomaré más café.

1. Yo . . . (ir más al gimnasio, comer muchos postres, evitar comidas con mucha grasa, saber comer mejor, ponerme a dieta, hacer ejercicio)
2. Mi padre . . . (tomar mucho alcohol, fumar, enojarse todo el tiempo, tener más paciencia, decir cosas negativas, tener una actitud positiva)
3. Mis padres y yo . . . (vivir mejor, seguir una dieta equilibrada, comer comida basura, salir mucho a restaurantes de comida rápida, venir a casa a almorzar, hacer comida sana)

• Ask students: *¿Quién de tu familia hará las siguientes cosas mañana? MODELO: desayunar contigo > Mi madre y mi hermana desayunarán conmigo. / Nadie desayunará conmigo. (levantarse más temprano / tarde, dormir más, tener que trabajar, venir a la universidad, salir primero de casa, volver primero a casa, estar más ocupado, tener más clases, hacer la cena, cenar contigo, lavar los platos, bañarse por la mañana, bañarse por la noche, poder descansar por la noche, acostarse más temprano / tarde)*

9-28 ▶ Consejos. Dale consejos (*Give advice*) a un amigo que quiere comer mejor. Completa las oraciones con el futuro de los verbos entre paréntesis, uno en forma afirmativa y otro en forma negativa.

Modelo   Si preparas la comida en casa en vez de comer siempre en restaurantes . . . (poder controlar tu dieta, gastar tanto en comida)
Si preparas la comida en casa en vez de comer siempre en restaurantes, podrás controlar tu dieta y no gastarás tanto en comida.

1. Si siempre vas a restaurantes de comida rápida . . . (comer comida basura, recibir la nutrición necesaria)

2. Si no desayunas . . . (tener energía por la mañana, comer en exceso al mediodía)

3. Si comes mucho al mediodía . . . (tener sueño después, querer trabajar por la tarde)

4. Si tomas demasiada cafeína muy tarde . . . (sentirse nervioso, poder dormir por la noche)

5. Si comes muchas verduras y frutas . . . (tener más energía, estar cansado todo el tiempo)

6. Si lees los ingredientes antes de comprar los productos . . . (saber qué contienen, comprar comidas con muchas calorías)

9-29 ▶ Predicciones. Hace más de 100 años la revista norteamericana *Ladies Home Journal* publicó las siguientes predicciones para el año 2000. Completa cada predicción con el futuro de los verbos indicados. Luego di si se realizó (*came true*).

Modelo   *Habrá* (haber) fresas tan grandes como manzanas.
No, no se realizó. No hay fresas tan grandes como manzanas.

1. ___Habrá___ (Haber) muchas frutas sin semilla (*seedless*).

2. Grandes refrigeradores móviles ___traerán___ (traer) frutas frescas del hemisferio sur en el invierno.

3. Gracias a los avances en la medicina, agua corriente, comida y ejercicio, el norteamericano ___vivirá___ (vivir) un promedio de 65 años en lugar de los 50 que vive ahora en el año 1900.

4. Las fotografías ___reproducirán___ (reproducir) todos los colores de la naturaleza.

5. El hombre ___podrá___ (poder) observar todo el mundo a través de cámaras y pantallas (*screens*) electrónicamente conectadas.

6. La educación universitaria ___será___ (ser) gratuita (*free*).

9-30 ▶ Comparaciones culturales. Lee la siguiente información sobre los restaurantes y hábitos alimenticios en México. Luego, usando el futuro para expresar probabilidad, adivina (*guess*) cómo será la situación en Estados Unidos.

Modelo   El 98% de los restaurantes de la ciudad de México son pequeños establecimientos, muchos de ellos negocios familiares (*family businesses*). Hay menos cadenas de restaurantes (*restaurant chains*). *En Estados Unidos, habrá más cadenas de restaurantes que negocios familiares.*

1. La naranja es la fruta más consumida en México.

2. Los mexicanos compran más tortillas de maíz que de harina.

3. Los mexicanos comen en general más pollo que carne de res (*beef*). Comen menos carne de cerdo.

4. Durante la Semana Santa (*Holy Week*) el consumo de carne de res baja un 60% en México.

5. Los mexicanos beben un 50% más de vino tinto que de vino blanco.

6. El consumo de refrescos en México es el segundo más alto del mundo.

📖 Gramática 2   Saying whose it is: Possessive pronouns

SAM: 9-28
to 9-30

Para averiguar

1. How do you say *mine, yours, his, hers, ours,* and *theirs* in Spanish?
2. When do you use these same words as adjectives?
3. Does the form of a possessive pronoun agree for number and gender with the object it replaces or with the possessor?
4. What can you use instead of **el suyo** to clarify whether it means *his, hers, yours,* or *theirs*?

Supplemental activity.
Have several students each place one of their belongings on a table in front of the class. Then, other students take turns returning items to their owners by asking questions such as: *Verónica, esta calculadora es la tuya, ¿no?*

■ You have already learned to use the possessive adjectives (*my, your . . .*) in Spanish. Sometimes it is better to use possessive pronouns (*mine, yours . . .*) in order to sound less repetitive. The possessive pronouns in Spanish agree with the nouns they replace for number and gender.

	Singular		Plural	
	Masculine	**Feminine**	**Masculine**	**Feminine**
mine	el mío	la mía	los míos	las mías
yours (fam., sing.)	el tuyo	la tuya	los tuyos	las tuyas
yours (form., sing.)	el suyo	la suya	los suyos	las suyas
his / hers	el suyo	la suya	los suyos	las suyas
ours	el nuestro	la nuestra	los nuestros	las nuestras
yours (fam., pl.)	el vuestro	la vuestra	los vuestros	las vuestras
yours (pl.)	el suyo	la suya	los suyos	las suyas
theirs	el suyo	la suya	los suyos	las suyas

■ A possessive adjective is used with the noun it describes, but a possessive pronoun replaces the noun.

Me gustan más **mis enchiladas**.   *I like my enchiladas better.*
    (possessive adjective + noun)
Me gustan más **las mías**.   *I like mine better.*
    (possessive pronoun)

■ The possessive pronoun forms may also be used with a noun to emphasize to whom a particular object belongs. In this case they function as adjectives and immediately follow the noun. In English, the speaker expresses the same emphasis by saying the possessive adjective *my, your, our,* or *their* with added stress.

Las enchiladas **mías** son mejores que   ***My*** *enchiladas are better than theirs.*
    las suyas.

■ Just like the possessive adjective **su,** the pronoun **el suyo** can have several meanings. It agrees in number and gender with the object it replaces, not with the possessor.

Me gusta **su comida**.   *I like his / her / your / their food.*
Me gusta **la suya**.   *I like his / hers / yours / theirs.*

■ The meaning of **suyo** may be clarified using one of the following expressions.

Me gusta la suya. = Me gusta la de él / ella / usted / ustedes / ellos / ellas.
    I like his / hers / yours / yours / theirs / theirs.

Recycle: Comparatives
Activity 9-31 recycles comparatives from *Capítulo 4, Tema 2.*

9-31 ▶ Comparaciones. Contesta las siguientes preguntas comparándote con tu mejor amigo/a. Usa pronombres posesivos.

Modelo   ¿Quién tiene la familia más grande?
    La mía es más grande que la suya.

¿Quién tiene . . . ?

1. los padres más conservadores
2. el coche más nuevo
3. el pelo más largo

4. las clases más difíciles
5. el trabajo más fácil
6. el/la mejor amigo/a más simpático/a

9-32 ▶ ¿Es el tuyo o el mío? Estás comiendo con muchos amigos en una mesa pequeña de un restaurante. ¿Qué puedes preguntar para saber si estas cosas son tuyas o de la persona sentada a tu lado?

Modelo   *¿Es este vaso el tuyo o el mío?*

1.

2.

3.

4.

5.

6.

Suggestion for 9-32.
You may wish to point out that the definite article (*el, la, los, las*) is often dropped from the possessive pronoun after a form of the verb *ser*. You can have students practice omitting the definite article in activity 9-32. MODELO: *¿Es este vaso tuyo o mío?*

Answers for 9-32.
1.*¿Es esta servilleta la tuya o la mía?* 2. *¿Son estos tenedores los tuyos o los míos?* 3. *¿Es este cuchillo el tuyo o el mío?* 4. *¿Son estas cucharas las tuyas o las mías?* 5. *¿Es esta ensalada la tuya o la mía?* 6. *¿Es este café el tuyo o el mío?*

9-33 ▶ Dos restaurantes. Los dueños (*owners*) de un restaurante dicen que su restaurante es mejor en todos los aspectos que el restaurante de enfrente. Completa las siguientes oraciones con la forma correcta de **nuestro/a/os/as** y la forma correcta de **suyo/a/os/as** para hacer comparaciones lógicas.

Modelo   Los precios *suyos* son más caros que los *nuestros*.

1. La carta ___nuestra___ es más interesante que la ___suya___.
2. Las porciones ___suyas___ son menos grandes que las ___nuestras___.
3. Los meseros ___suyos___ no son tan buenos como los ___nuestros___.
4. Las verduras ___nuestras___ son más frescas que las ___suyas___.
5. La comida ___nuestra___ es más sana que la ___suya___.
6. Hay cucarachas en la cocina ___suya___, pero nunca hay ninguna en la ___nuestra___.
7. El restaurante ___nuestro___ tiene un ambiente (*atmosphere*) más agradable que el ___suyo___.
8. Los clientes ___nuestros___ siempre quedan más satisfechos (*satisfied*) que los ___suyos___.

Recycle: Comparatives
Activity 9-33 recycles comparatives from *Capítulo 4, Tema 2.*

Follow-up for 9-33.
Tell students: *Estás pidiendo la comida en un restaurante para ti y para tu mejor amigo/a. Contesta las siguientes preguntas del mesero con pronombres posesivos para decirle las preferencias de cada uno/a. MODELO: ¿Prefieren las margaritas con o sin sal? > Yo quiero la mía con sal y él quiere la suya sin sal. / Yo quiero la mía con sal y mi amigo/a también. 1. ¿Prefieren ustedes el té con azúcar y limón o sin nada? 2. ¿Prefieren las enchiladas con salsa verde y crema o con salsa roja? 3. ¿Prefieren la ensalada con aderezo (dressing) ranch, mil islas, italiano o César? 4. ¿Prefieren la salsa con o sin jalapeños? 5. ¿Prefieren los tacos con tortillas de maíz o de harina? 6. ¿Prefieren ustedes el café con leche y azúcar o solo (black)? 7. ¿Prefieren el pastel con un poco de helado o sin nada? 8. ¿Van a pagar con la tarjeta de crédito de usted o con la de su amigo/a?*

9-34 ▶ ¿Y el tuyo? Usa los pronombres posesivos para indicar tus preferencias y para preguntarle las suyas a otro/a estudiante. Después, túrnense (*take turns*) para explicarle a la clase las preferencias de los dos.

Modelo   tu carne preferida
          E1: *La mía es el pollo. ¿Cuál es la tuya, David?*
          E2: *La mía es el bistec. / Nunca como carne.*

          DESPUÉS, A LA CLASE: *La carne preferida mía es el pollo y la suya es el bistec.*

1. tus dos verduras preferidas
2. tu comida preferida
3. tu postre preferido
4. tus dos restaurantes preferidos
5. tu bebida preferida
6. tu plato preferido de comida mexicana

📖 **Vocabulario** En el mercado

SAM: 9-31
to 9-33

 CD 3
Track 60 🔊

¿Sabías que...?

En el mundo hispano, a la gente le gusta mucho comprar frutas y verduras frescas en los mercados al aire libre. Generalmente, la gente le hace sus pedidos (*requests*) al vendedor / a la vendedora, quien selecciona y les ofrece los productos a los clientes. Entre los países hay muchas diferencias regionales en los nombres de las frutas y verduras.

las papas = las patatas
los plátanos = las bananas, los bananos, los guineos
las fresas = las frutillas
los chícharos = las arvejas, los guisantes
los ejotes = las judías verdes, las habichuelas
el maíz = el choclo, el elote

Suggestions for *Una conversación*.
• Have students listen to the conversation first with books closed for the answers to the following questions. Then, have them read along in their books as they listen a second time. 1. *¿Qué verdura y qué fruta compra la señora? (ejotes, un melón)* 2. *¿Cuánto paga? (42 pesos con 50 centavos)*
• The new vocabulary presented in the conversation includes *kilo, peso,* and *centavo.*

Audioscript for *¡A escuchar!*
LA VENDEDORA: *Buenas tardes, señor. ¿Qué le puedo ofrecer hoy?*
EL CLIENTE: *¿Cuánto cuestan las manzanas?*
LA VENDEDORA: *Quince pesos el kilo.*
EL CLIENTE: *¿Me da un kilo, por favor?*
LA VENDEDORA: *Bien, un kilo de manzanas. ¿Algo más?*
EL CLIENTE: *Sí, también voy a llevar medio kilo de fresas.*
LA VENDEDORA: *Aquí va medio kilo de fresas. ¿Es todo?*
EL CLIENTE: *No, también quiero un kilo de las uvas verdes y eso es todo.*
LA VENDEDORA: *Bien, un kilo de uvas, medio kilo de fresas y un kilo de manzanas.*
EL CLIENTE: *Sí, es todo. ¿Cuánto le debo, señora?*
LA VENDEDORA: *Son noventa y dos pesos.*

Possible answers for *¡A escuchar!*
Compra un kilo de manzanas, medio kilo de fresas y un kilo de uvas verdes. / Paga noventa y dos pesos.

 CD 3
Track 61

 CD 3, Track 62

¡A escuchar!

Escuchen otra conversación en la cual alguien compra comida. ¿Qué compra? ¿Cuánto paga?

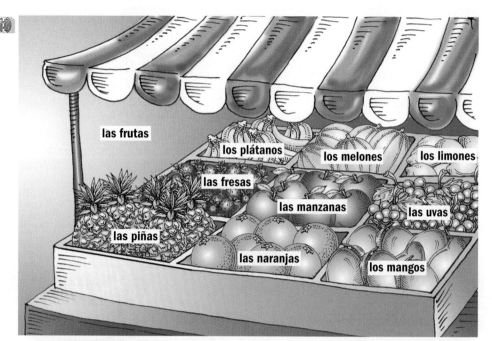

las frutas
los plátanos
los melones
los limones
las fresas
las manzanas
las uvas
las piñas
las naranjas
los mangos

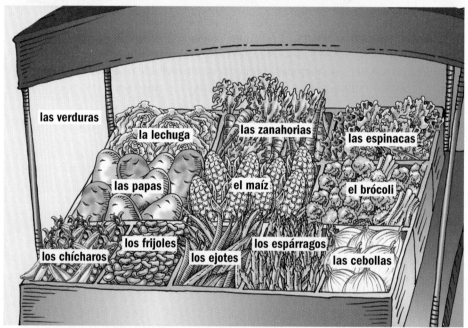

las verduras
la lechuga
las zanahorias
las espinacas
las papas
el maíz
el brócoli
los chícharos
los frijoles
los ejotes
los espárragos
las cebollas

Una conversación. Una mujer compra frutas y verduras en el mercado.

EL VENDEDOR: Buenos días, señorita. ¿En qué le puedo servir?
LA CLIENTA: ¿Me da medio kilo de ejotes, por favor?
EL VENDEDOR: Bueno, medio kilo de ejotes . . . ¿Le puedo ofrecer algo más?
LA CLIENTA: ¿Están buenos los melones hoy?
EL VENDEDOR: Sí, están muy dulces.
LA CLIENTA: ¿Me da uno, por favor?
EL VENDEDOR: ¿Es todo?
LA CLIENTA: Sí, ¿cuánto le debo, señor?
EL VENDEDOR: Cuarenta y dos pesos con cincuenta centavos.

Possible answers for 9-35.
En el puesto B hay cuatro plátanos más que en el puesto A. / En el puesto A los melones son más grandes que en el puesto B. / En el puesto A las uvas son rojas, pero en el puesto B, son verdes. / En el puesto A, las manzanas son verdes, pero en el puesto B, son rojas. / En el puesto B hay espinacas en vez del brócoli que hay en el puesto A. / En el puesto B las zanahorias están más a la derecha que están en el puesto A.

 **9-35 ▶ ¿Qué falta?** Estos puestos de mercado son casi idénticos. ¿Cuántas diferencias pueden encontrar?

Modelo   *En el puesto A hay dos piñas, pero en el puesto B hay tres.*

A.

B.

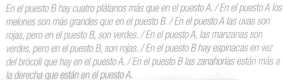

 **9-36 ▶ Entrevista.** Entrevista a otro/a estudiante con las siguientes preguntas.

1. ¿Qué verduras te gustan más? ¿Qué verduras no te gustan? ¿Te gusta más la sopa de verduras, de cebolla o de brócoli con queso?

2. ¿Qué frutas te gustan más? ¿Cuáles no te gustan? ¿Te gustan más las manzanas verdes o las rojas? ¿Y las uvas? ¿Te gusta la pizza con piña?

3. ¿Te gusta más la ensalada de lechuga y tomate, de espinacas o de frutas? ¿Te gusta el brócoli en la ensalada? ¿Y la cebolla? ¿Qué frutas no te gustan en la ensalada de frutas?

 **9-37 ▶ Otra conversación.** En parejas, vuelvan a leer *Una conversación* entre el vendedor y la clienta. Luego, preparen una conversación en la cual uno/a de ustedes compra su verdura y fruta preferidas.

Answers for 9-38.
1. *Un cuarto de galón de crema es aproximadamente un litro.* 2. *Una libra de queso es aproximadamente medio kilo. (Una libra de queso son aproximadamente 450 gramos.)* 3. *Siete onzas de fresas son aproximadamente 200 gramos.* 4. *Cuatro libras y media de naranjas son aproximadamente dos kilos.*

Supplemental activities.
• Have students secretly list the fruits from the preceding page in order of preference, with their favorite at the top. Then in pairs, have them determine the order of each other's lists by asking either/or questions. *MODELO:* — *¿Te gustan más las manzanas o las naranjas?* — *Me gustan más las naranjas.* Afterwards, have them do the same with the vegetables.
• Ask students: *Para hacer una ensalada de fruta, ¿se usa(n) fresas (manzanas, maíz, espinacas, melón, uvas, frijoles, plátanos, zanahorias, lechuga, naranjas)?*
• Recycle colors by asking: *¿De qué color es / son . . . ?* (las naranjas, las fresas, las piñas, los mangos, las manzanas, las uvas, la leche, el café, el vino tinto, las zanahorias, las cebollas, las papas, las espinacas, los plátanos, el brócoli, los limones)
• Ask: *¿Cuál de las palabras no parece lógica en relación a las otras? Explica por qué. MODELO:* las fresas, las papas, las uvas, los plátanos > Las papas porque los otros productos son frutas. 1. el pastel, el helado, las cebollas, el flan 2. la leche, los refrescos, la limonada, los limones 3. el brócoli, el bistec, el pollo, el jamón 4. los huevos, el melón, la piña, las naranjas 5. el maíz, las zanahorias, las espinacas, los mangos
• Play a chain game. *Vamos a preparar una gran cena para una fiesta. ¿Qué vamos a servir?* Each student adds a new food item after renaming from memory all of the items already mentioned.

9-38 ▶ Comparaciones culturales. En los países hispanos se usa el sistema métrico. Usando el sistema métrico, calcula el equivalente aproximado de la cantidad indicada para los siguientes productos.

1 gramo = 0,035 onzas	1 kilo = 2,2 libras
500 gramos = 1,1 libras (*pounds*)	1 litro = 1,057 cuarto de galón

Modelo   medio galón
Medio galón de leche son aproximadamente dos litros.

1. un cuarto de galón   **2.** una libra   **3.** siete onzas   **4.** cuatro libras y media

Resumen de gramática

SAM: 9-34
to 9-38

Indirect object pronouns

■ Indirect objects indicate to whom something is given or communicated, or for whom favors are done. In Spanish, indirect object nouns are generally accompanied by the corresponding pronoun in the same sentence.

Nunca **les** doy dulces **a mis hijos**.
¿**Me** trae otra cuchara, por favor?

I never give sweets to my kids.
Could you bring me another spoon, please?

Indirect Object Pronouns

me	*(to, for) me*	nos	*(to, for) us*
te	*(to, for) you* (fam. sing.)	os	*(to, for) you* (fam. pl.)
le	*(to, for) you* (form. sing.), *him, her*	les	*(to, for) you* (pl.), *them*

■ Indirect object pronouns have the same placement rules as direct object or reflexive pronouns.

With a single conjugated verb →
With infinitives after conjugated verbs →
With the present progressive →
With infinitives after prepositions →

¿Qué **les** preparas?
¿Qué **les** vas a preparar? / ¿Qué vas a preparar**les**?
¿Qué **les** estás preparando? / ¿Qué estás preparándo**les**?
Para preparar**les** ese plato, necesito más ingredientes.

■ Indirect objects are often used with the irregular verb **dar** (*to give*).

	Present	Preterit	Imperfect
yo	doy	di	daba
tú	das	diste	dabas
Ud., él, ella	da	dio	daba
nosotros/as	damos	dimos	dábamos
vosotros/as	dais	disteis	dabais
Uds., ellos/as	dan	dieron	daban

■ Indirect object pronouns precede direct object pronouns when used together, and **le** and **les** change to **se** before **lo, la, los,** or **las**.

— ¿**Les** sirvo el pastel ahora o más tarde?
— **Nos lo** puede servir ahora.
— ¿**Se lo** sirvo con o sin helado?
— Con helado, por favor.

— *Should I serve you the cake now or later?*
— *You can serve it to us now.*
— *Should I serve it to you with or without ice cream?*
— *With ice cream, please.*

Verbs like *gustar*

■ Use indirect object pronouns with verbs like **gustar**. A phrase like **Me gustan las enchiladas** literally means *Enchiladas are pleasing to me,* and **gustar** agrees with **las enchiladas**. Use **a** before indirect object nouns naming people to whom something is pleasing with verbs like **gustar** or **encantar**. You can also use **a** + prepositional pronouns along with indirect object pronouns for emphasis: **a (mí, ti, él, ella, usted, nosotros/as, vosotros/as, ustedes, ellos/as)**.

A mis padres no **les** gustan los camarones, pero **a mí me** encantan.

My parents don't like shrimp, but I love them.

As with **gustar**, use indirect object pronouns with:

dar asco *to be revolting, to not be able to stand*
dar hambre *to make hungry*
dar sed *to make thirsty*
doler (ue) *to hurt, to ache*

faltar *to be missing, to be needed*
importar *to be important, to matter*
interesar *to interest*
molestar *to bother*

■ When followed by infinitives, **gustar** is always in the singular form.

Nos **gusta** hablar y tomar café. *We like to talk and have coffee.*

The conditional

- Use the conditional to say what *would, could,* or *should happen,* or to make polite requests or suggestions. The conditional endings are the same as the imperfect tense endings of **-er / -ir** verbs, and for most verbs, the stem is the infinitive.

	evitar	vender	servir
yo	evitaría	vendería	serviría
tú	evitarías	venderías	servirías
Ud., él, ella	evitaría	vendería	serviría
nosotros/as	evitaríamos	venderíamos	serviríamos
vosotros/as	evitaríais	venderíais	serviríais
Uds., ellos/as	evitarían	venderían	servirían

— Me **gustaría** probar la comida regional. ¿**Nos recomendaría** Ud. el restaurante enfrente del hotel?

— No, yo no **iría** a ese restaurante. **Deberían** probar el restaurante de al lado.

— *I would like to try some regional cuisine. Would you recommend the restaurant across from the hotel to us?*

— *No, I wouldn't go to that restaurant. You should try the restaurant next door.*

- A few verbs have irregular conditional stems.

decir: **dir-**
hacer: **har-**
querer: **querr-**

poder: **podr-**
poner: **pondr-**
salir: **saldr-**
tener: **tendr-**
venir: **vendr-**

haber (hay): **habr-**
saber: **sabr-**

The future tense

- The future tense expresses what *will happen.* It is formed using the same verb stem as the conditional shown above. There is a written accent on all of the endings except the **nosotros** form.

	evitar	vender	servir
yo	evitaré	venderé	serviré
tú	evitarás	venderás	servirás
Ud., él, ella	evitará	venderá	servirá
nosotros/as	evitaremos	venderemos	serviremos
vosotros/as	evitaréis	venderéis	serviréis
Uds., ellos/as	evitarán	venderán	servirán

— ¿Qué **servirás** de postre?
— **Haré** un pastel si tenemos los ingredientes.

— *What will you serve for dessert?*
— *I'll make a cake if we have the ingredients.*

- The future tense is also used to express conjecture or probability in Spanish.

¿**Habrá** algún restaurante abierto a esta hora?

I wonder if there's any restaurant open at this hour?

Possessive pronouns

- Possessive pronouns in Spanish agree in number and gender with the nouns they replace.

mine: **el mío, la mía, los míos, las mías**
yours (**tú** form): **el tuyo, la tuya, los tuyos, las tuyas**
yours (**Ud.** form), *his, hers:* **el suyo, la suya, los suyos, las suyas**
ours: **el nuestro, la nuestra, los nuestros, las nuestras**
yours (**vosotros** form): **el vuestro, la vuestra, los vuestros, las vuestras**
yours (**Uds.** form), *theirs:* **el suyo, la suya, los suyos, las suyas**

- The various meanings of **suyo/a/os/as** can be clarified using one of the expressions to the right.

Prefiero los suyos. =

Prefiero los de él / ella / usted / ustedes / ellos / ellas.
I prefer his / hers / yours / yours / theirs / theirs.

- The possessive pronouns are also used as stressed possessive adjectives.

Las enchiladas **mías** están frías, ¿y las tuyas?

My enchiladas are cold, and yours?

📖 **EN EL RESTAURANTE**

SAM: 9-39
to 9-43

En el este capítulo, aprendiste a hablar de la comida. Ahora vas a repasar lo que aprendiste con una simulación de la vida real trabajando en un restaurante.

9-39 ▸ Preguntas. Completa las siguientes preguntas de clientes en el restaurante donde trabajas con la traducción de los verbos entre paréntesis.

1. ¿Nos _recomendaría_ (*would you recommend*) usted el bistec o el pescado?
2. ¿_Sería_ (*Would it be*) posible prepararme la ensalada sin tomate?
3. ¿Me _costaría_ (*would it cost*) más sustituir una papa al horno por las papas fritas?
4. ¿Les _pondría_ (*would you put*) usted un poco más de salsa a mis enchiladas, por favor?
5. ¿Nos _podría_ (*could you*) traer la cuenta, por favor?
6. ¿_Deberíamos_ (*should we*) pagarle a usted aquí en la mesa o le pagamos al señor en la caja (*cash register*)?

9-40 ▸ Comentarios. Completa estos comentarios en el restaurante con la forma correcta del verbo lógico entre paréntesis y el pronombre de complemento indirecto correcto.

Modelo   Este plato no tiene sabor (*taste*). *Le falta* algo. (encantar, faltar)

1. Preferimos estar lejos de la sección de fumadores porque _nos molesta_ el humo (*smoke*). (gustar, molestar)
2. ¿Me trae más agua, por favor? Estas tostadas _me dan sed_. (dar sed, dar hambre)
3. Mi esposo y yo somos vegetarianos. No _nos gusta_ comer carne. (gustar, molestar)
4. Si mi esposa bebe demasiado vino, _le duele_ la cabeza (*head*). (doler, interesar)
5. Si a usted _le interesa_ saber qué ingredientes hay en ese plato, puedo preguntárselo al cocinero (*cook*). (molestar, interesar)
6. ¿Prefieren ustedes cuentas separadas o no _les importa_ si les traigo una cuenta para todos? (importar, dar sed)

9-41 ▸ Interacciones. Describe tus interacciones trabajando con un cliente en el restaurante. ¿Qué hiciste tú (el/la mesero/a) y qué hizo el cliente? Forma oraciones con pronombres de complemento directo e indirecto como en el Modelo.

Modelo   pedir la carta / traer la carta
El cliente me pidió la carta y yo se la traje.

1. preguntar por el plato del día / describir el plato del día
2. preguntar si el flan era bueno / recomendar el flan
3. pedir otra taza de café / servir otra taza de café
4. pedir la cuenta / traer la cuenta
5. dar su tarjeta de crédito / devolver (*to return*) su tarjeta de crédito

9-42 ▶ Opciones. Completa los siguientes comentarios en un restaurante con el futuro del verbo lógico entre paréntesis en el espacio en blanco apropiado.

Modelo   Si piden la ensalada, *estará* lista en cinco minutos, pero si prefieren la pizza, (ustedes) *tendrán* que esperar un poco más. (tener, estar)

1. (Nosotros) _Esperaremos_ un poco por una mesa en la terraza, pero (nosotros) _nos sentaremos_ dentro (*inside*) si tenemos que esperar mucho. (esperar, sentarse)
2. Si ya terminó usted, (yo) le ___retiraré___ este plato, pero si todavía está comiendo, (yo) se lo ___dejaré___. (retirar, dejar)
3. El restaurante ___estará___ abierto hasta las diez si no hay muchos clientes, pero si hay mucha gente (nosotros) ___cerraremos___ más tarde. (cerrar, estar)
4. Si no le gusta este plato, (yo) le ___traeré___ otra cosa o si prefiere (yo) se lo ___quitaré___ de la cuenta. (traer, quitar [*remove*])
5. Si está bien (yo) lo ___pondré___ todo en una sola cuenta, pero si prefieren pagar por separado, (yo) les ___haré___ cuentas separadas. (hacer, poner)

9-43 ▶ ¿Qué pidió usted? Quieres saber qué bebida o qué plato pidió un/a cliente/a. Completa las siguientes preguntas con la forma correcta de **suyo**. Luego contesta según el Modelo para indicar que el/la cliente/a pidió la comida o bebida más sana.

Modelo   La bebida *suya* era ¿el agua mineral o la cerveza?
                La mía era el agua mineral.

1. El arroz ___suyo___ era ¿frito o blanco?
2. Las enchiladas ___suyas___ eran ¿de queso o de pollo?
3. El plato ___suyo___ era ¿con verduras mixtas o con papas fritas?
4. El postre ___suyo___ era ¿la ensalada de frutas o el helado?
5. El café ___suyo___ era ¿descafeinado o normal?

¡Hola! Entre profesionales

Whether you work in a restaurant with Spanish-speaking customers or you eat in restaurants when traveling in Hispanic countries, you will need to be able to talk about a variety of types of food. Visit MySpanishLab for *Hoy día* to find more useful vocabulary, information, and activities such as the following.

Técnicas culinarias. ¿Cuáles de estas técnicas culinarias se pueden usar para preparar las comidas que siguen? Completa cada espacio en blanco con todas las opciones lógicas.

adobado/a	*marinated*	escalfado/a	*poached*
ahumado/a	*smoked*	frito/a	*fried*
a la parrilla	*grilled*	puré	*purée(d), mashed*
al horno	*baked*	relleno/a	*stuffed*
al vapor	*steamed*	salteado/a	*sautéed*

Modelo   un tomate *relleno*

1. jamón _____
2. _____ de papa
3. espárragos _____
4. un huevo _____
5. una papa _____
6. arroz _____
7. pollo _____
8. salmón _____
9. camarones _____

Follow-up for 9-39.
Tell students: *Ahora, con otro/a estudiante, preparen intercambios breves con las preguntas de la actividad 9-39. Tu compañero/a será el/la mesero/a y contestará lógicamente con el pronombre de complemento indirecto apropiado. Modelo:* E1: ¿*Nos recomendaría usted el bistec o el pescado?* E2: *Les recomendaría el pescado.*

Recycle: The preterit
In addition to recycling double object pronouns, activity 9-41 recycles the preterit from *Capítulo 7, Temas 1* and *2.*

Answers for 9-41.
1. *El cliente me preguntó por el plato del día y yo se lo describí.* 2. *El cliente me preguntó si el flan era bueno y yo se lo recomendé.* 3. *El cliente me pidió otra taza de café y yo se la serví.* 4. *El cliente me pidió la cuenta y yo se la traje.* 5. *El cliente me dio su tarjeta de crédito y yo se la devolví.*

Answers for 9-43.
1. *El mío era blanco.* 2. *Las mías eran de pollo.* 3. *El mío era con verduras mixtas.* 4. *El mío era la ensalada de frutas.* 5. *El mío era descafeinado.*

Answers for *Entre profesionales.*
1. *adobado, ahumado, a la parrilla, al horno, frito, relleno, salteado;* 2. *puré;* 3. *al vapor, salteados;* 4. *escalfado, frito, relleno;* 5. *a la parrilla, al horno, al vapor, frita, rellena, salteada;* 6. *al vapor, frito, salteado;* 7. *adobado, ahumado, a la parrilla, al horno, frito, relleno, salteado;* 8. *adobado, ahumado, a la parrilla, al horno, frito, relleno, salteado;* 9. *adobados, a la parrilla, al horno, fritos, rellenos, salteados*

La pirámide nutricional

SAM: 9-44
to 9-46

Antes de leer

¿Qué haces para cuidar (*take care of*) tu salud y mantenerte en forma? ¿Tienes una dieta equilibrada? ¿Te gusta cocinar en casa o prefieres comer en restaurantes? ¿Comes generalmente en la cafetería de la universidad o llevas comida preparada de casa? ¿Con qué frecuencia te gusta hacer ejercicio? ¿Conoces la pirámide nutricional?

Antes de leer el texto, repasa la estrategia en la página 279.

Las proteínas son necesarias para tener los músculos fuertes y para la reparación de tejidos.[1] Se usan también para producir hormonas y enzimas. Comidas ricas en proteínas son la carne, el pescado, la leche, el yogur, los frijoles, el arroz, el maíz y otros cereales.

La vitamina D es necesaria para mantener fuertes y en buenas condiciones los huesos,[2] los dientes y el sistema nervioso. Los alimentos[3] como la leche, la mantequilla, los huevos, el queso, el salmón y el atún contienen esta vitamina.

La vitamina A es importante para la piel,[4] el cabello,[5] los ojos y los huesos. Se encuentra en el pescado, el melón, la zanahoria, el mango, las espinacas, la yema[6] de huevo, la mantequilla y el queso.

La vitamina E ayuda a aliviar la fatiga, protege los pulmones[7] y el sistema inmunológico y previene[8] el envejecimiento.[9] Se encuentra en los cereales integrales,[10] el maíz, las verduras verdes, la manzana, el plátano y la zanahoria.

La vitamina C es importante para prevenir enfermedades respiratorias y para el crecimiento[11] de los tejidos. Se encuentra en la fresa, el kiwi, el limón, el melón, la naranja, la piña y el mango.

Los carbohidratos dan la energía necesaria para las actividades físicas y mentales. Las papas, el arroz, los chícharos, la zanahoria, los frijoles, la piña, la miel,[12] los cereales y el pan son alimentos ricos en carbohidratos.

[1]*tissues* [2]*bones* [3]*foods* [4]*skin* [5]*hair* [6]*the yolk* [7]*the lungs* [8]*prevents* [9]*aging* [10]*wholegrain* [11]*growth* [12]*honey*

> ▶ **Reading Strategy** *Outlining and summarizing*. Outlining and summarizing are techniques used to separate main ideas from supporting ideas. An outline reveals the basic structure of a text. Avoid repeating the text's exact words when outlining the main ideas. A summary goes one step beyond an outline by recomposing the outlined ideas to create a new condensed text in your own words. Summarizing requires a critical approach to the reading and a creative synthesis of its main ideas.

Ahora tú

9-44 ▶ La idea principal. Lee el texto que acompaña a la pirámide nutricional y extrae la idea principal de cada párrafo para crear un esquema (*outline*).

Después de leer

9-45 ▶ Analizando la pirámide. Contesta las preguntas sobre la lectura.

1. ¿Qué alimentos (*foods*) de la pirámide nutricional te gusta comer con más frecuencia?
2. ¿Qué alimentos de la pirámide nutricional no te gustan?
3. ¿Es bueno para la salud comer muchas frutas y verduras?
4. ¿Por qué es importante incluir proteínas y carbohidratos en nuestra dieta?
5. ¿Por qué crees que están el azúcar y los dulces en la cúspide (*tip*) de la pirámide?
6. El maíz era un alimento sagrado (*sacred*) para los incas. ¿Mejoraría tu dieta comiendo más maíz?

9-46 ▶ Tu dieta. Entrevista a un/a compañero/a con las siguientes preguntas. Trata de utilizar los pronombres de complemento directo e indirecto en tus respuestas si es posible. Después, indica cuál es más sana, la dieta de tu compañero/a o la tuya, y explica por qué.

1. ¿Le das importancia a tu dieta?
2. ¿Les pones mucha sal a las comidas?
3. ¿Les echas (*Do you put*) mucho queso a los espaguetis?
4. ¿Les pones salsa picante a los huevos?
5. ¿Le echas mucho azúcar al café o al té?

9-47 ▶ Consejos de amigo. Empareja (*Match*) los siguientes consejos sobre la alimentación para aconsejar a un/a amigo/a. Cambia el infinitivo de los verbos en letra cursiva a la forma correcta del futuro.

Modelo   Si desayunas cereales con piña, . . . *tener* energía durante todo el día.
Si desayunas cereales con piña, tendrás energía durante todo el día.

1. Si no mantienes una dieta equilibrada, . . .
2. Si comes muchas grasas, . . .
3. Si bebes mucha leche, . . .
4. Si comes muchas verduras y legumbres, . . .
5. Si aceptas mis consejos, . . .

a. no *faltar* fibra en tu dieta.
b. *aumentar* tu nivel (*level*) de colesterol.
c. no *poder* tener un cuerpo (*body*) sano.
d. *perder* peso y *sentirse* mejor.
e. *tener* los huesos fuertes.

9-48 ▶ Resumiendo. Revisa el esquema (*outline*) que preparaste en 9-44 y organiza las ideas en un resumen para explicar tu percepción de los distintos grupos de comida presentados en la pirámide y de las cantidades recomendadas para una dieta sana.

📖 Con sazón

SAM: 9-47
to 9-49

Antes de ver

La cocina latina es muy popular en Estados Unidos. Vas a escuchar a José y Adolfo del restaurante *El Quijote* en Nueva York, especializado en cocina española, y a Jorge Yagüal, quien habla de los hábitos de alimentación de los hispanos en Estados Unidos.

9-49 ▶ Reflexiones. ¿Te gusta la cocina latina? ¿Qué platos conoces? ¿Crees que los platos varían dependiendo de los países hispanos? ¿Qué ingredientes crees que son los más comunes? Prepara una lista con seis platos de la gastronomía hispana.

> ▶ **Listening strategy** *Identifying keywords*. Processing the information conveyed by a speaker can often be facilitated by identifying keywords associated with specific categories or themes. Keywords identify the main message of a speaker and are often repeated. If a person is talking about good or bad diets, what words would you expect to hear repeated?

Ahora tú

🎬 **9-50 ▶ En forma.** Escucha lo que dice Jorge sobre su dieta. ¿Es una dieta balanceada? ¿Qué alimentos consume más?

Answers for 9-50.
Sí, es muy balanceada. También es muy colorida. Consume bastantes vegetales y frutas. Consume arroz. No bebe mucho alcohol.

Después de ver

9-51 ▶ Una comida en *El Quijote*. Contesta las preguntas sobre la carta del restaurante *El Quijote*, según la información que dan José y Adolfo.

1. ¿Qué tipo de comida sirven en el restaurante?
2. ¿Cuál es el plato más popular del restaurante?
3. ¿Qué ingredientes lleva (*does it have*)?
4. ¿Cuáles son algunos de los postres más ricos?

Answers for 9-51.
1. *comida española;* 2. *la paella;* 3. *La paella lleva arroz, mariscos, pollo y chorizo, almejas* (clams), *mejillones* (mussels), *vieiras* (scallops) *y camarones.* 4. *el flan español, el pastel de chocolate, de queso, de queso con fresa, de piñón* (pine nut)

9-52 ▶ ¿Cierto o falso? Selecciona el final o los finales adecuados para estas afirmaciones de Jorge.

Answers for 9-52.
1. *b y c;* 2. *a y b;* 3. *b;* 4. *a*

1. Los hábitos de la población hispana son . . .
   a. malos.
   b. en general buenos.
   c. para los hispanos nacidos (*born*) en Estados Unidos, iguales a los de la población norteamericana.
2. Los hábitos de la población hispana están cambiando . . .
   a. por la influencia de la dieta norteamericana.
   b. en las personas que inmigraron en los últimos diez años.
   c. muy poco en general.
3. Entre la población más joven, Jorge trata muchos casos de . . .
   a. desnutrición.   b. obesidad.   c. anorexia.
4. Entre la población adulta, el problema más común que Jorge trata es . . .
   a. la diabetes.   b. la depresión.   c. el estrés.

9-53 ▶ Comparaciones. Compara la dieta de Jorge con la tuya utilizando verbos como **gustar**. ¿Hay similitudes o diferencias?

Una reseña gastronómica

AM: 9-50
to 9-51

Antes de escribir

Tienes que escribir una reseña (*review*) de un restaurante latino de tu ciudad para el periódico de la universidad. Piensa en los restaurantes hispanos que hay en el área y selecciona el más atractivo para ti.

> ▶ **Writing strategy** *Selecting the most precise word.* When you write, try to use the most precise word to communicate your meaning. For example, when writing a review of a restaurant, you might consult a thesaurus or synonym dictionary to find different nuances in adjectives describing the atmosphere, the taste of the food, the service, and the price. You can access several free Spanish synonym dictionaries by Internet.

9-54 ▶ ¡Prepárate! Antes de empezar a escribir, consulta un diccionario para buscar sinónimos de las siguientes palabras en negrita (*boldface*) que vas a incluir después en tu reseña del restaurante. Visita la página web de *Hoy día* para encontrar enlaces útiles.

Possible answers for 9-54.
1. *refinada, fina, de buen gusto;* 2. *diversa, surtida;* 3. *ricos, deliciosos, apetitosos, suculentos;* 4. *cordial, cortés, atento;* 5. *justos, módicos, bajos*

1. una atmósfera **elegante**
2. una carta **variada**
3. unos platos **sabrosos**
4. un servicio **amable**
5. unos precios **razonables**

Ahora tú

9-55 ▶ Tu reseña gastronómica. Prepara ahora tu reseña en dos párrafos: el primer párrafo debe incluir una descripción objetiva del restaurante (la atmósfera, la carta, los platos, el servicio, los precios); el segundo párrafo debe presentar tus preferencias personales y por qué recomendarías el restaurante.

Después de escribir

9-56 ▶ ¡Edita! Intercambia (*Exchange*) tu reseña con un/a compañero/a y revisa su texto. ¿Aparece toda la información relevante? Piensa en sugerencias para mejorar (*to improve*) la gramática y la organización del texto.

9-57 ▶ ¡Revisa! Revisa tu reseña y asegúrate (*make sure*) que contenga los siguientes elementos:

❑ vocabulario relacionado con la comida
❑ verbos que siguen el patrón (*pattern*) de **gustar**
❑ pronombres de complemento directo e indirecto

9-58 ▶ ¡Navega! Busca una reseña sobre un restaurante de comida latina famoso y compara la reseña de este restaurante con la que escribiste. ¿Incluye información similar? ¿Qué elementos nuevos puedes incorporar a tu reseña?

TEMA 1		TEMA 2	

Comidas y bebidas

el almuerzo (ligero)	*(light) lunch*
el arroz	*rice*
el azúcar	*sugar*
la bebida	*drink*
el bistec	*steak*
el brócoli	*broccoli*
los camarones	*shrimp*
la carne	*meat*
los cereales	*cereal*
la cerveza	*beer*
la chuleta de cerdo	*pork chop*
la comida	*meal, food*
la crema	*cream*
la ensalada de lechuga y tomate	*lettuce and tomato salad*
los espárragos	*asparagus*
el flan	*flan*
la fruta	*fruit*
el helado (de vainilla)	*(vanilla) ice cream*
el huevo	*egg*
el jamón	*ham*
el jugo de naranja	*orange juice*
la leche	*milk*
la limonada	*lemonade*
el maíz	*corn*
la mantequilla	*butter*
los mariscos	*shellfish*
el pan	*bread*
la papa al horno / frita	*baked / fried potato*
el pastel (de chocolate)	*(chocolate) cake*
el pescado	*fish*
la pimienta	*pepper*
el pollo (asado)	*(roasted) chicken*
el postre	*dessert*
la sal	*salt*
la sopa	*soup*
el té helado / caliente	*iced / hot tea*
las verduras	*vegetables*
el vino tinto / blanco	*red / white wine*
la zanahoria	*carrot*

Verbos y expresiones verbales

dar	*to give*
explicar	*to explain*
ofrecer	*to offer*
preguntar	*to ask*
prestar	*to lend*
regalar	*to give as a gift*

Otras palabras y expresiones

en cuanto a	*as for*
preferido/a	*favorite, preferred*

For verbs like **gustar**, *see page 258.*

En el restaurante

la botella	*bottle*
la carta	*menu*
el chile relleno	*stuffed pepper*
la copa	*stemmed glass, wine glass*
la cuchara	*spoon*
el cuchillo	*knife*
la cuenta	*check, bill*
las enchiladas	*enchiladas*
los frijoles	*beans*
el/la mesero/a	*server*
el plato (llano)	*plate*
el plato hondo	*soup dish*
el plato principal	*main dish, entrée*
el queso	*cheese*
la servilleta	*napkin*
la taza	*cup*
el tenedor	*fork*
la tortilla (de maíz / de harina)	*(corn / flour) tortilla*
el vaso	*glass*

Otras palabras

retirar	*to take away, to remove*
sobre	*on, over, about*

La dieta

la bebida alcohólica	alcoholic drink
la cafeína	caffeine
las calorías	calories
los carbohidratos	carbohydrates
la cerveza	beer
el colesterol	cholesterol
la comida basura	junk food
la dieta	diet
los dulces	sweets
la energía	energy
la fibra	fiber
la galleta	cookie
la grasa	fat
la hamburguesa	hamburger
la legumbre	legume
las papitas	potato chips
la proteína	protein
el refresco	soft drink
las vitaminas	vitamins

Expresiones verbales

bajar de peso	to lose weight
comer fuerte	to eat heavy
evitar	to avoid
seguir (i, yo sigo)	to follow

Otras palabras y expresiones

entero/a	entire, whole
en vez de	instead of
equilibrado/a	balanced
la salud	health
sano/a	healthy

En el mercado

la cebolla	onion
el centavo	cent
los chícharos	peas
los ejotes	green beans
las espinacas	spinach
las fresas	strawberries
el limón	lemon
el (medio) kilo	(half) kilogram
el mango	mango
la manzana	apple
el melón	melon
el mercado	market
la naranja	orange
el peso	peso
la piña	pineapple
el plátano	banana
las uvas	grapes

 ▶ Visit MySpanishLab for *Hoy día* for links to the mnemonic dictionary online for suggestions such as the following to help you remember vocabulary from this chapter, learn related words in Spanish, and use Spanish words to build your vocabulary in English.

EXAMPLES

pan, *bread:* You store your *bread* in the **pan**try. The word **compañero/a,** *companion* derived from the words **con** *with* and **pan** *bread,* and referred to the person with whom you broke bread. Related words in Spanish: **la panadería,** *the bakery;* **el/la panadero/a,** *the baker.*

carne, *meat:* A *carnivore* eats *meat.* The word *carnival* (**carnaval** in Spanish), which refers to the festive period before Lent in the Catholic church, originally meant *farewell to meat* in Latin. Traditionally Catholics give up eating meat during Lent. Related words in Spanish: **la carnicería,** *the butcher's shop;* **el/la carnicero/a,** *the butcher;* **carnívoro/a,** *carnivore, carnivorous.*

10 En el médico

En este capítulo, vas a aprender a hablar del cuerpo y de las enfermedades.

Muchos países hispanos promueven activamente la medicina preventiva que consiste en desarrollar (*developing*) campañas e iniciativas de salud para prevenir ciertas enfermedades. Son comunes las campañas de vacunación (*vaccination*) para los niños, las iniciativas para la prevención de embarazos entre las jóvenes (*teenage pregnancy*) y las campañas antitabaco.

▶ ¿Hay campañas similares en Estados Unidos? ¿Y en tu universidad?

▶ ¿Qué haces tú para prevenir las enfermedades? ¿Con qué frecuencia vas al médico?

La esperanza de vida (*life expectancy*) en Latinoamérica es relativamente alta. Según datos de la Organización Mundial de la Salud (OMS), Costa Rica tiene el mayor promedio de vida, con 79 años. Le siguen Chile y Cuba, con 78 años.

▶ ¿Qué factores crees que mejoran la esperanza de vida de una persona?

TEMA 1
¿Te duele?

Vocabulario	El cuerpo
Gramática 1	*Giving advice: Commands in the **usted** and **ustedes** forms*
Gramática 2	*Making suggestions: More reflexive verbs and reflexive / object pronouns with commands*

TEMA 2
¿Cómo te sientes?

Vocabulario	Los síntomas y los accidentes
Gramática 1	*Giving advice: Commands in the **tú** form*
Gramática 2	*Influencing others: The subjunctive and its use after verbs expressing desires*

TEMA 3
¿Te mantienes en buena forma?

Vocabulario	La medicina preventiva
Gramática 1	*Making suggestions: The subjunctive of stem-changing verbs and its use with impersonal expressions*
Gramática 2	*Expressing doubts: The subjunctive after verbs of doubt*

TEMA 4
¿Necesitas ver a un especialista?

Vocabulario	Unos especialistas
Resumen de gramática	
En la vida real	En el hospital

HOY DÍA

Lectores de hoy	Para vivir 100 años . . .
Voces de la calle	Mente sana, cuerpo sano
Escritores en acción	Una campaña de concientización pública

📖 Vocabulario El cuerpo

SAM: 10-1
to 10-3

Note for ¿Sabías que...?
See the IRM for source information relating to the statistical data presented.

¿Sabías que...?

Stop Accidentes es una organización no gubernamental fundada en España para promover un cambio cultural sobre la seguridad vial (*road*) y los accidentes de tráfico. En Latinoamérica y España los accidentes de tráfico son la primera o segunda causa de muerte entre los jóvenes menores de 35 años. México y Argentina tienen los porcentajes más altos de fallecimiento (*death*) por accidente de automóvil, y Bolivia el más bajo. ¿Qué medidas (*measures*) crees que pueden tomarse para prevenir los accidentes de tráfico?

¡Ojo!

Doler (ue) (*to hurt*) is used like **gustar**, with indirect object pronouns, but **caerse, lastimarse, romperse,** and **cortarse** are reflexive verbs.

A Juan **le duele** la espalda.
Juan's back hurts (him).

Juan **se cayó** y **se lastimó**.
Juan fell and hurt himself.

Caerse has an irregular form for **yo** in the present tense.

Yo nunca me lastimo si **me caigo**.
I never hurt myself if I fall.

Supplemental activities.
• Have students touch a part of the body as you name it. Follow up by having students name parts of the body as you touch them.
• Ask students: *¿Para qué se usa(n) los ojos (la boca, las piernas, las manos, la cabeza, los dedos, los dientes)?* Have students name as many verbs as they can think of.
• Play a chain game to see who is the biggest hypochondriac. One student says a part of his/her body hurts. The following students must say that the same parts of their bodies hurt and add one more. Point out that *me duele* becomes *me duelen* with plural nouns.
• Ask students: *¿Le duelen las siguientes partes del cuerpo a una persona por las alergias o por la artritis? (la nariz, los pies, el brazo, los ojos, la cabeza, los dedos, las rodillas, las manos)*
• Ask: *¿Qué parte del cuerpo asocias con estos artículos de ropa? (zapatos, un sombrero, un cinturón, una corbata, calcetines, una camisa, gafas, botas, pantalones)*

286

🔊 CD 4, Track 1

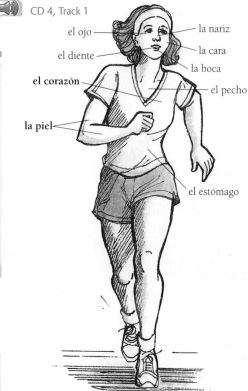

el ojo — la nariz
el diente — la cara
— la boca
el corazón — el pecho
la piel —
— el estómago

la cabeza
la oreja —
el cuello — la espalda
— el brazo
— la mano
— los dedos
la pierna — el pie
la rodilla —

¿Te lastimaste?

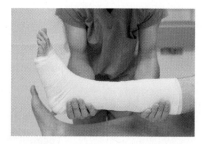

Me caí y **me rompí la pierna.**

Me corté el brazo.

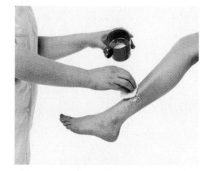

Me quemé la pierna.

el corazón *the heart*   **la piel** *skin*   **lastimarse** *to hurt (yourself)*   **caerse** *to fall*   **romperse (la pierna . . .)** *to break (your leg . . .)*   **quemarse** *to burn yourself*

CD 4
Track 2

Una conversación. Adela habla con Álex de cómo se lastimó.

ÁLEX: Adela, ¿qué te pasó en el brazo y por qué andas con **muletas**?

ADELA: Andaba en bicicleta y me caí. Me rompí **un hueso** del brazo y me lastimé la pierna.

ÁLEX: ¿Te duele mucho?

ADELA: Al principio me dolía mucho. Ahora **ya no** me duele **tanto**, pero es difícil **manejar**.

ÁLEX: ¿Hasta cuándo vas a necesitar usar las muletas?

ADELA: Dos o tres días más.

¡Ojo!

Conducir is also used for **manejar**.

 CD 4, Track 3

¡A escuchar!

Escuchen otra conversación en la cual alguien cuenta un pequeño incidente que tuvo. ¿Qué le duele? ¿Cómo se lastimó?

10-1 ▶ ¿Qué le duele? Indica qué parte del cuerpo le duele a una persona en las siguientes circunstancias.

Modelo   Acaba de correr diez kilómetros sin zapatos.
Le duelen los pies.

1. Pasó toda la tarde en la playa sin protector solar.
2. Acaba de leer por diez horas.
3. Acaba de tocar (*to touch*) un plato muy caliente.
4. Durmió en el piso toda la noche.
5. Tiene alergia al polen.
6. Bailó toda la noche.
7. Bebió demasiado la noche anterior.
8. Acaba de cruzar un aeropuerto grande con tres maletas.
9. Acaba de comerse un jalapeño.
10. Acaba de escribir un ensayo de diez páginas en un examen.

10-2 ▶ Otra conversación. En parejas, vuelvan a leer *Una conversación* entre Álex y Adela. Luego, cambien la conversación para hablar de alguna vez que te rompiste un hueso o te lastimaste.

10-3 ▶ Comparaciones culturales. Los nombres de las partes del cuerpo se usan en muchas expresiones idiomáticas. Adivina (*Guess*) el equivalente en inglés de las siguientes expresiones.

1. costar un ojo de la cara
2. romperse la cabeza
3. ser el brazo derecho de alguien
4. hacer algo a espaldas de alguien
5. romperle el corazón a alguien
6. empezar el día con el pie izquierdo
7. tomar algo a pecho
8. no tener ni pies ni cabeza
9. hacérsele a alguien la boca agua
10. quedarse con la boca abierta
11. perder la cabeza
12. comer con los ojos

Me quedé con la boca abierta.

Note for 10-3.
Note that the expressions in this activity are used here to practice the names of body parts, and are not intended to be learned at this point as active vocabulary.

Suggestion for *Una conversación*.
Have students listen to the conversation first with books closed for the answers to the following questions. 1. *¿Qué hacía Adela cuando se cayó?* (*Andaba en bicicleta.*) 2. *Se rompió el brazo o la pierna?* (*el brazo*) Then, have them read along in their books as they listen a second time.

Possible answers for *¡A escuchar!*
Le duelen los dedos y la mano. / Se cortó dos dedos y se quemó la mano preparando la cena.

Audioscript for *¡A escuchar!*
VICENTE: *Aló.*
ARTURO: *Aló, Vicente, habla Arturo. Voy al parque con mi hermana a jugar al tenis hoy. ¿Quieres venir con nosotros?*
VICENTE: *Claro que sí, pero no puedo jugar.*
ARTURO: *¿Por qué? ¿No tienes ganas?*
VICENTE: *Sí, pero no puedo porque me lastimé la mano.*
ARTURO: *¿Qué te pasó?*
VICENTE: *Preparaba la cena anoche y me corté dos dedos. Luego me quemé la mano con la estufa.*
ARTURO: *¡Ay, Vicente! ¿Te duele mucho?*
VICENTE: *Sí, me duele, pero estoy bien. No dormí bien anoche, pero hoy me duele un poco menos.*
ARTURO: *¿Hablaste con el médico?*
VICENTE: *Sí, me dio algo para el dolor y para prevenir la infección.*
ARTURO: *Vaya hombre, ¡cuánto lo siento!*

Recycle: *Acabar de* + infinitive
Activity 10-1 recycles the use of *acabar de* + infinitive from *Capítulo 5, Tema 2*.

Possible answers for 10-1.
1. *Le duele la piel.* 2. *Le duelen los ojos.* 3. *Le duele la mano. / Le duelen los dedos.* 4. *Le duele la espalda.* 5. *Le duele la nariz / la cabeza.* 6. *Le duelen las piernas / los pies.* 7. *Le duele la cabeza / el estómago.* 8. *Le duelen los brazos. / Le duele la espalda.* 9. *Le duele la boca / el estómago.* 10. *Le duele la mano. / Le duelen los dedos.*

Answers for 10-3.
1. to cost an arm and a leg; 2. to rack your brains; 3. to be someone's right hand; 4. to do something behind someone's back; 5. to break someone's heart; 6. to start the day on the wrong side of the bed; 7. to take something to heart; 8. to be such that you cannot make heads or tails of it; 9. to make your mouth water; 10. to stand there with your mouth open; 11. to lose your head; 12. to have eyes bigger than your stomach

---

las muletas *crutches*   **un hueso** *a bone*   **ya no** *no longer*   **tanto** *so much*   **manejar** *to drive*

 Gramática 1

SAM: 10-4 to 10-7

Giving advice: Commands in the **usted** and **ustedes** forms

Note.
The placement of object and reflexive pronouns with commands is presented in the next grammar section, and the *tú* form commands are introduced in the next *Tema*.

Suggestion.
You may want to point out to students that they have already seen examples of *Uds.* commands in the direction lines of many paired activities.

Supplemental activities.
• Tell students: *Den recomendaciones para ser buenos padres. ¿Es lógico el mandato afirmativo o negativo con las palabras que siguen? MODELO: Sean / No sean (pacientes, impacientes) > Sean pacientes. No sean impacientes. 1. Sean / No sean (realistas, flexibles, demasiado estrictos, demasiado relajados, comprensivos, mandones, cariñosos, fríos, egoístas, buenos modelos, una mala influencia). 2. Tengan / No tengan (una mala actitud, una buena actitud, paciencia, miedo de hablar con sus hijos, una buena relación con sus hijos). 3. Hagan / No hagan (comida saludable, cosas buenas, algo especial a veces, sacrificios para la familia). 4. Digan / No digan (cosas positivas, cosas negativas, cosas falsas, la verdad). 5. Piensen en / No piensen en (el futuro, problemas del pasado, su familia, los sentimientos de ellos, cosas negativas).*
• Tell students: *Hagan recomendaciones para ser buenos padres usando un mandato afirmativo o negativo en la forma ustedes. MODELO: criticar demasiado a sus hijos > No critiquen demasiado a sus hijos. 1. hablar francamente con sus hijos 2. compartir sus sentimientos con ellos 3. perder la paciencia con ellos 4. ser sinceros con sus hijos 5. ser deshonestos con ellos 6. conocer a sus amigos 7. tener miedo de hablar con ellos de las drogas y el abuso de alcohol 8. saber cómo pasan su tiempo 9. pasar tiempo con ellos 10. hacer comparaciones entre sus hijos 11. ir a su escuela 12. hablar con sus maestros 13. escuchar sus problemas 14. ser imparciales 15. tener un hijo favorito*
• Tell students: *En grupos, preparen recomendaciones para unos estudiantes que empiezan el primer semestre de español. ¿Qué grupo puede hacer más mandatos lógicos en la forma ustedes? MODELOS: Aprendan todo el vocabulario. No tengan miedo de hacer preguntas . . .*

■ To tell someone to do or not to do something, use the imperative (command form) of the verb. To form commands for someone you address as **usted** or **ustedes**, drop the -**o** ending of the **yo** form of the present tense and add the endings -**e** and -**en** for -**ar** verbs and -**a** and -**an** for -**er** and -**ir** verbs. Note that these endings are switched from the present tense endings. Using the pronouns **usted** or **ustedes** after the verb is optional.

	Yo Form	Ud. Command	Uds. Command	
-ar verbs				
hablar	hablø	¡Hable (Ud.) . . .!	¡Hablen (Uds.) . . .!	Speak . . .!
cerrar	cierrø	¡Cierre (Ud.) . . .!	¡Cierren (Uds.) . . .!	Close . . .!
-er / -ir verbs				
comer	comø	¡Coma (Ud.) . . .!	¡Coman (Uds.) . . .!	Eat . . .!
volver	vuelvø	¡Vuelva (Ud.) . . .!	¡Vuelvan (Uds.) . . .!	Return . . .!
abrir	abrø	¡Abra (Ud.) . . .!	¡Abran (Uds.) . . .!	Open . . .!
dormir	duermø	¡Duerma (Ud.) . . .!	¡Duerman (Uds.) . . .!	Sleep . . .!

■ Verbs with irregular forms for **yo** in the present tense will have the same irregularity in the **usted** and **ustedes** commands. Note that the following are all -**er** or -**ir** verbs, and have the endings -**a** / -**an** in commands.

Yo Form		Ud. Command	Uds. Command	
decir	digø	¡Diga (Ud.) . . .!	¡Digan (Uds.) . . .!	Say / Tell . . . .!
hacer	hagø	¡Haga (Ud.) . . .!	¡Hagan (Uds.) . . .!	Do / Make . . .!
oír	oigø	¡Oiga (Ud.) . . .!	¡Oigan (Uds.) . . .!	Hear / Hey . . .!
poner	pongø	¡Ponga (Ud.) . . .!	¡Pongan (Uds.) . . .!	Put . . .!
salir	salgø	¡Salga (Ud.) . . .!	¡Salgan (Uds.) . . .!	Leave / Go out . . .!
tener	tengø	¡Tenga (Ud.) . . .!	¡Tengan (Uds.) . . .!	Have . . . !
traer	traigø	¡Traiga (Ud.) . . .!	¡Traigan (Uds.) . . .!	Bring . . . !
venir	vengø	¡Venga (Ud.) . . .!	¡Vengan (Uds.) . . .!	Come . . . !
ver	veø	¡Vea (Ud.) . . .!	¡Vean (Uds.) . . .!	See . . . !

■ Verbs ending with -**car**, -**gar**, and -**zar** have these spelling changes.

	Yo Form	Ud. Command	Uds. Command	
-car verbs		(c > qu)		
buscar	buscø	¡Busque (Ud.) . . .!	¡Busquen (Uds.) . . .!	Look for . . .!
-gar verbs		(g > gu)		
pagar	pagø	¡Pague (Ud.) . . .!	¡Paguen (Uds.) . . .!	Pay . . .!
-zar verbs		(z > c)		
empezar	empiezø	¡Empiece (Ud.) . . .!	¡Empiecen (Uds.) . . .!	Begin . . .!

■ The following verbs do not end with -**o** in the **yo** form of the present tense and have irregular command forms.

Yo Form		Ud. Command	Uds. Command	
ser	soy	¡Sea (Ud.) . . .!	¡Sean (Uds.) . . .!	Be . . .!
estar	estoy	¡Esté (Ud.) . . .!	¡Estén (Uds.) . . .!	Be . . .!
dar	doy	¡Dé (Ud.) . . .!	¡Den (Uds.) . . .!	Give . . .!
ir	voy	¡Vaya (Ud.) . . .!	¡Vayan (Uds.) . . .!	Go . . .!
saber	sé	¡Sepa (Ud.) . . .!	¡Sepan (Uds.) . . .!	Know . . .!

10-4 ▶ ¿Sabes combatir el estrés?

Lee estas recomendaciones para combatir el estrés. Indica si necesitas hacer lo que se recomienda o si ya lo haces. También puedes decir que no estás de acuerdo con algunas recomendaciones.

Modelo
1. Sea optimista.
   Necesito ser más optimista.
2. Organice su tiempo.
   Ya organizo mi tiempo.

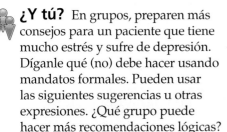

¿Y tú? En grupos, preparen más consejos para un paciente que tiene mucho estrés y sufre de depresión. Díganle qué (no) debe hacer usando mandatos formales. Pueden usar las siguientes sugerencias u otras expresiones. ¿Qué grupo puede hacer más recomendaciones lógicas?

14 maneras de combatir el estrés y aumentar su energía

1. Sea optimista.
La gente optimista tiene menos síntomas de estrés, físicos y mentales.

2. Organice su tiempo.
Con una agenda organizada, atenderá mejor sus responsabilidades sin perder tiempo.

3. Sea realista.
Es estresante tratar de hacer demasiadas cosas en poco tiempo.

4. Elimine las emociones negativas.
La ansiedad y la depresión afectan a su organismo y reducen su resistencia al estrés.

5. Sea menos perfeccionista.
Preocuparse en exceso por los detalles es una pérdida de tiempo y energía.

6. Dedique tiempo a sus amigos.
Las llamadas telefónicas y los encuentros con los amigos le ayudarán a relajarse.

7. Haga ejercicio regularmente.
La actividad física es una excelente manera de liberarse del estrés y las endorfinas le darán la sensación de bienestar[1].

8. Mantenga una dieta equilibrada.
Una nutrición equilibrada es importante para la buena salud y la resistencia al estrés.

9. Beba agua.
Este líquido es una fuente[2] importante de energía e hidratación, especialmente durante el verano.

10. No fume.
Muchos fumadores creen que los cigarrillos los relajan, pero en realidad la nicotina es una sustancia estimulante.

11. Evite el alcohol.
Mucha gente bebe para dejar atrás un día difícil, pero el alcohol crea un desequilibrio químico en el cuerpo.

12. Duerma ocho horas todas las noches.
La falta de sueño reduce la concentración y la productividad.

13. Limite su consumo de cafeína.
Consumir esta sustancia en exceso puede provocar ansiedad e irritabilidad.

14. Practique yoga.
Esta práctica le dará la serenidad necesaria para relajarse y combatir el estrés.

[1]well-being [2]source

almorzar todos los días	pensar en cosas negativas
comer mucha comida rápida	probar nuevos pasatiempos
estar triste	practicar un deporte
hacer ejercicio	salir con los amigos
ir al parque	*ver la tele toda la noche*
pasar todo el tiempo solo	. . .

Modelo   *No vea la tele toda la noche.*

Suggestion for 10-4.
Tell students to avoid reflexive verbs in this activity, since they do not learn placement rules for reflexive pronouns until the next grammar section.

10-5 ▶ Un chequeo.

Lee estas instrucciones de un médico durante un chequeo y completa cada espacio en blanco con el mandato del verbo lógico entre paréntesis en la forma **usted**.

Modelo   *Levante* el brazo derecho sobre la cabeza. Luego, *baje* el brazo derecho y *haga* lo mismo con el brazo izquierdo. (bajar, hacer, levantar)

1. ___Abra___ Ud. la boca, ___saque___ la lengua y ___diga___ aaah. (abrir, decir, sacar)
2. ___Cierre___ la boca, respire por la nariz y ___cuente___ hasta cinco antes de exhalar. (cerrar, contar)
3. Cubra el ojo izquierdo, ___mire___ la fila (*row*) número tres y ___lea___ las letras. (leer, mirar)
4. ___Separe___ los pies un poco y ___trate___ de tocar (*to touch*) el suelo sin doblar (*to bend*) las rodillas. (separar, tratar)
5. ___Incline___ la cabeza hacia delante y ___toque___ el pecho con la barbilla (*chin*). (inclinar, tocar)
6. ___Corra___ en el mismo sitio un minuto. ___Mantenga___ el mismo ritmo treinta segundos y luego ___acelere___ un poco. (acelerar, correr, mantener)
7. Usando la silla para mantener el equilibrio, ___levante___ y baje el pie derecho lateralmente cinco veces. Luego, ___cambie___ de pie y ___repita___ el mismo movimiento con el pie izquierdo. (cambiar, levantar, repetir)

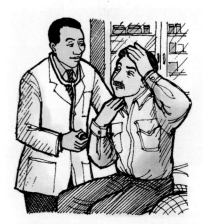

Follow-up for 10-5.
Have students work in pairs to complete the following commands a doctor (or an aerobics instructor) might give using all the logical parts of the body they can think of. You may want to write these on the board. Remind students that they should use the definite article, rather than the possessive adjective with parts the body in phrases like the following in Spanish. 1. *Levante / Baje* . . . 2. *Abra / Cierre* . . . 3. *Incline . . . para delante / atrás.* 4. *Cambie de / Use el otro (la otra)* . . . 5. *Descanse / Relaje* . . . 6. *No mueva* . . . 7. *Extienda* . . .

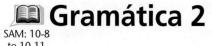 **Gramática 2**

SAM: 10-8
to 10-11

Making suggestions: More reflexive verbs and reflexive / object pronouns with commands

Para **averiguar**

1. Which form of **caerse** is irregular in the present tense? What other verb is it like in the preterit?
2. What are other reflexive verbs used to talk about health and well-being?
3. After reflexive verbs, what do you generally use instead of possessive adjectives with parts of the body?
4. Where do you place reflexive / reciprocal and object pronouns with affirmative commands?
5. Where do you place reflexive / reciprocal and object pronouns with negative commands?

Supplemental activities.

• Name food items and have students tell you whether to eat them or not if you want to lose weight / if you are a diabetic. Tell them to use direct object pronouns with commands.

• To recycle direct and indirect object pronouns used together from *Capítulo 9, Tema 2,* tell students: *Quieres que tu hijo de cinco años coma bien. Dile al mesero que le dé o que no le dé las siguientes comidas y bebidas. MODELOS: ¿Le doy agua mineral? > Sí, désela. ¿Le doy vino? > No, no se lo dé. ¿Le doy . . . ? (limonada, jugo de fruta, ensalada, café, verduras, pastel, galletas, frijoles, zanahorias, helado, pollo, cerveza)*

• Recycle clothes vocabulary from *Capítulo 5, Tema 2.* Give students the following context: *Hace mucho frío. Diles a unas personas si deben ponerse la siguiente ropa para no resfriarse. Usa un mandato en la forma ustedes con un pronombre de complemento directo. MODELO: calcetines > Pónganselos. (sandalias, botas, un abrigo, un suéter, pantalones cortos, una camiseta, un sombrero, una chaqueta)*

• Point out the use of commands (*¡Tráigame . . . !* Bring me!) versus requests (¿*Me trae . . . ?* Would you bring me . . . ?). Have students change the following commands in a restaurant into requests.
1. *Deme más café, por favor.* 2. *Tráigame la carta, por favor.* 3. *Prepáreme el bistec bien hecho, por favor.* 4. *Sírvame el café ahora, por favor.* 5. *Présteme su bolígrafo, por favor.* 6. *Hágame un favor.* 7. *Dígame su nombre, por favor.* 8. *Explíqueme cómo se hace este plato, por favor.* 9. *Deme la receta, por favor.* 10. *Escríbame los ingredientes en este papel, por favor.* 11. *Léamelo, por favor.*

■ Many verbs used to talk about health or accidents are reflexive. The reflexive verb **caerse** (*to fall*) has an irregular **yo** form in the present indicative and is like **leer** in the preterit.

	Present	**Preterit**
yo	me caigo	me caí
tú	te caes	te caíste
Ud., él, ella	se cae	se cayó
nosotros/as	nos caemos	nos caímos
vosotros/as	os caéis	os caísteis
Uds., ellos/as	se caen	se cayeron

■ The following reflexive verbs are also commonly used to talk about health.

cortarse	*to cut yourself*	preocuparse	*to worry*
cuidarse	*to take care of yourself*	resfriarse	*to catch a cold*
		romperse	*to break (your arm . . .)*
enfermarse	*to get sick*	(el brazo . . .)	
lastimarse	*to hurt yourself*	sentirse	*to feel (depressed . . .)*
quemarse	*to burn yourself*	(deprimido/a . . .)	

■ After reflexive verbs, the definite article is generally used with a part of the body instead of the possessive adjective as in English.

Me lastimé **el** pie.   *I hurt **my** foot.*
Te vas a cortar **los** dedos.   *You're going to cut **your** fingers.*

■ Reflexive / reciprocal, direct object, and indirect object pronouns are attached to the end of the verb in affirmative commands, but they are placed before the verb in negative commands. When attaching pronouns to the end of a verb, place a written accent mark on the vowel two syllables before the attached pronoun. Note the command form for **caerse** in the following examples.

AFFIRMATIVE (ATTACHED TO THE END)		NEGATIVE (BEFORE THE VERB)	
¡Cuíden**se**!	*Be careful!*	¡No **se** caigan!	*Don't fall!*
¡Hágan**lo** mañana!	*Do it tomorrow!*	¡No **lo** hagan ahora!	*Don't do it now!*
¡Díga**me** la verdad!	*Tell me the truth!*	¡No **me** diga nada!	*Don't tell me anything!*

10-6 ▶ Completa las siguientes oraciones con el nombre de una parte del cuerpo lógica.

1. Antes de comer, lávense ___las manos___.
2. La sopa está caliente. No se quemen ___la boca___.
3. Tengan cuidado (*Be careful*) al cortar la carne. No se corten ___los dedos___.
4. Después de comer, lávense ___los dientes___.
5. Pónganse un sombrero si tienen frío en ___la cabeza___.
6. Pónganse botas si tienen frío en ___los pies___.
7. Tengan cuidado al esquiar. No se rompan ___la pierna___.
8. Pónganse protector solar. No se quemen ___la piel___.

10-7 ▶ ¿Qué hicieron? ¿Cómo se lastimaron estas personas?

Modelo   *Se lastimó el pie bajando la escalera.*

1.    **2.** 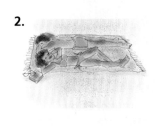   **3.**

4.    **5.**

10-8 ▶ Consejos. ¿Qué le dice un médico a su paciente? Prepara consejos lógicos con un mandato afirmativo y otro negativo en la forma **usted**.

Modelo   lastimarse los ojos / ponerse gafas de sol
            No se lastime los ojos. Póngase gafas de sol.

1. sentirse nervioso / relajarse
2. vestirse adecuadamente / resfriarse
3. cuidarse / enfermarse
4. lastimarse los pies / ponerse zapatos cómodos
5. caerse / sentarse si está mareado (*queasy, dizzy*)
6. tocarse (*to touch*) el área infectada / lavársela bien
7. divertirse con los amigos / concentrarse en sus problemas
8. quedarse en casa si está enfermo / preocuparse por el trabajo

10-9 ▶ Durante el embarazo. Contesta las preguntas de una mujer embarazada (*pregnant*) para darle buenos consejos. Usa mandatos con pronombres de complemento directo.

Modelo   ¿Puedo *beber alcohol*? > *No, no lo beba.*

1. ¿Puedo *fumar cigarrillos*?
2. ¿Debo *hacer ejercicio* todos los días?
3. ¿Debo *tomar agua* con frecuencia?
4. ¿Puedo *beber vino*?
5. ¿Debo *comer frutas y verduras*?
6. ¿Debo *ver al doctor* regularmente?
7. ¿Puedo *tomar medicamentos nuevos* sin consultar al doctor?

 ## 10-10 ▶ Consejero matrimonial. En grupos preparen sugerencias para una pareja que quiere tener un matrimonio más feliz. Usen mandatos de verbos recíprocos o reflexivos en la forma **ustedes**.

Modelo   *Díganse que se quieren. Nunca se acuesten enojados.*

📖 Vocabulario Los síntomas y los accidentes

SAM: 10-12 to 10-15

🔊 CD 4 Track 4 ¿Qué dice el/la paciente? ¿Qué síntomas tiene?

Suggestions for *Una conversación.*
• Have students listen to the conversation first with books closed for the answers to the following questions. 1. *¿Qué tiene el paciente? (alergias y una infección en la garganta)* 2. *¿Qué le receta el médico? (antibióticos)* Then, have them read along in their books as they listen a second time.
• New words introduced in the conversation include the boldfaced expressions and *congestionado/a, alergias,* and *antibióticos.*

Audioscript for *¡A escuchar!*
LA MÉDICA: *Buenos días, señor Rivera. ¿Cuál es el problema?*
EL PACIENTE: *Me corté el pie trabajando en el jardín y ahora está hinchado y no puedo caminar sin muletas.*
LA MÉDICA: *A ver, quítese el calcetín . . . Sí, está muy inflamado. Lo tiene infectado.*
EL PACIENTE: *¿Es grave, doctora?*
LA MÉDICA: *No se preocupe, que se va a curar pronto. Se lo voy a limpiar y le voy a recetar un antibiótico también.*
EL PACIENTE: *Me duele mucho. No dormí bien anoche. ¿Me puede dar algo para el dolor?*
LA MÉDICA: *Sí, le voy a dar algo para la inflamación. Si no le alivia el dolor, llámeme y le puedo recetar algo más fuerte.*

Possible answers for *¡A escuchar!*
Tiene el pie infectado. / Se cortó el pie trabajando en el jardín. / Se lo limpia y le receta un antibiótico y algo para el dolor / la inflamación.

🔊 CD 4, Track 6

¡A escuchar!

Escuchen otra conversación en la cual un paciente habla con una médica. ¿Qué tiene? ¿Cómo ocurrió? ¿Qué tratamiento le da la médica?

Tengo fiebre.

Estornudo. Estoy resfriado/a. Tengo **catarro.**

No puedo respirar.

Tengo tos. **Toso** mucho.

Me siento **mareado/a.** Vomito.

Tengo la mano **hinchada.** Me corté un dedo y está infectado.

¿Qué le hace el médico al/a la paciente?

Le **receta** medicamentos (**pastillas,** aspirina) o le **pone una inyección.**

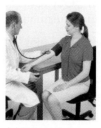
Le toma la temperatura y la presión arterial.

Una conversación. En parejas, lean la siguiente conversación en la cual un paciente habla con un médico.

🔊 CD 4 Track 5

EL PACIENTE: Me siento muy mal. Estoy congestionado, tengo tos y no puedo respirar.
EL MÉDICO: ¿Le duelen **los oídos**?
EL PACIENTE: Sí, no oigo bien y tengo **un dolor** de cabeza fuerte.
EL MÉDICO: Siéntese en la mesa . . . Abra la boca y diga "aaah". Voy a examinarle **la garganta.**
EL PACIENTE: Aaah.
EL MÉDICO: Ahora necesito que respire. No es nada **grave**. Tiene alergias y una infección en la garganta. Le voy a recetar unos antibióticos. Tómese una pastilla cada ocho horas y le **aconsejo** que **guarde cama** por unos días y que **deje de** fumar.

---

estornudar *to sneeze* **estar resfriado/a** *to have a cold* **un catarro** *a cold* **toser** *to cough* **mareado/a** *dizzy, queasy* **hinchado/a** *swollen* **recetar** *to prescribe* **pastillas** *tablets, pills* **ponerle una inyección a alguien** *to give someone a shot* **el oído** *the (inner) ear* **un dolor** *an ache, a pain* **la garganta** *the throat* **grave** *serious* **aconsejar** *to advise* **guardar cama** *to stay in bed* **dejar de** (+ *infinitive*) *to stop . . . -ing*

10-11 ▶ ¿Quién lo hace? Indica si le hace el médico las siguientes cosas al paciente o viceversa.

Modelos   tomarle la temperatura
El médico le toma la temperatura al paciente.
describirle los síntomas
El paciente le describe los síntomas al médico.

1. examinarle los oídos
2. explicarle dónde le duele
3. tomarle el pulso
4. pedirle consejos

5. ponerle una inyección
6. recetarle medicamentos
7. hacerle preguntas sobre los medicamentos
8. pagarle

 10-12 ▶ ¿Cuáles son los síntomas? En grupos, preparen una lista de los síntomas de una persona con estas enfermedades.

1. la gripe (*the flu*)
2. un catarro
3. un dedo infectado
4. un infarto (*heart attack*)

5. una alergia
6. una fractura en la pierna
7. una intoxicación alimenticia (*food poisoning*)

 10-13 ▶ Remedios. Imaginen que ustedes son médicos/as. En grupos, preparen una sugerencia para alguien que sufre de cada una de las enfermedades de la actividad anterior. Utilicen mandatos en la forma **usted**.

 10-14 ▶ Otra conversación. En parejas, vuelvan a leer *Una conversación* entre un paciente y un médico. Luego, cambien la conversación para representar una visita al doctor cuando uno/a de ustedes estuvo enfermo/a.

10-15 ▶ Comparaciones culturales. Lee el siguiente texto sobre la tendencia a la automedicación entre ciertas poblaciones hispanas y contesta las preguntas.

"No recomiendes medicamentos. Tú no eres médico."

En muchos países hispanos existe una peligrosa tendencia a la automedicación, es decir, a consumir medicamentos sin consultar al médico. Se trata de medicinas que se pueden obtener en la farmacia sin receta, generalmente analgésicos para el dolor de cabeza o dolores musculares, antiinflamatorios o protectores gástricos para combatir las molestias de la digestión.

La automedicación es una práctica grave que puede causar efectos negativos en el paciente. En Cuba, se inició recientemente una campaña muy activa contra la automedicación, dado que[1] un 40% de la población de la isla afirmó automedicarse y muchas personas admitieron recomendar medicinas a sus familiares. Después de saber que un 28% de los españoles consume fármacos[2] sin consultar al médico, el Ministerio de Salud Pública de España desarrolló una campaña contra la automedicación con el título "No recomiendes medicamentos. Tú no eres médico."

[1]*given that* [2]*drugs*

1. ¿Por qué crees que es peligroso (*dangerous*) automedicarse?
2. ¿Cuáles crees que son los medicamentos que más se compran en Estados Unidos sin receta médica?
3. A veces, ¿tomas medicamentos sin receta que te recomienda un familiar o un amigo?

Recycle: Indirect object pronouns
Activity 10-11 recycles the indirect object pronoun *le* from *Capítulo 9, Tema 1.*

Answers for 10-11.
1. *El médico le examina los oídos al paciente.*
2. *El paciente le explica al médico dónde le duele.*
3. *El médico le toma el pulso al paciente.* 4. *El paciente le pide consejos al médico.* 5. *El médico le pone una inyección al paciente.* 6. *El médico le receta medicamentos al paciente.* 7. *El paciente le hace preguntas sobre los medicamentos al médico.* 8. *El paciente le paga al médico.*

Possible answers for 10-12.
1. *Le duele la cabeza y tiene fiebre.* 2. *Estornuda y tiene tos.* 3. *Tiene el dedo hinchado.* 4. *Le duele el pecho.* 5. *Está congestionado/a y estornuda.* 6. *Le duele la pierna y está hinchada.* 7. *Le duele el estómago y vomita.*

Supplemental activities.
• Ask students: *Si alguien tiene alergia al polen, ¿tiene los siguientes síntomas a veces?* 1. *¿Estornuda?* 2. *¿Tiene fiebre?* 3. *¿Le duelen los dedos?* 4. *¿Le duelen los ojos?* 5. *¿Tiene tos?* 6. *¿Vomita?* 7. *¿Le duele la cabeza?* 8. *¿Le duelen los oídos?* 9. *¿Tiene los pies hinchados?*
• Tell students: *Completa las oraciones con el nombre de la(s) parte(s) del cuerpo lógica(s).* 1. *Tengo mucha tos. Me duele . . .* 2. *Estornudo mucho. Me duele . . .* 3. *No veo bien. Me duelen . . .* 4. *Creo que voy a vomitar. Me duele mucho . . .* 5. *El médico me acaba de poner una inyección. Me duele . . .* 6. *No oigo nada. Me duelen . . .* 7. *Me caí de la bicicleta y no puedo levantarme. Me duelen . . .* 8. *Levanté algo pesado y creo que me lastimé un músculo de . . .*
• Ask students: *¿Es lógico?* 1. *Necesito muletas porque tengo alergias.* 2. *Necesito muletas porque me rompí una pierna.* 3. *Tengo tos porque tengo catarro.* 4. *Me duele la espalda porque tengo alergias.* 5. *Me tomo la temperatura porque creo que tengo fiebre.* 6. *Necesito una aspirina porque me duele la cabeza.* 7. *Tengo la mano hinchada porque está infectada.* 8. *El médico me examina la garganta porque me rompí la pierna.*

📖 Gramática 1 Giving advice: Commands in the **tú** form

SAM: 10-16
to 10-18

■ Unlike the **usted** and **ustedes** commands, the form of commands for **tú** depends on whether you are telling someone to do something (with an affirmative command) or not to do something (with a negative command). Affirmative **tú** form commands of most verbs look like the **él / ella** form of the present indicative. In the negative, they are the same as **usted** commands with an **-s** added to the end.

	tú Affirmative	tú Negative	Ud. All Commands	Uds. All Commands
hablar	habla	no hables	(no) hable	(no) hablen
jugar	juega	no juegues	(no) juegue	(no) jueguen
comer	come	no comas	(no) coma	(no) coman
volver	vuelve	no vuelvas	(no) vuelva	(no) vuelvan
traer	trae	no traigas	(no) traiga	(no) traigan
abrir	abre	no abras	(no) abra	(no) abran
pedir	pide	no pidas	(no) pida	(no) pidan
oír	oye	no oigas	(no) oiga	(no) oigan

■ The affirmative command forms for **tú** of the following verbs are irregular. Remember that the stems of the **usted, ustedes,** and negative **tú** commands of these verbs are obtained by dropping the final **-o** of the present indicative **yo** form. As with other verbs, the negative **tú** command is like the **usted** command with a final **-s.**

	tú Affirmative	tú Negative	Ud. All Commands	Uds. All Commands
decir	di	no digas	(no) diga	(no) digan
hacer	haz	no hagas	(no) haga	(no) hagan
poner	pon	no pongas	(no) ponga	(no) pongan
salir	sal	no salgas	(no) salga	(no) salgan
tener	ten	no tengas	(no) tenga	(no) tengan
venir	ven	no vengas	(no) venga	(no) vengan

■ The following verbs are also irregular.

	tú Affirmative	tú Negative	Ud. All Commands	Uds. All Commands
dar	da	no des	(no) dé	(no) den
estar	está	no estés	(no) esté	(no) estén
ir	ve	no vayas	(no) vaya	(no) vayan
ser	sé	no seas	(no) sea	(no) sean

■ Remember that object and reflexive pronouns are attached to the end of verbs in affirmative commands, but go before verbs in negative commands.

Haz**lo.** / No **lo** hagas.	*Do it. / Don't do it.*
Di**me.** / No **me** digas.	*Tell me. / Don't tell me.*
Siénta**te.** / No **te** sientes.	*Sit down. / Don't sit down.*

10-16 ▶ Madre e hijo. Un niño de seis años va a ayudar a su madre en la cocina. Indica cuál de los siguientes mandatos le da la madre a su hijo.

Modelo   (Juega / No juegues) con el cuchillo.
          No juegues con el cuchillo.

1. (Lávate / No te laves) las manos antes de empezar.
2. (Escúchame / No me escuches) bien.
3. (Sigue / No sigas) las instrucciones.
4. (Come / No comas) más azúcar.
5. (Cierra / No cierres) la puerta de la nevera.
6. (Lava / No laves) los platos después de usarlos.
7. (Pon / No pongas) la cuchara de plástico en la estufa.
8. (Juega / No juegues) cerca de la estufa.
9. (Toma / No tomes) vino.
10. (Deja / No dejes) la basura en el piso.
11. (Saca / No saques) la basura.

Answers for 10-16.
1. *Lávate;* 2. *Escúchame;* 3. *Sigue;* 4. *No comas;* 5. *Cierra;* 6. *Lava;* 7. *No pongas;* 8. *No juegues;* 9. *No tomes;* 10. *No dejes;* 11. *Saca*

10-17 ▶ Una madre sin paciencia. Lee la tira cómica (*comic strip*) y luego representa el papel (*role*) de la madre, diciéndoles a las siguientes personas que hagan o no las cosas indicadas entre paréntesis.

1. a su hija (escucharme, invitar a tus amigos, ser educada, hacer mucho ruido, venir a saludar a Fefita)
2. a los amiguitos de su hija (venir a jugar aquí, traer sus juguetes [*toys*], hacer ruido, volver a su casa, regresar mañana)
3. a su amiga Fefita (pasar a la sala, sentarte, hacer como en tu casa, quedarte un rato [*a while*], volver pronto)

10-18 ▶ Sugerencias. En grupos, preparen dos o tres sugerencias para estas personas usando mandatos afirmativos y negativos.

1. Una amiga quiere sentirse mejor.
2. Un compañero de clase sufre de mucho estrés.
3. Tu compañero/a de cuarto es muy perezoso/a y el apartamento de ustedes está sucio.
4. Un amigo quiere ir de vacaciones, pero no sabe adónde.

10-19 ▶ ¿Diablo o ángel? En grupos de cuatro, preparen mandatos para una amiga que necesita más disciplina. Dos hacen el papel del diablo y le dicen que haga cosas malas. Los/Las otros/as dos hacen el papel de su ángel de la guardia y le sugieren (*suggest*) cosas buenas.

Modelo   El diablo: *No hagas la tarea esta noche.*
          Diviértete con tus amigos.
          El ángel: *Quédate en casa y haz tu tarea.*

Follow-ups for 10-16.
• Ask students: *¿Les dicen los padres a los hijos que hagan o que no hagan estas cosas? Contesta con mandatos informales.* MODELO: *comer con la boca abierta > No comas con la boca abierta.* (comer con las manos, jugar con la comida, comer las verduras, poner los pies en los muebles, hablar con gente desconocida, irse con gente desconocida, llorar, portarse bien, acostarse tarde, lavarse los dientes, ponerse ropa limpia) Afterwards, have students work with partners to think of more commands they used to hear as children.
• Ask students: *¿Qué le dice un médico a un niño que está examinando? Da un mandato lógico con los siguientes verbos en la forma afirmativa o negativa.* MODELO: *llorar > No llores, por favor.*

(sentarse, estar nervioso, abrir la boca, decir "aaah", respirar normalmente, acostarse en la mesa, prepararse para la inyección, tener miedo, enojarse, relajarse, golpear a la enfermera, bajarse de la mesa, ponerse los zapatos, tomar los medicamentos tres veces al día)
• Give students the following context: *Dale consejos a un/a amigo/a que tiene mucho estrés, sufre de depresión y está enfermo/a con frecuencia. Dile que haga o no las siguientes cosas usando mandatos en la forma tú.* MODELOS: *tomar mucha cafeína > No tomes mucha cafeína. / practicar un deporte > Practica un deporte.* (pensar en cosas negativas, ser optimista, fumar, hacer ejercicio, ir al trabajo, almorzar todos los días, tener una dieta equilibrada, comer comida rápida todos los días, salir con los amigos, quedarse en casa todo el tiempo, acostarse más temprano, dormir lo suficiente, ver la televisión toda la noche)

Answers for 10-17.
1. *Escúchame. No invites a tus amigos. Sé educada. No hagas mucho ruido. Ven a saludar a Fefita.* 2. *No vengan a jugar aquí. No traigan sus juguetes. No hagan ruido. Vuelvan a su casa. (No) regresen mañana.* 3. *Pasa a la sala. Siéntate. Haz como en tu casa. Quédate un rato. Vuelve pronto.*

📖 **Gramática 2**

SAM: 10-19
to 10-21

Influencing others: The subjunctive and its use after verbs expressing desires

Para **averiguar**

1. When is the subjunctive used in a subordinate clause?
2. Which verb form that you have already learned is similar to the subjunctive?
3. Are the **tú** forms of the subjunctive like the affirmative or negative commands?
4. What is the subjunctive of **hay**?
5. Which verbs are irregular in the subjunctive? Which have accent changes?
6. When do you use the infinitive after verbs like **querer** or **preferir** instead of the subjunctive?

¡Ojo!

The **nosotros** form of the subjunctive may also be used as a command to say *Let's . . .*, or you may also express the same idea using **vamos a** + *infinitive*. In modern Spanish, **vamos a** + *infinitive* is more commonly used.

Hagámoslo más tarde. =
Vamos a hacerlo más tarde.
Let's do it later.

Note.
The subjunctive of stem-changing verbs and -car, -gar, -zar verbs is presented in the next grammar section.

Supplemental activity.
Tell students: *Repite la oración que exprese tu opinión.* 1. *Quiero que llueva mañana. / Quiero que haga sol mañana.* 2. *Quiero que mis padres vengan a mi casa este fin de semana. / Prefiero que mis padres no vengan a mi casa este fin de semana.* 3. *Espero que mi mejor amigo/a salga conmigo este sábado. / No quiero que mi mejor amigo/a salga conmigo este sábado.* 4. *Deseo que mi mejor amigo/a viva conmigo. / No quiero que viva conmigo.* 5. *Prohíbo que mis amigos fumen en mi casa. / Permito que mis amigos fumen en mi casa.* 6. *Prefiero que mis amigos me llamen por teléfono. / Prefiero que me escriban por correo electrónico.* 7. *Prefiero que alguien haga ejercicio conmigo. / Prefiero hacer ejercicio solo/a.* 8. *Deseo que mis amigos tomen una copa conmigo a veces. / Recomiendo que mis amigos eviten el alcohol.* 9. *Insisto en que mis amigos me lo digan si están enojados conmigo. / Prefiero que no me digan nada si están enojados conmigo.*

Up to this point you have been using verb forms in the indicative mood. The indicative mood is used to describe what the speaker considers to be reality. There is another mood called the subjunctive. The subjunctive form of the verb is used to express subjective opinions about what might or should happen. You will learn more about the subjunctive throughout the rest of this chapter and in *Capítulo 11.*

■ The subjunctive is used in the subordinate (usually the second) clause of a sentence when the main (usually the first) clause expresses a wish, doubt, emotion, or attitude about what might or might not happen. Compare:

INDICATIVE	Mi hijo **come** bien.	*My son eats well.*
	(The speaker assumes that it is a fact that his/her son eats well.)	
SUBJUNCTIVE	Quiero que mi hijo **coma** bien.	*I want my son to eat well.*
	(The speaker does not necessarily assume it to be a fact that his/her son eats well. It is just what he/she wants to happen.)	

■ The subjunctive form of verbs looks like the command forms. The subjunctive forms for **yo, él, ella,** and **usted** are the same as the **usted** commands and the **ellos, ellas,** and **ustedes** subjunctive forms look like the **ustedes** commands. As with commands, subjunctive endings for -**ar** verbs have the vowel **e,** and -**er** and -**ir** verbs have the vowel **a** in all forms.

	hablar	**comer**	**vivir**	**hacer**	**tener**
Ud. command	hable	coma	viva	haga	tenga
que yo	hable	coma	viva	haga	tenga
que tú	hables	comas	vivas	hagas	tengas
que Ud., él, ella	hable	coma	viva	haga	tenga
que nosotros/as	hablemos	comamos	vivamos	hagamos	tengamos
que vosotros/as	habléis	comáis	viváis	hagáis	tengáis
que Uds., ellos/as	hablen	coman	vivan	hagan	tengan

■ The subjunctive of **hay** is **haya,** and the verbs with irregular **usted** commands are also irregular in the subjunctive. Note the accent marks on **dar** and **estar.**

	ser	**estar**	**ir**	**saber**	**dar**
Ud. command	sea	esté	vaya	sepa	dé
que yo	sea	esté	vaya	sepa	dé
que tú	seas	estés	vayas	sepas	des
que Ud., él, ella	sea	esté	vaya	sepa	dé
que nosotros/as	seamos	estemos	vayamos	sepamos	demos
que vosotros/as	seáis	estéis	vayáis	sepáis	deis
que Uds., ellos/as	sean	estén	vayan	sepan	den

■ When someone has feelings or desires about what another person does or what happens, use the subjunctive. The subjunctive is used in a subordinate clause following verbs such as:

aconsejar (*to advise*)	**insistir (en)**	**permitir**	**querer (ie)**
desear	**necesitar**	**preferir (ie, i)**	**recomendar (ie)**
esperar (*to hope*)	**pedir (i, i)**	**prohibir**	**sugerir (ie, i)** (*to suggest*)

■ Where Spanish has two clauses with conjugated verbs connected by **que,** English often has a different sentence structure with an infinitive.

Quiero **que** lo sepas.   *I want you to know it. (I want that you know it.)*
Prefieren **que** vayamos.   *They prefer for us to go. (They prefer that we go.)*

■ When subjects of sentences have feelings or desires about what they do themselves, use the infinitive. Note in the last example that object and reflexive pronouns are placed before the verb in the subjunctive as in the indicative.

FEELINGS ABOUT THEMSELVES (INFINITIVE)

Prefiero ir.   *I prefer to go.*
Queremos hacerlo.   *We want to do it.*

FEELINGS ABOUT OTHERS (SUBJUNCTIVE)

Prefiero que él vaya.   *I prefer that he go.*
Queremos que ellas lo hagan.   *We want them to do it.*

10-20 ▶ ¿Qué quieren? Di si las siguientes personas quieren o no las cosas indicadas entre paréntesis.

Modelo   Un médico (no) quiere que sus pacientes . . . (estar enfermos, dormir lo suficiente)
          Un médico no quiere que sus pacientes estén enfermos.
          Un médico quiere que sus pacientes duerman lo suficiente.

1. Un médico (no) quiere que (nosotros) . . . (fumar, evitar el alcohol, hacer ejercicio, tener una dieta equilibrada, comer mucha grasa, estar sanos, ser buenos pacientes)
2. Generalmente, (no) quiero que el médico . . . (ser amistoso, tener prisa conmigo, hablar claramente, usar palabras técnicas, comprender mis preguntas, tener las manos frías, tener mucha experiencia)
3. Cuando me examina, el médico (no) quiere que (yo) . . . (abrir la boca, decir "aaah", estornudar, tener frío, estar cómodo/a, tener miedo, relajarse)
4. Los pacientes de un hospital (no) quieren que su habitación . . . (ser cómoda, estar sucia, tener un televisor, ser muy cara, tener ventanas)
5. Los enfermeros (no) quieren que los pacientes . . . (ser antipáticos, estar cómodos, tener muchas visitas, comer bien, tomar sus medicamentos, hacer mucho ruido, enojarse)

10-21 ▶ ¿Quién? No puedes levantarte de la cama porque estás muy enfermo/a con fiebre alta y un amigo te va a ayudar. ¿Necesitas hacer las siguientes cosas tú mismo/a o necesitas que tu amigo/a te las haga?

Modelo   guardar cama
          Yo necesito guardar cama.
          ir al supermercado
          Necesito que mi amigo vaya al supermercado.

1. seguir las instrucciones del médico
2. llevar la receta a la farmacia
3. quedarse en casa
4. tomar los medicamentos
5. hacerme algo de comer
6. tomar muchos líquidos
7. traerme un vaso de agua
8. descansar

10-22 ▶ La pareja ideal. Escribe cinco oraciones para describir lo que buscas en una pareja.

Deseo que . . .	Necesito que . . .
Espero que . . .	Prefiero que . . .
Insisto en que . . .	Quiero que . . .

Modelo   *Quiero que tenga un buen trabajo. Insisto en que no fume . . .*

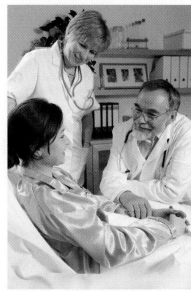

📖 **Vocabulario** La medicina preventiva

SAM: 10-22
to 10-24

🔊 CD 4 Track 7 ¿Practicas la medicina preventiva? ¿Haces ejercicio? ¿Evitas el estrés? ¿Tienes una dieta equilibrada? ¿Tomas vitaminas u otros suplementos? ¿Crees que algunos alimentos como el té verde pueden evitar el **envejecimiento**? ¿Te pueden ayudar algunas comidas a evitar o tratar algunas enfermedades como las siguientes?

¿Sabías que...?

Una encuesta a nivel nacional publicada en Estados Unidos indica que los hispanos que viven en este país saben manejar (*to manage*) bien el estrés. La medida preventiva que adoptan contra el estrés es pasar tiempo con la familia y los amigos y apoyarse (*support each other*) si tienen algún problema. Aún así (*Even so*), la preocupación sobre la salud familiar es la causa principal de estrés y, según la encuesta, las mujeres sienten más estrés que los hombres.

Note for ¿Sabías que . . .?
See the IRM for source information relating to the survey mentioned in the note.

Note.
Only the names of the health problems and the labeled body parts on the illustration are included with the active vocabulary at the end of the chapter.

Supplemental activities.
• Give students the words *sinónimo* and *antónimo* and ask them: *¿Es la tristeza sinónimo o antónimo de la melancolía? ¿Es la desesperanza sinónimo del optimismo o del pesimismo? ¿Es el insomnio sinónimo o antónimo del sueño? ¿Es la energía física sinónimo o antónimo de la fatiga? ¿Es la irritabilidad sinónimo del mal humor o del buen humor? ¿Es la concentración sinónimo o antónimo de la atención? ¿Toma una persona indecisa decisiones fácilmente o con dificultad? ¿Es el miedo sinónimo o antónimo del valor?*
• Ask students: *¿Cuál de estas acciones asocias con la depresión? MODELO: salir con los amigos / quedarse en casa > quedarse en casa* 1. *dormir todo el día / levantarse temprano* 2. *contar chistes / llorar* 3. *divertirse / aburrirse* 4. *pasar tiempo solo / invitar a los amigos* 5. *hablar mucho / estar callado* 6. *compartir sus sentimientos / no decir nada* 7. *pensar en los problemas / pensar en los amigos* 8. *tener ganas de hacer algo / tener miedo de hacer algo* 9. *tener mucha energía / tener insomnio* 10. *sentirse triste / sentirse feliz*

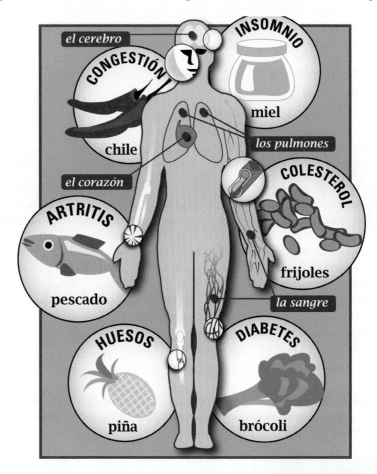

¿Crees que el estado mental de una persona puede influir en su estado físico? ¿Conoces algunos síntomas de la depresión?

la tristeza
la desesperanza
el insomnio
la falta de energía física
la falta de concentración
la irritabilidad
la dificultad para tomar decisiones
el miedo

el envejecimiento *aging*   **la tristeza** *sadness*   **la desesperanza** *despair*   **la falta** *the lack*

CD 4
Track 8

Una conversación. Eugenio le da consejos a su amigo Santiago sobre cómo mantenerse en forma haciendo ejercicio.

EUGENIO: Santiago, ¿qué haces para **mantenerte en** buena **forma**? ¡Siempre tienes tanta energía!

SANTIAGO: Como bien, **camino** mucho y hago ejercicio en el gimnasio con regularidad. Esto me da **fuerza** y también me ayuda a controlar el estrés.

EUGENIO: No me gusta ir al gimnasio. Me siento **dolorido** cuando me despierto al día siguiente y sobre todo me duele la espalda. No quiero levantarme de la cama.

SANTIAGO: **Comienza** con ejercicios ligeros. Si no **tienes cuidado**, puedes lastimarte. Si quieres ir conmigo mañana, te ayudaré. Siempre voy a las seis, después del trabajo. Es bueno para **aliviar** el estrés después de un día largo.

EUGENIO: Gracias, Santiago. Nos vemos a las seis en el gimnasio.

Suggestions for *Una conversación.*
• Have students listen to the conversation first with books closed for the answers to the following questions. 1. ¿Qué hace Santiago para mantenerse sano? (Come bien, camina mucho y hace ejercicio con regularidad.) 2. ¿Qué le duele a Eugenio después de ir al gimnasio? (la espalda) Then, have them read along in their books as they listen a second time.
• New vocabulary includes all boldfaced words as well as *regularidad* and *controlar.*

 CD 4, Track 9

¡A escuchar!

Escuchen otra conversación en la cual un hombre habla con su esposa de un problema médico. ¿Cuál es el problema? ¿Qué necesita hacer para prevenirlo? ¿Y si eso no funciona?

10-23 ▶ ¿Qué me recomiendas? Dile a un amigo que sufre de las siguientes dolencias (*illnesses*) qué alimentos le recomiendas.

Modelo   insomnio (salmón / miel)
Si sufres de insomnio, te recomiendo que comas miel.

1. diabetes (brócoli / papas)
2. artritis (pescado / carne)
3. congestión (zanahorias / chiles)
4. colesterol alto (frijoles / plátanos)
5. osteoporosis (piña / manzanas)

Answers for 10-23.
1. brócoli; 2. pescado; 3. chiles; 4. frijoles; 5. piña

Audioscript for ¡A escuchar!
LA ESPOSA: Hola, mi amor. ¿Qué tal tu examen físico? ¿Qué te dijo el médico?
EL ESPOSO: Me dijo que tengo la presión arterial muy alta.
LA ESPOSA: ¿Te dio algún medicamento para bajarla?
EL ESPOSO: Primero quiere ver si la puedo bajar con un cambio de dieta. También me dijo que necesito hacer más ejercicio.
LA ESPOSA: ¿Y qué dieta te recomendó?
EL ESPOSO: Bueno, ya sabes, necesito comer más frutas y verduras y evitar la grasa y los alimentos con mucho colesterol.
LA ESPOSA: ¿Y si el cambio de dieta no es suficiente?
EL ESPOSO: Me va a recetar unas pastillas.
LA ESPOSA: Entonces, vamos a comenzar con esa dieta.

Possible answers for ¡A escuchar!
Tiene la presión arterial muy alta. / Necesita cambiar de dieta y hacer más ejercicio. / El médico le va a recetar unas pastillas.

 10-24 ▶ Entrevista. Entrevista a otro/a estudiante con estas preguntas.

1. ¿Practicas la medicina preventiva? ¿Qué haces para mantener la buena salud? ¿Tomas vitaminas u otros suplementos?
2. ¿Consumes comidas altas en antioxidantes para evitar el envejecimiento? ¿Usas protector solar para evitar el envejecimiento prematuro de la piel?
3. ¿Tienes alergia a algunos alimentos? ¿Qué comidas o bebidas no deberías consumir?
4. ¿Estás deprimido/a a veces? Los domingos por la noche, ¿sufres de "la depresión del domingo" cuando piensas en volver al trabajo el lunes? Cuándo estás deprimido/a, ¿qué haces para sentirte mejor?

10-25 ▶ Otra conversación. En parejas, vuelvan a leer *Una conversación* entre Eugenio y Santiago. Luego, cambien la conversación para hablar de lo que tu compañero/a y tú hacen o necesitan hacer para mantenerse en buena forma.

¿Qué haces para mantenerte en forma?

---

mantenerse *to keep (yourself)*   **en forma** *in shape*   **caminar** *to walk*   **la fuerza** *strength, force*
dolorido/a *sore*   **comenzar (ie)** *to begin, to start*   **tener cuidado** *to be careful*   **aliviar** *to alleviate, to relieve*

📖 Gramática 1

SAM: 10-25
to 10-28

Making suggestions: The subjunctive of stem-changing verbs and its use with impersonal expressions

Para averiguar

1. What are some expressions that are followed by the subjunctive when making subjective comments?
2. When do you use the infinitive instead of the subjunctive after these expressions except **Ojalá (que)**?
3. Do **-ar**, **-er**, or **-ir** verbs have stem changes in the **nosotros/as** and **vosotros/as** forms of the subjunctive? What are the changes?
4. What spelling changes occur with verbs ending with **-car, -gar,** and **-zar**?

Suggestion.
• Point out to students that they have seen similar rules with stem-changing verbs in the present participles and in the third person forms of the preterit.

Supplemental activities.
• Tell students: *Repite el consejo más lógico para un/a amigo/a.* (Read each suggestion twice, once with *más* and once with *menos.*) *MODELO: Si te duele el estómago todas las noches, es mejor que cenes más (menos) ligero. > Si te duele el estómago todas las noches, es mejor que cenes más ligero.* 1. *Si te sientes nervioso/a, es preferible que tomes más (menos) café.* 2. *Si tienes catarro con frecuencia, es bueno que tomes más (menos) vitamina C.* 3. *Si toses todo el tiempo, es urgente que fumes más (menos).* 4. *Si tienes fiebre, es preferible que tomes más (menos) agua.* 5. *Si tienes la presión arterial alta, es mejor que comas más (menos) grasa.* 6. *Si deseas bajar de peso, es mejor que hagas más (menos) ejercicio.*
• Ask: *¿Es bueno o malo hacer las siguientes cosas? MODELO: fumar mucho > Es malo fumar mucho.* (*relajarse un poco todos los días, dormir todo el día, tomar vitaminas, tomar mucha agua, beber demasiado alcohol, manejar después de beber alcohol, tener una dieta equilibrada, cenar fuerte y muy tarde, desayunar todos los días, quemarse con el sol, ponerse protector solar, vestirse bien, evitar comida con mucha grasa*)

■ As you have already seen, you use the indicative mood to state what actually happens and the subjunctive mood to express a desire for something to happen or to express an opinion about something that does happen. The subjunctive is also used after the following expressions that make a subjective comment on whatever follows them. The **que** is often dropped from **Ojalá que.**

Es absurdo que . . .	**Es importante que . . .**
Es bueno / malo / mejor que . . .	**Es necesario que . . .**
Es común que . . .	**Es normal que . . .**
Es increíble (*incredible*) que . . .	**Es preferible que . . .**
Es triste que . . .	**Es urgente que . . .**
Es una lástima (*a shame*) que . . .	**Ojalá (que) . . . (*Let's hope that . . .*)**

Es importante que **vayas** al médico. — *It's important that you go to the doctor.*
Es una lástima que no **puedas** ir ahora. — *It's a shame you can't go now.*
¡Ojalá que el médico te **ayude**! — *Let's hope that the doctor helps you!*

■ With all of these expressions except **Ojalá (que)**, you may use an infinitive without the **que** to express a general opinion, rather than talk about specific individuals.

OPINION ABOUT SPECIFIC PEOPLE

Es mejor que los niños descansen. — *It's better for the children to rest.*

GENERAL OPINION

Es mejor descansar. — *It's better to rest.*

■ The **nosotros/as** and **vosotros/as** forms of stem-changing **-ar** and **-er** verbs have no stem change in the subjunctive. However, with stem-changing **-ir** verbs an **e** becomes **i** and an **o** becomes **u** in the **nosotros/as** and **vosotros/as** forms. The other forms have the same stem changes as in the present indicative.

	cerrar	**volver**	**sentir**	**dormir**
que yo	cierre	vuelva	sienta	duerma
que tú	cierres	vuelvas	sientas	duermas
que Ud., él, ella	cierre	vuelva	sienta	duerma
que nosotros/as	**cerremos**	**volvamos**	**sintamos**	**durmamos**
que vosotros/as	**cerréis**	**volváis**	**sintáis**	**durmáis**
que Uds., ellos/as	cierren	vuelvan	sientan	duerman

■ As with commands, there are spelling changes with verbs ending in **-car** (**c > qu**), **-gar** (**g > gu**), and **-zar** (**z > c**) in all forms of the subjunctive.

	buscar	**pagar**	**empezar**
Ud. command	busque	pague	empiece
que yo	busque	pague	empiece
que tú	busques	pagues	empieces
que Ud., él, ella	busque	pague	empiece
que nosotros/as	busquemos	paguemos	empecemos
que vosotros/as	busquéis	paguéis	empecéis
que Uds., ellos/as	busquen	paguen	empiecen

10-26 ▶ ¿Es bueno? ¿Qué le dirías a un amigo que te hace los siguientes comentarios? Utiliza una de las expresiones impersonales presentadas en la página anterior.

Modelo   Me siento deprimido con frecuencia.
Es una lástima que te sientas deprimido con frecuencia.

1. Duermo mal.
2. Practico un deporte con frecuencia para aliviar el estrés.
3. Juego al tenis todos los días para hacer un poco de ejercicio.
4. Pago un precio muy alto por fumar.
5. Empiezo a fumar un poco menos.
6. Busco una manera efectiva para dejar de fumar.
7. Tengo la presión arterial alta.
8. Siempre almuerzo en restaurantes de comida rápida.
9. Comienzo una dieta baja en grasa.

10-27 ▶ Cambios. Cambia las siguientes opiniones generales para describir a personas específicas. Pueden ser amigos, familiares o personas famosas.

Modelo   Es preferible dejar de fumar.
Es preferible que mi amiga Érica deje de fumar.
Es importante tener una dieta equilibrada.
Es importante que todos nosotros tengamos una dieta equilibrada.

1. Es mejor no beber demasiado alcohol.
2. Es necesario encontrar el amor.
3. Es una lástima no saber controlar las emociones.
4. Es triste estar solo.
5. Es importante aprender a controlar los impulsos.
6. Es bueno ser optimista.
7. Es malo sentirse deprimido todo el tiempo.
8. Es absurdo enojarse todo el tiempo.

10-28 ▶ En el hospital. En grupos, hagan oraciones para describir un hospital. Utilicen un elemento de cada columna y pongan los infinitivos en el subjuntivo.

Modelo   *Es importante que las habitaciones estén limpias.*
Es urgente que los pacientes reciban atención médica.

Es importante que	las habitaciones	recibir atención médica
Es necesario que	los médicos	ser amistosos / responsables / . . .
(No) Es preferible	los pacientes	tener paciencia / experiencia / . . .
Es mejor que	los enfermeros	saber escuchar / mucho sobre medicina
Es normal que	el hospital	estar limpio/a(s) / bien equipado/a(s)
		ser moderno/a(s) / agradable(s) / . . .
		. . .

10-29 ▶ Ojalá. Usa **ojalá** para expresar tres deseos relacionados con tus clases, tus relaciones con tus amigos o tu familia, tu futuro profesional o tu salud.

Modelo   *Ojalá que yo saque una "A" en la clase de español.*
Ojalá que mis padres me den más dinero pronto.

Follow-ups for 10-27.
• Tell students: *Mira la publicidad informativa sobre la diabetes que aparece en esta página y explica qué síntomas son comunes en los diabéticos. MODELO: Es común que los diabéticos tengan mucha sed.*
• Give students the following context: *Un amigo describe unas malas costumbres (habits) y unos problemas. Dile que es malo o absurdo lo que hace; luego dile lo que necesita hacer usando es necesario que o es importante que. MODELO: Siempre duermo en mis clases. > Es malo que duermas en las clases. Es importante que escuches al profesor. 1. Nunca hago mi tarea porque salgo con mis amigos todas las noches. 2. A veces no voy a clase porque me levanto demasiado tarde. 3. Este mes no tengo dinero para pagar el alquiler porque no tengo trabajo. 4. Me llevo mal con mi compañero de cuarto porque nunca lo ayudo a limpiar. 5. Mi compañero de cuarto se enoja conmigo si fumo cigarrillos en el apartamento. 6. Siempre tengo tos en la noche porque fumo demasiado. 7. Me pongo ropa sucia porque nunca tengo ropa limpia. 8. Hay cucarachas en la cocina porque dejo los platos sin lavar dos o tres días.*
• Give students the following context: *Eres médico/a y tu paciente tiene gripe. Utiliza una de las expresiones impersonales de la página anterior para contestar sus preguntas. MODELO: ¿Necesito comprar los medicamentos de la receta inmediatamente? > Sí, es preferible que los compre inmediatamente. 1. ¿Necesito dormir mucho? 2. ¿Debo tomar muchos líquidos? 3. ¿Puedo ir al partido de fútbol con mis amigos esta noche? 4. ¿Necesito quedarme en casa? 5. ¿Puedo ir al trabajo mañana? 6. ¿Puedo manejar después de tomar los medicamentos? 7. ¿Debo tomar las pastillas con algo de comida? 8. ¿Necesito pagarle ahora?*

Suggestion for 10-28.
Point out to students that the ellipsis (. . .) means that they may add other endings. Have each group come up with two or three additional sentences besides those listed.

📖 Gramática 2

SAM: 10-29
to 10-31

Expressing doubts: The subjunctive after verbs of doubt

■ The subjunctive is used after the following expressions of doubt and uncertainty, because they express situations that might not correspond to reality.

dudar que . . .	*to doubt that . . .*
no creer que . . .	*to not believe that . . .*
no estar seguro/a de que . . .	*to not be sure that . . .*
no es cierto que . . .	*it's not true that . . .*
no es verdad que . . .	*it's not true that . . .*
es posible / imposible que . . .	*it's possible / impossible that . . .*
es probable / improbable que . . .	*it's probable / improbable that . . .*

■ Although the conjunction *that* is optional in English, **que** is required in Spanish.

Dudo **que** tengas pulmonía.	*I doubt (that) you have pneumonia.*
Es posible **que** sea gripe.	*It's possible (that) it might be the flu.*

■ Since the following expressions indicate that the speaker considers his or her assumptions to be true, they take the indicative in affirmative statements. When these expressions are used in the negative, uncertainty is implied, and therefore they take the subjunctive.

creer que . . .	*to believe that . . .*
estar seguro/a de que . . .	*to be sure that . . .*
es cierto que . . .	*it's true that . . .*
es verdad que . . .	*it's true that . . .*

Creo que vienen mañana.	*I believe (that) they are coming tomorrow.*
No creo que vengan esta noche.	*I don't believe (that) they are coming tonight.*

■ Use either **quizás** or **tal vez** to say *maybe* or *perhaps*. The subjunctive is used after these expressions, unless the speaker feels quite sure that the assertion is true.

Quizás venga el médico.	*Perhaps the doctor might come.*
Tal vez sea mejor.	*Perhaps it might be better.*

10-30 ▶ ¿Qué tengo?   Completa la siguiente conversación entre un paciente y una doctora con la forma correcta de los verbos entre paréntesis.

EL PACIENTE: Dra. Láraga, me siento muy mal. Creo que (1) ___tengo___ (tener) pulmonía (*pneumonia*).

LA DOCTORA: No, dudo que (2) ___sea___ (ser) pulmonía. Quizás (3) ___sea___ (ser) gripe (*the flu*) porque hay una epidemia por toda la ciudad. ¿Qué síntomas tiene?

EL PACIENTE: Me duelen los oídos, la garganta y la cabeza; tengo tos y dolor muscular y no puedo respirar bien. A veces creo que me (4) ___voy___ (ir) a morir.

LA DOCTORA: Le entiendo, tiene los pulmones muy congestionados y además tiene 39 grados de temperatura. Quiero que (usted) (5) ___descanse___ (descansar) y que no (6) ___salga___ (salir) a la calle por unos días. Dudo que (usted) (7) ___pueda___ (poder) volver al trabajo esta semana. Le voy a recetar un antibiótico. ¿Es usted alérgico a algo?

EL PACIENTE: Sí, tengo alergia a la penicilina.

LA DOCTORA: Aquí tiene una receta para unas pastillas. Le recomiendo que (8) ___tome___ (tomar) muchos líquidos y que (9) ___guarde___ (guardar) cama.

10-31 ▶ Remedios caseros. Expresa tu opinión sobre los siguientes remedios caseros (*home remedies*) que se encuentran en Internet. Usa una de las expresiones de la lista.

Es cierto . . . Creo que . . . Es posible . . . No creo que . . . Dudo que . . .

Modelo   Es bueno para los resfriados y la bronquitis tomar limón con miel.
Es cierto que es bueno para los resfriados y la bronquitis tomar limón con miel. / No creo que sea bueno para los resfriados y la bronquitis tomar limón con miel.

1. El chocolate previene las caries (*cavities*) porque contiene flúor y fosfatos.
2. Una mezcla (*mixture*) de dos huevos crudos (*raw*) con un vaso de cognac es un remedio efectivo contra la ronquera (*hoarseness*).
3. La piel queda más suave (*soft*) si uno/a se lava la cara con leche por la mañana y por la noche antes de acostarse.
4. Poner una cebolla cortada por la mitad en la mesita de noche ayuda a combatir la tos y los resfriados.
5. Una mezcla de sábila (*aloe vera*) con miel es un buen remedio para las quemaduras y heridas (*burns and wounds*).
6. La mitad de una papa aplicada a una quemadura alivia el dolor.
7. Comer zanahorias te ayuda a broncearte (*to tan*).

Follow-up for 10-31.
Ask students: *¿Crees que son ciertas las siguientes ideas? Expresa tu opinión. MODELO: Las medicinas naturales son mejores que las recetas del médico. > Sí, es cierto que las medicinas naturales son mejores. / No, dudo que las medicinas naturales sean mejores. 1. Las medicinas nuevas son más efectivas que las viejas. 2. Siempre se debe aceptar la opinión del médico. 3. Necesitamos más hospitales en esta ciudad. 4. Los médicos ganan demasiado dinero. 5. Los médicos siempre saben cuál es el mejor tratamiento. 6. La aspirina ayuda a las personas con problemas de corazón. 7. Una copa de vino tinto todos los días ayuda a prevenir los problemas de corazón. 8. El médico siempre tiene la razón.*

10-32 ▶ Comparaciones culturales. Lee la siguiente información y luego expresa tu opinión sobre las afirmaciones que siguen. Usa las expresiones de la página anterior para dar tu opinión.

Follow-up for 10-32.
Give students the following context: *Haces un viaje a España con un/a amigo/a y ustedes hablan de lo que deben hacer si se enferman. ¿Crees que las siguientes oraciones describan correctamente la situación en España? MODELO: Hay tantos hospitales como aquí. > Estoy seguro/a de que hay tantos hospitales como aquí. / Dudo que haya tantos hospitales como aquí. 1. A veces los farmacéuticos (pharmacists) recetan medicinas. 2. Todos los médicos saben hablar inglés. 3. Se aceptan nuestros seguros (insurance) en los hospitales. 4. Muchos españoles no tienen seguro médico. 5. Hay asistencia médica pública para las personas en España. 6. Tienen hospitales muy modernos. 7. Hay muchas enfermedades tropicales en Madrid.*

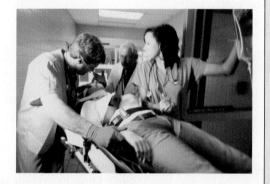

En la mayoría de los países de Latinoamérica, España y el Caribe los servicios de salud pública son un derecho garantizado a los ciudadanos del país y todas las personas tienen acceso universal al sistema de salud pública. Existen, como en Estados Unidos, planes privados de sanidad, pero la mayoría de los ciudadanos se acogen al (*opt for the*) sistema gratuito.

La atención médica pública en los países hispánicos está financiada por los trabajadores con contribuciones de su salario y, en su mayor parte, por el gobierno que sostiene la red (*supports the network*) de hospitales y ofrece recursos médicos y ayudas a la investigación.

Con frecuencia se oyen diferentes opiniones a favor o en contra de los sistemas de salud pública. Expresa tu opinión sobre las siguientes afirmaciones usando una expresión de la página anterior.

Sin un sistema de salud pública . . .

■ El 25% de las personas sin seguro (*insurance*) médico mueren prematuramente.
■ Las comunidades tienen que pagar cuando las personas sin seguro médico van a la sala de urgencias (*emergency room*).
■ Es más costoso porque hay menos programas de medicina preventiva.

Con un sistema de salud pública . . .

■ Los pacientes tienen que esperar más tiempo para ver al médico.
■ Hay menos acceso a los especialistas.
■ El gobierno controla el cuidado médico de los pacientes.

Vocabulario Unos especialistas

SAM: 10-32 to 10-34

Note for *¿Sabías que ...?*
See the IRM for source information relating to the statistical data presented.

CD 4
Track 10

¿Sabías que...?

En 1987 la Organización Mundial de la Salud (OMS) estableció el 31 de mayo como Día Mundial Sin Tabaco. El tabaquismo es la segunda causa de mortalidad en el mundo, y las campañas de la OMS como *Por una juventud libre de tabaco* se concentran en informar a los jóvenes de lo adictivo y perjudicial (*harmful*) que es fumar. Argentina, México y España son los países hispanos con un consumo más alto de tabaco: el 40% de la población argentina fuma, seis de cada diez adultos mayores de veinte años son fumadores en México, y un 23,7% de los españoles fuma regularmente. ¿Por qué crees que empiezan a fumar los jóvenes?

Suggestions for *Una conversación*.
• Have students listen to the conversation first with books closed for the answers to the following questions. 1. *¿Por qué está deprimida Petra? (Perdió su trabajo.)* 2. *¿Qué le recomienda Cristina que haga? (Le recomienda que vaya al médico.)* Then, have them read along in their books as they listen a second time.
• New vocabulary includes all boldfaced words as well as *el empleo* and *concentrarse*.

Possible answers for *¡A escuchar!* *Va a someterse a una cirugía plástica (un lifting facial). / Va a durar aproximadamente tres horas. / Le recomienda que evite mirarse al espejo.*

CD 4
Track 11

 CD 4, Track 12

¡A escuchar!

Escuchen otra conversación en la cual una paciente habla con un cirujano. ¿A qué tipo de cirugía va a someterse (*to undergo*)? ¿Cuánto tiempo va a durar la operación? ¿Qué recomienda el cirujano que la paciente evite?

Audioscript for *¡A escuchar!*
LA PACIENTE: *Doctor, ¿qué debería esperar de la operación? Es la primera vez que me someto a una cirugía plástica.*
EL CIRUJANO: *Un lifting facial es una operación bastante rutinaria. Vamos a quitar los excesos de piel causados por la reducción de peso y el envejecimiento. Normalmente la operación dura aproximadamente tres horas.*
LA PACIENTE: *¿Me va a doler mucho?*
EL CIRUJANO: *No mucho pero es bastante molesto. Es normal que la cara esté muy hinchada después. Le recomiendo que evite mirarse al espejo por una semana después de la cirugía.*
LA PACIENTE: *¿Cuándo podré ver los resultados?*
EL CIRUJANO: *Normalmente después de dos semanas.*

304

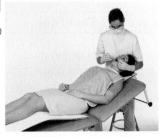

el/la dentista
la revisión dental

el/la cirujano/a
la sala de urgencias
la cirugía (plástica)
una operación
ser operado/a
una radiografía

el/la obstetra
el embarazo
estar embarazada
el cuidado prenatal

el/la terapeuta
el/la psiquiatra
la terapia de grupo

Una conversación. Lee la siguiente conversación en la cual Petra le habla a su amiga Cristina sobre su depresión.

CRISTINA: **Te veo** muy triste. ¡Vamos al lago para **levantarte el ánimo**!
PETRA: No, no tengo ganas de ir al lago.
CRISTINA: ¿Qué te pasa? ¡Te encanta ir al lago!
PETRA: Sabes que perdí mi trabajo y . . . bueno, no tengo ganas de hacer nada. Estoy buscando otro empleo pero no puedo concentrarme. A veces quiero pasar todo el día en la cama.
CRISTINA: Escucha. Es normal estar deprimida después de perder el trabajo, pero si no tienes ganas de hacer nada, **más vale que** vayas al médico. Si no, puedes **desarrollar** una depresión **profunda**.
PETRA: Tal vez tengas razón. Voy a pedir **una cita**.

10-33 ▶ **¿Quién habla?** ¿Qué especialista diría las siguientes cosas?

Modelo   Es importante que se lave los dientes después de cada comida.
          un dentista

1. Cuénteme, ¿cuándo empezó a sentirse deprimido? *un/a psiquiatra / un/a terapeuta*
2. Le podré decir si es niño o niña la próxima vez. *un/a obstetra*
3. Es importante hacerse una limpieza dental cada seis meses. *un/a dentista*
4. La operación va a durar entre tres y cinco horas. *un/a cirujano/a*
5. Este diente se va romper. Tendré que ponerle una corona. *un/a dentista*

Te veo . . . *You look . . . to me.*   **levantarle el ánimo a alguien** *to cheer someone up, to lift someone's spirits*   **más vale que . . .** *you had better . . .*   **desarrollar** *to develop*   **profundo/a** *deep*   **una cita** *an appointment*

10-34 ▶ Cuídese usted y cuide a su bebé. Lean la siguiente información para las mujeres embarazadas que fuman. Luego, en grupos, preparen una lista de los posibles efectos del consumo de tabaco durante el embarazo y den recomendaciones para una amiga embarazada que desea dejar de fumar.

Modelo   *Si fumas durante el embarazo, es posible que tu bebé nazca prematuro.*
Si tienes ganas de fumar, te recomiendo que salgas a caminar.

Cuídese usted y cuide a su bebé.

La salud de su bebé comienza por usted. Aléjese de todo aquello que pueda perjudicarlos a los dos . . . como fumar.

Si usted fuma durante el embarazo, su bebé:

- Puede nacer prematuramente o demasiado pequeño.
- Puede tener problemas de comportamiento[1] y de aprendizaje[2] durante su niñez.
- Tiene un alto riesgo[3] de morir del síndrome de la muerte súbita infantil. Esta enfermedad causa que un bebé que aparentemente está saludable muera sin ninguna indicación previa.
- Puede desarrollar asma u otros problemas respiratorios.

Cuando se sienta con deseos de fumar, haga lo siguiente:

- Cepíllese[4] los dientes.
- Salga a caminar.
- Llame a un amigo o a una amiga.
- Tome agua o jugo de fruta.
- Mastique chicle[5] sin azúcar o coma una zanahoria.
- Respire profundamente, exhalando lentamente.
- Lea una lista de razones para dejar de fumar.
- Busque cosas que pueda hacer con las manos para evitar la necesidad de sostener[6] un cigarrillo.
- Dígase a sí misma "Yo puedo dejar de fumar".

[1]*behavior* [2]*learning* [3]*risk* [4]*brush* [5]*chew gum* [6]*to hold*

Supplemental activity.
Give students the following descriptions and have them give the new vocabulary word they describe. You may wish to write the answers (given in parentheses) on the board in a random order. Ask: *¿Qué es?* 1. *el período de nueve meses después de la concepción (el embarazo)* 2. *el humor de una persona (el ánimo)* 3. *el día, la hora y el lugar para encontrarse (la cita)* 4. *el tratamiento de enfermedades con una operación (la cirugía)* 5. *un doctor que trata las enfermedades de los dientes (un dentista)* 6. *una sala de emergencias (una sala de urgencias)* 7. *un tratamiento (una terapia)*

Suggestion for 10-34.
Point out that *nacer* and other verbs that have infinitives ending with *-cer* are conjugated like *conocer*.

10-35 ▶ Comparaciones culturales. La Organización Mundial de la Salud y la Organización Panamericana de la Salud apoyan (*support*) la preservación de las medicinas y las prácticas tradicionales de los pueblos indígenas de países como Ecuador y Perú, entre otros. Lean la información y compartan sus opiniones en respuesta a las preguntas.

- La medicina tradicional es una práctica extendida entre las poblaciones indígenas de Latinoamérica. Pero con la migración a las ciudades o a los países con recursos médicos más modernos, estas prácticas tradicionales se están perdiendo. ¿Crees que es importante que las poblaciones indígenas preserven sus tradiciones médicas? ¿Por qué?
- En Ecuador, la figura del yachak o curandero (*healer*) es prominente en zonas rurales. La gente confía en los remedios del yachak y en sus conocimientos de las hierbas como métodos de curación. ¿Están muy extendidas las prácticas homeopáticas en Estados Unidos? ¿Confiarías en las técnicas de un curandero?
- Una práctica tradicional indígena es dar a luz (*to give birth*) en casa y hacerlo en posición vertical. El Ministerio de Salud de Perú explicó que los partos (*childbirths*) verticales, donde la mujer tiene a su hijo de pie o sentada, pueden ser más saludables para las mujeres y para el bebé. ¿Crees que la medicina moderna puede aprender técnicas de la medicina tradicional? ¿Crees que es posible encontrar un término medio (*middle ground*) entre la medicina tradicional y la medicina moderna?

Resumen de gramática

SAM: 10-35
to 10-39

Reflexive verbs

- Many verbs used to talk about health-care are reflexive. The definite article is generally used instead of the possessive adjective with the name of a part of the body after reflexive verbs.

- The reflexive verb **caerse** (*to fall*) has an irregular **yo** form in the present indicative and is like **leer** in the preterit.

Me corté **el** dedo.   *I cut my finger.*

		Present	Preterit
yo		me caigo	me caí
tú		te caes	te caíste
Ud., él, ella		se cae	se cayó
nosotros/as		nos caemos	nos caímos
vosotros/as		os caéis	os caísteis
Uds., ellos/as		se caen	se cayeron

Usted and ustedes commands

- Use the imperative (command form) of the verb to tell someone what to do. Command forms for **usted** and **ustedes** are the same as the subjunctive forms shown on the next page. Using the pronoun **usted** or **ustedes** after the verb is optional in commands.

Deje (Ud.) sus cosas aquí.   *Leave your things here.*
Cierre (Ud.) la puerta, por favor.   *Close the door, please.*
Vengan (Uds.) por acá, por favor.   *Come this way, please.*
No **sean** (Uds.) tímidos.   *Don't be shy.*

Tú commands

- The form of commands for **tú** depends on whether they are affirmative or negative. Negative commands are the same as the **tú** form of the subjunctive.

- For most verbs, affirmative **tú** commands look like the present indicative **él/ella** form. A few verbs have irregular **tú** form commands.

¡**No hables** tan alto!   *Don't talk so loud!*
¡**No abras** la ventana!   *Don't open the window!*
¡**No vengas** mañana!   *Don't come tomorrow!*
¡**No tengas** miedo!   *Don't be afraid!*

¡**Habla** claramente!   *Speak clearly!*
¡**Abre** la puerta!   *Open the door!*

IRREGULAR AFFIRMATIVE **TÚ** COMMANDS

dar	**da**	ir	**ve**	ser	**sé**
decir	**di**	poner	**pon**	tener	**ten**
hacer	**haz**	salir	**sal**	venir	**ven**

¡**Ven** conmigo!   *Come with me!*

Nosotros commands

- You may use the **nosotros** form of the subjunctive to say *Let's* + verb, but **vamos a** + infinitive is usually used instead.

¡Vamos a hablar más tarde!   *Let's talk later!*
¡Vamos a salir a las siete!   *Let's leave at seven!*

Object and reflexive pronouns with commands

- Attach direct object, indirect object, and reflexive / reciprocal pronouns to the end of affirmative commands, and place an accent mark on the stressed vowel of multisyllable verbs. Place these pronouns before the verb in negative commands.

AFFIRMATIVE

¡Dígan**me** la verdad!   *Tell me the truth!*
¡Pon**te** ropa limpia!   *Put on clean clothes!*

NEGATIVE

¡No **me** digan mentiras!   *Don't tell me lies!*
¡No **te** pongas ropa sucia!   *Don't put on dirty clothes!*

The subjunctive

■ The subjunctive form of the verb is used to express opinions about what might or should happen, rather than describing what is considered to be reality. The subjunctive is used in the subordinate clause of a sentence when the main clause expresses a wish, emotion, doubt, or attitude about what might or might not happen. Use the infinitive instead of the subjunctive when the subjects have feelings about what they might do themselves or with impersonal expressions to describe general opinions. See p. 296 for a list of verbs describing feelings and desires, p. 302 for a list verbs indicating doubt, and p. 300 for a list of impersonal expressions that are followed by the subjunctive.

■ For most non-stem-changing verbs, the subjunctive stem is the same as the present indicative **yo** form without the final **-o**. Subjunctive endings for **-ar** verbs have the vowel **e**, and **-er** and **-ir** verbs have the vowel **a**.

■ Stem-changing **-ar** and **-er** verbs have the same stem changes as in the present indicative. However, for stem-changing **-ir** verbs, an **e** becomes **i** and an **o** becomes **u** in the **nosotros/as** and **vosotros/as** forms. The other forms of **-ir** verbs have the same stem changes as in the present indicative.

■ There are spelling changes with verbs ending in **-car (c > qu)**, **-gar (g > gu)**, and **-zar (z > c)** in all forms of the subjunctive.

■ The subjunctive of **hay** is **haya**. **Ser, estar, ir, saber,** and **dar** are also irregular in the subjunctive. Note the accent marks on **dar** and **estar**.

FEELINGS ABOUT THEMSELVES OR GENERAL OPINIONS

No quiero ir.	I don't want to go.
Es importante hacerlo.	It's important to do it.

FEELINGS ABOUT OTHER PEOPLE

No quiero que vayas.	I don't want you to go.
Es importante que lo hagas.	It's important for you to do it.

	hablar	comer	vivir
yo form without **-o**	habl-	com-	viv-
que yo	hable	coma	viva
que tú	hables	comas	vivas
que Ud., él, ella	hable	coma	viva
que nosotros/as	hablemos	comamos	vivamos
que vosotros/as	habléis	comáis	viváis
que Uds., ellos/as	hablen	coman	vivan

	hacer	tener	venir
yo form without **-o**	hag-	teng-	veng-
que yo	haga	tenga	venga
que tú	hagas	tengas	vengas
que Ud., él, ella	haga	tenga	venga
que nosotros/as	hagamos	tengamos	vengamos
que vosotros/as	hagáis	tengáis	vengáis
que Uds., ellos/as	hagan	tengan	vengan

	cerrar	volver	sentir	dormir
que yo	cierre	vuelva	sienta	duerma
que tú	cierres	vuelvas	sientas	duermas
que Ud., él, ella	cierre	vuelva	sienta	duerma
que nosotros/as	cerremos	volvamos	sintamos	durmamos
que vosotros/as	cerréis	volváis	sintáis	durmáis
que Uds., ellos/as	cierren	vuelvan	sientan	duerman

	buscar	pagar	empezar
que yo	busque	pague	empiece
que tú	busques	pagues	empieces
que Ud., él, ella	busque	pague	empiece
que nosotros/as	busquemos	paguemos	empecemos
que vosotros/as	busquéis	paguéis	empecéis
que Uds., ellos/as	busquen	paguen	empiecen

	ser	estar	ir	saber	dar
que yo	sea	esté	vaya	sepa	dé
que tú	seas	estés	vayas	sepas	des
que Ud., él, ella	sea	esté	vaya	sepa	dé
que nosotros/as	seamos	estemos	vayamos	sepamos	demos
que vosotros/as	seáis	estéis	vayáis	sepáis	deis
que Uds., ellos/as	sean	estén	vayan	sepan	den

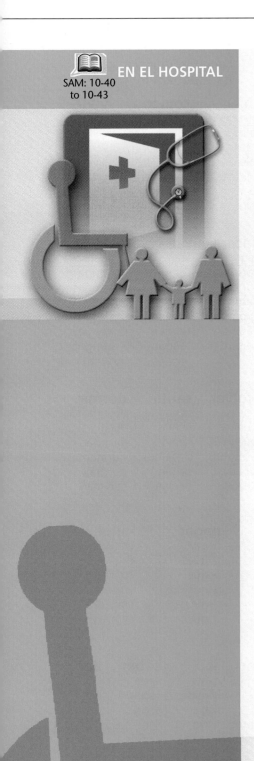

EN EL HOSPITAL
SAM: 10-40
to 10-43

En este capítulo, aprendiste a hablar de las enfermedades y del cuidado médico. Ahora vas a repasar lo que aprendiste con una simulación de la vida real trabajando en un hospital.

10-36 ► Antes de una cirugía. Dale instrucciones a un paciente que se va a someter (*undergo*) a una cirugía. Completa las instrucciones con el verbo lógico de la lista en la forma **usted.**

acostarse	bañarse	*comer*	comunicarse	dejar	maquillarse	traer

Modelo   Es importante que no *coma* la noche anterior. Debe estar en ayunas (*fasting*).

1. Es preferible que ____*deje*____ los artículos de valor como las joyas (*jewels*) en casa.
2. Es importante que ____*traiga*____ suficiente ropa al hospital para varios días.
3. Es mejor que ____*se bañe*____ la mañana de la cirugía y que se limpie bien todo el cuerpo.
4. Le pedimos que no ____*se maquille*____ la cara el día de la cirugía.
5. La noche anterior, le recomendamos que ____*se acueste*____ temprano para dormir lo suficiente.
6. Es importante que ____*se comunique*____ con el doctor si tiene alguna pregunta.

10-37 ► ¡Repitamos las instrucciones! Repite las instrucciones de la actividad anterior usando mandatos en la forma **usted.** Presta atención a la posición de los pronombres reflexivos en algunas oraciones.

Modelo   *Por favor, no coma la noche anterior. Debe estar en ayunas.*

10-38 ► En la sala de urgencias. Un niño pequeño acaba de llegar a la sala de urgencias con un brazo roto (*broken*). Usando mandatos en la forma **tú,** dile que haga una de las cosas indicadas y que no haga la otra.

Modelo   tener valor (*courage*) / tener miedo
            Ten valor. / No tengas miedo.

1. estar nervioso / quedarse tranquilo
2. acostarse en la cama / acostarse del lado del brazo
3. decirme si te duele / ser tímido
4. respirar normalmente / llorar tanto
5. jugar con el brazo roto / mantenerlo inmóvil
6. tener cuidado / tener otro accidente

10-39 ► Tratamientos ¿Qué le dice un médico a un paciente? Sugiere las siguientes cosas en el orden lógico usando **vamos a** + (infinitivo) para decir *Let's. . . .*

Modelo   hablar de los resultados mañana / hacer unas pruebas de sangre
            Primero vamos a hacer unas pruebas de sangre y luego vamos a hablar de los resultados mañana.

1. hablar de todos los tratamientos disponibles / decidir cuál es el mejor para usted
2. tratar la enfermedad con medicamentos / optar por la cirugía si eso no funciona
3. cambiar la dosis si es necesario / empezar con una dosis menos fuerte
4. volver a evaluar los resultados / probar este tratamiento unos meses
5. ser optimistas / ver si este tratamiento funciona

10-40 ▸ Psiquiatría. El Sr. Ochoa habla con un psicólogo de la depresión de su madre. Completa la conversación con la forma correcta del subjuntivo o del indicativo de los verbos indicados.

EL DOCTOR: Su madre (1) ___tiene___ (tener) síntomas de depresión. Por ahora, no es necesario que (ella) (2) ___tome___ (tomar) antidepresivos. Es normal que (ella) (3) ___se sienta___ (sentirse) así después de la muerte de su esposo.

EL SR. OCHOA: ¡Imagínese! Estuvieron casados cincuenta años y ahora (ella) (4) ___está___ (estar) sola en la casa.

EL DOCTOR: No es bueno que (ella) (5) ___viva___ (vivir) sola. ¿Es posible que le (6) ___haga___ (hacer) compañía alguien?

EL SR. OCHOA: Voy a pedirle a mi hermana que (7) ___se quede___ (quedarse) con ella.

EL DOCTOR: Muy bien. Es muy importante que su hermana le (8) ___prepare___ (preparar) la comida y que la (9) ___obligue___ (obligar) a comer. Recomiendo que ustedes (10) ___organicen___ (organizar) actividades con la familia. Es importante que su madre (11) ___salga___ (salir) con frecuencia.

EL SR. OCHOA: Espero que (12) ___vuelva___ (volver) pronto a ser como antes.

EL DOCTOR: Dudo que (13) ___sea___ (ser) una depresión prolongada, pero creo que su madre (14) ___necesita___ (necesitar) terapia psicológica. En el hospital (nosotros) (15) ___tenemos___ (tener) un grupo de apoyo (*support*) para viudas (*widows*). Quiero que su madre (16) ___asista___ (asistir) una vez por semana.

EL SR. OCHOA: Claro. Le voy a pedir a mi hermana que la (17) ___lleve___ (llevar).

¡Hola! Entre profesionales

Whether you work as a medical care professional where you live or you fall ill while traveling in a Spanish-speaking country, you will need to be able to talk about illnesses and healthcare. Visit MySpanishLab for *Hoy día* to find more useful vocabulary, information, and activities such as the following.

Más enfermedades. ¿Qué parte(s) del cuerpo asocias más con las siguientes enfermedades?

Modelo   el infarto (= el ataque cardíaco)
          el corazón

1. las paperas (*mumps*)
2. la varicela (*chicken pox*)
3. el virus estomacal
4. el asma
5. las cataratas
6. la pulmonía (*pneumonia*)
7. el eczema
8. el derrame cerebral (= la apoplejía) (*stroke*)
9. la jaqueca (= la migraña)
10. la fiebre del heno (*hay fever*)
11. el sarampión (*measles*)
12. la artritis

309

Para vivir 100 años . . .

SAM: 10-44
to 10-46

Antes de leer

¿Mantienes una dieta equilibrada? ¿Haces ejercicio con regularidad? ¿Cuántas horas duermes generalmente al día? ¿Qué síntomas de fatiga tienes si no duermes las horas necesarias? ¿Qué te produce estrés? ¿Es difícil para ti relajarte y desconectar de tus obligaciones? ¿Pasas mucho tiempo solo/a?

> ▶ **Reading Strategy** *Sorting and grouping ideas.* When reading in a foreign language, it is often useful to identify the main thematic threads in a text, and sort the specific ideas in certain categories that correspond to those topics. This will help you assimilate the content of a text by showing how its different elements are connected.

Ahora tú

Answers for 10-41.
Los hábitos alimenticios: 1, 2, 3; El bienestar físico: 4, 5, 7, 8, 11, 12, 13, 14, 15, 16, 17, 20; El bienestar mental: 6, 9, 10, 18, 19.

10-41 ▶ **Categorías temáticas.** Agrupa (*Group*) las ideas presentadas en la lectura *Para vivir 100 años . . .* según se refieran a las categorías **los hábitos alimenticios, el bienestar (*well-being*) físico** o **el bienestar mental.**

Para vivir 100 años...

Encuentre aquí algunos consejos para su salud que le ayudarán a llevar una vida mejor y más larga.

1. Mantenga una dieta rica en frutas y verduras.
2. Limite su consumo de carnes rojas.
3. Beba al menos un litro de agua al día.
4. Duerma las horas que necesite.
5. Duerma en un colchón[1] duro para cuidar la espalda.
6. Tenga siempre un libro para leer por la noche.
7. Cuando respire, haga siempre inhalaciones profundas.
8. Camine un poco todos los días.
9. Manténgase en contacto directo con la naturaleza.
10. Medite unos 15 minutos todos los días.
11. Hágase un chequeo médico por lo menos una vez cada dos años, aunque[2] se sienta bien.
12. Pruebe las hierbas y los remedios naturales.
13. Báñese con un jabón suave[3] para proteger la piel.
14. Reciba un buen masaje de vez en cuando.
15. Si toma el sol, escoja[4] las horas cuando el sol es menos fuerte.
16. Maneje siempre con precaución.
17. Póngase el cinturón de seguridad[5] cuando maneje.
18. No pase demasiado tiempo solo/a, y reúnase con frecuencia con sus viejos amigos.
19. Si vive solo/a, piense en tener una mascota. Es una buena compañía.
20. Si fuma, deje de hacerlo.

[1]*mattress* [2]*even if* [3]*gentle soap* [4]*choose* [5]*seat belt*

Después de leer

10-42 ► En tu vida diaria. ¿Cuáles de los consejos de la lectura *Para vivir 100 años . . .* ya sigues en tu rutina diaria? Indica también otros que necesitas seguir.

Modelo   *Ya tengo una dieta rica en frutas y verduras.*
          Necesito dejar de fumar.

10-43 ► Consejos de amigo. Una amiga te habla de sus hábitos de vida. Indica qué consejos le darías basándote en el artículo *Para vivir 100 años. . . .* Utiliza los mandatos en la forma **tú.**

Modelo   Me gusta tomar el sol.
          Escoge las horas cuando el sol es menos fuerte.

1. Me encanta comer carne roja.
2. Tomo mucho café durante el día, pero no mucha agua.
3. Fumo un paquete de cigarrillos al día.
4. Trabajo mucho y nunca duermo más de cinco horas.
5. Nunca voy al médico.
6. Generalmente no llevo el cinturón de seguridad en el coche.
7. Prefiero pasar los fines de semana sola.
8. No creo en la medicina tradicional ni en los remedios naturales.

Recycle: *Tú* and *usted* commands
Activities 10-43 and 10-45 recycle *tú* and *usted* commands from *Temas 1* and *2.*

Possible answers for 10-43.
1. *Limita tu consumo de carne roja.;* 2. *Bebe al menos un litro de agua al día.;* 3. *Deja de fumar.;* 4. *No trabajes tanto y duerme las horas que necesites.;* 5. *Hazte un chequeo médico por lo menos una vez cada dos años.;* 6. *Póntelo cuando manejes.;* 7. *No pases demasiado tiempo sola y reúnete con frecuencia con tus amigos.;* 8. *Prueba las hierbas y los remedios naturales.*

10-44 ► Insisto. De los consejos que aparecen en la lectura *Para vivir 100 años . . .* indica cuáles deberían seguir tus amigos y familiares. Utiliza los verbos de la lista y una cláusula de subjuntivo.

desear   esperar   insistir (en)   preferir   querer

Modelo   *Espero que mi compañero de cuarto no tome tanto el sol.*
          Insisto en que mi padre camine más.

10-45 ► ¿Qué más se puede hacer? En grupos de tres, preparen cinco sugerencias más para añadir (*to add*) a la lista de consejos de la lectura *Para vivir 100 años . . .* usando mandatos en la forma **usted.**

Modelo   *Elimine el estrés.*
          Limite el consumo de grasas y azúcar.

Recycle: The subjunctive after verbs expressing desires
Activity 10-44 recycles the use of the subjunctive after verbs expressing desires from *Tema 3.*

📖 Mente sana, cuerpo sano

SAM: 10-47 to 10-49

Antes de ver

En el video, Teresa Cuadra, médica de familia en el Centro Comunitario Betances, se dedica a transmitir información y ayudar a la comunidad hispana en materia de salud. Edith Quiñones, trabajadora social del mismo centro, habla de su ayuda a la comunidad hispana en cuestiones de violencia doméstica.

10-46 ▶ Reflexiones. ¿Hay centros médicos comunitarios en tu ciudad? ¿Qué servicios ofrecen? ¿Crees que es importante que estos centros comunitarios existan en Estados Unidos? ¿Por qué?

> ▶ **Listening Strategy** *Inferring meaning from speakers' interaction.* The communicative context in which a conversation takes place and the behavior of the speakers offer useful clues about the information being conveyed. What kind of topics do you expect to be discussed in a conversation between a doctor and a patient?

Ahora tú

🎬 **10-47 ▶ En la consulta.** Observa la foto de la Doctora Cuadra con una paciente e imagina una conversación entre las dos.

Modelo — *Buenos días, doctora. ¿Cómo está?*
— *¿Qué tal? ¡Qué gusto verla, Marta! ¿En qué la puedo servir?*

Después de ver

10-48 ▶ ¿Quién es quién? Lee la siguiente información y determina a quién se refiere, a Teresa Cuadra, a Edith Quiñones o a las dos.

	Teresa Cuadra	Edith Quiñones	las dos
1. Soy de origen nicaragüense, nacida en San Francisco.	❏	❏	❏
2. Soy colombiana, de Cali.	❏	❏	❏
3. Trabajo en el Centro Comunitario Betances.	❏	❏	❏
4. Quería trabajar con la comunidad latina y con gente de pocos recursos económicos.	❏	❏	❏
5. Me dedico al trabajo social.	❏	❏	❏
6. Era estudiante en la Universidad de Nueva York.	❏	❏	❏
7. Trabajo con personas que necesitan apoyo emocional.	❏	❏	❏
8. Hablo con las familias sobre la importancia de tener buenos hábitos de salud.	❏	❏	❏

Answers for 10-48.
1. *Teresa Cuadra;* 2. *Edith Quiñones;* 3. *las dos;* 4. *Teresa Cuadra;* 5. *Edith Quiñones;* 6. *Teresa Cuadra;* 7. *Edith Quiñones;* 8. *Teresa Cuadra*

Answers for 10-49.
1. *que hagan el trabajo de corazón;* 2. *que se diviertan;* 3. *que ayuden a otras personas y a ellos mismos*

10-49 ▶ A los jóvenes les diría . . . Escucha con atención los consejos que Edith les da a los jóvenes universitarios que desean hacerse trabajadores sociales. Escribe tres consejos que les da. Presta atención al uso del subjuntivo.

Modelo Edith les recomienda a los jóvenes que *conozcan la cultura del paciente.*

Una campaña de concientización pública

AM: 10-50
to 10-51

Antes de escribir

Imagina que trabajas como voluntario/a para la agencia de salud pública de tu ciudad y tienes que participar en el diseño de una campaña contra el estrés para concienciar (*make aware*) al público en general de la necesidad de vivir una vida más tranquila, sin tanto estrés.

> ▶ **Writing strategy** *Designing a public awareness campaign.* A successful public awareness campaign draws people's attention to a specific social problem, and ultimately impacts their attitudes and perceptions about it. Consider the following steps when developing such a campaign: describing the social issue, establishing the objective of the campaign, determining the target audience, planning the event and the activities to promote awareness, and creating a slogan that reflects the essence of the campaign.

10-50 ▶ ¡Prepárate! Antes de empezar a escribir, comienza con una reflexión sobre los factores más importantes que causan estrés en nuestra sociedad y ordena los factores según su orden de importancia.

Ahora tú

10-51 ▶ Tu campaña. Prepara ahora tu campaña siguiendo los siguientes pasos:

Paso 1. Describe el objetivo de la campaña y el público.
Paso 2. Escribe ocho consejos para una vida sin estrés.
Paso 3. Indica actividades para combatir el estrés que se puedan hacer en tu ciudad.
Paso 4. Crea un eslogan atractivo para tu campaña.

Después de escribir

 10-52 ▶ ¡Edita! Intercambia (*Exchange*) tu campaña con un/a compañero/a y revisa su texto. ¿Aparece toda la información relevante? Piensa en sugerencias para mejorar la gramática y la organización del texto.

10-53 ▶ ¡Revisa! Revisa tu campaña y asegúrate (*make sure*) que contenga los siguientes elementos:

❑ vocabulario relacionado con una vida sana
❑ verbos para hablar de la salud
❑ el subjuntivo para influir sobre los demás
❑ el subjuntivo en estructuras impersonales

10-54 ▶ ¡Navega! Visita la página web de *Hoy día* para ver enlaces a otras campañas de concientización pública. ¿Incluyen elementos similares? ¿Te parecen suficientemente informativas? ¿Qué te llama la atención de estas campañas?

10 Vocabulario

El cuerpo

la boca	mouth
el brazo	arm
la cabeza	head
la cara	face
el corazón	heart
el cuello	neck
el cuerpo	body
los dedos	fingers
la espalda	back
el estómago	stomach
el hueso	bone
la mano	hand
la nariz	nose
la oreja	ear
el pecho	chest
el pie	foot
la piel	skin
la pierna	leg
la rodilla	knee

Los accidentes y la salud

caerse (yo me caigo)	to fall
cortar(se)	to cut (yourself)
cuidar(se)	to take care of (yourself)
enfermarse	to get sick
lastimar(se)	to hurt (yourself)
preocupar(se)	to worry
quemar(se)	to burn (yourself)
resfriarse	to catch a cold
romper(se) (el brazo . . .)	to break (your arm . . .)

Otras palabras y expresiones

manejar	to drive
las muletas	crutches
tanto	so much
ya no	no longer, not any more

Los síntomas y los medicamentos

la alergia	allergy
los antibióticos	antibiotics
la aspirina	aspirin
el catarro	cold
el dolor	pain, ache
la fiebre	fever
la garganta	throat
el oído	inner ear
el/la paciente	patient
la pastilla	tablet, pill
la presión arterial	blood pressure
el síntoma	symptom
la temperatura	temperature
la tos	cough

Acciones de los pacientes y los médicos

estornudar	to sneeze
examinar	to examine
guardar cama	to stay in bed
ponerle una inyección a alguien	to give someone a shot
recetar	to prescribe
respirar	to breathe
toser	to cough
vomitar	to vomit, to throw up

Acciones para influir

aconsejar	to advise
esperar	to hope
insistir (en)	to insist (on)
permitir	to permit, to allow
prohibir	to prohibit, to forbid
sugerir (ie, i)	to suggest

Estados físicos

congestionado/a	congested
grave	serious, grave
hinchado/a	swollen
infectado/a	infected
mareado/a	dizzy, queasy
resfriado/a	chilled, with a cold

El cuerpo

el cerebro	*brain*
los pulmones	*lungs*
la sangre	*blood*

Las enfermedades

la artritis	*arthritis*
el colesterol	*cholesterol*
la congestión	*congestion*
la diabetes	*diabetes*
el estado físico / mental	*physical / mental state*
la medicina preventiva	*preventive medicine*

La depresión

la depresión	*depression*
la desesperanza	*despair*
la dificultad	*difficulty*
el estrés	*stress*
la falta de concentración / de interés	*lack of concentration / of interest*
el insomnio	*insomnia*
la irritabilidad	*irritability*
la tristeza	*sadness*

Acciones

aliviar	*to alleviate, to relieve*
caminar	*to walk*
comenzar (ie)	*to begin, to start*
controlar	*to control*
influir (en)	*to influence*
mantener(se)	*to keep (yourself)*
tener cuidado	*to be careful*
tomar una decisión	*to make a decision*

Otras palabras y expresiones

con regularidad	*regularly*
dolorido/a	*sore*
en forma	*in shape*
la fuerza	*strength, force*
quizás	*perhaps, maybe*
tal vez	*perhaps, maybe*

For a list of impersonal expressions, see page 300.
For a list of expressions of doubt and uncertainty, see page 302.

Los tratamientos y los especialistas

la cirugía	*surgery*
el/la cirujano/a	*surgeon*
la cita	*appointment*
el cuidado prenatal	*prenatal care*
el/la dentista	*dentist*
el embarazo	*pregnancy*
el/la obstetra	*obstetrician*
la operación	*operation*
el/la psiquiatra	*psychiatrist*
la radiografía	*X-ray*
la revisión dental	*dental check-up*
la sala de urgencias	*emergency room*
el/la terapeuta	*therapist*
la terapia de grupo	*group therapy*

Expresiones verbales

concentrarse	*to concentrate*
desarrollar	*to develop*
estar embarazada	*to be pregnant*
levantarle el ánimo a alguien	*to lift someone's spirits, to cheer someone up*
ser operado/a	*to be operated on, to have an operation*

Otras palabras y expresiones

el empleo	*employment*
más vale que . . .	*one had better . . .*
profundo/a	*deep*
¿Qué te pasa?	*What's wrong with you?*
Te veo	*You look . . . to me.*

▶ Visit MySpanishLab for *Hoy día* for links to the mnemonic dictionary online for suggestions such as the following to help you remember vocabulary from this chapter, learn related words in Spanish, and use Spanish words to build your vocabulary in English.

EXAMPLES

la mano, *hand:* In English, a *man*icure *is* a treatment for the hand, *man*ual labor is work that is done by hand, and if you can *man*age something you can *hand*le it. Other English words derived from the same word as **mano** include *to man*ipulate and *to man*euver, which originally referred to controlling something with your hands, and *to main*tain, which originally meant to have in your hand. Related words in Spanish: **la manicura,** *manicure;* **manual,** *manual;* **manejar,** *to manage, to handle, to drive*

el brazo, *arm:* If you *em*brace people, you hold them in your arms and a *brace*let is an adornment for the arm. Related words in Spanish: **abrazar,** *to hug;* **un abrazo,** *a hug;* **una brazada,** *a stroke (in swimming)*

11 En el trabajo

En este capítulo vas a aprender a hablar de los trabajos y empleos.

La Universidad Nacional de la Plata en Argentina realizó un estudio sobre las características más buscadas en un perfil profesional. Lee los resultados y comparte tus opiniones.

Demostrar una actitud positiva en el trabajo, una buena capacidad de adaptación y tolerancia al estrés parece ser más valorado que tener un expediente académico destacado (*outstanding transcript*).

▶ ¿Qué situaciones en el trabajo pueden causar estrés?

▶ ¿Crees que un buen expediente garantiza que el candidato pueda hacer bien su trabajo?

La habilidad de realizar varias tareas (*tasks*) al mismo tiempo es muy apreciada también por los futuros empleadores. Se busca que los candidatos puedan desempeñar (*perform*) distintas funciones simultáneamente en sus trabajos.

▶ ¿Qué opinas de esta afirmación? ¿Crees que la situación es similar en Estados Unidos?

▶ ¿Eres bueno/a para completar distintas tareas al mismo tiempo?

Muchas compañías nacionales hacen negocios a nivel (*level*) global y es muy importante que los candidatos demuestren un buen nivel de conocimientos de inglés.

▶ ¿Crees que es necesario hablar otras lenguas si buscas trabajo en Estados Unidos? ¿Por qué sí o por qué no?

Suggestion for chapter opener.
As students answer the questions in the culture note, you may wish to guide them with questions such as the following: *¿Recuerdas cuál fue tu primer trabajo? ¿Te gustaba tu trabajo? ¿Te sentías a veces estresado/a? ¿Cuáles crees que son algunos de los trabajos con más oportunidades profesionales hoy? ¿Qué características crees que se buscan especialmente en el mercado de trabajo actual? ¿Crees que es importante hablar otras lenguas y manejar bien la tecnología para encontrar un buen trabajo?*

Note for statistical data.
See the IRM for source information relating to the statistical data presented.

📖 Vocabulario   Un currículum vitae

SAM: 11-1
to 11-4

🔊 CD 4 Track 28

¿Qué harás cuando te gradúes de la universidad? ¿Buscarás empleo? ¿Qué información hay en tu **currículum vitae**? ¿Qué aspectos de un empleo son más importantes para ti? ¿El salario? **La ubicación**? ¿Las oportunidades de **desarrollo** profesional? ¿Los beneficios: **el seguro médico,** las vacaciones pagadas, la pensión de jubilación?

¿Sabías que...?

En los países hispanos las entrevistas de grupo son cada vez más comunes. Las grandes compañías reúnen a varios candidatos en una sala y les presentan un tema para debatir. Durante el debate, el entrevistador observa las actitudes de los candidatos, sus gestos, su lenguaje verbal y corporal y evalúa la capacidad de liderazgo (*leadership*), de diálogo y de tolerancia de los entrevistados. ¿Has hecho alguna vez una entrevista de grupo? ¿Preferirías ser entrevistado en grupo o individualmente? ¿Por qué?

Supplemental activities.
• Look up biographies of famous people on the Internet and prepare curriculum vitaes for them in Spanish, leaving out their names. Have students read each curriculum vitae and guess whose it is.
• Have students prepare their curriculum vitae. Tell them that if they prefer, they may imagine how they want it to be three years after finishing their university studies.

Suggestion for vocabulary.
Have students use context to guess the meaning of *leído, hablado, escrito, procesador de texto, hoja de cálculo, base de datos,* and *programa de diseño gráfico.* Point out that although *the web* is translated as *la red,* the word *web* is frequently used as well in Spanish, especially in phrases like *una página web.* The word *email* is also often used instead of *correo electrónico.* Tell students that some people also say *procesador de palabras* instead of *procesador de texto.*

CURRÍCULUM VITAE

DATOS PERSONALES
Nombre y apellidos: Ana Guzmán Contreras
Fecha de nacimiento: 14 de agosto, 1985
Lugar de nacimiento: Monterrey, Nuevo León
Dirección: Calle Morales, 214
Saltillo, Coahuila

FORMACIÓN ACADÉMICA
Universitaria:
2003–2007   Licenciatura en Economía
Universidad Autónoma de
Nuevo León, Monterrey, Nuevo León

Preparatoria:
1999–2003   Escuela Preparatoria 22,
Guadalupe, Nuevo León

Secundaria:
1996–1999   Escuela Secundaria Técnica 27,
Guadalupe, Nuevo León

Primaria
1990–1996   Escuela Normal: Miguel F. Martínez,
Monterrey, Nuevo León

EXPERIENCIA PROFESIONAL
2008–2010   Bancomex, Saltillo
2008   Contrato temporal en Empresa Texali, Monterrey

IDIOMAS
Inglés: leído, hablado, escrito
Francés: leído, escrito

INFORMÁTICA
Procesador de texto: Microsoft Word
Hojas de cálculo: Excel, Quattro Pro
Base de datos: Oracle
Programa de diseño gráfico: Photoshop
Internet y diseño de páginas web

REFERENCIAS
Referencias **disponibles a petición** de la empresa.

---

el currículum vitae *résumé*   **la ubicación** *the location*   **el desarrollo** *the development*   **el seguro médico** *medical insurance*   **escuela normal** = escuela primaria   **el idioma** = la lengua   **disponibles a petición** *available upon request*

CD 4
Track 29

Una conversación. Carlos habla del trabajo con su amiga, Ana.

CARLOS: Ana, ¿por qué quieres cambiar de trabajo?

ANA: Por varios **motivos**. Primero, quiero un empleo a tiempo completo. No tengo buen seguro médico ahora porque trabajo a tiempo parcial. **Además**, hace tres años que trabajo en ese **puesto** sin recibir **aumento** de **sueldo**.

CARLOS: ¿Hay otros motivos para tomar esta decisión?

ANA: Sí, **el ambiente** de trabajo y la compatibilidad con mis colegas son muy importantes para mí. **El jefe** de donde trabajo ahora siempre **está de mal humor**.

CARLOS: Pero ahora trabajas a cinco minutos de tu casa.

ANA: La ubicación de mi trabajo no es tan importante, me puedo mudar si encuentro un puesto interesante con más oportunidades de desarrollo profesional.

11-1 ▶ El currículum vitae. Contesta las siguientes preguntas sobre el currículum vitae de la página anterior.

1. ¿Cómo se llama la candidata al puesto (*applicant*)?
2. ¿Cuántos años tiene?
3. ¿De dónde es originalmente? ¿Dónde vive ahora?
4. ¿En qué año se graduó de la universidad?
5. ¿Qué idiomas sabe hablar? ¿Escribir? ¿Leer?
6. ¿Qué software sabe usar?

Answers for 11-1.
1. Ana Guzmán Contreras 2. Calculate from her date of birth, August 14, 1985. 3. Es de Monterrey, Nuevo León. Ahora vive en Saltillo, Coahuila. 4. 2007 5. Sabe hablar, leer y escribir inglés. Sabe leer y escribir francés. 6. Microsoft Word, Excel, Quattro Pro, Oracle, Photoshop

11-2 ▶ Factores de motivación. En un papel, escribe los siguientes factores de motivación en la búsqueda de un empleo según el orden de importancia que tengan para ti. Luego, un/a compañero/a de clase determinará el orden de tu lista haciendo preguntas como la del Modelo.

Modelo   E1: *Para ti, ¿el salario es más o menos importante que la ubicación?*
          E2: *El salario es más importante para mí.*

- el salario
- la ubicación
- las oportunidades de desarrollo profesional
- los beneficios: el seguro médico, las vacaciones pagadas, la pensión de jubilación
- la compatibilidad con los colegas y los supervisores
- la necesidad o las oportunidades de viajar
- la satisfacción de sentirse útil
- las oportunidades de ser creativo/a

11-3 ▶ Otra conversación. En parejas, vuelvan a leer *Una conversación* entre Carlos y Ana. Luego, preparen una conversación en la cual uno/a de ustedes habla de su trabajo (real o imaginario) y por qué le gusta o por qué le gustaría cambiar de puesto.

EL ASESOR: *Espere un momento por favor . . . Bien, según la información que me acaba de dar, tengo dos ofertas que parecen interesantes. Se busca una asistente bilingüe en el hospital municipal y también se necesita una supervisora bilingüe en un hotel.*
LA SRA. CRUZ: *Está bien, deme toda la información y me pondré en contacto con los dos.*

Possible answers for ¡A escuchar!
Quiere hacer algo interesante, sentirse útil y tener la oportunidad de aprender algo nuevo todos los días. El ambiente de trabajo, la ubicación, el salario y los beneficios son importantes también. / Le recomienda puestos de asistente bilingüe en el hospital y supervisora bilingüe en un hotel.

Suggestions for *Una conversación.*
• Have students listen to the conversation first with books closed for the answers to the following questions. 1. *¿Quiere Ana un trabajo a tiempo completo o a tiempo parcial?* (a tiempo completo) 2. *¿Vive cerca o lejos de su trabajo?* (cerca) Then, have them read along in their books as they listen a second time.
• New words introduced in the conversation include the boldfaced expressions and *a tiempo completo / parcial, la compatibilidad,* and *los colegas.*

 CD 4, Track 30

¡A escuchar!

Escuchen otra conversación en la cual la Sra. Cruz habla con un asesor de empleo (*employment adviser*). ¿Cuáles son los factores más importantes en su búsqueda de trabajo? ¿Qué trabajos le recomienda el asesor?

Follow-up for *Una conversación.*
Ask those students who work questions such as the following about their jobs: *¿Tienes trabajo a tiempo parcial o a tiempo completo? ¿Es un trabajo bien pagado o mal pagado? ¿Dónde trabajas? ¿Está cerca o lejos de tu casa? ¿Tienes oportunidades de ser creativo/a en el trabajo o es monótono? ¿Hay oportunidades de desarrollo profesional? ¿Te sientes útil en ese puesto? ¿Utilizas una computadora en el trabajo? ¿Te dan seguro médico (vacaciones pagadas, aumentos de sueldo con frecuencia)? ¿Hay otros beneficios? ¿Cómo es tu supervisor/a? Generalmente, ¿está de buen humor o de mal humor? ¿Cómo te llevas con él/ella? ¿Y con los otros empleados? ¿Cuántos empleados hay? ¿Hay oportunidades de viajar? ¿Adónde? ¿Qué aspectos de tu trabajo te gustan? ¿Qué aspectos no te gustan?*

Audioscript for ¡A escuchar!
EL ASESOR: *Buenos días, yo soy Alberto Ochoa, ¿cómo está? Veo que tiene un currículum muy completo, y estoy seguro que vamos a encontrarle un buen empleo. Primero, cuénteme un poco sobre lo que espera de un empleo.*
LA SRA. CRUZ: *Lo más importante para mí es hacer algo interesante. Quiero sentirme útil y también tener la oportunidad de aprender algo nuevo todos los días.*
EL ASESOR: *¿Qué otros factores son importantes para usted? ¿El salario? ¿Los beneficios? ¿El ambiente de trabajo?*
LA SRA. CRUZ: *El ambiente de trabajo es importante también. Quiero sentirme a gusto en el trabajo.*
EL ASESOR: *¿Es más importante que el salario y los beneficios?*
LA SRA. CRUZ: *El salario y los beneficios también son importantes. Quiero un buen salario y necesito un buen seguro médico para mi familia.*
EL ASESOR: *¿Hay algo más que desee decirme acerca del empleo que busca o eso es todo?*
LA SRA. CRUZ: *Sí, hay una cosa más. No quiero trabajar muy lejos de mi casa. No me gusta manejar y quiero quedarme en el vecindario.*
(Continued to left.)

---

el motivo *the reason*   **además** *besides*   **el puesto** *the position*   **el aumento** *the raise*   **el sueldo** *the wages, the salary*   **el ambiente** *the environment*   **el/la jefe/a** *the boss*   **estar de buen / mal humor** *to be in a good / bad mood*

Gramática 1

SAM: 11-5 to 11-7

Saying when something will happen: The subjunctive after conjunctions of time

Para **averiguar**

1. What six conjunctions are followed by the subjunctive when referring to future actions or events?
2. Which one of the six conjunctions is always followed by the subjunctive? Do you use the subjunctive or the indicative after the other five when talking about the past or what happens in general?
3. When do you use an infinitive after **después de** or **antes de** without **que**?

- Use the subjunctive in clauses after the following conjunctions when referring to future actions or potential events that may or may not happen. The verb in the main clause will be in the future, the immediate future, or a command.

antes (de) que	*before*		**hasta que**	*until*
cuando	*when*		**mientras**	*while, as long as*
después (de) que	*after*		**tan pronto como**	*as soon as*

Cuando (yo) **salga** de clase hoy, volveré a casa.
When I get out of class today, I will return home.

Cuando **tengamos** vacaciones, vamos a ir a México.
When we have vacation, we're going to go to Mexico.

Llámenme Uds. tan pronto como **lleguen**.
Call me as soon as you arrive.

- Use the present indicative or the preterit instead of the subjunctive after the preceding conjunctions when a sentence describes something that happens as a general rule or has already happened. The conjunction **antes (de) que**, however, is an exception and always takes the subjunctive.

Cuando **salgo** de clase, siempre vuelvo a casa.
When I get out of class, I always return home.

Cuando **tenemos** vacaciones, generalmente vamos a México.
When we have vacation, we generally go to Mexico.

Me llamaron tan pronto como **llegaron**.
They called me as soon as they arrived.

- Use an infinitive after **después de** and **antes de** when there is no change of subject between the main clause and the subordinate clause.

Te llamaremos antes de **salir** y después de **llegar**.
We'll call you before leaving and after arriving.

Supplemental activities.
• Tell students: *Completa las siguientes oraciones. 1. Cuando salgamos de clase hoy . . . 2. Cuando yo vuelva a casa hoy . . . 3. Cuando terminemos este capítulo . . . 4. Cuando llegue el día del examen final . . . 5. Cuando yo tenga unos días de vacaciones . . .*
• Have students write two goals for the future on a sheet of paper. Then, ask them questions about when they plan to accomplish them, what they will have to do before reaching them, how they will feel or how their lives will change when they accomplish them, and what they plan to do afterwards.

Answers for 11-4.
1. *encuentre un buen puesto.* 2. *vaya a su primera entrevista.* 3. *tenga mejor seguro médico.* 4. *sepa dónde va a trabajar.* 5. *tenga suficiente dinero.* 6. *se jubile a los 65 años.*

11-4 ▶ Planes. Indica cuándo hará Ana las siguientes cosas usando la terminación más lógica de la lista con el verbo en el subjuntivo.

encontrar un buen puesto	**tener mejor seguro médico**
ir a su primera entrevista (*interview*)	**tener suficiente dinero**
jubilarse a los 65 años	*terminar los estudios*
saber dónde va a trabajar	

Modelo   Ana buscará trabajo cuando *termine los estudios.*

1. Seguirá enviando su currículum a varias compañías hasta que . . .
2. Estará nerviosa cuando . . .
3. Se hará un chequeo médico tan pronto como . . .
4. Se mudará a un apartamento más grande después de que . . .
5. Comprará una casa cuando . . .
6. Trabajará hasta que . . .

11-5 ▶ Circunstancias. Esteban tiene todo su futuro planeado. Completa las oraciones con la forma **él** del subjuntivo o con el infinitivo.

Modelo
Vivirá con sus padres después de *terminar* (terminar) los estudios hasta que *tenga* (tener) suficiente dinero para comprar su propia casa.

1. No se casará antes de ___tener___ (tener) un buen trabajo y estabilidad económica.
2. No tendrá estabilidad económica hasta que ___pague___ (pagar) sus deudas (*debts*) de la universidad y de sus tarjetas de crédito.
3. Comprará una casa cuando ___sepa___ (saber) dónde quiere vivir permanentemente.
4. Se quedará en el mismo trabajo hasta que ___encuentre___ (encontrar) otras oportunidades mejores.
5. Continuará estudiando en la universidad después de ___graduarse___ (graduarse) hasta que ___termine___ (terminar) su maestría o su doctorado.
6. No estará satisfecho (*satisfied*) hasta que no ___haga___ (hacer) realidad sus sueños.

¿Y tú? Pregúntale a un/a compañero/a de clase **cuándo** o **hasta cuándo** hará las cosas anteriores.

Modelo
E1: *¿Hasta cuándo vivirás con tus padres? (¿Cuándo comprarás tu propia casa?)*
E2: *Viviré con mis padres hasta que termine mis estudios. (Compraré mi propia casa cuando tenga un buen sueldo.)*

11-6 ▶ Entrevista. Entrevista a otro/a estudiante con estas preguntas.

1. ¿Adónde irás cuando salgamos de clase hoy? ¿Volverás a casa? ¿Estará alguien en tu casa cuando vuelvas hoy?
2. ¿Qué harás cuando se termine este semestre / trimestre? ¿Harás un viaje? ¿Volverás a estudiar aquí el próximo semestre / trimestre?
3. ¿Cuántos años tendrás cuando te gradúes de la universidad? ¿Qué harás después de graduarte? ¿Dónde vivirás? ¿Cómo cambiará tu vida cuando ya no seas estudiante? ¿Mejorará?

11-7 ▶ Comparaciones culturales.
Lee los siguientes proverbios en español e indica si cada uno es un consejo para el futuro o si describe una regla general o un evento pasado. ¿Qué forma del verbo se usa en cada caso, el subjuntivo o el indicativo? Luego, selecciona los tres proverbios más interesantes para ti y explica por qué.

1. Antes de que te cases, mira bien lo que haces.
2. Cuando la miseria entra por la puerta, el amor sale por la ventana.
3. Cuando de los cincuenta pases, no te cases.
4. Habla cuando debas y calla (*be quiet*) cuando puedas.
5. Cuando hables, cuida qué, cómo y de quién, dónde, cuándo y con quién.
6. Cuando escribas una carta, léela despacio antes de enviarla.
7. Incauto (*Careless*) fui, hasta que cayendo aprendí.
8. Cuando naciste tú llorabas y todos alrededor sonreían (*were smiling*). Vive la vida de modo que cuando mueras, tú sonrías y todos alrededor lloren.
9. Cuando el dinero habla, la verdad calla (*stays quiet*).
10. Vive con tus padres hasta que tus hijos te mantengan.

📖 Gramática 2 Giving explanations: **Por** and **para**

SAM: 11-8
to 11-11

Suggestion for *por* and *para*.
Have students say what the example sentences in the charts and *¡Ojo!* box mean in English.

¡Ojo!

Remember that the pronouns used after prepositions look like the subject pronouns, except you use **mí** and **ti** instead of **yo** and **tú**: **por / para mí, ti** (usted, él, ella, nosotros/as, vosotros/as, ustedes, ellos/as).

— Voy a llevar un regalo para **él**. ¿Paso por **ti** a las siete para ir a la fiesta?
— Es un poco temprano para **mí**.

Supplemental activity for *por* and *para*.
Have students say whether you use *por* or *para* in the following sentences. 1. Is the party for your wife? (*para*) 2. We are inviting several friends (in order) to celebrate her birthday. (*para*) 3. I'm leaving for the mall for her present. (*para el centro comercial, por su regalo*) 4. I'm going to buy a watch for her birthday. (*por* for cause or *para* for occasion) 5. It's on sale for 70 dollars. (*por*) 6. It's cheap for a watch like that one. (*para*) 7. It's a good gift for her. (*para*)

Possible answers for 11-8.
1. *Quieren $37 por la camiseta. El precio es un poco alto para esa camiseta. Es para hombre o para mujer. Es para el verano. Es apropiada para ocasiones informales. Quizás sea para llevar a la oficina.* 2. *Quieren $189 por el abrigo. El precio es alto para ese abrigo. Es para hombre. Es para el invierno. Podría ser apropiado para ocasiones formales. Es para llevar a la oficina.* 3. *Quieren $68 por el traje de baño. El precio es alto para ese traje de baño. Es para mujer. Es para el verano. Es apropiado para ocasiones informales. No es para llevar a la oficina.* 4. *Quieren $21 por el sombrero. Es un buen precio para ese sombrero. Es para mujer. Es para el verano. Podría ser apropiado para ocasiones formales. No es para llevar a la oficina.*

■ The prepositions **por** and **para** can both mean *for,* or they may correspond to other prepositions in English.

Use **por** to express:

1. during what period of time or for how long (*during, for*)

   Necesito ir de compras **por** la tarde.
   Voy al centro comercial **por** tres horas.

2. through what area (*through, along, by, around*)

   Vamos **por** esta calle.
   Hay muchas tiendas **por** acá.

3. a cause (*on account of, because of, for*)

   Esa compañía es famosa **por** la innovación tecnológica.
   Estoy muy nervioso **por** la entrevista.

4. who or what is being picked up (*for*)

   Voy a la tienda **por** el traje.
   Yo también voy. Puedo pasar **por** ti.

5. means (*by, by way of, via*)

   Envié mi currículum vitae **por** Internet.
   Me llamaron **por** teléfono.

6. an exchange (*for*)

   No quiero trabajar **por** poco dinero.
   Gracias **por** la entrevista.

Use **para** to express:

1. a point in time, an occasion, or a deadline (*for, by*)

   Necesito un traje **para** una entrevista.
   Lo necesito **para** mañana.

2. a destination (*for*)

   Me voy **para** el centro comercial.
   ¿Cuál es el autobús **para** el centro?

3. a purpose, goal, or intent (*to, in order to*)

   Necesito un traje nuevo **para** causar buena impresión.

4. a recipient or for whom something is intended or a benefactor (*for*)

   Quiero trabajar **para** esta compañía.
   Ojalá que tengan un puesto **para** mí.

5. from whose point of view (*for*)

   Para mucha gente esta compañía es la mejor, pero está un poco lejos **para** mí.

6. for what category of person or thing (*for*)

   Tiene un buen salario **para** este tipo de trabajo y **para** alguien como yo.

11-8 ▶ De compras. Estás de compras por el centro. Contesta las siguientes preguntas para describir cada ilustración. Presta especial atención al uso de **por** y **para**.

■ ¿Cuánto quieren por la camiseta / el abrigo / el traje de baño / el sombrero?
■ ¿Es un buen precio para esa camiseta / ese abrigo / ese traje de baño / ese sombrero?
■ ¿Es para hombre o para mujer?
■ ¿Es para el verano o para el invierno?
■ ¿Es apropiado/a para ocasiones formales o informales?
■ ¿Es para llevar a la oficina?

1.  **2.**  **3.**   **4.**

11-9 ► ¿Carlos o Esteban? Completa las siguientes oraciones con **por** o **para**. Luego di si la oración describe a Carlos o a Esteban.

Modelo   *Para* él, el estilo es muy importante.
Para Carlos, el estilo es muy importante.

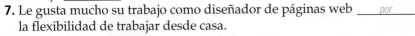

Carlos   **Esteban**

1. ___Para___ él, es más importante estar relajado cuando trabaja.
2. Paga mucho ___por___ su ropa.
3. Es conocido (*known*) ___por___ su ropa elegante.
4. Siempre se pone un traje ___para___ ir a la oficina.
5. ___Para___ su trabajo no es necesario causar buena impresión.
6. Trabaja ___para___ un banco.
7. Le gusta mucho su trabajo como diseñador de páginas web ___por___ la flexibilidad de trabajar desde casa.
8. Sale ___para___ el banco a las siete de la mañana.
9. Tiene un horario flexible y puede trabajar ___por___ la mañana, ___por___ la tarde o ___por___ la noche.
10. Le envía su trabajo a su jefe ___por___ Internet.

11-10 ► ¿Cierto o falso? Selecciona **por** o **para** en cada oración. Luego, di si la información corresponde a tu propia situación. Si no, cámbiala.

Modelo   Nunca pago más de 50 dólares (*por* / para) un par de zapatos.
No es verdad. A veces, pago mucho más de 50 dólares por un par de zapatos.

1. A veces compro ropa (por / <u>para</u>) mi mejor amigo/a.
2. Hay muchas tiendas de ropa (por / <u>para</u>) el barrio de la universidad.
3. Voy a estar en la universidad (<u>por</u> / para) tres horas hoy.
4. Voy a pasar (<u>por</u> / para) mi tienda favorita antes de regresar a casa hoy.
5. Compro muchas cosas (<u>por</u> / para) Internet.
6. (Por / <u>Para</u>) mí, las camisas de seda (*silk*) son más cómodas que las de algodón (*cotton*).
7. (Por / <u>Para</u>) salir a bailar, prefiero ponerme un vestido.
8. Necesito comprar un traje de baño (por / <u>para</u>) mis próximas vacaciones.
9. En verano, casi siempre salgo (<u>por</u> / para) la playa (<u>por</u> / para) unos días.

11-11 ► Un nuevo trabajo. Completa las siguientes preguntas acerca de los empleos con **por** o **para**.

1. ¿___Para___ ti, qué aspectos de un empleo son los más importantes? ¿El salario? ¿La ubicación? ¿El ambiente de trabajo? ¿Las oportunidades de desarrollo profesional?
2. ¿Preferirías trabajar ___para___ una empresa pequeña o ___para___ una corporación multinacional?
3. ¿Te gustaría viajar ___por___ el mundo ___por___ cuestiones de trabajo? ¿Te mudarías a otra ciudad o a otro estado ___por___ cuestiones de trabajo?
4. ¿Trabajarías ___para___ una organización como el Cuerpo de Paz (*Peace Corps*) ___por___ dos o tres años ___por___ un sueldo mínimo ___para___ desarrollarte a nivel personal?
5. ¿Vives ___para___ trabajar o trabajas ___para___ vivir?

 ¿Y tú? Ahora, entrevista a un/a compañero/a de clase con las preguntas anteriores.

📖 Vocabulario   En la oficina

SAM: 11-12
to 11-15

🔊 CD 4, Track 31

¿Sabías que...?

El teletrabajo es una tendencia cada vez más popular entre los jóvenes de Latinoamérica, donde un 4% de la población activa (*working population*) entre 34 y 39 años teletrabaja.
Los avances en la tecnología y las comunicaciones, la deslocalización (*outsourcing*) de la producción y los cambios en la estructura tradicional del personal de las empresas favorecen la modalidad laboral del teletrabajo. ¿Cuáles crees que son las ventajas del teletrabajo? ¿Y las desventajas? ¿Te gustaría teletrabajar?

el monitor — la pantalla — la computadora — el teclado — el ratón

encender / apagar la computadora

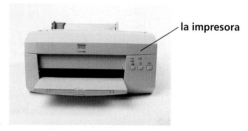

la impresora

imprimir documentos

👁 ¡Ojo!

Prender can also be used instead of **encender**. In Spain, people use **un ordenador** instead of **una computadora** and in some parts, such as in Colombia, **un computador** is used. In México, people use **un archivero** instead of **un archivador**.

la fotocopiadora / el escáner

sacar una copia
escanear

el archivador — la carpeta — el cajón

archivar documentos

Note for ¿Sabías que…?
See the IRM for source information relating to the statistical data presented.

Suggestion.
Point out that the word *teclado* is also used for a musical keyboard, *pantalla* is also the word for a movie / television screen, and *archivar* means to save a file on the computer, as well as to file in a cabinet.

🔊 CD 4, Track 32

Suggestions for *Una conversación*.
• Have students listen to the conversation first with books closed for the answers to the following questions. 1. *¿Por qué no puede comunicarse la recepcionista con Roberto González? (Su línea está ocupada.)* 2. *¿Qué quiere obtener Gloria García? (más información sobre una oferta de empleo)* Then, have them read along in their books as they listen a second time.
• New words include the boldfaced expressions and *momento, no puedo atenderle, línea, llamada, el tono, lo antes posible, oferta,* and *publicada.*

🔊 CD 4, Track 33

¡A escuchar!

Escuchen una conversación en la cual Gloria habla con un amigo del primer día en su nuevo trabajo. ¿Qué problemas tuvo Gloria?

Note for ¡A escuchar!
See facing page for Audioscript and possible answers.

Una conversación. Gloria habla por teléfono con la recepcionista de una compañía donde quiere trabajar.

LA RECEPCIONISTA: Aló, **empresas** Betacom. ¿En qué puedo servirle?

GLORIA: Quisiera hablar con el señor Roberto González en **recursos humanos**, por favor. Llamé al 223-5778, pero me dijeron que tenía el número **equivocado**.

LA RECEPCIONISTA: Sí, su número es el 223-4778. Un momento, por favor . . . Lo siento, su línea está ocupada en este momento. ¿Quisiera dejarle un **recado**? La puedo pasar a su **buzón de voz**.

GLORIA: Sí, por favor. Gracias.

MENSAJE: Ha llamado al buzón de voz de Roberto González. En este momento no puedo atenderle, pero si deja su nombre y número de teléfono después del tono, le **devolveré** su llamada lo antes posible.

GLORIA: Sr. González, me llamo Gloria García y me gustaría obtener más información sobre la oferta de empleo publicada en su página web. ¿Podría llamarme al 454-6026, por favor? Gracias.

---

encender (ie) *to turn on*   **apagar** *to turn off*   **la empresa** *the company, the enterprise*   **los recursos humanos** *human resources*   **equivocado/a** *wrong, mistaken*   **el recado** *the message*   **el buzón de voz** *the voicemail*   **devolver (ue)** *to return*

11-12 ▶ Cambio de oficina. Gloria ya se instaló en su nueva oficina. En grupos, preparen una descripción de lo que hizo ayer.

archivar	conectar	instalar	limpiar	organizar	poner

Su oficina ayer por la mañana

Su oficina ayer al final del día

Modelo   *Organizó su nueva oficina. Archivó . . .*

 11-13 ▶ Entrevista. Entrevista a otro/a estudiante con estas preguntas.

1. ¿Para qué clases preparas la tarea en la computadora? ¿Dónde se pueden imprimir documentos en la universidad? ¿Para qué clases tienes que buscar información en Internet con frecuencia? ¿Se pueden tomar muchas clases por Internet en la universidad? ¿Te gustan las clases a distancia o prefieres las clases presenciales (*on campus classes*)? ¿Por qué?
2. ¿Apagas la computadora después de usarla o siempre la dejas encendida? ¿Sabes arreglar una computadora? ¿Sabes conectar una impresora? ¿Sabes instalar software? ¿Qué programas de software sabes usar?

 11-14 ▶ Otra conversación. En grupos de tres, preparen una conversación en la cual uno/a de ustedes llama a la oficina de su profesor/a y marca el número equivocado. Luego, el/la estudiante vuelve a llamar y deja un mensaje en su buzón de voz.

📖 Gramática 1

SAM: 11-16
to 11-18

Describing resulting states: Using past participles as adjectives

Para averiguar

1. What form of a verb can be used as an adjective?
2. What is the regular past participle ending in English? What ending is used to form past participles of **-ar** verbs in Spanish? What ending is used for regular **-er** and **-ir** verbs?
3. What are some verbs with irregular past participles in Spanish?
4. Do past participles agree with nouns when they are used as adjectives?

■ The past participle is a verb form that can be used as an adjective. In English, regular past participles end in *-ed*. Note how the verbs *to finish* and *to surprise* are used as adjectives in the following sentences.

Este trabajo está **terminado**.	*This work is finished.*
Estoy muy **sorprendido**.	*I'm very surprised.*

■ Regular past participles are formed in Spanish by changing the ending of **-ar** verbs to **-ado** and the ending of **-er** or **-ir** verbs to **-ido**.

prepar**ar**	⟶	prepar**ado**	*prepared*
conoc**er**	⟶	conoc**ido**	*known*
prefer**ir**	⟶	prefer**ido**	*preferred, favorite*

■ The **-ido** ending of **-er** and **-ir** verbs has a written accent on the **-i-** when it directly follows the vowel **-a, -e,** or **-o**.

traer ⟶ tra**í**do   creer ⟶ cre**í**do   oír ⟶ o**í**do

■ The following verbs have irregular past participles.

abrir	⟶	**abierto**		poner	⟶	**puesto**
decir	⟶	**dicho**		resolver	⟶	**resuelto**
escribir	⟶	**escrito**		romper	⟶	**roto**
hacer	⟶	**hecho**		ver	⟶	**visto**
morir	⟶	**muerto**		volver	⟶	**vuelto**

■ When a past participle is used as an adjective, it agrees in number and gender with the noun it modifies.

cerrar:	**La puerta** está cerrad**a**.	*The door is closed.*
hacer:	**Los informes** están hech**os**.	*The reports are done.*

Suggestions.

• Tell students that the past participle of *dormir* is used to say *asleep*.
• Point out to students that English has many more irregular past participles than Spanish and have them give the past participle of the following verbs in English: *buy, see, do, win, fly, know, catch.*
• Point out to students that they have already learned the following past participles as adjectives and have them give the infinitive of each one and what it means: *organizado, cansado, enojado, interesado, sentado, ordenado, casado, divorciado, separado, despejado, nublado, helado, pasado, (aire) acondicionado, emocionado, preocupado, enamorado, mareado, resfriado, hinchado, infectado, congestionado, equilibrado, (pan) tostado, asado, preparado, aburrido, incluido, deprimido, confundido.*

Answers for 11-15.

1. Sí / No, no está abierto en . . . 2. Sí / No, no está cerrado. 3. Sí / No, no están encendidas. 4. Sí / No, no está apagado. 5. Sí / No, no están escritas . . . 6. Sí / No, no está rota. 7. Sí / No, no está hecha. 8. Sí / No, no está perdida.

Follow-up for 11-15.

Ask students: *En el salón de clase, ¿a quién o qué objeto describen estos participios pasados? MODELO: roto/a > Esa silla está rota. / No hay nada roto en el salón de clase. (abierto/a, cerrado/a, interesado/a, confundido/a, enojado/a, sentado/a)*

Supplemental activity

Tell students: *Utiliza el participio pasado de los siguientes verbos para describirte en este momento. MODELO: relajar > Sí, estoy relajado/a. (No, no estoy relajado/a.) (confundir, enojar, sentar, acostar, morir, preocupar, ocupar, vestir, dormir, resfriar, casar, interesar, perder, maquillar, jubilar, preparar, descansar)*

11-15 ▶ ¿Está hecho? Tu profesor/a quiere estar seguro/a de que todo está bien en la clase. Contesta con un participio pasado, como en el Modelo.

Modelo   ¿Preparaste los ejercicios para hoy?
          Sí, están preparados.

1. ¿Abriste el libro en la página 326?
2. ¿Cerraste tu libro?
3. ¿Encendió alguien las luces (*the lights*)?
4. ¿Apagaste tu celular?
5. ¿Escribió alguien las respuestas en la pizarra?
6. ¿Rompiste tu silla?
7. ¿Hiciste tu tarea para hoy?
8. ¿Perdiste tu tarea?

11-16 ▶ **En la oficina** Describe las siguientes cosas y personas con el participio pasado de los verbos indicados.

Modelo   la ventana: romper, cerrar, abrir
La ventana está rota. No está cerrada. Está abierta.

1.

la computadora: encender, apagar, desconectar

2.

la secretaria: cansar, ocupar, dormir, sentar, acostar, relajar — su jefe: enojar, encantar, irritar

11-17 ▶ **¡Qué día tan terrible!** Vuelves a casa después de un día terrible en la oficina y le cuentas lo que pasó a tu esposo/a o compañero/a de cuarto. En parejas, preparen una conversación usando al menos cinco participios pasados.

cansado/a	deprimido/a	muerto/a	preparado/a
confundido/a	enojado/a	*ocupado/a*	roto/a
congestionado/a	equivocado/a	perdido/a	. . .

Modelo   *Estuve muy ocupado/a en la oficina hoy . . .*

11-18 ▶ **Comparaciones culturales.** Lee el siguiente artículo sobre la etiqueta en los negocios y contesta las preguntas.

1. Identifica los participios que aparecen en el texto e indica cuál es su infinitivo correspondiente.
2. ¿Cómo describirías el estilo de hacer negocios en Estados Unidos? Intenta utilizar algunos participios en tu respuesta.
3. ¿Crees que el estilo de hacer negocios en Estados Unidos es más agresivo que en Latinoamérica? ¿Por qué?
4. Explica con tus propias palabras los puntos más importantes de la etiqueta de los negocios en Latinoamérica.

¡Trato hecho!

En el mercado globalizado de hoy día, es importante estar informado de las diferencias entre las culturas a la hora de hacer negocios. Conocer la etiqueta de los negocios es un factor muy importante para lograr el éxito[1] en la comunicación empresarial.

El estilo de hacer negocios en Latinoamérica es más personalizado que en Estados Unidos.

Es importante establecer vínculos[2] de confianza y cultivar las relaciones con visitas personales más que por teléfono o correo electrónico. Muchos negocios son de tipo familiar y la familia y el trabajo no son aspectos desconectados en la cultura empresarial de Latinoamérica.

La cultura de los negocios en los países hispanos es bastante relajada. El

proceso de negociar es con frecuencia lento[3] y se espera un diálogo continuado entre las partes interesadas. El estilo de hacer negocios en Latinoamérica no es por lo general agresivo. Generalmente, se evitan los "no" directos y el diálogo debe ser fluido, sin presiones ni ultimatums. En este sentido, es recomendable no intentar cerrar el trato[4] de forma apresurada[5].

[1]to achieve success   [2]bonds   [3]slow   [4]to not try to close the deal   [5]hurried

📖 Gramática 2

Talking about experiences: The present perfect

1. What auxiliary verb do you use with a past participle to say what you have done? What are its forms?
2. Where do you place object or reflexive pronouns in the present perfect?
3. What is one case in which the present perfect is used in English but not in Spanish?

Suggestion.
Point out to students that the past participle of the verb *imprimir* is *impreso* when used as an adjective, but is *imprimido* in the present perfect.

¡Ojo!

In Spanish, the present perfect is generally used as in English, but there is one exception. Use the present tense with **hace que** to say how long someone has done something still in progress.

— ¿Cuánto tiempo hace que trabajas aquí?
— Hace un mes que tengo este puesto.
— *How long have you worked here?*
— *I have had this position for one month.*

■ Use the present perfect to say what has been done. It is composed of the auxiliary verb **haber** and the past participle. In the present perfect, the past participle always ends with **-o**, and does not show agreement as with adjectives.

Present Perfect

yo	he trabajado	*I have worked*
tú	has trabajado	*you have worked*
Ud., él, ella	ha trabajado	*you have; he, she has worked*
nosotros/as	hemos trabajado	*we have worked*
vosotros/as	habéis trabajado	*you have worked*
Uds., ellos/as	han trabajado	*you, they have worked*

He trabajado en muchos lugares, pero nunca **he hecho** esta clase de trabajo.   *I've worked in many places, but I've never done this sort of work.*

■ Use **ya** to say you have *already* done something and **todavía no** to say *not yet*.

— ¿**Ya** has terminado?   *Have you already finished?*
— No, **todavía no** he empezado.   *No, I haven't started yet.*

■ In the present perfect, place reflexive and direct and indirect object pronouns before the conjugated form of the auxiliary verb **haber**.

— ¿**Le** has escrito la carta al cliente?   *Have you written the letter to the client?*
— Sí, ya **se la** he enviado.   *Yes, I have already sent it to him.*

11-19 ▶ Otras experiencias. Pregúntale a otro/a estudiante si ha hecho las siguientes cosas. Él/Ella debe decir cuántas veces las ha hecho.

Modelo   visitar otro país
E1: *¿Has visitado otro país?*
E2: *Sí, he visitado muchos países. / No, no he visitado otro país nunca.*

1. estudiar otros idiomas
2. cambiar de empleo
3. ir a una entrevista importante
4. escribir un currículum vitae
5. trabajar en una tienda
6. comprar un coche
7. tener un accidente automovilístico
8. manejar un autobús

Follow-ups for 11-19.
• Ask students: *¿Hemos hecho las siguientes cosas en clase hoy? Modelo: hablar mucho español > Sí, hemos hablado mucho español. / No, no hemos hablado mucho español.* (abrir el libro, leer algo del libro, hacer ejercicios del libro, escribir algo en la pizarra, trabajar en grupos, decir algo en inglés, ver un video, escuchar música, aprender algo nuevo)
• Ask students: *¿Cuántas veces has hecho las siguientes cosas este mes?* (estar enfermo/a, comer en un restaurante, salir a bailar, ir al cine, jugar al tenis, dormir hasta las once de la mañana, ver a tu mejor amigo/a, leer el periódico, escribir un ensayo para una clase, llegar tarde a clase)
• Tell students: *Usa el pronombre me con el presente perfecto de los verbos indicados para describir tus interacciones esta semana con las siguientes personas. Modelo: Mis padres . . . (ver) > No, mis padres no me han visto esta semana.*
1. *Mis padres . . . (escribir un correo electrónico, llamar por teléfono, dar dinero);* 2. *Mi mejor amigo/a (invitar a salir, llevar a un restaurante, pedir dinero);* 3. *Mi profesor/a de español . . . (hacer muchas preguntas, dar mucha tarea, ver todos los días)*

11-20 ▶ ¿Lo has hecho? Un supervisor le pregunta a su secretaria qué ha hecho con las siguientes cosas. ¿Qué le pregunta? Utiliza un pronombre de complemento directo con un verbo lógico de la lista para formar cada pregunta.

archivar	conocer	hacer	leer	*organizar*	sacar	pedir

Modelo   mi oficina
¿La has organizado?

1. el café
2. tu evaluación
3. los artículos de oficina que necesitamos
4. las carpetas que ya no necesito
5. las copias
6. la nueva empleada

Answers for 11-20.
1. ¿Lo has hecho? 2. ¿La has leído? 3. ¿Los has pedido? 4. ¿Las has archivado? 5. ¿Las has sacado? 6. ¿La has conocido?

Recycle: Direct object pronouns
Activity 11-20 recycles direct object pronouns from *Capítulo 7, Tema 3.*

11-21 ▶ Una candidata. Completa la siguiente descripción de una candidata a un puesto con el presente perfecto de los verbos indicados. En cada oración, utiliza uno de los verbos en la forma afirmativa y el otro en la forma negativa.

Modelo   A las dos de la tarde, la candidata *ha llegado* (llegar) para la entrevista pero la entrevista no *ha comenzado* (comenzar).

1. A las dos de la tarde, la candidata _____ (ver) al director de recursos humanos, pero _____ (hablar) con la recepcionista.
2. A las dos, la recepcionista _____ (anunciar) la llegada de la candidata, pero el director de recursos humanos todavía _____ (venir) por ella.
3. A las dos y veinticinco, la entrevista _____ (empezar), pero el director de recursos humanos todavía _____ (hacerle) muchas preguntas a la candidata.
4. A las dos y veinticinco, la recepcionista _____ (servirles) café, pero (ellos) _____ (tomarlo).
5. A las tres y veinte, la candidata _____ (volver) a casa, pero _____ (terminar) la entrevista.
6. Cuando sale, la candidata no sabe si _____ (obtener) el puesto porque el director de recursos humanos _____ (decirle) nada.

11-22 ▶ ¿Cuánto tiempo hace que . . .? Pregúntale a otro/a estudiante cuánto tiempo hace que él/ella hace las siguientes cosas.

Modelo   estudiar español
E1: *¿Cuánto tiempo hace que estudias español?*
E2: *Hace ocho meses que estudio español.*

1. ser estudiante universitario/a
2. estudiar aquí
3. querer aprender español
4. estar en clase hoy
5. vivir aquí
6. conocer a tu mejor amigo/a
7. saber manejar
8. tener tu coche

11-23 ▶ Entrevista. Entrevista a otro/a estudiante con estas preguntas.

1. ¿Has pensado mucho en qué quieres hacer después de graduarte? ¿Has decidido dónde quieres vivir después de graduarte? ¿Cuánto tiempo hace que vives aquí? ¿Has comprado una casa? ¿En cuántas ciudades has vivido?
2. ¿Dónde trabajas ahora? ¿Cuánto tiempo hace que estás empleado/a allí? ¿Cuántos empleos has tenido? ¿Dónde has trabajado? ¿Has buscado empleo recientemente? ¿Has ido a muchas entrevistas?

Answers for 11-21.
1. *no ha visto, ha hablado;* 2. *ha anunciado, no ha venido;* 3. *ha empezado, no le ha hecho* 4. *les ha servido, no lo han tomado;* 5. *no ha vuelto, ha terminado;* 5. *ha obtenido, no le ha dicho*

Follow-up for 11-21.
Refer students to the illustrations in *Activity 11-12, Cambio de oficina* on page 325 and do the following activity. *¿Cómo le pregunta el jefe a la secretaria si ha hecho las siguientes cosas cuando vuelve al día siguiente? ¿Qué contesta la secretaria? (archivar todos los documentos, encontrar el teclado perdido, conectar la impresora a la computadora, traer unas plantas, traer fotos de su familia, cambiar el color de las paredes, poner algo en las paredes, traer otro archivador, cerrar todos los archivadores con llave, abrir la ventana, romper algo)*

Follow-ups for 11-23.
• Have students make a list of five things they haven't done lately that they need to do or things they have done that they shouldn't have. *MODELO: No he hablado con mis padres. He salido demasiado con los amigos y no he estudiado lo suficiente.*
• Tell students: *Sus amigos hablan de sus problemas. En grupos, preparen preguntas sobre lo que han hecho para resolverlos. MODELO: No puedo encontrar trabajo. > ¿Has leído las ofertas de trabajo en el periódico? ¿Has enviado tu currículum vitae a muchas empresas? ¿Has tenido muchas entrevistas?* 1. *No comprendo nada en la clase de español.* 2. *Salimos de vacaciones en dos días y no estamos listos.* 3. *Siempre me siento cansada y estoy enferma con frecuencia.*
• Tell students: *Completa las siguientes oraciones y pregúntale a otro/a estudiante si está familiarizado/a con las cosas o los lugares mencionados. Utiliza un verbo lógico como en el Modelo. MODELO: Quiero visitar . . . > E1: Quiero visitar la Ciudad de México. ¿La has visitado? E2: No, no la he visitado. / Sí, la he visitado.* 1. *Quiero ver la película . . . ;* 2. *Me gusta la nueva canción* (song) *. . . ;* 3. *Me gusta mucho el libro . . . ;* 4. *Quiero visitar la ciudad de . . . ;* 5. *Quiero estudiar . . . ;* 6. *Necesito aprender . . . ;* 7. *Nunca he comido . . . ;* 8. *Quiero probar el restaurante . . .*

 # Vocabulario

SAM: 11-23
to 11-26

Descripciones de puestos de trabajo

CD 4, Track 34

¿De qué **está encargado/a** . . . ?

Note for ¿Sabías que...?
See the IRM for source information relating to the statistical data presented.

¿Sabías que...?

Los puestos de trabajo más buscados en países como Argentina, Chile, Colombia y México son los de ingenieros y profesionales conectados con la ingeniería. En estos países se están abriendo nuevos mercados relacionados con la explotación de materias primas (*raw materials*), el petróleo y los negocios agrícolas (*agribusiness*) y se requieren especialistas. En España, en cambio, especialista en ventas (*sales*) es el puesto de trabajo con mayor demanda hoy día. ¿Cuáles crees que son los puestos de trabajo más buscados en Estados Unidos?

Suggestion.
Remind students that nouns and adjectives ending with *-or* have a feminine form, *-ora*, and those ending with *-ista*, have just one form for both masculine and feminine. For nouns with *-ista*, the article distinguishes gender.

Suggestions for *Una conversación.*
• Have students listen to the conversation first with books closed for the answers to the following questions. 1. *¿Qué necesita hacer la secretaria pero no puede? (Necesita introducir los datos que le dio su supervisora.)* 2. *¿Por qué no puede hacerlo? (El sistema de computadoras no funciona.)* Then, have them read along in their books as they listen a second time.
• New words include the boldfaced words and *el sistema, el departamento de servicio técnico,* and *acceso.*

Audioscript for ¡A escuchar!
EL DIRECTOR: *Gracias por venir a la entrevista. . . . Primero quiero hablar de la experiencia que tiene con empresas como la nuestra. ¿Ha trabajado Ud. en construcción e implementación de sitios web?*
EL CANDIDATO: *Hace dos años que trabajo a tiempo parcial en la empresa Imaginex diseñando y manteniendo páginas web para varias empresas.*
EL DIRECTOR: *¿Trabaja en equipos de diseño o independientemente?*
EL CANDIDATO: *Trabajo en un equipo de tres diseñadores.*
EL DIRECTOR: *¿Por qué quiere cambiar de empleo?*
EL CANDIDATO: *Quiero trabajar a tiempo completo con un sueldo más alto y mejores beneficios.*

CD 4, Track 36

¡A escuchar!

Escuchen la primera parte de una entrevista de trabajo en una empresa. ¿En qué trabaja el candidato? ¿Por qué quiere cambiar de trabajo?

Possible answers for ¡A escuchar!
Diseña y mantiene páginas web. / Quiere trabajar a tiempo completo con un sueldo más alto y mejores beneficios.

el/la director/a de recursos humanos

recibir **solicitudes de empleo**
organizar entrevistas
contratar / despedir a los empleados

el/la supervisor/a

entrenar a los empleados
evaluar su trabajo

el/la secretario/a

distribuir el correo
introducir datos
comprar artículos de oficina

el/la contador/a

calcular el pago
pagar las cuentas y **los impuestos**

el/la programador/a

programar las computadoras
mantener las páginas web

el/la diseñador/a gráfico/a

diseñar publicidad / páginas web
dibujar
pintar

CD 4 Track 35

Una conversación. Una supervisora habla con la secretaria acerca de un problema en el trabajo.

LA SUPERVISORA: ¿Ya ha introducido los datos que le di en la computadora?
LA SECRETARIA: Todavía no. El sistema de computadoras no funciona otra vez. He llamado al departamento de servicio técnico, pero dudo que hayan resuelto el problema.
LA SUPERVISORA: ¿Han dicho cuánto tiempo vamos a estar sin acceso a las computadoras?
LA SECRETARIA: No, no me han dicho nada. Dudo que funcionen por varias horas.
LA SUPERVISORA: ¿Cuántas veces **ha fallado** el sistema este mes?
LA SECRETARIA: No sé, pero también falló la semana pasada.

---

estar encargado/a to be in charge   **la solicitud de empleo** job application   **contratar** to hire   **despedir (i, i)** to fire   **entrenar** to train   **introducir datos** to input data   **los impuestos** the taxes   **dibujar** to draw   **pintar** to paint   **fallar** to fail, to be down

11-24 ▶ ¿Lo han hecho?

Indica qué han hecho las siguientes personas en una oficina y lo que no han hecho todavía. Utiliza uno de los verbos en la forma afirmativa y el otro en la forma negativa con **todavía no.**

Modelo · la oficina de recursos humanos: contratar al nuevo empleado / recibir las solicitudes de empleo
La oficina de recursos humanos ha recibido las solicitudes de empleo, pero todavía no ha contratado al nuevo empleado.

1. los empleados: llegar al trabajo / empezar a trabajar
2. la secretaria: encender la fotocopiadora / sacar las copias
3. la oficina de recursos humanos: despedir a la recepcionista / contratar a otra persona
4. el departamento de servicio técnico: conectar la impresora / instalar la nueva computadora
5. la supervisora: entrenar a los empleados / evaluar su progreso
6. la oficina de recursos humanos: publicar (*publish*) una oferta de empleo / recibir muchas solicitudes
7. el programador: diseñar la página web / resolver todos los problemas técnicos
8. el contador: distribuir los cheques / calcular el pago

11-25 ▶ Problemas.

Trabajas para una empresa grande y un colega te pregunta si has hablado con las personas apropiadas para resolver estos problemas. ¿Qué te preguntaría?

Modelo · Hay un problema con las computadoras.
¿Has hablado con los programadores en el servicio técnico?

1. Dijeron cosas falsas en mi evaluación.
2. Me retienen demasiado de mi sueldo en impuestos.
3. Envié una solicitud para el nuevo puesto pero no me han llamado para una entrevista.
4. Un cliente viene a verme pero no sé si ha llegado.
5. No encuentro los archivos que necesito.
6. Nadie me ha enseñado a hacer este trabajo.
7. La publicidad nueva de la empresa es muy fea.
8. La página web de la empresa no funciona bien.

11-26 ▶ Otra conversación.

En parejas, vuelvan a leer *Una conversación* entre la supervisora y la secretaria. Luego, preparen una conversación en la cual uno/a de ustedes habla con su supervisor/a o profesor/a de algún problema que ha tenido en su trabajo o en una clase. Digan también qué han hecho para resolverlo.

11-27 ▶ Comparaciones culturales.

Lee los resultados de un estudio publicado por Kelly Global Workforce Index sobre la valoración que los trabajadores españoles han hecho de sus supervisores y ofrece después tu perspectiva personal.

1. ¿Has trabajado alguna vez en los Servicios Públicos? ¿Qué aspectos positivos crees que tiene trabajar en este sector?
2. En tu opinión, ¿qué características debe tener un/a buen/a supervisor/a?
3. ¿Crees que es importante recibir recompensa por el trabajo bien hecho? ¿Por qué sí o no?

- El 67% de los españoles está contento o muy contento en su puesto de trabajo actual[1] y los trabajadores que valoran más su empleo son los que trabajan en los Servicios Públicos.

- En una escala de 1 a 10, los españoles han dado a sus supervisores una nota media de 6.3 puntos. La valoración de los supervisores se ha hecho según los siguientes criterios: las habilidades de comunicación, el liderazgo[2], el espíritu de equipo y la delegación de tareas[3] y responsabilidades.

- Un 46% de los entrevistados afirmó que generalmente recibe recompensa[4] de su supervisor por el trabajo bien hecho, y un 48% indicó que recibe recompensa pocas veces o nunca.

[1]*current* [2]*leadership* [3]*tasks* [4]*reward*

Gramática 1

SAM: 11-27 to 11-29

Connecting ideas: Relative pronouns with the indicative and subjunctive

Para averiguar

1. What is a relative clause? What is a relative pronoun?
2. What can the relative pronoun **que** mean?
3. When do you use **quien** rather than **que** to say who(m)?
4. When do you use **lo que**?
5. When do you use the indicative in a relative clause? When do you use the subjunctive?
6. Do you use the indicative or the subjunctive in a relative clause to describe a nonexistent noun after **nadie, nada,** and **ninguno/a**?

Suggestion.
Stress to students that the most basic difference between the use of the indicative and the subjunctive is that the indicative is used to describe what is considered real, and the subjunctive indicates that something may not be reality. In English, the word *might* is often inserted to express the same nuance: *Busco un sitio web que tenga ofertas de empleo.* > I'm looking for a web page that might have job listings.

Supplemental activities.
• Exemplify the use of relative pronouns by pretending that you are a visiting professor asking questions such as the following about students in the class: *¿Quién es el estudiante que . . . (lleva una camiseta amarilla, tiene barba, está detrás de ti, no está en clase hoy . . .)?* Then, continue by having students explain who different students are by completing sentences such as: *Caroline es la estudiante que . . .*
• Ask: *¿En la clase hay alguien o no hay nadie que haga las siguientes cosas?* MODELO: *dormir >*
No hay nadie que duerma. / Daniel duerme.
(tomar algo, escribir algo en la pizarra, salir del salón de clase en este momento, tener una camisa roja hoy, tener el pelo rojo, ser de Brasil, saberlo todo, llegar tarde a clase con frecuencia, hacer muchas preguntas en clase)
• Ask: *¿Qué buscas o quieres en las siguientes personas o cosas? Usa un pronombre relativo en la respuesta.* MODELO: *una casa > Prefiero una casa que tenga dos baños, que no cueste mucho y que esté cerca de la universidad.* (un trabajo, un/a compañero/a de cuarto / casa, un restaurante para cenar, un vecindario, un médico, un profesor de español para el próximo semestre)
• Tell students that they are completing a questionnaire for an online matchmaking service and ask them to complete the following sentence describing the ideal partner's appearance, personality, leisure activities, profession, education, habits, beliefs, or other characteristics: *Busco a alguien que . . .*

■ A relative clause is a phrase that clarifies which noun you are talking about, or describes its characteristics. Relative clauses are placed immediately after the noun they describe and are introduced by a relative pronoun. The most common relative pronoun in Spanish is **que** (*that, which, who*), which can be used to describe both people and things. Note how in the last sentence of each set, the description of the noun is connected by **que**.

Quiero el nuevo puesto. El puesto está disponible.	*I want the new position. The position is available.*
Quiero el nuevo puesto **que** está disponible.	*I want the new position that is available.*
Ese hombre era simpático. Él me entrevistó.	*That man was nice. He interviewed me.*
Ese hombre **que** me entrevistó era simpático.	*That man who interviewed me was nice.*

■ After a preposition, use **quien(es)** instead of **que** to refer to people. Use the plural form **quienes** to refer to plural nouns. There is no accent on **quien(es)** or **que** when they are relative pronouns rather than question words.

¿Cómo se llama la candidata? Tenemos una entrevista con ella.	*What is the applicant's name? We have an interview with her.*
¿Cómo se llama la candidata **con quien** tenemos una entrevista?	*What is the candidate's name with whom we have an interview?*

■ Use **lo que** to say *what* as a statement, rather than as a question, or to say *that which.*

QUESTION: ¿Qué dicen?	*What are they saying?*
STATEMENT: No entiendo **lo que** dicen.	*I don't understand what they are saying.*

■ Use the subjunctive in a relative clause to describe the characteristics of a person, place, or thing that is just imagined, but may not exist.

Busco un empleo que me **pague** bien.	*I'm looking for a job that pays me well.*
Quiero un jefe con quien **me sienta** cómodo/a.	*I want a boss with whom I feel comfortable.*

■ The following sentences have the same translation in English, but the first uses the indicative to describe what is considered real, and the second uses the subjunctive to indicate that something may not be real.

Busco un sitio web que **tiene** ofertas de empleo.	*I'm looking for a website that has job listings. (I have seen the website and know it exists.)*
Busco un sitio web que **tenga** ofertas de empleo.	*I'm looking for a website that has job listings. (I don't know of such a website, but I'm looking for one.)*

■ The subjunctive is also used in relative clauses after **nadie, nada,** or **ninguno/a** to describe nonexistent nouns.

No conozco a nadie que **sea** perfecto.	*I don't know anyone who is perfect.*
No tengo nada que **necesites**.	*I don't have anything that you need.*

11-28 ▶ En la compañía. Completa las siguientes oraciones con **que** o **quien** y la persona de la lista a quien se refiere.

el cliente	el programador de computadoras
el contador	el recepcionista
la diseñadora gráfica	la secretaria
la directora de recursos humanos	la supervisora
el presidente	

Modelo   La persona *que* dirige la compañía es *el presidente*.

1. La persona con ____*quien*____ necesita hablar sobre ofertas de empleo es . . .
2. La persona ____*que*____ contesta el teléfono y ____*que*____ recibe a los visitantes es . . .
3. La persona a ____*quien*____ necesita llamar si hay problemas con la página web es . . .
4. La persona con ____*quien*____ necesita comunicarse si tiene preguntas acerca de su evaluación es . . .
5. La persona a ____*quien*____ necesita ver sobre artículos de oficina como bolígrafos o papel para la impresora es . . .
6. La persona ____*que*____ se ocupa de las cuentas de la compañía es . . .
7. La persona ____*que*____ está encargada de diseñar las imágenes para la publicidad es . . .
8. La persona para ____*quien*____ hacemos este trabajo es . . .

11-29 ▶ Un nuevo trabajo.   Una amiga explica que no le gusta su trabajo. Completa cada oración con la frase lógica entre paréntesis. Usa la forma correcta de los verbos en el presente del indicativo o el subjuntivo, según el contexto.

Modelo   Tengo un trabajo que me *paga mal.* Quiero un trabajo me *pague bien.*
(pagar bien, pagar mal)

1. Tengo un jefe que . . . Quiero un jefe que . . . (enojarse todo el tiempo, tener más paciencia)
2. Tengo un jefe para quien . . . Quiero un jefe que . . . (decir siempre la verdad, ser difícil admitir sus errores)
3. Trabajo con gente con quien (yo) . . . Quiero trabajar con gente con quien (yo) . . . (llevarse mal, tener una buena relación)
4. Trabajo con gente que nunca . . . Quiero trabajar con gente con quien (yo) . . . (poder hablar francamente, comunicarse conmigo)
5. Tengo un trabajo que me . . . Quiero un trabajo que me . . . (absorber todo el tiempo, permitir trabajar desde casa)
6. Trabajo para una compañía que . . . Quiero trabajar para una compañía que . . . (tener buena reputación, tener mala reputación)

11-30 ▶ ¿De qué te gusta hablar?   Completa las siguientes preguntas con **que, quien(es)** o **lo que.**

1. ¿Cuáles son los temas de conversación ____*que*____ más te interesan? ¿Quién es el amigo o la amiga con ____*quien*____ más hablas de esos temas? Generalmente, ¿estás de acuerdo con ____*lo que*____ dice tu amigo/a?
2. ¿Quiénes son las personas de ____*quienes*____ más se habla en las noticias recientemente? ¿Estás interesado/a en ____*lo que*____ hacen esas personas? ¿Qué han hecho recientemente ____*que*____ salió en las noticias? ¿Quién es una persona famosa con ____*quien*____ te gustaría hablar? ¿Qué es ____*lo que*____ más te interesa de esa persona?
3. ¿Conoces a todas las personas con ____*quienes*____ te comunicas por Internet o te comunicas a veces con gente ____*que*____ no has conocido en persona? Cuando hablas con gente que no has conocido en persona, ¿tienes cuidado con ____*lo que*____ dices, o hablas con libertad?

🎙️🎙️ **¿Y tú?** Ahora entrevista a un/a compañero/a de clase con las preguntas anteriores.

Answers for 11-28.
1. la directora de recursos humanos. 2. el recepcionista. 3. el programador de computadoras. 4. la supervisora. 5. la secretaria. 6. el contador. 7. la diseñadora gráfica. 8. el cliente

Answers for 11-29.
1. se enoja todo el tiempo., tenga más paciencia.; 2. es difícil admitir sus errores., diga siempre la verdad.; 3. me llevo mal., tenga una buena relación.; 4. se comunica conmigo., pueda hablar francamente.; 5. absorbe todo el tiempo., permita trabajar desde casa.; 6. tiene mala reputación., tenga buena reputación.

Follow-ups for 11-29.
• Give students the following context: *Estás buscando trabajo. Termina la oración:* Quiero un trabajo que me . . . *o* No quiero un trabajo que me . . . con los verbos indicados en el subjuntivo. MODELO: *permitir trabajar desde casa* > Quiero un trabajo que me permita trabajar desde casa. (aburrir, divertir, abrir otras puertas, ayudar en mi desarrollo personal, causar mucho estrés, dar opciones, permitir viajar, gustar)
• Tell students: *Termina la oración* Quiero un jefe con quien . . . *o* No quiero un un jefe con quien . . . con los verbos indicados en en la forma yo del subjuntivo. MODELO: *pelearse* > No quiero un jefe con quien me pelee. (tener problemas, tener una buena comunicación, poder ser amigo/a, mantener respeto mutuo, sentirse nervioso/a, sentirse cómodo/a, trabajar con tranquilidad, poder contar chistes)

Supplemental activities.
• Tell students: *Completa las siguientes oraciones expresando tu opinión sobre los medios de comunicación locales, nacionales o internacionales. MODELO: No creo todo lo que . . . > No creo todo lo que leo en Internet / dicen en el periódico local / veo en . . .*
1. *No creo todo lo que . . .* 2. *Generalmente, estoy de acuerdo con lo que . . .* 3. *A veces, me sorprende lo que . . .* 4. *A veces, no me gusta lo que . . .* 5. *Lo que más me gusta ver en la televisión es / son . . .*
• Ask: *¿Qué opinas? Completa las siguientes oraciones.* 1. *En la clase de español, lo que hacemos más es . . . (Lo que más me gusta de la universidad es / son . . . , Lo que menos me gusta de la universidad es / son . . .)* 2. *Los fines de semana, lo que me gusta hacer es . . . (Lo que no me gusta hacer es . . . , Lo que más hago para divertirme es . . .)* 3. *Lo que más me gusta de mi apartamento / casa es / son . . . (Lo que menos me gusta es / son . . .)* 4. *Para ser feliz en la vida, lo que más necesito es / son . . . (En la vida, lo que no entiendo a veces es por qué . . .)*

Suggestion.
Search the web for the lyrics to Carlos Ponce's song "*Busco una mujer*" and have students read them or play the song for the class.

📖 Gramática 2 — Expressing feelings: The subjunctive after expressions of emotion and the present perfect subjunctive

SAM: 11-30
to 11-33

SAM: 11-30 to 11-33

Para averiguar

1. What are some expressions of emotion that are followed by the subjunctive?
2. When do you use the present perfect subjunctive?
3. How do you form the present perfect subjunctive? What are the forms of **haber** in the subjunctive?

Suggestion.
Point out to students that they have already seen *haya* as the subjunctive of *hay,* and that *haber* is the infinitive of *hay.* Ask them what the present perfect of *hay* (*there has been*) would be in Spanish > *ha habido.*

■ You have already used the subjunctive to express opinions or doubts about what should or might happen. It is also used to express feelings about what happens after the following expressions describing emotions.

alegrarse de que . . .	*to be happy that . . .*
estar contento/a de que . . .	*to be glad that . . .*
estar triste de que . . .	*to be sad that . . .*
sentir (ie, i) que . . .	*to be sorry that . . .*
temer que . . .	*to fear that . . .*
tener miedo de que . . .	*to be afraid that . . .*
Me / Te . . . gusta que . . .	*I / You . . . like that . . .*
Me / Te . . . encanta que . . .	*I / You . . . love that . . .*
Me / Te . . . molesta que . . .	*It bothers me / you . . . that . . .*
Me / Te . . . sorprende que . . .	*It surprises me / you . . . that . . .*

Me molesta que el escáner nunca **funcione.**	*It bothers me that the scanner never works.*
Me sorprende que no **compren** uno nuevo.	*It surprises me that they don't buy a new one.*

■ Use the present perfect subjunctive to express feelings or doubts about what has happened. The present perfect subjunctive is formed by using the subjunctive of the auxiliary verb **haber** and the past participle.

Present Perfect Subjunctive

que yo	haya trabajado		que nosotros/as	hayamos trabajado
que tú	hayas trabajado		que vosotros/as	hayáis trabajado
que Ud., él, ella	haya trabajado		que Uds., ellos/as	hayan trabajado

Me alegro de que **hayas tenido** varias entrevistas.	*I'm happy that you've had several interviews.*
Dudo que **hayan contratado** a otra persona.	*I doubt that they've hired another person.*

Answers for 11-31.
1. . . . *les gusta que hagan . . . ; les gusta que terminen . . . ; no les gusta que se peleen.; . . . les gusta que se lleven bien.; . . . no les gusta que sean desorganizados.; . . . les gusta que sean organizados.; . . . no les gusta que falten . . . ; . . . les gusta que vengan . . . ; . . . no les gusta que salgan . . . ; 2. . . . no les gusta que sean . . . ; . . . les gusta que los traten . . . ; . . . no les gusta que les den . . . ; . . . les gusta que se comuniquen . . . ; . . . no les gusta que digan . . . ; . . . les gusta que sepan . . .*

Follow-up for 11-31.
In groups, have students complete the following statements with as many different endings as they can think of. 1. *A los profesores les gusta (molesta) que los estudiantes . . .* 2. *A los estudiantes les gusta (molesta) que los profesores . . .* 3. *A los padres les gusta (molesta) que los hijos . . .* 4. *A los hijos les gusta (molesta) que los padres . . .* 5. *A los hombres les gusta (molesta) que las mujeres . . .* 6. *A las mujeres les gusta (molesta) que los hombres . . .*

11-31 ▶ **En la oficina.** Indica lo que les gusta o no a los supervisores y empleados en una oficina típica. Completa las siguientes oraciones con cada verbo entre paréntesis en el presente del subjuntivo.

Modelo   Generalmente, a los supervisores (no) les gusta que los empleados . . . (llegar tarde)
Generalmente, a los supervisores no les gusta que los empleados lleguen tarde.

1. Generalmente, a los supervisores (no) les gusta que los empleados . . . (hacer su trabajo sin problemas, terminar su trabajo a tiempo, pelearse, llevarse bien, ser desorganizados, ser organizados, faltar mucho al trabajo, venir al trabajo todos los días, salir del trabajo antes de la hora indicada)
2. Generalmente, a los empleados (no) les gusta que los supervisores . . . (ser muy mandones, tratarlos con respeto, darles demasiado trabajo, comunicarse claramente con ellos, decir cosas falsas en sus evaluaciones, saber trabajar con los demás)

11-32 ▶ Los titulares. Expresa lo que opinas (*think*) acerca de los siguientes titulares del periódico universitario.

Modelo   La matrícula (*tuition*) sube.
No me gusta que la matrícula suba.

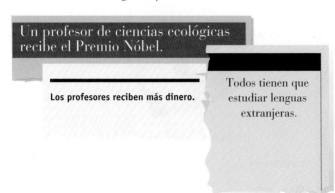

CREAN MÁS LUGARES DE ESTACIONAMIENTO.

LA BIBLIOTECA ESTÁ ABIERTA MÁS HORAS.

Un profesor de ciencias ecológicas recibe el Premio Nóbel.

Los profesores reciben más dinero.

Todos tienen que estudiar lenguas extranjeras.

El nuevo estacionamiento cuesta dos dólares la hora.

Se permite fumar en las clases.

Hay menos ayuda financiera.

Se necesitan más horas de matemáticas para graduarse.

11-33 ▶ Un puesto nuevo. Un amigo te habla del nuevo trabajo de su esposa. Comienza cada oración con **Me alegro de que . . .** o **Siento que. . . .** para reaccionar a lo que dice.

Modelo   Mi esposa tiene un nuevo trabajo.
Me alegro de que tenga un nuevo trabajo.

1. Le pagan mucho más.
2. Su trabajo es un poco aburrido.
3. Trabaja hasta tarde todas las noches.
4. Su supervisor es un gruñón (*a grump*).

5. Tiene beneficios excelentes.
6. Le dan cinco semanas de vacaciones pagadas.
7. No puede tomar vacaciones durante un año.

11-34 ▶ ¿Ha cambiado la situación? Después de unos meses, el mismo amigo de la actividad anterior te dice las siguientes cosas. Usa el presente perfecto del subjuntivo para reaccionar a lo que te dice.

Modelo   Han despedido al supervisor gruñón de mi esposa.
Me alegro de que hayan despedido a su supervisor gruñón.

1. Le han dado un aumento a mi esposa.
2. La han hecho supervisora.
3. Ha tenido problemas con muchos de sus empleados.
4. No ha podido descansar desde que aceptó el puesto de supervisora.
5. Ha trabajado todos los sábados y domingos de este mes.
6. Ya ha resuelto casi todos los problemas de su oficina.

11-35 ▶ Una mentira. En un papel, escribe dos cosas interesantes que hayas hecho y una mentira (*a lie*) sobre algo que no hayas hecho. Luego, lee las oraciones en voz alta y los otros miembros de tu grupo dirán de cuál dudan.

¿Has estado en Antigua, Guatemala?

Modelo   E1: *He vivido en México, he visto al presidente y he estado en Guatemala.*
E2: *Dudo que hayas vivido en México.*
E3: *Yo también dudo que hayas vivido en México.*
E4: *No es cierto que hayas visto al presidente.*
E1: *Tú tienes razón, Rick. No he visto al presidente.*

Vocabulario En el banco

SAM: 11-34 to 11-36

CD 4, Track 37

¿Te gustaría trabajar en un banco? ¿Has pedido alguna vez **un préstamo** de un banco?

¿Sabías que...?

Los bancos en muchos países hispanos están abiertos generalmente de ocho o nueve de la mañana a cuatro o cinco de la tarde. Los cajeros automáticos (*ATMs*) generalmente están a disposición del cliente las veinticuatro horas del día. Además de la gestión (*management*) de cuentas de ahorros, los bancos también tramitan (*process*) los pagos de facturas (*bills*) de teléfono, agua, gas, electricidad y pagos de automóviles. El cliente hispano sigue prefiriendo el trato directo con el banco que la banca en línea (*online banking*). ¿Pagas tus facturas en el banco? ¿Cuáles crees que son las ventajas y las desventajas de la banca en Internet?

una chequera

una cuenta corriente

firmar un cheque

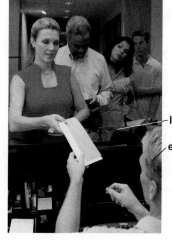

la ventanilla

el/la cajero/a

el dinero en efectivo

un billete

una moneda

ahorrar (una cuenta de ahorros)
depositar (un depósito)
retirar (un retiro)
cobrar un cheque

cambiar dinero / cheques de viaje

Suggestions for *Una conversación.*
• Have students listen to the conversation first with books closed for the answers to the following questions. 1. *A Adán le gusta su banco. ¿Cómo hace los trámites (transactions) con el banco? (en línea o por teléfono)* 2. *A Luis no le gusta su banco. ¿Cuánto tiene que pagar al mes por mantener su cuenta corriente si no tiene un déposito mínimo de mil dólares? (diez dólares)* Then, have students read along in their books as they listen a second time.
• New words presented in the conversation include the boldfaced words and *depósito directo, en línea,* and *mínimo.*

CD 4 Track 38

Audioscript for *¡A escuchar!*
EL CAJERO: *Buenas tardes, señora. ¿En qué puedo servirle?*
LA CLIENTA: *Necesito cambiar unos cheques de viaje. ¿A cuánto está el cambio?*
EL CAJERO: *¿Son dólares estadounidenses?*
LA CLIENTA: *Sí. (Continued below.)*

 CD 4, Track 39

¡A escuchar!

Escuchen otra conversación en la cual una clienta hace un trámite en el banco. ¿Cuál es el trámite? ¿Cuánto paga y cuánto dinero le dan? ¿Está en México, España o Argentina?

EL CAJERO: *Ahora un euro son uno coma treinta y ocho dólares.*
LA CLIENTA: *Quiero cambiar trescientos dólares.*
EL CAJERO: *¿Me firma los cheques aquí, por favor?*
LA CLIENTA: *Aquí los tiene firmados.*
EL CAJERO: *Me permite su pasaporte, por favor. Bien, 300 dólares son 217 euros.*
LA CLIENTA: *Gracias, señor.*
EL CAJERO: *De nada.*

Una conversación. Dos amigos, Luis y Adán, hablan de sus bancos.

LUIS: Quiero cambiar de banco. ¿Conoces un buen banco con **una sucursal** cerca de aquí?

ADÁN: Me gusta el mío pero no está cerca de aquí. Tengo depósito directo y hago casi todos mis **trámites** en línea o por teléfono. Siempre saco dinero de **los cajeros automáticos**. ¿Por qué quieres cambiar de banco?

LUIS: Porque si no tengo un depósito mínimo de 1.000 dólares me cobran diez dólares al mes por mantener la cuenta corriente. Además tengo que pagar dos dólares cada vez que utilizo un cajero automático de otro banco.

ADÁN: **¿De veras?** Me sorprende que te cobren tanto.

LUIS: Sí, y mi tarjeta de crédito con este banco tiene **una tasa de interés** del 18 por ciento.

ADÁN: Debes probar mi banco en línea. No hay muchos **cargos** por los servicios y es muy práctico.

Possible answers for *¡A escuchar!*
Cambia cheques de viaje (dinero). / Paga 300 dólares y le dan 217 euros. / Está en España.

---

un préstamo *a loan*   **ahorrar** *to save* (money)   **retirar** *to withdraw*   **cobrar** *to cash* (a check), *to charge* (a fee)
una cuenta corriente *a checking account*   **una sucursal** *a branch office*   **un trámite** *a transaction*   **un cajero**
automático *an ATM*   **¿De veras?** *Really?*   **una tasa de interés** *an interest rate*   **un cargo** *a charge*

11-36 ▶ Bancos. Lee las descripciones de los servicios ofrecidos por un banco. ¿Son importantes para ti o no son necesarios?

Modelo   *No es necesario que tengan muchas sucursales por todo el país.*

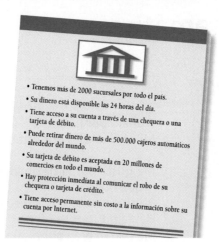

* Tenemos más de 2000 sucursales por todo el país.
* Su dinero está disponible las 24 horas del día.
* Tiene acceso a su cuenta a través de una chequera o una tarjeta de débito.
* Puede retirar dinero de más de 500.000 cajeros automáticos alrededor del mundo.
* Su tarjeta de débito es aceptada en 20 millones de comercios en todo el mundo.
* Hay protección inmediata al comunicar el robo de su chequera o tarjeta de crédito.
* Tiene acceso permanente sin costo a la información sobre su cuenta por Internet.

Follow-up for 11-36.
Tell students: *Reacciona a las siguientes situaciones usando:* Es bueno que . . . , Es absurdo que . . . , Es una lástima que . . . *Modelo: Las tarjetas de crédito tienen una tasa de interés baja. > Es bueno que las tarjetas de crédito tengan una tasa de interés baja.*
1. *Te cobran diez dólares al mes por mantener una cuenta corriente.* 2. *Los clientes tienen que hacer todos los trámites en línea.* 3. *Hay muchos cajeros automáticos cerca de tu casa y tu trabajo.* 4. *Los cajeros automáticos no funcionan con frecuencia.* 5. *Los bancos no aceptan depósito directo.* 6. *Las sucursales están abiertas hasta las siete de la tarde.* 7. *No se puede sacar dinero si las computadoras del banco no funcionan.* 8. *Siempre hay muchos errores en tu cuenta.*

 11-37 ▶ Entrevista. Entrevista a otro/a estudiante con estas preguntas.

1. ¿Te gusta tu banco? ¿Tienes acceso a tu cuenta por Internet? ¿Retiras dinero de los cajeros automáticos con frecuencia? ¿Cuánto te cobran si utilizas un cajero automático de otro banco?
2. ¿Cómo pagas generalmente cuando vas de compras? ¿Con un cheque? ¿En efectivo? ¿Con tarjeta de crédito? ¿Con tarjeta de débito? ¿Tienes tarjeta de crédito? Generalmente, ¿cargas mucho a la tarjeta?
3. ¿Has obtenido un préstamo para pagar los estudios? ¿Cuál es la tasa de interés?

Suggestion for 11-37.
Point out to students that both *cobrar* and *cargar* are translated as *to charge*, but *cobrar* is used when charging fees, and *cargar* when charging something with a credit card. *Cobrar* is also used to say you cash a check.

 11-38 ▶ Otra conversación. En parejas vuelvan a leer *Una conversación* entre Luis y Adán. Luego, cambien la conversación para hablar de los bancos de ustedes.

Supplemental activities.
• Ask: *¿Has hecho las siguientes cosas este mes? (depositar dinero en el banco, retirar dinero del banco, ir al banco, utilizar un cajero automático, obtener un préstamo, firmar muchos cheques, gastar mucho dinero, ahorrar mucho dinero, cargar mucho a una tarjeta de crédito)*
• Ask: *¿Se pueden hacer los siguientes trámites en un cajero automático? Modelo: hacer preguntas acerca de una cuenta > No, en un cajero automático no se pueden hacer preguntas acerca de una cuenta.* 1. *saber cuánto dinero hay en una cuenta;* 2. *hacer un depósito;* 3. *sacar dinero;* 4. *obtener un préstamo;* 5. *depositar dinero;* 6. *cobrar un cheque;* 7. *abrir una cuenta;* 8. *cambiar dinero.* For the last item, you may wish to point out to students that when using ATMs or paying with a credit card abroad, the currency is automatically exchanged, usually for a slight fee.

11-39 ▶ Comparaciones culturales. Lee la siguiente información sobre algunas de las divisas (*currencies*) en circulación en los países hispanos y comparte tus opiniones en respuesta a las preguntas.

Generalmente, los valores de los billetes de las divisas en los diferentes países hispanos son fácilmente identificables por sus distintos colores y por las distintas personalidades que se encuentran en cada uno. Estas personalidades incluyen escritores, políticos o médicos famosos en sus respectivos países. Además, en algunos países, los billetes son más grandes para los valores mayores y más pequeños para los valores menores.

En Venezuela la moneda (*money*) nacional es el bolívar. A finales del año 2007, se hizo una reconversión para usar el dinero en una escala menor (*smaller scale*). La divisa más pequeña era antes de 1.000 bolívares y la mayor de 100.000 bolívares. Con la reconversión, 1.000 bolívares equivalen a 1 bolívar fuerte, y 100.000 bolívares equivalen a 100 bolívares fuertes. Un dólar americano son aproximadamente dos bolívares fuertes.

En 1991 la República de Perú adoptó una nueva moneda oficial: el nuevo sol, que sustituyó a los tradicionales intis. Existen billetes de 200, 100, 50, 20 y 10 nuevos soles. Un dólar americano son aproximadamente tres nuevos soles.

1. ¿Sabes quiénes son las personalidades que aparecen en cada uno de los billetes norteamericanos?
2. ¿Crees que es difícil para el turista que viaja a Estados Unidos diferenciar los distintos billetes, ya que tienen el mismo tamaño (*size*) y el mismo color?
3. ¿Crees que es difícil para las personas acostumbrarse a un nuevo sistema de divisas?

Resumen de gramática

SAM: 11-37 to 11-43

Giving explanations: *por* and *para*

Use **por** to express:
1. during what period of time (*during, for*)
2. through what area (*through, along, by, around*)
3. a cause (*on account of, because of, for*)
4. who or what is being picked up (*for*)
5. means (*by, by way of, via*)
6. an exchange (*for*)

Trabajo **por** la tarde.	*I work during the afternoon.*
Mi oficina está **por** este pasillo.	*My office is along this hall.*
Me gusta **por** la flexibildad que me da.	*I like it for the flexibility it gives me.*
Pasan **por** el correo al mediodía.	*They come for the mail at noon.*
Hablamos **por** teléfono.	*We talk by phone.*
Me pagan bien **por** mi trabajo.	*They pay me well for my work.*

Use **para** to express:
1. a point in time, an occasion, or a deadline (*for, by*)
2. a destination (*for*)
3. a purpose, goal, or intent (*to, in order to*)
4. a recipient, a benefactor, or for whom something is intended (*for*)
5. from whose point of view (*for*)
6. for what category of person or thing (*for*)

La cita es **para** las dos.	*The appointment is for two.*
Salgo **para** la oficina a las siete.	*I leave for the office at seven.*
Para avanzar, es necesario aprender.	*To advance, it is necessary to learn.*
Preparo informes **para** mi jefe.	*I prepare reports for my boss.*
Para mí, este trabajo es bueno.	*For me, this work is good.*
Lleve ropa adecuada **para** el puesto.	*Wear appropriate clothes for the job.*

Relative pronouns

■ A relative clause describes a noun in another clause to which it is attached using a relative pronoun. The most common relative pronoun in Spanish is **que** (*that, which, who*). After a preposition, use **quien(es)** to refer to people.

La nueva empleada **que** empezó hoy es bilingüe.	*The new employee **that / who** started today is bilingual.*
Los clientes **con quienes** trabajo son de Sudamérica.	*The clients **with whom** I work are from South America.*

■ Use the subjunctive rather than the indicative in a relative clause to describe a noun that is just imagined, but may not exist, or after **nadie, nada,** or **ninguno/a** to describe nonexistent nouns.

INDICATIVE: (REAL)	Prefiero el puesto que **tiene** un horario flexible. *I prefer the position that has a flexible schedule.*
SUBJUNCTIVE: (IMAGINED)	Prefiero un puesto que **tenga** un horario flexible. *I prefer a position that has a flexible schedule.*
SUBJUNCTIVE: (NONEXISTENT)	No hay ningún puesto que me **guste**. *There's no position that I like.*

■ Use **lo que** to say *what* as a statement, rather than as a question.

QUESTION:	¿Qué quieren?	*What do they want?*
STATEMENT:	Lo que quieren es . . .	*What they want is . . .*

The subjunctive after conjunctions of time

■ Use the subjunctive after these conjunctions of time when referring to future actions. However, use the present indicative or the preterit after all of them except **antes (de) que** when a sentence describes something that happens as a general rule or has already happened. Always use the subjunctive after **antes (de) que**.

antes (de) que	*before*	**hasta que**	*until*
cuando	*when*	**mientras**	*while, as long as*
después (de) que	*after*	**tan pronto como**	*as soon as*

Estaré nervioso cuando vaya a la entrevista.	*I'll be nervous when I go to the interview.*
Siempre estoy nervioso cuando voy a una entrevista.	*I'm always nervous when I go to an interview.*

■ **Después de** and **antes de** are followed by an infinitive when there is no change of subject in the sentence.

Estaré bien después de comenzar la entrevista.

I'll be fine after starting the interview.

The subjuntive after expressions of emotion

■ Use the subjunctive after expressions describing emotions. See page 334 for a list of expressions of emotion that are followed by the subjunctive.

Estoy contento de que **vayas**. Me sorprende que **estés** nervioso.

I'm glad that you are going. I'm surprised that you are nervous.

Using past participles as adjectives

■ Change the ending of -ar verbs to **-ado** and the ending of -er or -ir verbs to **-ido** to form regular past participles in Spanish. The **-ido** ending of -er and -ir verbs has a written accent on the **-i-** when it directly follows the vowel -**a**, -**e**, or -**o**. Past participles used as adjectives agree in number and gender with nouns they modify.

terminar → Este trabajo está termin**ado**.
perder → Encontré la carpeta perd**ida**.
recibir → Éstos son todos los currículums recib**idos** hasta ahora.
leer / traer → He le**ído** las solicitudes tra**ídas** de recursos humanos.

■ Some verbs have irregular past participles.

abrir → **abierto**
decir → **dicho**
escribir → **escrito**
hacer → **hecho**
morir → **muerto**

poner → **puesto**
resolver → **resuelto**
romper → **roto**
ver → **visto**
volver → **vuelto**

The present perfect

■ Use the present perfect to say what has been done. In the present perfect, the past participle always ends with **-o** and reflexive and object pronouns are placed before the conjugated auxiliary verb **haber**.

Present Perfect

yo	he terminado	nosotros/as	hemos terminado
tú	has terminado	vosotros/as	habéis terminado
Ud., él, ella	ha terminado	Uds., ellos/as	han terminado

— ¿Han terminado el trabajo?

— *Have they finished the work?*

— No, no lo han terminado todavía.

— *No, they haven't finished it yet.*

■ Unlike as in English, use the present tense instead of the present perfect with **hace que** to say how long someone has done something still in progress.

Hace un año que trabajo aquí.

I have worked here for one year.

The present perfect subjunctive

■ Use the present perfect subjunctive to express feelings or doubts about what has happened. The present perfect subjunctive is formed by using the subjunctive of the auxiliary verb **haber**.

Present Perfect Subjunctive

que yo	haya terminado	que nosotros/as	hayamos terminado
que tú	hayas terminado	que vosotros/as	hayáis terminado
que Ud., él, ella	haya terminado	que Uds., ellos/as	hayan terminado

Dudo que **hayan terminado** la entrevista.

I doubt that they've finished the interview.

SAM: 11-44
to 11-48

EN UNA AGENCIA DE TRABAJO

En este capítulo aprendiste a hablar del trabajo y la experiencia que tienes. Ahora vas a repasar lo que aprendiste con una simulación de la vida real trabajando en una agencia de trabajo.

11-40 ▸ Cambios de trabajo.
Un hombre que busca un puesto nuevo te dice lo siguiente. Completa cada oración con **por** en uno de los espacios en blanco lógico y con **para** en el otro.

Modelo   Trabajé *para* una compañía de seguros *por* cinco años.

1. Me gustaba el puesto ___*por*___ el contacto con el público. Era bueno ___*para*___ mí.

2. Desafortunadamente, tuve que cambiar de puesto ___*por*___ el salario, porque ganaba poco dinero ___*para*___ esa clase de trabajo.

3. Ahora mi oficina está muy lejos y tengo que salir ___*para*___ el trabajo antes de las seis de la mañana. Necesito algo ___*por*___ aquí cerca.

4. Cambio de puesto ___*por*___ mi hijo, ___*para*___ pasar más tiempo con él.

5. Tengo una entrevista ___*para*___ el miércoles ___*por*___ la tarde.

11-41 ▸ Solicitudes.
Completa estas afirmaciones de un director de recursos humanos con el presente perfecto del verbo lógico de la lista en el primer espacio. Luego, usa el mismo participio pasado como adjetivo en el segundo espacio.

abrir	**enviar**	**hacer**	**recibir**	**ver**

Modelo   Nuestra empresa *ha abierto* muchos puestos nuevos. Hay muchos puestos *abiertos* en servicios técnicos.

1. El departamento de recursos humanos ___*ha recibido*___ once solicitudes de empleo. Siempre consideramos todas las solicitudes ___*recibidas*___.

2. Ocho personas ___*han enviado*___ su solicitud por correo y hemos recibido otros tres currículums ___*enviados*___ por Internet.

3. (Nosotros) ___*Hemos visto*___ a tres candidatos en la oficina. No hemos contratado (*hired*) a ninguno de los candidatos ___*vistos*___ hasta ahora.

4. (Yo) ___*He hecho*___ dos entrevistas por teléfono con candidatos que viven lejos, pero prefiero las entrevistas ___*hechas*___ en persona.

11-42 ▸ Clientes.
Completa estas observaciones de un colega con **que** o **quien(es)** en el primer espacio y la forma correcta del verbo en el segundo.

Modelo   Ahora el sector *que tiene* (tener) más puestos es el de telemárketing.

1. Algunas de las personas para ___*quienes*___ buscamos trabajo no ___*saben*___ (saber) lo que quieren hacer.

2. Casi todos quieren un trabajo ___*que*___ les ___*pague*___ (pagar) mejor.

3. Para algunas personas exigentes (*demanding*) no hay ningún trabajo ___*que*___ les ___*guste*___ (gustar).

4. Se buscan empleados ___*que*___ ___*sepan*___ (saber) más de una lengua.

5. Ahora hay mucha gente desempleada ___*que*___ ___*busca*___ (buscar) trabajo.

11-43 ▸ En la entrevista. Le das consejos a un/a amigo/a que va a tener una entrevista mañana. Pon el verbo entre paréntesis en la forma correcta.

Modelo   Voy a darte unos consejos para ayudarte cuando *vayas* (ir) a la entrevista.

1. Infórmate un poco sobre la empresa antes de ____ir____ (ir) a la entrevista.
2. Llega con unos diez minutos de antelación para acostumbrarte al lugar antes que la entrevista ___empiece___ (empezar).
3. No seas el primero en extender la mano. Saluda al entrevistador (*interviewer*) después que te ____dé____ (dar) la bienvenida.
4. No te sientes hasta que el entrevistador te ___invite___ (invitar) a tomar asiento.
5. Mira a los ojos del entrevistador cuando te ___haga___ (hacer) preguntas.
6. Con frecuencia, después de ___terminar___ (terminar) sus preguntas, el entrevistador te preguntará si tú tienes preguntas sobre el puesto.
7. Generalmente, el entrevistador no le ofrecerá el puesto a un candidato antes que ___se vaya___ (irse) de la entrevista.
8. Normalmente, en el momento cuando el candidato ___se va___ (irse), el entrevistador le dice que se comunicará con él.

11-44 ▸ Lo siento. Una clienta de la agencia de trabajo te hace los siguientes comentarios. Reacciona a lo que dice usando **Estoy contento/a de que . . .** o **Siento que. . . .**

Modelo   No he encontrado trabajo.
         Siento que (usted) no haya encontrado trabajo.

1. He enviado mi currículum a varias empresas.
2. Nadie me ha ofrecido trabajo todavía.
3. Me han llamado de tres empresas.
4. No he tenido ninguna entrevista.
5. Una amiga y yo hemos revisado mi currículum.
6. No he perdido la esperanza (*hope*) de encontrar algo.

¡*Hola!* **Entre profesionales**

Whether you work in an employment agency, in a human resources office, or you are interviewing for a job as a bilingual employee, you will need to be able to talk about job qualifications. Visit MySpanishLab for *Hoy día* to find more useful vocabulary, information, and activities such as the following.

Preguntas de entrevista. Con frecuencia en entrevistas de trabajo, se hacen las siguientes preguntas generales. Contesta cada pregunta con una oración completa para conseguir (*get*) el puesto de tus sueños.

1. ¿Cúales son cinco adjetivos que describen su carácter? Explique por qué.
2. ¿Cuál es el último libro que ha leído?
3. ¿Cuál ha sido la decisión más difícil que ha tomado?
4. Hábleme de algún problema que haya tenido en otro empleo o en sus estudios. ¿Cómo lo resolvió?
5. ¿Cuáles son sus puntos fuertes? ¿Cuáles son sus puntos débiles?
6. ¿Cómo se imagina su vida dentro de cinco años?

Follow-up for 11-42.
Tell students: *Completa las siguientes oraciones para describir tu situación o tus preferencias. Si no tienes trabajo, imagina cómo yo (el/la profesor/a) terminaría cada oración. MODELO: Ahora tengo un trabajo que . . . > Ahora tengo un trabajo que me gusta. 1. Ahora tengo un trabajo que . . . 2. Lo que más me gusta de mi trabajo es / son . . . 3. Lo que menos me gusta de mi trabajo es / son . . . 4. Prefiero otro trabajo que . . .*

Follow-up for 11-43.
Tell students: *En grupos de tres, preparen dos consejos más para un/a amigo/a que va a una entrevista importante.*

Answers for 11-44.
1. *Estoy contento/a de que (usted) les haya enviado su currículum a varias empresas.* 2. *Siento que nadie le haya ofrecido trabajo todavía.* 3. *Estoy contento/a de que lo/la hayan llamado de tres empresas.* 4. *Siento que (usted) no haya tenido ninguna entrevista.* 5. *Estoy contento/a de que (su amiga y usted) hayan revisado su currículum.* 6. *Estoy contento/a de que (usted) no haya perdido la esperanza de encontrar algo.*

¡Sí a la igualdad en el trabajo!

SAM: 11-49
to 11-51

Antes de leer

¿Hay sexismo en el mercado de trabajo? ¿Crees que hay ciertos trabajos que no deben hacer las mujeres? ¿Los hombres? ¿Crees que la situación de Estados Unidos respecto a la igualdad (*equality*) en el trabajo es similar a la de otros países?

> ▶ **Reading Strategy** *Reacting to a text.* As a reader you bring to the reading process an array of relevant opinions and experiences related to the topic or topics presented in a text. Understanding the author's point of view and reacting to a text are essential parts of the critical reading process. React to the issues addressed in a text by expressing your opinions and contrasting them to those of the author.

Ahora tú

11-45 ▶ Reacciones. Lee el folleto que sigue sobre la igualdad en el trabajo. ¿Estás de acuerdo con las siguientes afirmaciones que se presentan? Explica por qué.

1. La mujer ha recibido tratamientos discriminatorios sólo por ser mujer.
2. Las posibilidades de promoción no son tan buenas para las mujeres.
3. La igualdad en el trabajo no es una realidad mundial.

¡SÍ a la igualdad en el trabajo!

La mujer no ha tenido siempre las mismas oportunidades que el hombre para acceder al mercado de trabajo. En muchas ocasiones no ha sido valorada equitativamente[1] por sus habilidades profesionales, y ha recibido tratamientos discriminatorios por el simple hecho[2] de ser mujer. A pesar de que las trabajadoras han hecho muchos avances en la lucha[3] por sus derechos[4], la igualdad en el trabajo no es aún una realidad mundial.

En las sociedades modernas, las trabajadoras se han encontrado en una posición de desventaja con respecto al hombre ya que sus posibilidades de promoción y sus salarios con frecuencia no han sido tan buenos como los de sus compañeros.

En los países en vías de desarrollo[5] la explotación de la mano de obra[6] femenina es un problema grave. Las mujeres son con frecuencia las trabajadoras más deseadas en las fábricas por su excelente disposición al trabajo manual. Muchas mujeres son responsables de mantener económicamente a sus familias y se ven obligadas a aceptar trabajos en las fábricas en condiciones inhumanas: con jornadas laborales[7] excesivas, sin seguro médico, en ambientes insalubres[8] y con salarios insignificantes.

Hoy 8 de marzo, Día Internacional de la Mujer, toma conciencia de estos problemas y di ¡Sí a la igualdad en el trabajo!

[1]*equally* [2]*fact* [3]*fight* [4]*rights* [5]*developing* [6]*labor* [7]*work days* [8]*unhealthy*

Después de leer

Possible answers for 11-46.
1. *Para crear conciencia de que la igualdad en el trabajo no es aún una realidad mundial.* 2. *Con frecuencia la mujer ha sido discriminada en el mundo del trabajo por el simple hecho de ser mujer.* 3. *Por su excelente disposición al trabajo manual.* 4. *Acepta trabajar por salarios insignificantes para poder mantener a su familia.* 5. *Answers will vary.*

11-46 ▶ Por la mujer y para la mujer. Contesta las siguientes preguntas relacionadas con la lectura prestando especial atención al uso de **por** y **para.**

1. ¿Para qué crees que ha sido creado el folleto *¡Sí a la igualdad en el trabajo!*?
2. ¿Por qué ha sido discriminada con frecuencia la mujer en el mundo del trabajo?
3. ¿Por qué es la mujer una trabajadora muy deseada en los países en vías de desarrollo?
4. ¿Por qué acepta la mujer en los países en vías de desarrollo trabajar por salarios insignificantes?
5. ¿Crees que en la sociedad norteamericana actual el hombre y la mujer tienen las mismas oportunidades para acceder al mundo del trabajo?

11-47 ▶ Condiciones de trabajo ideales. Eres una trabajadora de una fábrica que está siendo explotada por su empleador. Describe tus condiciones de trabajo ideales utilizando estructuras como en el Modelo.

Modelo   *Quiero encontrar un trabajo que me dé un salario mejor.*
          Deseo trabajar con un empleador que no me explote.

11-48 ▶ Empresarias hispanas. Lee el artículo sobre las empresarias (*businesswomen*) hispanas en Estados Unidos y contesta las preguntas.

Possible answers for 11-48.
1. *California y Nuevo México;* 2. *Los negocios dirigidos por empresarias hispanas crean muchos empleos.* 3. *El modelo de empresaria hispana combina los negocios con el servicio social.*

Las empresarias hispanas son una floreciente comunidad que crea empleos y genera beneficios económicos para la nación.

Una de cada seis mujeres empresarias actualmente en California es hispana y en Nuevo México lo es una de cada cinco. La Asociación Nacional de Mujeres Hispanas de Negocios (NLBWA) indica que hay casi 500.000 empresas de mujeres hispanas en Estados Unidos, con capitales que ascienden a más de 29.400 millones de dólares anuales. La Asociación Nacional de Mujeres Hispanas de Negocios ofrece cursos interactivos de ocho semanas para las interesadas en iniciar su propia empresa. De acuerdo con las cifras del Censo, las empresarias hispanas ofrecen actualmente empleo a cerca de 200.000 personas en la nación y en diversas industrias.

María de Cárdenas es un modelo de empresaria hispana. Directora de comunicaciones de mercado de Cacique, una marca de quesos y otros derivados de leche en el área de Los Ángeles, es un vivo ejemplo de cómo combinar la profesión con el servicio social. Profesionalmente, ha contribuido a colocar la firma Cacique como líder entre las empresas de su categoría en la nación. En el área del servicio social, Cárdenas ha impulsado en los últimos años campañas en beneficio de organizaciones como el Hospital de los Niños de Los Ángeles, la Asociación Americana de Diabetes y el Hogar del Niño, entre otras.

1. ¿En qué estados es especialmente visible la presencia de empresarias hispanas?
2. ¿Cómo contribuyen las mujeres hispanas a la economía norteamericana?
3. ¿Cómo es el modelo de empresaria hispana?

📖 Empresarios hispanos

SAM: 11-52
to 11-53

Antes de ver

Las empresas hispanas triunfan en Estados Unidos y compiten con negocios nacionales. En este capítulo, vas a escuchar el testimonio de dos empresarios, dueños de pequeños negocios en la ciudad de Nueva York, Carlos Arias y Alejandro Cantagallo. También vas a escuchar a una representante de la Cámara de Comercio Hispana (*Hispanic Chamber of Commerce*) de Manhattan que habla sobre las oportunidades empresariales para los hispanos en la zona.

11-49 ▶ Reflexiones. Piensa en pequeños negocios que haya en tu vecindario. ¿Qué tipo de negocios son? ¿Qué productos venden? ¿Quiénes son sus dueños (*owners*)? ¿Crees que tienen dificultades compitiendo con grandes negocios?

> ▶ **Listening Strategy** *Summarizing.* When listening to speakers in a foreign language, it is important to focus on key ideas in order to summarize the information presented in your own words. You might find it useful to take notes while people are talking, and then use these notes as a basis for your summary.

Ahora tú

🎬 **11-50 ▶ En resumen . . .** Mira el video y toma nota de las ideas principales que escuches relacionadas con:

- la función de la Cámara de Comercio Hispana en Nueva York
- el tipo de negocios que Alejandro y Carlos dirigen e información relevante sobre sus negocios

Prepara después un breve resumen con tus propias palabras basándote en las notas que has tomado.

Después de ver

11-51 ▶ La Cámara de Comercio Hispana. Completa la siguiente información sobre la Cámara de Comercio Hispana con la forma correcta del presente perfecto de los verbos entre paréntesis.

La Cámara de Comercio Hispana de Nueva York (1) ___ha tenido___ (tener) mucho éxito en los últimos años. Esta organización sin fines de lucro (*non-profit*) (2) ___ha ayudado___ (ayudar) a muchos empresarios a abrir nuevos negocios y (3) ___ha hecho___ (hacer) crecer el número de negocios hispanos en la ciudad. María Álvarez (4) ___ha visto___ (ver) las oportunidades que la Cámara les (5) ___ha dado___ (dar) a los empresarios hispanos y ella, como presidenta, (6) ___ha puesto___ (poner) a los empresarios hispanos en una posición mejor.

11-52 ▶ Negocios familiares. Contesta las siguientes preguntas relacionadas con los testimonios de Alejandro y Carlos.

1. ¿Con quién trabaja Carlos en el *day spa*? ¿Y Alejandro en la bodega?
2. ¿Qué tipo de clientela viene a la bodega Don Francisco?
3. ¿Qué productos se venden más en la bodega? ¿Qué servicios se ofrecen en el *spa*?
4. ¿Qué valor tiene la bodega para las personas del barrio?
5. ¿Qué ha aprendido Carlos este año del negocio?

Una carta de presentación

SAM: 11-54
to 11-55

Antes de escribir

Estás buscando trabajo y necesitas escribir una carta de presentación para un puesto que requiere conocimientos de español. Habla de tus cualidades personales, de tu experiencia laboral, de tu interés en el trabajo y de tus metas (*goals*) profesionales.

> ▶ **Writing strategy** *Preparing a cover letter.* As part of your job search you will have to write a cover letter introducing yourself to potential employers. Your cover letter should reflect your academic and professional strengths as well as any personal interests that would make you a unique candidate for the position. Cover letters should be concise and well-organized in order to be effective. Avoid complex sentences and include descriptive statements to present your qualifications, job experiences, and career goals.

11-53 ▶ ¡Prepárate! Antes de escribir tu carta de presentación, anota ideas relacionadas con las tres categorías siguientes:

- formación académica, incluyendo tu experiencia con la lengua española
- experiencia profesional
- cualidades personales que te diferencien de otros posibles candidatos

Ahora tú

11-54 ▶ Tu carta de presentación. Escribe tu carta en tres párrafos incluyendo las categorías y las ideas que has preparado en la actividad anterior. Selecciona un saludo y una despedida de los que se ofrecen a continuación.

SALUDOS FORMALES	DESPEDIDAS FORMALES
Señor / Señora / Señores:	**Atentamente,**
Estimado/a señor/a:	**Cordialmente,**
Estimados señores:	**Saludos cordiales,**
Distinguido/a señor/a:	**Se despide atentamente,**
Distinguidos señores:	**Le saluda cordialmente,**

Después de escribir

 11-55 ▶ ¡Edita! Intercambia tu carta con un/a compañero/a y revisa el texto que él/ella ha escrito. ¿Aparece toda la información relevante? Piensa en sugerencias para mejorar la gramática y la organización del texto.

11-56 ▶ ¡Revisa! Revisa tu carta de presentación y asegúrate (*make sure*) que contenga los siguientes elementos:

- ❏ un saludo y una despedida formales
- ❏ expresiones para presentarse
- ❏ vocabulario para hablar de los cursos en la universidad
- ❏ el presente perfecto para hablar de experiencias pasadas recientes

11-57 ▶ ¡Navega! Visita la página web de *Hoy día* para encontrar enlaces a sitios con ejemplos de cartas de presentación. ¿Son las cartas similares a la tuya? ¿Qué otra información útil aparece?

11 Vocabulario

El empleo

el ambiente	environment
el aspecto	aspect
el aumento	raise
el beneficio	benefit
el/la colega	colleague
la compañía	company
la compatibilidad	compatibility
el desarrollo	development
el empleo a tiempo completo / parcial	full-time / part-time job
la empresa	company, enterprise
el/la jefe/a	boss
el motivo	reason
la oportunidad	opportunity
la pensión de jubilación	retirement pension
el puesto	position
el salario	salary
el seguro médico	medical insurance
el sueldo	wage, salary
la ubicación	location

Datos personales

el apellido	last name
el currículum vitae	curriculum vitae, résumé
los datos personales	personal data
la experiencia profesional	professional experience
la formación académica	education
el idioma	language
la información	information
el nombre	name
la preparatoria	high school
la referencia	reference

La informática

la base de datos	database
el diseño de páginas web	web page design
la hoja de cálculo	spreadsheet
el procesador de texto	word processor
el programa de diseño gráfico	graphic design program

Otras palabras y expresiones

además	besides
disponible a petición	available upon request
estar de buen / mal humor	to be in a good / bad mood
tan pronto como	as soon as

Material de oficina

el archivador	filing cabinet
el cajón	drawer
la carpeta	file (folder)
el documento	document
el escáner	scanner
la fotocopiadora	photocopier
la impresora	printer
el monitor	monitor
la pantalla	screen
el ratón	mouse
el teclado	keyboard

Por teléfono

el buzón de voz	voice mailbox
la línea	line
el recado	message
el tono	tone, beep

Verbos y expresiones verbales

apagar	to turn off
archivar	to file
atender (ie)	to attend to, to wait on
devolver (ue)	to return
encender (ie)	to turn on
escanear	to scan
imprimir	to print
obtener	to obtain
resolver (ue)	to resolve
sacar una copia	to make a copy

Otras palabras y expresiones

equivocado/a	wrong, mistaken
lo antes posible	as soon as possible
la oferta de empleo	job offer
publicado/a	published
los recursos humanos	human resources
todavía no	not yet

En la oficina

el acceso	access
los artículos de oficina	office supplies
la cuenta	account, bill
el departamento	department
el/la director/a	director
el/la diseñador/a gráfico/a	graphic artist
el/la empleado/a	employee
la entrevista	interview
los impuestos	taxes
el pago	pay
la publicidad	advertising
el/la responsable	person in charge
el servicio técnico	technical service
el sistema	system
la solicitud de empleo	job application
el/la supervisor/a	supervisor

Verbos y expresiones verbales

calcular	to calculate
contratar	to hire
despedir (i, i)	to fire
dibujar	to draw
diseñar	to design
distribuir	to distribute
entrenar	to train
estar encargado/a de	to be in charge of
evaluar	to evaluate
fallar	to fail, to be down
introducir datos	to input data
organizar	to organize
pintar	to paint
programar	to program

Reacciones y emociones

alegrarse de que	to be happy that
sentir (ie, i) que	to be sorry that
sorprender	to surprise
temer	to fear

La banca (Banking)

el billete	bill
el/la cajero/a	teller, cashier
el cajero automático	ATM machine
el cargo	charge
la chequera	checkbook
la cuenta corriente / de ahorros	checking / savings account
el depósito (directo)	(direct) deposit
el dólar	dollar
el (dinero en) efectivo	(money in) cash
la moneda	coin, money
el préstamo	loan
el retiro	withdrawal
la sucursal	branch office
la tasa de interés	interest rate
el trámite	transaction
la ventanilla	counter window

Verbos y expresiones verbales

ahorrar	to save
cobrar	to cash (a check), to charge (a fee)
depositar	to deposit
firmar	to sign
retirar	to withdraw

Otras palabras y expresiones

¿De veras?	Really?
mínimo/a	minimum
práctico/a	practical

Visit MySpanishLab for *Hoy día* for links to the mnemonic dictionary online for suggestions such as the following to help you remember vocabulary from this chapter, learn related words in Spanish, and use Spanish words to build your vocabulary in English.

EXAMPLES

publicado, *published*: Something is published and made **public** in a **public**ation. Related words in Spanish: **publicar**, *to publish;* **la publicación**, *publication;* **la publicidad**, *advertising, advertisement.*

firmar, *to sign:* This is related to the English noun **firm** as in a law **firm** or a business **firm**. This noun originally referred to a company's *signature* and later came to refer the company itself. Also you con**firm** or af**firm** agreements by *signing* them. Interesting fact: The English noun **farm** originally referred to a *signed* lease of land. Related word in Spanish: **la firma**, *the signature, the firm, the company.*

12 Los medios de comunicación

En este capítulo, vas a hablar de las noticias y los medios de comunicación y vas a repasar (*review*) el vocabulario y la gramática de los capítulos anteriores.

La programación televisiva en los distintos países hispanos es bastante similar y está marcada generalmente por las preferencias de la mujer, quien suele (*tends*) ser la responsable de hacer las compras para la familia y el hogar (*home*). Las series de producción nacional, como telenovelas o comedias románticas, son generalmente las preferidas por este grupo de televidentes (*TV viewers*), y se ofrecen generalmente durante la mañana o las primeras horas de la tarde.

▶ Generalmente, ¿cuándo ves más la televisión, por la mañana, por la tarde o por la noche?

▶ ¿Cuáles son tus series de televisión favoritas?

El uso masivo de Internet a partir de 1997 ha provocado que los índices de televidentes hayan disminuido notablemente en España y algunos otros países hispanos. El consumidor mediático (*media consumer*) lee periódicos en línea, baja canciones de Internet y ve videos musicales en la Red. La venta de periódicos y de música también ha disminuido considerablemente en los países hispanos en los últimos diez años, y sobre todo los jóvenes prefieren el acceso inmediato a la información.

▶ ¿Con qué frecuencia lees el periódico? ¿Con qué frecuencia compras el periódico?

▶ Generalmente, ¿bajas música de Internet? ¿Qué páginas web visitas para ver videos musicales o de actualidad?

How to use the review chapter.
This review chapter has been designed to provide instructors with the flexibility to do all or part of it as a review in class or to have students do it using MySpanishLab at home. Communicative activities have been designed for interactive media so that students can receive feedback at home.

Suggestion for chapter opener.
As students answer the questions in the culture note, you may wish to guide them by asking about the following aspects of the mass media. Note 1: *¿Por qué crees que las telenovelas tienen tanto éxito en el mercado televisivo hispano? ¿Conoces alguna telenovela? ¿Hay series similares a las telenovelas en Estados Unidos? ¿Te gustan?* Note 2: *¿Crees que el uso de Internet ha afectado también al tiempo que la gente pasa frente al televisor en Estados Unidos? ¿Crees que algún día Internet hará desaparecer la televisión? ¿Y los periódicos?*

Vocabulario Los medios de comunicación

SAM: 12-1
to 12-3

¿Sabías que...?

Los mercados de televisión de Estados Unidos con más televidentes latinos en orden de importancia son los de Los Ángeles, Nueva York, Miami, Houston y Chicago. *Univision* y *Telemundo* son las dos cadenas (*networks*) de televisión más grandes y *Univision.com* es la página web en español más visitada de Estados Unidos.

En este capítulo no se presenta gramática nueva, pero tendrás la oportunidad de repasar el vocabulario y las estructuras gramaticales de los *Capítulos 7–11* en una simulación de la vida real trabajando con los medios de comunicación en español.

🔊 CD 4, Track 54

¿Ves más la televisión o escuchas más la radio? ¿Lees periódicos o revistas o te informas por Internet?

¿Qué noticiero ves para saber lo que pasa a nivel local, nacional e internacional?

¿Qué periódicos y revistas lees? ¿Qué temas te interesan más?

¿Qué páginas web ofrecen noticias en español?

Suggestion for *Una conversación.*
Review the comprehension strategy in the *¡Ojo!* box next to *Una conversación.* Before students look at the conversation in the book, have them work in groups to think of questions they would ask in a survey on Hispanic TV viewing habits. Then, set the scene and have students listen to *Una conversación* with books closed and write the questions they hear to see whether any correspond to those they had prepared. Finally, have students open their books and listen again as they read along.

Answers for *¡A escuchar!*
Se trata del uso de Internet. / ¿Cuántas veces a la semana utiliza Internet? / ¿Cuánto tiempo está conectado cada vez que lo utiliza? / ¿Utiliza Internet más para informarse, para hacer compras en línea, para divertirse o para comunicarse con otras personas? / ¿Y cuál es su segundo uso más importante? (See facing page for Audioscript.)

¡Ojo!

🔊 CD 4
Track 55

Comprehension strategy. In *Una conversación*, you will listen to a telemarketer conducting a survey about Hispanic television viewers. To anticipate what questions will be asked, first think about what you might ask Hispanic viewers about their television preferences. You may wish to review the strategy *Putting yourself in the place of the interviewer* on page 216.

🔊 CD 4, Track 56

¡A escuchar!

Ahora escuchen otra encuesta. ¿De qué se trata (*What is it about*)? ¿Cuáles son las preguntas?

Una conversación. Una encuestadora hace una encuesta por teléfono sobre los hábitos de los televidentes hispanos.

EL ENCUESTADO: ¡Aló!

LA ENCUESTADORA: Buenas tardes, me llamo Alicia Fernández y estoy haciendo una breve encuesta sobre televisión. ¿Me podría responder a tres preguntas sobre sus hábitos como televidente?

EL ENCUESTADO: Creo que sí.

LA ENCUESTADORA: Como promedio, ¿cuántas horas al día dedica usted a ver la tele?

EL ENCUESTADO: No sé . . . digamos una hora y media.

LA ENCUESTADORA: ¿Ve usted sólo programación en español, mayormente en español, mitad en español y mitad en inglés, mayormente en inglés o sólo en inglés?

EL ENCUESTADO: Mayormente en español.

LA ENCUESTADORA: Y finalmente, ¿qué cadena de televisión ve más?

EL ENCUESTADO: Casi siempre veo el canal 34.

LA ENCUESTADORA: Eso es todo. Gracias por su participación.

EL ENCUESTADO: De nada.

12-1 ▶ **Programas de la tele.** Indica qué tipo de programa de la lista corresponde a cada descripción.

un concurso de televisión	un noticiero
un programa de telerrealidad	una telenovela
una serie cómica	una serie policíaca
un programa de entrevistas	un programa de dibujos animados

Modelo   Un/a presentador/a habla con personas invitadas sobre experiencias personales.
un programa de entrevistas

1. Personas reales interactúan en situaciones ordinarias o extraordinarias.
2. Es una historia ficticia y melodramática que continúa en episodios diarios.
3. Un programa de ficción con frecuencia lleno de suspenso con los mismos personajes en episodios independientes.
4. Los participantes tratan de ganar premios realizando diversas actividades competitivas.
5. Un/a presentador/a informa al público de los acontecimientos más importantes del día.
6. Es un programa para niños que usa animación.
7. Una historia basada en una situación de humor.

12-2 ▶ **Comparaciones culturales.** Lee la siguiente información sobre la presencia de latinos en los mercados mediáticos (*media markets*) de Estados Unidos. Antes de leer, deduce el significado de las palabras nuevas, escritas en cursiva, basándote en las palabras que ya conoces entre paréntesis.

creciente (crecer)
la cadena televisiva (la televisión)
los televidentes (la televisión, un video, ver)
ha aumentado (un aumento)
su conocimiento (conocer)
los anunciantes (anunciar, anuncio)
publicitar (la publicidad)

Answers for 12-2.
growing; the television network, the TV network; the television viewers; has risen, has increased; its knowledge; the advertisers; to publicize, to advertise

La *creciente* presencia de latinos en los mercados mediáticos es cada vez más evidente en Estados Unidos. Según la firma medidora de audiencias Nielsen, los noticieros locales de *la cadena televisiva* Univision de Los Ángeles y Nueva York han sido clasificados número uno en los mercados de esas ciudades con audiencias más grandes que las principales cadenas en inglés. Univision 34 en Los Ángeles es la estación más popular de todo el país entre los adultos de 18 a 49 años, en español o en inglés. Aunque aproximadamente tres cuartos de *los televidentes* de Univision son bilingües, prefieren ver las noticias en español porque ofrecen información que tiene un impacto más directo en su vida. En los últimos años el número de televidentes de Univision *ha aumentado* casi un 20 por ciento, mientras que las principales cadenas en inglés han perdido un 15 por ciento de su audiencia. Las telenovelas y las ligas de fútbol de Latinoamérica son los programas preferidos por los latinos. Con *su conocimiento* profundo de los hispanos en Estados Unidos, la cadena es atractiva para *los anunciantes* que desean *publicitar* sus productos en el mercado hispano.

Audioscript for *¡A escuchar!* (from previous page)
EL ENCUESTADO: ¡Aló!
EL ENCUESTADOR: *Buenos días, estoy realizando una encuesta para la compañía Opinión Pública sobre el uso de Internet. ¿Me podría contestar unas preguntas?*
EL ENCUESTADO: *Bueno, sí, pero sólo tengo un minuto.*
EL ENCUESTADOR: *Un minuto sólo, se lo prometo. Primero, ¿me puede decir cuántas veces a la semana utiliza Internet?*
EL ENCUESTADO: *Generalmente, una vez al día.*
EL ENCUESTADOR: *Como promedio, ¿cuánto tiempo está conectado cada vez que lo utiliza?*
EL ENCUESTADO: *Eso depende, pero como promedio una hora más o menos.*
EL ENCUESTADOR: *Generalmente, ¿utiliza Internet más para informarse, para hacer compras en línea, para divertirse o para comunicarse con otras personas?*
EL ENCUESTADO: *Sobre todo lo utilizo para escribir y leer correos electrónicos.*
EL ENCUESTADOR: *Entonces, ¿es para comunicarse con otras personas?*
EL ENCUESTADO: *Sí.*
EL ENCUESTADOR: *¿Y cuál es su segundo uso más importante?*
EL ENCUESTADO: *Lo uso para informarme de las noticias.*
EL ENCUESTADOR: *Bien, eso es todo. Gracias por su participación.*
EL ENCUESTADO: *De nada.*

Answers for 12-1.
1. *un programa de telerrealidad*; 2. *una telenovela*; 3. *una serie policíaca*; 4. *un concurso de televisión*; 5. *un noticiero*; 6. *un programa de dibujos animados*; 7. *una serie cómica*

Comprehension strategy. In *Comparaciones culturales* you will be asked to guess the meaning of new words using related words you have already learned. You may wish to review the strategy *Recognizing words from the same family* on page 214.

Note for 12-2.
You may wish to explain to students that the term "media markets" or *mercados mediáticos* refers to a geographical area where consumers receive the same television, radio, and sometimes, even newspaper content. They are used in marketing to determine how best to target a specific audience. See the IRM for source information relating to the statistical data presented.

Follow-up for 12-2.
Ask students: *¿Por qué crees que la audiencia de Univision ha aumentado mientras que las cadenas en inglés han perdido un 15 por ciento de su audiencia? ¿Hay una cadena de televisión en español aquí? ¿Has visto algunos de sus programas? ¿Has observado diferencias entre la programación de las cadenas de televisión en español y en inglés?*

📖 Repaso 1 Avoiding repetition: Direct object pronouns

SAM: 12-4
to 12-5

Para averiguar

In the activities on this page, you will be reviewing direct object pronouns. Do you remember . . .

- what a direct object is? what the direct object pronouns are in Spanish?
- where you place direct object pronouns with a single conjugated verb in a sentence?
- what the two possible placements are when an infinitive follows a conjugated verb or when using the present progressive?
- where you place them with infinitives after prepositions like **para, antes de**, or **después de**?
- whether these placement rules differ from those of reflexive / reciprocal pronouns?

For review, see page 204.

Note for *Para averiguar.*
Point out to students that they should review the self-check questions in *Para averiguar* before proceeding to the activities. Encourage students to refer to the textbook pages and MySpanishLab as indicated to review explanations and forms.

Answers for 12-3.
1. *Para encontrarlo, haz clic en* TV. 2. *Para encontrarlos, haz clic en* Deportes. 3. *Para encontrarlas, haz clic en* Autos. 4. *Para encontrarlas, haz clic en* Casa. 5. *Para encontrarla, haz clic en* Vida. 6. *Para encontrarla, haz clic en* Mujer. 7. *Para encontrarla, haz clic en* Música. 8. *Para encontrarlos, haz clic en* Dinero.

12-3 ▶ Haz clic en . . . Explícale a un/a amigo/a en qué sección de esta página web debe hacer clic para encontrar las siguientes cosas. Usa un pronombre de complemento directo como en el Modelo.

● ● ●	Hoy día	
◀ ▶ ▾ ⟳ ✕ ⌂	http://hoydía.com	

Buscar [_____] 🔍

| Autos | Casa | Deportes | Dinero | Entretenimiento | Mujer | Música | Noticias | TV | Vida |

Modelo   ofertas de empleo
          Para encontrarlas haz clic en Dinero.

1. el horario de los programas
2. resultados de fútbol mexicano
3. fotos de coches nuevos
4. ideas para decorar la sala

5. información sobre la salud
6. la última moda femenina
7. radio virtual
8. consejos económicos

12-4 ▶ Una entrevista. Completa el siguiente extracto de una entrevista realizada a una actriz con los pronombres correctos de complemento directo.

EL ENTREVISTADOR: Usted es una de las estrellas más populares en este momento. ¿Qué hace con todo el dinero que gana?

LA ESTRELLA: (1) ___Lo___ guardo (*keep*) para cuando (2) ___lo___ necesite en el futuro. Ahora tengo mucho trabajo porque (3) ___me___ quieren en muchas películas. Algún día no tendré tanto trabajo.

EL ENTREVISTADOR: Siempre está en muy buena forma. ¿Tiene alguna dieta especial?

LA ESTRELLA: No fumo ni bebo mucho alcohol, pero aparte de eso no hago nada en especial. La verdad es que me encantan los postres y siempre (4) ___los___ como todos los días.

EL ENTREVISTADOR: Trabaja mucho con organizaciones benéficas. ¿Por qué dedica tanto tiempo a ese trabajo?

LA ESTRELLA: He tenido mucha suerte en la vida y (5) ___la___ quiero compartir con los que no (6) ___la___ tienen.

EL ENTREVISTADOR: Cuando sale con su esposo y sus hijos, me imagino que los paparazzi (7) ___los___ buscarán a ustedes por todos lados.

LA ESTRELLA: Sí, los paparazzi nos molestan bastante. Siempre (8) ___nos___ fotografían. Por eso, mi esposo nunca (9) ___me___ abraza en público. Sabe que estaremos en primera plana (*on the front page*) al día siguiente.

¿Cuál es tu programa de entrevistas favorito? ¿Con qué frecuencia lo ves?

📖 **Repaso 2** Saying what to do: Commands

SAM: 12-6
to 12-7

12-5 ▶ En otras palabras. En las entrevistas no es muy elocuente repetir el mismo verbo varias veces. Cambia el verbo en cursiva por todos los verbos entre paréntesis que expresen la misma idea.

Modelo   *Díga*me porque está en Nueva York. (explicar, escuchar, contar)
          Explíqueme porque está en Nueva York.
          Cuénteme porque está en Nueva York.

1. *Cuénte*me un poco sobre su niñez. (hablar, decir, tener)
2. *Déje*me hacerle una pregunta personal. (permitir, recordar, contestar)
3. *Descríba*me cómo es su día típico. (ver, contar, explicar)

12-6 ▶ Netiqueta. Estás explicándole a tu compañero/a cómo mantener la etiqueta en los correos electrónicos o en los blogs. Completa las instrucciones de manera lógica con un mandato afirmativo de uno de los verbos y un mandato negativo del otro en la forma **tú**.

Modelo   *Manten* (mantener) los mensajes cortos y concisos y *no escribas* (escribir) todo en mayúsculas (*capital letters*). Es como gritar en línea ¿ENTIENDES?

1. ____No uses____ (usar) lenguaje ofensivo. ____Recuerda____ (recordar) que hay un ser humano al otro lado.
2. ____No digas____ (decir) cosas que no dirías en persona. ____Sé____ (ser) respetuoso/a.
3. ____Ten____ (tener) paciencia y ___no te enojes___ (enojarse) si la otra persona no responde de inmediato. Los mensajes llegan instantáneamente, pero poca gente vive frente a su computadora.
4. ____Contesta____ (contestar) siempre los mensajes de los demás, aunque sea para decirles que no tienes tiempo en ese momento. ___No los dejes___ (dejarlos) esperando sin saber que recibiste su mensaje.
5. ____Respeta____ (respetar) la privacidad. ____No leas____ (leer) el correo electrónico de otras personas.
6. Cuando respondas a un mensaje con comentarios personales, ___envía___ (enviar) la respuesta sólo a la dirección de la persona indicada. ___No lo hagas___ (hacerlo) a toda una lista de distribución.
7. ____Ten____ (tener) cuidado con las palabras que uses en los mensajes ya que no hay comunicación no verbal para aclarar tu humor o tu intención. ___No utilices___ (utilizar) palabras demasiado severas ni bruscas.
8. ____Sé____ (ser) responsable y ___no abuses___ (abusar) del anonimato (*anonymity*) en Internet.

12-7 ▶ Ventanas emergentes (*Pop-ups*). Estás creando enlaces (*creating links*) publicitarios en ventanas emergentes para varios sitios web. Completa las oraciones con un mandato en la forma **tú** del verbo más lógico de la lista con el pronombre de complemento directo correcto. Usa cada verbo sólo una vez.

| abandonar | conocer | hacer | perder | *ver* |
| buscar | escuchar | leer | poner | |

Modelo   ¿Buscas los videos más divertidos? ¡*Velos* aquí!

1. ¿Buscas la música más popular? ¡___Escúchala___ aquí!
2. Tenemos los mejores videos de Internet. ¡No ___los pierdas___!
3. ¿Tienes fotos extraordinarias? ¡___Ponlas___ en nuestra galería de imágenes!
4. ¿Tienes comentarios? ¡___Hazlos___ en nuestro blog!
5. ¿Los mejores productos de dieta? ¡No ___los busques___ en tiendas! Están aquí.
6. ¿Buscas a los muchachos más fascinantes? ¡___Conócelos___ aquí!
7. ¿Te gustan los chistes más divertidos? ¡___Léelos___ aquí!
8. ¿Tienes sueños de ser tu propio jefe? ¡No ___los abandones___! Nosotros podemos ayudarte.

Para **averiguar**

In the activities on this page, you will be reviewing commands. Do you remember . . .

- what form of the verb you use to form the **usted**, **ustedes**, and negative **tú** commands of most verbs? what the command endings for **-ar** verbs are? for **-er / -ir** verbs?
- which five verbs have irregular stems for **usted**, **ustedes**, and negative **tú** commands?
- what spelling changes occur in verbs ending with **-car**, **-gar**, and **-zar**?
- what other verb form regular, affirmative **tú** commands are like? which affirmative **tú** commands are irregular?
- where you place object and reflexive pronouns with affirmative commands? with negative commands?

For review, see pages 288, 290, and 294, or refer to the verb charts in the appendix or in MySpanishLab.

Answers for 12-5.
1. *Hábleme un poco sobre su niñez. Dígame un poco sobre su niñez.* 2. *Permítame hacerle una pregunta personal.* 3. *Cuénteme cómo es su día típico. Explíqueme cómo es su día típico.*

Follow-up for 12-5.
Tell students: *Una pareja famosa quiere estar tranquila. ¿Qué les dice a los paparazzi? Usen mandatos afirmativos o negativos de los siguientes verbos con el pronombre nos.* MODELO: *sacar más fotos > No nos saquen más fotos.*
1. *molestar;* 2. *dejar tranquilos;* 3. *buscar por todos lados;* 4. *hacer enojar;* 5. *respetar;* 6. *tratar decentemente*

Follow-ups for 12-6.
• Have students work in groups to write two more rules of Internet etiquette.
• Have students go back and change the sentences from the *tú* form to the *usted* form.

📖Repaso 3   Communicating information: Indirect object pronouns

SAM: 12-8 to 12-9

Answers for 12-8.
1. *les, a los televidentes;* 2. *le, al reportero;* 3. *les, a los testigos;* 4. *le, al reportero;* 5. *le, al reportero.*

Follow-up for 12-8.
Remind students of the use of *se* instead of *le* or *les* when followed by *lo, la, los,* or *las* and have them answer the following questions using both direct and indirect object pronouns. *MODELO: ¿Quién les hace preguntas a los testigos de un incidente?* > *El reportero se las hace.* 1. *¿Quién le describe el incidente al reportero?* 2. *¿Quién les lee las noticias a los televidentes desde el estudio?* 3. *¿Quién les da información a los televidentes desde el lugar del incidente?* 4. *¿Quién no quiere decirle su nombre al reportero a veces?* 5. *¿Quién le hace preguntas al reportero desde el estudio a veces durante los reportajes?*

Follow-up for 12-9.
Have students work in groups to prepare a similar brief news report about something happening in your city or state or at your university.
Answers for 12-10.
1. *Es* El precio justo.; 2. *Es* La rueda de la fortuna.; 3. *Es* La guerra de las familias.

Suggestion.
Tell students that there are versions of these shows in many Hispanic countries. *¿Quién quiere ser millonario?* has aired in Argentina, Chile, Colombia, Ecuador, Peru, Spain, Uruguay, and Venezuela. **Wheel of Fortune** has shown as *La rueda de la fortuna* in Chile, Ecuador, Mexico, and Panama or as *La ruleta de la suerte* in Spain. **The Price is Right** has shown as *El precio justo* in Spain, Argentina, and Venezuela, *Diga lo que vale* in Peru and Chile, *El precio es correcto* in Colombia, and *Atínale el precio* in Mexico. **Family Feud** has shown as *La guerra de las familias* in Spain, *¿Qué dice la gente?* in Venezuela and the U.S.A., *100 mexicanos dijeron* in Mexico, *100 argentinos/panameños dicen* in Argentina and Panama, and *Desafío familiar* in Chile.

12-8 ▶ Un noticiero. ¿Quién se comunica con quién durante un noticiero? Completa las siguientes oraciones con la persona lógica de la lista y el pronombre de complemento indirecto que corresponda.

| a la presentadora (*news anchor*) | a los televidentes |
| al reportero | a los testigos (*witnesses*) |

Modelo   La presentadora *les* lee las noticias *a los televidentes* desde el estudio.

1. El reportero _____ informa _____ desde el lugar del incidente y ellos escuchan desde su casa.
2. En el lugar de un incidente, los testigos _____ cuentan _____ lo que pasó.
3. El reportero _____ hace preguntas _____ de un incidente.
4. A veces los testigos _____ piden _____ que no se diga su nombre.
5. A veces la presentadora _____ pregunta algo _____ desde el estudio.

12-9 ▶ Una noticia de última hora. El presentador, Rafael Morales, interrumpe el programa para informarnos de la siguiente noticia de la reportera, Mónica Quevedo. Completa el siguiente informe con los pronombres de complemento indirecto correctos.

RM: ¡Noticia de última hora! ¡Incendio en el barrio de Las Lomas! (1) ___*Nos*___ informa Mónica Quevedo desde el lugar del incidente. Buenas tardes, Mónica, ¿qué (2) ___*nos*___ puede decir en este momento?
MQ: El incendio se extiende casi una milla, y hay más de cien bomberos aquí. Pero el viento (3) ___*les*___ está causando problemas. (4) ___*Le*___ pregunté a uno de ellos cómo se inició el incendio y (5) ___*me*___ dijo que aún se desconocen las causas.
RM: ¿Han evacuado a los residentes?
MQ: No hay casas cerca del área afectada, pero el jefe de bomberos (6) ___*les*___ pide a los residentes de Las Lomas que se queden en sus casas. Es todo lo que (7) ___*les*___ puedo decir por ahora.
RM: Gracias, Mónica, por informar___*nos*___ (8) desde la escena del incendio. No se vayan, en el noticiero de las seis (9) ___*les*___ daremos más información.

12-10 ▶ Concursos de televisión. Completa las siguientes descripciones de concursos de televisión con los pronombres de completemento directo o indirecto adecuados. Luego, di qué programa de la lista se describe.

| *La rueda de la fortuna* | *¿Quién quiere ser millonario?* |
| *El precio justo* | *La guerra de las familias* |

Modelo   Un/a presentador/a *le* hace quince preguntas a un/a concursante y él/ella gana un millón de dólares si *se las* contesta correctamente. *Es ¿Quién quiere ser millonario?*

1. Si un/a concursante adivina (*guesses*) correctamente el precio de un premio sin sobrepasar (*exceed*) la cantidad, ___*se*___ ___*lo*___ dan.
2. Tres concursantes adivinan las letras de las palabras de una frase. No ___*les*___ dan dinero a los concursantes por las vocales, sino que ___*se*___ ___*las*___ venden.
3. ___*Les*___ hacen las preguntas de una encuesta a cien personas y luego ___*se*___ ___*las*___ hacen a dos familias que compiten.

📖 Repaso 4 Saying what interests you: Verbs like **gustar**

SAM: 12-10 to 12-11

12-11 ▶ El precio de la fama. Una actriz habla de los pros y los contras de ser famosa. Completa las oraciones de manera lógica con los verbos entre paréntesis en la forma adecuada del presente del indicativo.

Modelo   Me *encanta* ser famosa, pero me *molestan* los paparazzi. (molestar, encantar)

1. Me ___encanta___ hacer películas, pero me ___molesta___ estar lejos de mi familia durante el rodaje (*filming*). (encantar, molestar)

2. Lo más importante para mí es el público. No me ___importa___ si mis películas no les ___gustan___ a los críticos. (importar, gustar)

3. Me ___interesa___ hacer teatro también, pero me ___falta___ tiempo. (faltar, interesar)

4. Los paparazzi me ___dan asco___ porque no me ___gusta___ ver fotos de mis momentos privados en primera plana (*on the front page*) de las revistas en el supermercado. (gustar, dar asco)

5. Me ___encanta___ hablar con la gente, pero a veces me ___dan miedo___ los admiradores extraños o demasiado fanáticos. (encantar, dar miedo)

6. Me ___encanta___ ser actriz, pero a veces me ___molesta___ el precio de la fama. (molestar, encantar)

12-12 ▶ Programas favoritos. Un amigo habla de los programas que le gustan a su familia. Completa las oraciones con la forma correcta del verbo entre paréntesis y el pronombre de complemento indirecto que corresponda. Luego, di qué tipo de programa de la lista le gusta a cada uno.

los programas de entrevistas	las series cómicas
los programas informativos	los dibujos animados
los programas deportivos	los concursos de televisión
las telenovelas	

Modelo   A mi madre *le encantan* (encantar) las historias románticas y melodramáticas.
                 Le gustan las telenovelas.

1. A mí ___me interesa___ (interesar) saber qué pasa en el mundo.
2. A mis hermanos ___les encanta___ (encantar) el fútbol.
3. A todos nosotros ___nos encanta___ (encantar) el canal de Disney.
4. A mi hermana ___le gusta___ (gustar) escuchar conversaciones con los famosos.
5. A mí ___me gustan___ (gustar) los programas divertidos.
6. A mi padre ___le encantan___ (encantar) los programas *¿Quién quiere ser millonario?* y *La rueda de la fortuna*.

¿Te gustan los concursos de telerrealidad como *Esta cocina es un infierno*?

Para **averiguar**

In the activities on this page, you will be reviewing verbs like **gustar**. Do you remember . . .
- what **me gusta** literally means?
- when you use the plural form **gustan**?
- how you say *we like, you* (plural) *like,* and *they like*?
- what other expressions are used like *gustar*?
For review, see page 258.

Answers for 12-12.
1. *Me gustan los programas informativos.* 2. *Les gustan los programas deportivos.* 3. *Nos gustan los dibujos animados.* 4. *Le gustan los programas de entrevistas.* 5. *Me gustan las series cómicas.* 6. *Le gustan los concursos de televisión.*

Follow-up for 12-12.
Ask students whether they like the different types of programs listed and have them answer with: *Me encantan, Me gustan bastante, Me gustan un poco,* or *Me aburren.*

📖 **Vocabulario** Las noticias locales y nacionales

SAM: 12-12
to 12-13

¿Sabías que...?

Algunos de los blogs de noticias en español más interesantes son los del periódico *El País* en España, *La Nación* en Argentina y *El Universal* en México. Visita la página web de **Hoy día** para ver los enlaces a estos blogs.

🔊 CD 4, Track 57

¿De qué temas se habla más en las noticias? ¿Cuáles te interesan más a ti? ¿El Congreso, el presidente y las nuevas propuestas de ley? ¿La política y las elecciones? ¿La inmigración? ¿La economía? ¿La criminalidad y la justicia? ¿El pronóstico del tiempo?

Suggestion for *Una conversación.*
Review the strategy with students and have them listen to the conversation first with books closed for the answers to ¿*Qué? ¿Quién? ¿Cómo? ¿Cuándo? ¿Dónde?* Then, have them read along as you listen a second time. Answers for Incident 1: ¿*Qué?* (*Un arresto por robo.*) ¿*Quién?* (*Gabriela Castro Amado, una mujer de veintinueve años de edad*) ¿*Cómo?* (*Un guardia la reconoció por una foto del FBI.*) ¿*Cuándo?* (*esta tarde*) ¿*Dónde?* (*en el estacionamiento del Banco Estatal de Vallecito*) Answers for Incident 2: ¿*Qué?* (*un debate*) ¿*Quién?* (*los candidatos a gobernador*) ¿*Cómo?* (*Respondieron a las preguntas de la audiencia.*) ¿*Cuándo?* (*anoche*) ¿*Dónde?* (*en el Centro de Convenciones*)

Answers for *¡A escuchar!*
¿*Qué?* (*un incendio, una explosión*) / ¿*Quién?* (*el profesor Gómez y dos estudiantes*) / ¿*Cómo?* (*Realizaban un experimento.*) / ¿*Cuándo?* (*ayer*) / ¿*Dónde?* (*en el laboratorio de química de la universidad*) (See facing page for Audioscript.)

👁 ¡Ojo!

 CD 4 Track 58

Comprehension strategies. In *Una conversación* you will listen to a radio news broadcast. A journalist will often use story maps to organize the presentation of the facts. The five basic questions in journalism are *who? what? where? when?* and *how?* How would you answer these questions for each news item reported? You may wish to review the strategies *Story mapping* and *Preparing a report* on pages 246 and 249.

🔊 CD 4, Track 59

¡A escuchar!

Marco y Mónica hablan de una noticia. Escucha su conversación y contesta las cinco preguntas básicas: ¿Qué? ¿Quién? ¿Cómo? ¿Cuándo? ¿Dónde?

Una conversación. Una presentadora de radio lee las noticias locales.

Muy buenas tardes, éstas son algunas de las noticias más importantes del día.

— Esta tarde la policía arrestó a Gabriela Castro Amado de veintinueve años de edad por el robo de cuatro bancos. La sospechosa fue detenida en el estacionamiento del Banco Estatal de Vallecito, donde un guardia la reconoció por la foto de un folleto distribuido por el Buró Federal de Investigaciones y avisó a las autoridades. Además del robo en Vallecito, se cree que Castro fue la responsable de tres robos más durante los meses de junio y julio. En los robos anteriores, Castro actuó con un cómplice que según los testigos era un hombre delgado de aproximadamente veinte años de edad, de pelo rubio y con un tatuaje en el brazo derecho. La policía llevó a Castro a la cárcel del condado, pero todavía sigue buscando al otro sospechoso.

— En otras noticias, los candidatos a gobernador se debatieron anoche en el Centro de Convenciones ante una audiencia de más de 400 personas. El debate fue moderado por Joel Martínez, presentador de noticias del canal 27. Los candidatos respondieron a las preguntas de la audiencia sobre la recesión, la reducción del déficit presupuestario del estado y otros temas. Se puede ver el debate completo en nuestra página de Internet, donde es posible estar al tanto de las noticias de última hora las veinticuatro horas del día. Vamos a una pausa comercial, pero volvemos en seguida con más noticias.

12-13 ▶ **La redacción de una noticia.**　Un reportaje se compone de tres partes: el titular, el párrafo de entrada y el cuerpo. El titular y la entrada deben atraer la atención del lector / de la lectora y captar su interés para que continúe leyendo. El cuerpo de la noticia incluye información detallada. Asocia los siguientes elementos de un reportaje con una de las cinco preguntas básicas de la lista.

cómo	cuándo	dónde	qué	quién/quiénes

1. El acontecimiento principal de la noticia.
2. Los personajes que aparecen en la noticia.
3. El comienzo, la duración y el final del acontecimiento.
4. El lugar del acontecimiento.
5. Las circunstancias en las que ocurrió.

12-14 ▶ **Comparaciones culturales.**　Lee el siguiente artículo sobre los hispanos y los medios de comunicación. Deduce el significado de las palabras nuevas del texto en cursiva, basándote en las palabras que ya conoces entre paréntesis.

ha superado (superior)

una pérdida (perder)

semanal (una semana)

el crecimiento (crecer)

se estima que . . . (una estimación)

Publicado en Los Ángeles desde 1926, *La Opinión* es el periódico en español de mayor circulación en Estados Unidos.

Durante la última década, Internet *ha superado* a la prensa escrita como fuente (*source*) de información en Estados Unidos. Como consecuencia, muchos periódicos en inglés sufren *pérdidas* de lectores y luchan por mantener su circulación. Mientras que la circulación de los periódicos diarios en inglés ha disminuido en los últimos años, la circulación de diarios en español sigue creciendo en Estados Unidos. Ahora se publican unos 500 periódicos diarios y *semanales* y más de 150 revistas en español, gracias al *crecimiento* de la población hispana en Estados Unidos. Actualmente los hispanos representan el 15% de la población de Estados Unidos, y *se estima* que para el año 2050 el 29% de las personas que vive en Estados Unidos será de origen hispano. El aumento del número de periódicos en español no significa que los hispanos prefieran la prensa escrita a Internet como fuente de información. Los inmigrantes hispanos encuentran en Internet una forma fácil de comunicarse con su cultura y su gente. El uso total de Internet en Estados Unidos crece ahora a un promedio del 1% al año, pero el mercado latino está creciendo a un promedio del 15%.

Ahora, completa estas oraciones con las palabras correctas entre paréntesis.

1. La circulación de periódicos en español crece _____ (más que, menos que, tanto como) la circulación de periódicos en inglés.
2. El crecimiento de los periódicos en español es debido _____ (a la reducción de periódicos en inglés, al crecimiento de la población hispana).
3. El uso de Internet entre los latinos está creciendo a un promedio del _____ (5, 15, 25) por ciento al año.

Audioscript for ¡A escuchar! (from previous page)

MARCO: *Oí en la radio esta mañana que hubo un incendio ayer en el laboratorio de química de la universidad.*

MÓNICA: *Sí, lo vi anoche en el noticiero del canal 12.*

MARCO: *¿Sabes qué pasó?*

MÓNICA: *Hubo una explosión mientras realizaban un experimento.*

MARCO: *Nadie resultó herido, ¿verdad?*

MÓNICA: *Los paramédicos trataron a dos estudiantes de quemaduras leves y llevaron a mi profesor de química, el profesor Gómez, al hospital.*

MARCO: *¿Está bien? ¿Qué le pasó?*

MÓNICA: *Antes de la llegada de los bomberos, trataba de apagar el incendio y se congestionó con el humo.*

MARCO: *¿Está muy grave?*

MÓNICA: *Dicen que va a estar bien, pero no vamos a tener clase mañana.*

Answers for 12-13.
1. *qué*; 2. *quién/quiénes*; 3. *cuándo*; 4. *dónde*; 5. *cómo*

Note for 12-14.
See the IRM for source information relating to the statistical data presented.

Answers for 12-14.
1. *más que*; 2. *al crecimiento de la población hispana*; 3. *15*

📖 Repaso 1

SAM: 12-14 to 12-15

Saying what happened: Regular and stem-changing verbs in the preterit

Para averiguar

In the activities on this page, you will be reviewing regular and stem-changing verbs in the preterit. Do you remember . . .

- what the preterit endings are for **-ar** verbs? for **-er** and **-ir** verbs?
- which preterit forms look like the present tense?
- what happens to **c**, **g**, and **z** before the **-é** ending in the **yo** form of **-ar** verbs?
- when the letter **i** in the **-er / -ir** preterit endings **-ió** and **-ieron** changes to **y**?
- which verbs, **-ar**, **-er**, or **-ir**, have a stem change in the **usted**, **él, ella** and **ustedes, ellos, ellas** forms?

For review, see pages 192,194, and 198, or refer to the verb charts in the appendix or in MySpanishLab.

12-15 ▶ Noticias nacionales. Completa las siguientes noticias con la forma correcta del pretérito del verbo lógico entre paréntesis.

Modelo   El presidente *discutió* su plan de estímulo económico con líderes del Senado porque varios senadores *expresaron* sus dudas acerca del costo del plan. (discutir, expresar)

1. Ayer en el Senado, varios senadores __explicaron__ sus planes para desarrollar las energías renovables. El año pasado la demanda mundial de energía __creció__ un 4,6 por ciento. (crecer, explicar)
2. El presidente le __pidió__ al Congreso 400 millones de dólares de ayuda para las víctimas que __perdieron__ su casa en el huracán. (pedir, perder)
3. El presidente __firmó__ la nueva ley de reducción de emisiones de CO_2 que __recibió__ del Congreso. (firmar, recibir)
4. Los demócratas y los republicanos __llegaron__ a un acuerdo (*agreement*) sobre la financiación de las elecciones y __enviaron__ la nueva legislación a la Casa Blanca para recibir la firma del presidente. (enviar, llegar)
5. La semana pasada, el Senado __debatió__ varias reformas educativas y el programa *Que ningún niño se quede atrás*, pero los senadores no __votaron__. (debatir, votar)
6. La Cámara de Representantes __continuó__ su investigación sobre el abuso de esteroides en los deportes profesionales. Varios beisbolistas profesionales __se presentaron__ ante la comisión que investiga el asunto. (continuar, presentarse)
7. Hoy la Corte Suprema __volvió__ a sesionar y __escuchó__ los argumentos de su primer caso. (escuchar, volver)
8. En el primer caso ante la Corte Suprema, los jueces (*justices*) __oyeron__ el caso de un inmigrante indocumentado que __dejó__ su país para evitar la persecución por protestas antigubernamentales (*antigovernment*). Los abogados del inmigrante __pidieron__ asilo (*asylum*) para su cliente. (dejar, oír, pedir)

12-16 ▶ El estado de la nación.

¿Qué diría el presidente en su "Discurso sobre el estado de la nación" para causar una buena impresión? Completa las siguientes oraciones de manera lógica con la forma afirmativa de uno de los verbos en el pretérito y con la forma negativa del otro.

Modelo   Después de tomar el poder, mis asesores (*advisers*) y yo *no perdimos* (perder) tiempo y *atacamos* (atacar) los problemas más serios de la nación.

1. (Nosotros) __Eliminamos__ (eliminar) muchos gastos (*expenses*) innecesarios, pero __no cambiamos__ (cambiar) ningún programa importante.
2. Los líderes del Congreso y yo __no permitimos__ (permitir) ninguna paralización política y __trabajamos__ (trabajar) juntos.
3. (Yo) __No excluí__ (excluir) a nadie de las negociaciones y __empecé__ (empezar) un diálogo con los líderes de la oposición.
4. (Yo) __Entré__ (entrar) en las negociaciones con la mente abierta y __no ignoré__ (ignorar) las ideas de nadie.
5. (Nosotros) __No abandonamos__ (abandonar) el espíritu de cooperación y __llegamos__ (llegar) a un acuerdo.
6. Aún en los momentos más difíciles, (yo) __no perdí__ (perder) confianza en el Congreso y ayer __firmé__ (firmar) el nuevo programa de estímulo económico.

Follow-up for 12-16.

Ask students: ¿Describen las siguientes oraciones a Barack Obama, a George W. Bush o a Bill Clinton? MODELO: Vivió en la Casa Blanca entre los años 1993 y 2001. > Bill Clinton vivió en la Casa Blanca entre los años 1993 y 2001. 1. Vivió en la Casa Blanca entre los años 2001 y 2009. (Bush) 2. Se mudó a la Casa Blanca en el año 2009. (Obama) 3. Sirvió como gobernador de Texas antes de ser presidente. (Bush) 4. Sirvió como gobernador de Arkansas. (Clinton) 5. Sirvió como senador de Illinois. (Obama) 6. Nació en New Haven, Connecticut. (Bush) 7. Nació en Honolulu en 1961. (Obama) 8. Nació en Hope, Arkansas. (Clinton) 9. Pasó cuatro años de su niñez en Indonesia. (Obama) 10. Pasó su niñez en Texas. (Bush) 11. Su padre murió en un accidente automovilístico antes de su nacimiento. (Clinton) 12. Su padre murió en un accidente automovilístico en 1982. (Obama) 13. Su padre sirvió como presidente entre 1989 y 1993. (Bush) 14. A la edad de catorce años cambió su apellido de Blythe para tomar el apellido de su padrastro. (Clinton) 15. Enseñó derecho constitucional doce años en la Universidad de Chicago. (Obama) 16. Ganó la presidencia con menos votos que su rival principal. (Bush) 17. Estudió historia en la Universidad de Yale. (Bush) 18. Se graduó de la Universidad de Georgetown con un diploma en servicio diplomático. (Clinton) 19. Estudió ciencias políticas en la Universidad de Columbia en Nueva York. (Obama)

📖 Repaso 2 Saying what happened: Irregular verbs in the preterit

SAM: 12-16 to 12-17

12-17 ▶ Una conferencia de prensa. Explica si el presidente o los periodistas hicieron las siguientes cosas en una conferencia de prensa. Completa cada oración con **el presidente** o **los periodistas** y el pretérito de los verbos entre paréntesis.

Modelo   *El presidente tuvo* (tener) su primera conferencia de prensa.

1. _Los periodistas_ __tuvieron__ (tener) que esperar un poco porque _el presidente_ ___vino___ (venir) tarde a la conferencia de prensa.
2. Primero, _el presidente_ ___dijo___ (decir) unas palabras sobre su plan de estímulo económico.
3. Luego, _el presidente_ ___dio___ (dar) más información sobre las reformas migratorias y ___propuso___ (proponer) un programa para trabajadores temporales.
4. Después de los comentarios iniciales del presidente, _los periodistas_ le ___hicieron___ (hacer) preguntas.
5. Uno de _los periodistas_ ___trajo___ (traer) una pregunta de un inmigrante indocumentado para el presidente.
6. _El presidente_ no ___quiso___ (querer) contestar preguntas sobre los problemas personales del líder de la oposición.
7. No todos _los periodistas_ ___pudieron___ (poder) hacerle una pregunta al presidente.
8. _El presidente_ ___estuvo___ (estar) con los periodistas unos 45 minutos.

12-18 ▶ Acusaciones. El Comité de Ética del Congreso entrevista a un congresista acerca de ciertas acusaciones de actividades ilegales. Completa cada pregunta con la forma correcta del pretérito del verbo entre paréntesis. Luego, completa la respuesta del congresista con el mismo verbo.

Modelo   — ¿*Hizo* (hacer) usted algo ilegal?
          — No, no *hice* nada ilegal.

1. — ¿Le ___dio___ (dar) alguien dinero a usted a cambio de favores en el Congreso?
   — No, no me ___dio___ nadie dinero.
2. — ¿___Estuvo___ (estar) usted en el Caribe con un grupo de narcotraficantes en junio?
   — No, nunca ___estuve___ con narcotraficantes.
3. — ¿Por qué ___fue___ (ir) usted al Caribe?
   — ___Fui___ de vacaciones.
4. — ¿Por qué ___dijeron___ (decir) varias personas que lo vieron con un jefe del crimen organizado?
   — ¡Lo ___dijeron___ por motivos políticos, pero es absolutamente falso!
5. — Entonces, ¿(usted) nunca ___tuvo___ (tener) ninguna comunicación con representantes del crimen organizado?
   — ¡No! ¡Nunca ___tuve___ nada que ver (*nothing to do*) con ellos!
6. — ¿Ellos nunca ___se pusieron___ (ponerse) en contacto con usted?
   — ¡No! ¡Ningún criminal ___se puso___ en contacto conmigo!
7. — ¿De dónde ___vinieron___ (venir) los tres millones de dólares con los que se compró su nueva villa en el Caribe?
   — Ese dinero ___vino___ de mis ahorros.
8. — ¿Cómo ___pudo___ (poder) (usted) ahorrar tanto dinero con su salario?
   — Lo ___pude___ ahorrar porque invertí (*I invested*) mi dinero en negocios rentables (*profitable*).
9. — ¿___Hizo___ (hacer) usted declaraciones falsas a investigadores del Buró Federal de Investigaciones?
   — No, nunca ___hice___ ninguna declaración falsa.

Para averiguar

In the activities on this page, you will be reviewing irregular verbs in the preterit. Do you remember . . .

■ what the preterit forms of **ser** and **ir** are? whether there are any differences in their forms?
■ what the preterit stems for **tener, estar, poner, venir, querer, poder,** and **hacer** are? in which form the **c** in the preterit stem of **hacer** changes to **z**? what the preterit endings for these verbs are?
■ what the preterit stems for **decir** and **traer** are? in which form their ending differs from the other irregular verbs?
■ what the preterit of **hay** is?
■ what the preterit forms of **dar** are?

For review, see pages 192, 200, and 256, or refer to the verb charts in the appendix or in MySpanishLab.

📖 Repaso 3

SAM: 12-18
to 12-19

Describing how things used to be: The imperfect

Para averiguar

In the activities on this page, you will be reviewing the imperfect. Do you remember . . .

- what verb tense you use to describe actions in progress or what used to happen in the past?
- what the imperfect endings for **-ar** verbs are? for **-er / -ir** verbs?
- whether there are stem changes in the imperfect?
- what the only three irregular verbs in the imperfect are? what their forms are? what the imperfect of **hay** is?
- in what three ways **comíamos** might be expressed in English?

For review, see page 224, or refer to the verb charts in the appendix or in MySpanishLab.

Suggestion for 12-19.
Point out to students that these statements are describing an imaginary downturn in the economy. Have them work in groups to prepare three similar statements comparing the real current economic situation with that of a year ago.

Answers for 12-20.
1. *Hacía buen tiempo.* 2. *Los manifestantes pedían respeto a los derechos humanos.* 3. *No se veía a la policía.* 4. *La protesta era pacífica.* 5. *La gente en la calle miraba a los manifestantes.* 6. *Los manifestantes traían pancartas.*

Suggestion for 12-20.
Tell students that *CDSYDDHAC* on the banners stands for *Comisión de Solidaridad y Defensa de los Derechos Humanos (Asociación Civil).*

12-19 ▶ Una economía en crisis. Si la economía ha empeorado (*has worsened*) en todos los sectores el año pasado, ¿qué ha cambiado? Completa las siguientes oraciones de manera lógica con el presente del verbo indicado en uno de los espacios en blanco y con el imperfecto del mismo verbo en el otro.

Modelo   Este año, *hay* mucho más desempleo. El año pasado, *había* menos gente sin trabajo. (haber)

1. Hace seis meses sólo seis millones de personas ___buscaban___ empleo. Ahora, más de doce millones ___buscan___ trabajo. (buscar)
2. La tasa de desempleo (*unemployment rate*) ___está___ en el 8%. Hace un año ___estaba___ en el 4%. (estar)
3. Los estados ___pagan___ el doble de beneficios de desempleo comparado con lo que ___pagaban___ hace seis meses. (pagar)
4. En el mercado actual, las casas nuevas ___se venden___ después de siete meses como promedio. El año pasado, las casas nuevas ___se vendían___ después de dos meses en el mercado. (venderse)
5. Antes de la crisis bancaria, ___era___ fácil obtener un préstamo para comprar una casa. Ahora ___es___ más difícil. (ser)
6. Esta semana, la gasolina ___cuesta___ casi el doble de lo que ___costaba___ hace poco. (costar)
7. Antes, mucha gente ___quería___ autos grandes, pero con el alto costo de la gasolina, más consumidores ___quieren___ autos económicos o híbridos. (querer)
8. Antes de la crisis económica, el norteamericano medio ___ganaba___ un salario de cuarenta y dos mil dólares. Este año sólo ___gana___ cuarenta mil como promedio. (ganar)
9. Hace un año, la economía ___crecía___ a un ritmo del 5%. Ahora ___crece___ muy poco y es posible que haya recesión. (crecer)
10. Las perspectivas económicas para el futuro cercano ___son___ poco prometedoras. ___Eran___ mucho mejores antes. (ser)

12-20 ▶ Una protesta. Describe lo que pasaba cuando se sacó esta foto de una protesta en la frontera mexicana. Completa las preguntas con los verbos en el imperfecto. Luego contesta cada pregunta con una oración completa, según la foto.

Modelo   ¿Los manifestantes (*protesters*) *pasaban* (pasar) por las calles o *estaban* (estar) en la plaza central? *Los manifestantes pasaban por las calles.*

1. ¿___Llovía___ (llover) o ___hacía___ (hacer) buen tiempo?
2. ¿___Pedían___ (pedir) los manifestantes respeto a los derechos humanos o ___querían___ (querer) mejores salarios?
3. ¿___Tenía___ (tener) que controlar la policía a la gente o no ___se veía___ (verse) a la policía?
4. ¿___Era___ (ser) pacífica la protesta o ___había___ (haber) violencia?
5. ¿___Miraba___ (mirar) la gente en la calle a los manifestantes o no les ___prestaba___ (prestar) atención?
6. ¿___Traían___ (traer) los manifestantes pancartas (*banners*) o ___gritaban___ (gritar) su mensaje con un megáfono?

📖 Repaso 4 Recounting what happened: The preterit and the imperfect

SAM: 12-20
to 12-21

12-21 ▶ En las noticias locales. Selecciona la forma correcta de los verbos entre paréntesis para completar el siguiente informe.

REPORTERO: Buenas noches, estoy aquí en la calle 24. Detrás de mí hay un edificio destruido por un incendio. Estoy con Salvador Zavala, bombero de la ciudad de Los Ángeles. Señor Zavala, cuando Uds. (1. llegaron, llegaban), (2. hubo, había) una familia en el tercer piso, ¿verdad?

BOMBERO: Sí, cuando (3. llegamos, llegábamos), (4. salió, salía) mucho humo (*smoke*) negro de la planta baja y nadie podía ni entrar ni salir. (5. Pudimos, Podíamos) rescatar a la familia a través de una ventana del segundo piso.

REPORTERO: ¿(6. Se lastimaron, Se lastimaban) algunas de esas personas?

BOMBERO: No, gracias a Dios, todos (7. salieron, salían) sanos y salvos, pero esta familia lo (8. perdió, perdía) todo.

REPORTERO: Como (9. oyeron, oían), no les queda nada a las víctimas de este incendio. Si alguien quisiera ayudarles, favor de llamar al 929-4085. Les ha informado Martín López desde la calle 24.

Para averiguar

In the activities on this page, you will be reviewing the preterit and the imperfect. Do you remember . . .

■ whether you use the preterit or the imperfect to describe situations that continued in the past? which tense you use to say what happened and was finished?

■ which tense you use for something that occurred interrupting something in progress?

■ whether you would use the preterit or imperfect to describe the scene in a play as the curtain went up? which tense you would use to describe what the characters did, advancing the story?

For review, see pages 230, 232, 236, and 238, or refer to the verb charts in the appendix or in MySpanishLab.

12-22 ▶ Una telenovela. Estás encargado/a de escribir resúmenes de telenovelas mexicanas en una página web. Completa el resumen de la telenovela *La fea más bella* con el pretérito o imperfecto de los verbos entre paréntesis.

La fea más bella era una version mexicana de la telenovela colombiana, *Yo soy Betty, la fea.*

Lety (1) _____era_____ (ser) una chica inteligente pero fea. (2) _____Tenía_____ (tener) su diploma universitario, (3) _____hablaba_____ (hablar) varias lenguas y (4) _____tenía_____ (tener) muchos talentos extraordinarios, pero no (5) _____podía_____ (poder) encontrar trabajo por su aspecto físico. Finalmente, Lety (6) _____aceptó_____ (aceptar) un trabajo inferior a su nivel de preparación como secretaria en *Conceptos*, una compañía que (7) _____producía_____ (producir) videos y donde todos (8) _____debían_____ (deber) ser bellos.

Lety y otra mujer que (9) _____se llamaba_____ (llamarse) Alicia Ferreira (10) _____querían_____ (querer) ser la secretaria del presidente de la compañía, Fernando Mendiola, quien (11) _____era_____ (ser) joven, guapo y muy sofisticado. Desafortunadamente, la novia de Fernando, Marcia (12) _____era_____ (ser) amiga de Alicia Ferreira. Alicia (13) _____era_____ (ser) muy atractiva, pero superficial y sin experiencia. Finalmente, Fernando (14) _____contrató_____ (contratar) a las dos mujeres como secretarias. Alicia (15) _____estaba_____ (estar) encargada de las relaciones públicas y Lety (16) _____manejaba_____ (manejar) la computadoras, los teléfonos y la agenda de Fernando. Lety (17) _____se enamoró_____ (enamorarse) inmediatamente de su jefe, pero no (18) _____sabía_____ (saber) que su jefe (19) _____quería_____ (querer) seducirla por motivos oscuros. Finalmente, después de mucha intriga y una trama (*plot*) complicada, Fernando (20) _____descubrió_____ (descubrir) la belleza interior de Lety y (21) _____se enamoró_____ (enamorarse) de ella.

Answers for 12-21.
1. *llegaron;* 2. *había;* 3. *llegamos;* 4. *salía;* 5. *Pudimos;* 6. *Se lastimaron;* 7. *salieron;* 8. *perdió;* 9. *oyeron*

Follow-ups for 12-21.
• Have students work in pairs to prepare a similar interview in the preterit and imperfect about some news event that just happened in your area or at your university. It may be on any topic, such as a local sports event, an accident, or a protest. If you have a local Spanish language television station you might have students consult its web page for ideas and useful vocabulary.
• Have students imagine an interview with one of the protesters from the photo on the previous page.

Suggestion for 12-22.
Tell students that the television program **Ugly Betty** and the Mexican soap opera *La fea más bella* were remakes of the Colombian soap opera *Yo soy Betty, la fea.* This Colombian show was one of the most famous soap operas and most adapted television programs of all times. There have been seventeen different remakes in countries around the world. The original Colombian show aired throughout much of the Spanish-speaking world.

Follow-up for 12-22.
Have students work in groups to write six sentences describing the plot of some television show or movie. In the first three sentences, they should set the scene using the imperfect. In the last three sentences, they should state three events that occurred in the story using the preterit. Afterwards, have them read their sentences aloud to see whether their classmates can name the show described.

Vocabulario   Las noticias internacionales

SAM: 12-22 to 12-23

CD 4, Track 60

Los titulares deben provocar una reacción que atraiga (*attracts*) el interés de los lectores. Puede ser una reacción de solidaridad, de indignación o sólo de curiosidad. Lee las distintas versiones de estos titulares acompañados de las siguientes fotos. ¿Tienes la misma reacción hacia cada una?

Movimiento en la capital
Protestas en la capital
Agitación en la capital
Violencia en la capital

Compatriotas luchan por sus ideas
Fuerzas partisanas luchan por sus ideas
Guerrilleros luchan por sus ideas
Terroristas luchan por sus ideas

Comentarios sobre la invasión en las Naciones Unidas
Diálogo sobre la invasión en las Naciones Unidas
Discusiones vehementes sobre la invasión en las Naciones Unidas
Pelea sobre la invasión en las Naciones Unidas

¿Sabías que...?

A veces el trabajo de periodista puede ser peligroso (*dangerous*) en Latinoamérica. En México, al menos veinticuatro periodistas han sido asesinados desde el año 2000, y durante los últimos 30 años en Colombia han muerto también asesinados 130 periodistas.

¡Ojo!

Comprehension strategies. Sometimes a single word in the title of an article in the press can completely change the tone of the piece. It's important to select the most precise words to convey your message and to cause the desired reaction. You may review the communication strategies *Selecting the most precise word* and *Reacting to a text* on pages 281 and 342.

Suggestions for *Una conversación.*
• Have students first listen to *Una conversación* with books closed and note how many of the stories described are international news (2) and how many are national (2). Then, have them read along as they listen again.
• Have students guess the meanings of *muestran* and *tasa de desempleo* using context.

Answers for *¡A escuchar!*
Se trata del medio ambiente. / La campaña educativa se llama Viviendo la vida verde. (See facing page for Audioscript.)

CD 4 Track 61

Una conversación. Dos presentadores de noticias comentan los titulares del día.

LA PRESENTADORA: Muy buenas tardes. Éstas son las noticias más importantes del día.

EL PRESENTADOR: Ayuda humanitaria comienza a llegar a Nicaragua después de la devastación de la costa atlántica por el huracán Dolores.

LA PRESENTADORA: Las Naciones Unidas revisan los cambios climáticos globales.

EL PRESENTADOR: Los nuevos indicadores económicos muestran una mejora en la tasa de desempleo de la nación.

LA PRESENTADORA: Reformas propuestas por el Departamento de Educación provocan protestas en la capital.

EL PRESENTADOR: Tendrán más información sobre éstos y otros temas a continuación en su noticiero del canal 54. ¡No se vayan!

 CD 4, Track 62

¡A escuchar!

Escucha otro comentario de un noticiero. ¿Se trata del medio ambiente (*environment*), la criminalidad o la economía? ¿Cómo se llama la campaña educativa?

12-23 ▶ **Reacciones.** ¿Cómo cambiaría el tono de los siguientes titulares con las palabras entre paréntesis en lugar de las palabras en cursiva? Indica cuál de las palabras entre paréntesis le daría un tono más negativo.

Modelo   *Problemas* en el Congreso (Confusión, Negociaciones)
           Confusión en el Congreso

1. *Se acaban* las negociaciones sin resolución (Se posponen, Colapsan)
2. Nuevo régimen *intolerante* (brutal, estricto)
3. Líderes mundiales *denuncian* el régimen (condenan, critican)
4. Científicos *inquietos* por los cambios climáticos (alarmados, preocupados)
5. Huracán *llega a* la costa (afecta, destruye)

12-24 ▶ **Comparaciones culturales.** Lee el siguiente artículo sobre la censura en Internet. Deduce el significado de las palabras nuevas en cursiva del artículo, basándote en estas palabras que ya conoces.

el derecho (a la derecha)
el intercambio (cambiar)
poderoso (poder)
promover (la promoción)
el fortalecimiento (fuerte)
los firmantes (firmar)

La Organización de Estados Americanos (OEA) ha declarado que es la responsabilidad de los gobiernos de América Latina "garantizar *el derecho* de todas las personas a gozar de la libertad de expresión, incluyendo el acceso sin censura al debate político y al *intercambio* libre de ideas, a través de todos los medios masivos de comunicación, incluyendo Internet". Los 34 países miembros reconocen que Internet es un *poderoso* medio de comunicación que se debe usar para *promover* "el desarrollo equitativo, *el fortalecimiento* de la gobernabilidad, y la protección de los Derechos Humanos".

Además, la declaración dice que "el uso de las tecnologías de la información para potenciar la participación de todas las personas en la vida pública es un elemento fundamental para la gobernabilidad democrática" y *los firmantes* se comprometieron a extender "la posibilidad de todas las personas de participar activamente en el intercambio de opiniones, incluyendo las políticas, a través de Internet u otros medios tecnológicos de comunicación".

Según la organización francesa *Reporteros sin fronteras*, un organismo que vigila la libertad de expresión a través del mundo, hay poca o ninguna censura de Internet en los países de América Latina, excepto en Cuba. Los cubanos pueden tener computadoras personales sólo desde 2008, el acceso a la Red debe ser previamente autorizado y es supervisado por el Ministerio de Informática y Comunicaciones del gobierno. Chile, Puerto Rico, Argentina, Venezuela y Costa Rica son las regiones hispanas de Latinoamérica más activas en Internet en orden de frecuencia de uso. Los cibercafés siguen siendo la principal forma de acceso a Internet, excepto en Puerto Rico y México, donde las conexiones en casa son más comunes.

Según el artículo, ¿son ciertas o falsas las siguientes afirmaciones?

1. Según la Organización de Estados Americanos, el acceso a Internet es un derecho fundamental en una democracia.
2. La censura de Internet es bastante común en muchos países de América Latina.
3. Los mexicanos son los latinoamericanos más activos en Internet.
4. En Puerto Rico, la mayoría de los usuarios de Internet van a cibercafés.

📖 Repaso 1

SAM: 12-24
to 12-25

Telling what you know: **Saber** and **conocer**

Para averiguar

In the activities on this page, you will be reviewing **saber** and **conocer**.
Do you remember . . .

- whether you use **saber** or **conocer** to say that someone knows information or something memorized?
- which verb you use to say that someone knows or is familiar with a person, place, or thing?
- which verb is used with infinitives to say what someone knows how to do?
- what the forms of **saber** and **conocer** are for **yo**?
- what **saber** and **conocer** usually mean in the preterit? what their forms are? which verb has irregular preterit forms?

For review, see page 206.

Suggestion for 12-26.
There are many videos on the Internet showing the running of the bulls during *los Sanfermines* and *las Fallas de Valencia*. You may wish to show some of them to your class.

12-25 ▶ Periodista. ¿Qué sabe o conoce un buen periodista? Completa cada oración con **sabe** o **conoce**.

Un buen periodista . . .

Modelo   *Sabe* mantener su independencia.

1. ___Sabe___ dónde buscar la infomación.
2. ___Conoce___ bien la región donde trabaja.
3. ___Conoce___ a muchos líderes.
4. ___Sabe___ con quién hablar.
5. ___Sabe___ escuchar para obtener varias perspectivas.
6. ___Conoce___ la situación política.
7. ___Sabe___ verificar la información pertinente.
8. ___Conoce___ a su público.
9. ___Sabe___ qué detalles son los más importantes.
10. ___Sabe___ evitar los obstáculos.

12-26 ▶ Los Sanfermines.
Un/a amigo/a está mirando un reportaje sobre un festival anual en España y te hace las siguientes preguntas. Complétalas con **conoces** o **sabes**. Luego, selecciona la respuesta correcta de la lista que sigue.

Modelo   ¿*Conoces* este evento? _d_

Un encierro de los Sanfermines

1. ¿ ___Sabes___ dónde ocurren esas fiestas? _b_
2. ¿ ___Conoces___ la ciudad de Pamplona? _e_
3. ¿ ___Sabes___ adónde van los toros (*bulls*)? _g_
4. ¿ ___Sabes___ qué distancia corren? _a_
5. ¿ ___Sabes___ cuándo son los encierros de los Sanfermines? _c_
6. ¿ ___Conoces___ el libro de Ernest Hemingway *Fiesta* que le dio fama al evento en Estados Unidos? _f_
7. ¿ ___Sabes___ cuántas personas participan cada año en los Sanfermines? _i_
8. ¿ ___Conoces___ a alguien que haya participado en este evento? _j_
9. ¿ ___Conoces___ otras fiestas interesantes en España? _h_

a. Corren unos 850 metros, o casi un kilómetro.
b. Tienen lugar en Pamplona, España.
c. Los encierros empiezan el siete de julio y continúan hasta el catorce.
d. Sí, son los encierros (*running of the bulls*) durante la fiesta de San Fermín.
e. Sí, Pamplona es la capital de la provincia de Navarra, al norte de España cerca de la frontera con Francia.
f. Sí, esa novela se llama *The Sun Also Rises* en inglés y se publicó en 1926.
g. Van a la plaza de toros.
h. Las Fallas de Valencia son una celebración muy interesante y antigua que data del siglo XVIII. Se celebran todos los años del 15 al 19 de marzo en honor a San José.
i. No sé cuántas personas corren, pero las calles de la ciudad se llenan de miles de personas.
j. Sí, conozco a varias personas que lo han hecho.

Las Fallas de Valencia

📖 Repaso 2 Giving explanations: **Por** and **para**

SAM: 12-26
to 12-27

12-27 ▶ Un reportaje desde Pamplona. Una reportera hace un reportaje sobre las fiestas de los Sanfermines en Pamplona. Completa las siguientes oraciones de manera lógica con **por** en uno de los espacios en blanco y **para** en el otro.

Modelo   Cada año a principios del mes de julio miles de turistas vienen a Pamplona *por* siete días *para* participar en las fiestas de los Sanfermines.

1. Los Sanfermines son importantes ___*para*___ la ciudad ___*por*___ las tradiciones que representan.
2. Originalmente las fiestas eran una celebración ___*para*___ honrar al santo católico, San Fermín, pero hoy día son conocidas sobre todo ___*por*___ los encierros.
3. Muchos visitantes vienen desde lejos ___*para*___ vivir las fiestas y muchos vienen ___*por*___ la emoción de correr delante de los toros.
4. Siempre hay riesgos (*risks*) ___*para*___ los participantes que corren ___*por*___ las calles en un encierro.
5. ___*Por*___ los cuatro minutos que dura un encierro hay mucha emoción ___*para*___ todos.
6. Este evento es transmitido ___*por*___ televisión en noticieros de todo el mundo. ___*Para*___ el canal 24, ha informado Mónica Reyes.

12-28 ▶ Más titulares. Completa los siguientes titulares sobre las elecciones de manera lógica con **por** o **para**.

Modelo   Hay ocho candidatos *para* el puesto dejado vacante *por* el Senador García.

1. La lucha (*fight*) ___*por*___ el control del Congreso será difícil ___*para*___ la oposición.
2. Preocupaciones ___*por*___ la situación económica crean problemas ___*para*___ los candidatos.
3. El desempleo es el tema más importante ___*para*___ el 30 ___*por*___ ciento de los votantes.
4. Los candidatos se preparan ___*para*___ el debate ___*por*___ televisión.
5. La campaña ___*por*___ el voto hispano es necesaria ___*para*___ ganar.
6. ¡Voten ___*por*___ el candidato mejor cualificado ___*para*___ el puesto!

12-29 ▶ El cambio climático. Completa el siguiente artículo sobre el cambio climático con **por** o **para** en los espacios en blanco.

El clima cambia (1) ___*por*___ procesos naturales, pero en los últimos 30 años, la temperatura media se ha incrementado bastante y los niveles del mar han aumentado entre uno y dos centímetros (2) ___*por*___ década. La mayoría de los científicos cree que este cambio climático es causado (3) ___*por*___ la contaminación y el efecto invernadero (*greenhouse effect*). (4) ___*Para*___ remediar el efecto invernadero y estabilizar las temperaturas medias globales, la comunidad internacional trata de negociar normas (*standards*) como el protocolo de Kioto (5) ___*para*___ controlar las emisiones de CO_2, pero ha sido difícil llegar a un acuerdo aceptable (6) ___*por*___ los costos económicos que los cambios implican (7) ___*para*___ las naciones. Hay varias medidas (*measures*) que todos nosotros podemos tomar (8) ___*para*___ reducir nuestra huella de carbono (*carbon footprint*) individual. (9) ___*Por*___ ejemplo, se puede usar el transporte público o comprar un vehículo que rinda (*yields*) más millas (10) ___*por*___ galón. También se recomienda cambiar las bombillas (*lightbulbs*) (11) ___*por*___ otras de bajo consumo.

Para **averiguar**

In the activities on this page, you will be reviewing **por** and **para**. Do you remember . . .
- whether you use **por** or **para** to indicate through what area of space or period of time? which you use to talk about a destination point or a point in time?
- whether you use **por** or **para** to express cause? to express purpose? what **para** means when it is followed by an infinitive?
- whether you use **por** or **para** to express a means of doing something?
- whether you use **por** or **para** to express an exchange? which one you use to indicate for whom something is intended?
- whether you use **por** or **para** to say for what type of person or thing something is true? which one you use to clarify whose point of view you are describing?

For review, see page 322.

Repaso 3
SAM: 12-28
to 12-29

Expressing opinions: Impersonal expressions and expressions of desire used with the subjunctive

Para averiguar

In the activities on this page, you will be reviewing impersonal expressions and expressions of desire used with the subjunctive. Do you remember . . .

■ when the subjunctive is used in a subordinate clause?

■ how you form the subjunctive? what other verb form is similar to the subjunctive?

■ what the subjunctive of **hay** is? which other five verbs are irregular in the subjunctive?

■ what verbs indicating desire are followed by the subjunctive? what impersonal expressions are followed by the subjunctive?

■ when you use the infinitive instead of the subjunctive after verbs like **querer** and **preferir** or after impersonal expressions?

For review, see pages 296 and 300, or refer to the verb charts in the appendix or in MySpanishLab.

12-30 ▶ Las elecciones. Cambia estas reglas generales durante las elecciones para explicar si se trata de los candidatos o los votantes (*voters*). Usa el presente del subjuntivo como en los Modelos.

Modelos   Es importante ser honesto.
Es importante que los candidatos sean honestos.
Es esencial informarse.
Es esencial que los votantes se informen.

1. Es esencial explicar claramente su política (*policies*).
2. Es importante conocer la política de los candidatos antes de votar.
3. Es necesario hacerles preguntas a los candidatos.
4. Es importante decir la verdad.
5. Es necesario saber comunicarse.
6. Es importante comprender a los electores (*constituents*).
7. Es importante ir a las urnas (*polls*) a votar.
8. Es esencial votar por el mejor candidato.

12-31 ▶ La prensa. ¿Cuáles son las responsabilidades de la prensa y de los gobiernos en una democracia? Reacciona a las siguientes situaciones empezando cada oración con **Es bueno que** o **Es malo que.**

Modelo   Hay libertad de expresión.
Es bueno que haya libertad de expresión.

1. Hay censura de prensa por el gobierno.
2. Los ciudadanos se comunican libremente.
3. Los periodistas tienen miedo de decir la verdad.
4. La prensa es controlada por el gobierno.
5. Nadie puede criticar al gobierno.
6. El público está bien informado.

12-32 ▶ Preferencias. Participas en una encuesta sobre lo que debe hacer el gobierno. Indica cuál de las dos opciones prefieres que adopte el Congreso.

Modelo   reducir los impuestos / reducir la asistencia social
Prefiero que el Congreso reduzca los impuestos. /
Prefiero que el Congreso reduzca la asistencia social.

1. controlar la contaminación industrial / darle más libertad a la industria
2. reconocer las contribuciones sociales y económicas de los inmigrantes / cerrar las fronteras (*borders*)
3. eliminar las regulaciones que controlan la industria petrolera / desarrollar fuentes (*sources*) de energía alternativa como el sol, el viento y el agua
4. preservar los parques nacionales / abrir los parques nacionales a la explotación industrial
5. recortar (*cut back*) los impuestos de las grandes empresas para estimular la economía / ayudar más a la clase media
6. prohibir la modificación genética en la agricultura / permitir la modificación genética de las plantas
7. imponer (*impose*) impuestos a los productos importados para proteger la industria norteamericana / abrir el mercado a los productos importados
8. limitar las demandas (*lawsuits*) frívolas e innecesarias contra los médicos / garantizar sin límite la protección contra la negligencia médica

Answers for 12-30.
1. . . . *que los candidatos expliquen* . . . 2. . . . *que los votantes conozcan* . . . 3. . . . *que los votantes les hagan* . . . 4. . . . *que los candidatos digan* . . . 5. . . . *que los candidatos sepan* . . . 6. . . . *que los candidatos comprendan* . . . 7. . . . *que los votantes vayan* . . . 8. . . . *que los votantes voten* . . .

Answers for 12-31.
1. *Es malo que haya* . . . 2. *Es bueno que los ciudadanos se comuniquen* . . . 3. *Es malo que los periodistas tengan miedo* . . . 4. *Es malo que la prensa sea* . . . 5. *Es malo que nadie pueda* . . . 6. *Es bueno que el público esté* . . .

Answers for 12-32.
1. *Prefiero que el Congreso controle* . . . / *le dé* . . . 2. *Prefiero que el Congreso reconozca* . . . / *cierre* . . . 3. *Prefiero que el Congreso elimine* . . . / *desarrolle* . . . 4. *Prefiero que el Congreso preserve* . . . / *abra* . . . 5. *Prefiero que el Congreso recorte* . . . / *ayude* . . . 6. *Prefiero que el Congreso prohíba* . . . / *permita* . . . 7. *Prefiero que el Congreso imponga* . . . / *abra* . . . 8. *Prefiero que el Congreso limite* . . . / *garantice* . . .

Repaso 4
SAM: 12-30 to 12-31

Expressing doubts and emotions: The subjunctive with expressions of doubt and emotion

12-33 ▶ Titulares. Reacciona a los siguientes titulares del periódico con **Estoy contento/a de que . . .** o **Es una lástima que . . .**

Hay más dinero para la educación

La inflación llega al 20%

La tasa de desempleo baja

Proponen leyes ecológicas más estrictas

Los indicadores económicos indican el final de la depresión

Hay nuevos controles sobre la posesión de armas

Para **averiguar**

In the activities on this page, you will be reviewing the subjunctive with expressions of doubt and emotion. Do you remember . . .
■ what expressions of doubt or uncertainty are followed by the subjunctive?
■ why you do not use the subjunctive after **creer que, estar seguro/a de que, es cierto que,** and **es verdad que** in the affirmative?
■ what expressions of emotion are followed by the subjunctive?
For review, see pages 302 and 334, or refer to the verb charts in the appendix or in *MySpanishLab*.

12-34 ▶ Pesimismo. ¿Cómo contestaría un economista pesimista a las siguientes preguntas? Empieza cada oración con **No, dudo que . . .** o **Sí, creo que . . .**

Modelo   ¿Mejorará la economía durante los próximos meses?
No, dudo que la economía mejore durante los próximos meses.
¿Perderá más gente su trabajo?
Sí, creo que más gente perderá su trabajo.

1. ¿Podrá el Congreso reducir el desempleo?
2. ¿Será más fácil encontrar trabajo el año que viene?
3. ¿Habrá recesión este año?
4. ¿Subirán los precios?
5. ¿Controlará el Congreso la inflación?
6. ¿Se desarrollarán nuevas industrias verdes?
7. ¿Evitaremos más problemas económicos?
8. ¿Mejorará la situación económica en seis meses?

12-35 ▶ La globalización. Defensores del mercado libre hacen las siguientes afirmaciones. ¿Estás de acuerdo? Empieza cada oración con **Yo también creo que . . .** o **Yo dudo que . . .** para expresar tu opinión.

Con mayor globalización . . .

Modelo   Habrá más estabilidad económica y política en el mundo.
Yo también creo que habrá más estabilidad económica y política en el mundo. / Yo dudo que haya más estabilidad económica y política en el mundo.

1. Se usarán los recursos naturales con más eficacia.
2. Habrá menos pobreza (*poverty*).
3. Habrá más cooperación internacional.
4. Nos comprenderemos mejor.
5. Será más difícil cometer actos de terrorismo.
6. El mundo será más sensible hacia (*sensitive towards*) los derechos humanos.
7. Habrá menos estados autoritarios.
8. Todos viviremos mejor.

Possible answers for 12-33.
1. *Estoy contento/a de que haya más dinero para la educación.* 2. *Es una lástima que la inflación llegue al 20%.* 3. *Estoy contento/a de que la tasa de desempleo baje.* 4. *Estoy contento/a de que propongan leyes ecológicas más estrictas.* 5. *Estoy contento/a de que los indicadores económicos indiquen el final de la depresión.* 6. *Estoy contento/a de que / Es una lástima que haya nuevos controles sobre la posesión de armas.*

Answers for 12-34.
1. *No, dudo que el Congreso pueda . . .* 2. *No, dudo que sea . . .* 3. *Sí, creo que habrá . . .* 4. *Sí, creo que los precios subirán.* 5. *No, dudo que el Congreso controle . . .* 6. *No, dudo que se desarrollen . . .* 7. *No, dudo que evitemos . . .* 8. *No, dudo que la situación económica mejore . . .*

Follow-up for 12-34.
Have students go back and say whether they hope the described events occur. *MODELOS: Espero que la economía mejore. / Espero que más gente no pierda su trabajo.*

Answers for 12-35.
1. *Yo también creo que se usarán . . . / Yo dudo que se usen . . .* 2. *Yo también creo que habrá . . . / Yo dudo que haya . . .* 3. *Yo también creo que habrá . . . / Yo dudo que haya . . .* 4. *Yo también creo que nos comprenderemos . . . / Yo dudo que nos comprendamos . . .* 5. *Yo también creo que será . . . / Yo dudo que sea . . .* 6. *Yo también creo que el mundo será . . . / Yo dudo que el mundo sea . . .* 7. *Yo también creo que habrá . . . / Yo dudo que haya . . .* 8. *Yo también creo que todos viviremos . . . / Yo dudo que todos vivamos . . .*

Continuation of 12-35.
Tell students: *Un crítico de la globalización dice lo siguiente. ¿Estás de acuerdo? Utiliza Yo también creo que . . . o Yo dudo que . . . para expresar tu opinión. Con mayor globalización . . . 1. Habrá más conflictos. 2. Perderemos la libertad. 3. Habrá más control sobre los individuos. 4. Habrá más manipulación de la información. 5. Los ricos serán más ricos y los pobres más pobres.*

📖 Vocabulario

SAM: 12-32 to 12-33

Problemas y soluciones

🔊 CD 4, Track 63

¿De qué se tratarán los artículos con los siguientes titulares?

¿Sabías que...?

Los cinco mayores socios comerciales (*trading partners*) de Estados Unidos en América Latina son México, Chile, Costa Rica, la República Dominicana y Colombia. Después de Canadá, México es el segundo socio comercial más importante de Estados Unidos. Estos tres países participan desde 1994 en un acuerdo de libre comercio, el TLCAN (Tratado de Libre Comercio de América del Norte) o en inglés NAFTA (*North American Free Trade Agreement*).

Suggestion

Ask students: ¿Cuál de cada pareja de titulares crees que se enfocará (will focus) más en la descripción de problemas? ¿Cuál crees que propondrá más soluciones? MODELO: Por un mundo sin pobreza en 2025 (soluciones); El 10% de la población está desnutrida (problemas)

¡Ojo!

Comprehension strategy. When reading or listening to reports, it is important to determine the basic types of information provided and sort the details into categories. In reports, there is often a dichotomy of information with groupings such as pros and cons, facts and misunderstandings, or problems and solutions. You may review the strategy *Sorting and grouping ideas* on page 310.

🔊 CD 4 Track 64

Muchas industrias buscan una fuerza laboral más barata en el extranjero

El Congreso promueve el desarrollo de nuevas industrias

El 10% de la población está desnutrida

Por un mundo sin pobreza en el 2025

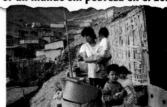

Inundaciones causadas por el huracán Dolores dejan a miles de personas sin hogar

Llegará ayuda humanitaria para las víctimas de las inundaciones

Programa de conservación del medio ambiente

La deforestación de la selva amazónica aumenta el efecto invernadero

Suggestion for *Una conversación*.

First, review the communication strategy with students and have them listen to *Una conversación* with books closed and list the *pros* and *contras* mentioned for an open free market or consumerism. Then, have them read along as you play the conversation again.

🔊 CD 4, Track 65

¡A escuchar!

Escucha un reportaje sobre un programa de las Naciones Unidas para erradicar el hambre en América Latina y el Caribe. ¿Cuáles son dos efectos negativos de una población desnutrida (*undernourished*)? ¿Cuáles son dos beneficios de reducir la malnutrición?

Una conversación. En el programa de radio *Debate de un minuto*, dos economistas debaten los pros y contras del mercado libre y el consumerismo.

ECONOMISTA 1: El consumerismo tiene un efecto negativo en el carácter de una sociedad. El deseo de tener más y más debilita la autodisciplina. Queremos comprar productos a precios muy baratos, pero no consideramos el efecto que esto tiene en las personas que los fabrican. Con frecuencia eso promueve la explotación de las personas más indefensas, incluso de los niños. Además, el abuso de los recursos naturales y la producción masiva de basura como consecuencia del consumerismo son desastrosos para el medio ambiente.

ECONOMISTA 2: No estoy de acuerdo en que haya más abusos de derechos humanos debido al consumerismo. Al contrario, la globalización y la libertad de expresión en Internet aumentan la concienciación pública de los abusos y dificultades en otros países. Además, es absurdo decir que el mercado libre debilita la autodisciplina. En un mundo competitivo, es necesario tener disciplina para sobrevivir y tener éxito. Es en los mercados con control centralizado donde el público pierde la autodisciplina. Los consumidores no tienen opciones y no necesitan tomar decisiones. Se aprende la disciplina enfrentándose a decisiones difíciles.

Note for ¡A escuchar!
See facing page for Audioscript and possible answers.

12-36 ▶ Temas frecuentes.
Cuando se habla de las relaciones entre Estados Unidos y América Latina, con frecuencia se mencionan los siguientes temas. Relaciona cada tema de la columna izquierda con la idea lógica de la columna derecha.

1. __c__ la inmigración
2. __f__ el narcotráfico
3. __b__ el mercado libre
4. __a__ la protección del medio ambiente
5. __d__ la democratización de las sociedades
6. __e__ la erradicación del hambre

a. los recursos (*resources*) naturales
b. la cooperación económica
c. los derechos humanos de los inmigrantes
d. las elecciones libres
e. el desarrollo de la agricultura
f. la demanda de drogas en Estados Unidos

12-37 ▶ Comparaciones culturales.
Lee el siguiente artículo sobre la agricultura en el mundo. Luego, completa la lista de problemas y soluciones que sigue al artículo con las palabras que faltan.

La Evaluación Internacional de las Ciencias y Tecnologías Agrícolas para el Desarrollo (IAASTD), un estudio financiado por el Banco Mundial y las Naciones Unidas, evaluó un informe sobre el estado de la agricultura en el mundo. El informe advierte que "el mantenimiento del *status quo* no es una solución".

Aunque las nuevas tecnologías han mejorado considerablemente la productividad agrícola durante las últimas décadas, los países en vías de desarrollo se han beneficiado poco de estos avances. Además, algunos cambios en la producción agrícola han causado nuevos problemas sociales y ambientales y la tercera parte de las tierras cultivables se ha deteriorado gravemente debido a la actividad agrícola. Este estudio subraya la importancia de proteger los recursos naturales y recomienda prácticas "agroecológicas", como el uso de abonos orgánicos, cultivos indígenas y tradicionales y el consumo de productos locales para reducir la distancia entre los productores y los consumidores.

Según la evaluación, la situación es urgente. En los últimos años los precios de cereales esenciales se han doblado y quedan pocas reservas mundiales. Se espera que los precios del arroz, el maíz y el trigo sigan subiendo debido a la creciente demanda y a su utilización como biocombustibles.

Problemas
1. Los países en vías de desarrollo se han __beneficiado__ poco de los avances agrícolas (*agricultural*).
2. Las prácticas agrícolas modernas han causado problemas __sociales__ y __ambientales__ .
3. La __tercera__ parte de las tierras cultivables se ha deteriorado __gravemente__ .
4. Hay pocas reservas de __cereales__ y los precios han subido debido a la demanda y su uso como __biocombustibles__ .

Soluciones
1. Se deben usar abonos (*fertilizers*) __orgánicos__ .
2. Se recomienda plantar __cultivos / plantas__ indígenas.
3. Es importante reducir __la distancia__ entre los productores y los consumidores.

**Repaso 1**

SAM: 12-34
to 12-35

Saying how things would be: The conditional and impersonal **se**

Para **averiguar**

In the activities on this page, you will be reviewing the conditional and impersonal **se**. Do you remember . . .

- how the conditional is generally translated in English?
- what the stem of most verbs in the conditional is? what other verb tense uses the same endings as the conditional?
- what ten verbs have irregular stems in the conditional? what their stems are?
- when you use the impersonal **se**? how you can translate **se podría** in English?

For review, see pages 226 and 264.

12-38 ► En un mundo perfecto. Las siguientes afirmaciones describen la situación en muchas partes del mundo. Explica cómo sería la situación en un mundo perfecto.

Modelo   Hay mucha gente sin hogar (*homeless*).
En un mundo perfecto, no habría gente sin hogar.

1. La gente vive en condiciones de pobreza en muchas partes del mundo.
2. Tenemos mucho estrés en la vida diaria.
3. Las mujeres no tienen las mismas oportunidades que los hombres.
4. El aire está contaminado.
5. Hay muchas enfermedades.
6. No todos los enfermos pueden ver a un médico.
7. Los tratamientos médicos cuestan mucho.
8. Es difícil encontrar trabajo.

12-39 ► ¿Cómo sería el mundo sin . . . ? Un blog de Internet pregunta cómo sería el mundo sin diferentes cosas. Escribe respuestas lógicas a las siguientes preguntas, usando los verbos entre paréntesis en el condicional. Utiliza el sujeto **nadie** con uno de los verbos y **todos** con el otro.

Modelo   ¿Cómo sería el mundo sin sentimientos? (enamorarse, ser indiferentes)
Nadie se enamoraría. Todos seríamos indiferentes.

1. ¿Cómo sería el mundo sin música? (bailar, aburrirse)
2. ¿Cómo sería el mundo sin Internet? (estar menos informados, escribir en blogs)
3. ¿Cómo sería el mundo sin relojes? (tener menos estrés, saber la hora)
4. ¿Cómo sería el mundo sin agua? (poder vivir, morir)
5. ¿Cómo sería el mundo sin pobreza? (tener hambre, tener lo suficiente para vivir dignamente)
6. ¿Cómo sería el mundo sin diversidad? (ser iguales, ser extraordinario)

12-40 ► ¿Democracia o gobierno totalitario? Indica si se hacen las siguientes cosas en una democracia. Luego di si se harían viviendo bajo un gobierno totalitario. Utiliza el **se** impersonal.

Modelo   _____ (permitir) a los ciudadanos expresarse libremente.
En una democracia, se permite a los ciudadanos expresarse libremente.
Bajo un gobierno totalitario, no se permitiría a los ciudadanos expresarse libremente.

1. _____ (arrestar) a los disidentes del gobierno.
2. _____ (censurar) la prensa.
3. _____ (criticar) al gobierno sin miedo a represalias (*reprisals*).
4. _____ (escribir) artículos críticos de los líderes en la prensa.
5. _____ (cambiar) fácilmente de líder.
6. _____ (respetar) los derechos humanos.
7. _____ (imponer) muchas restricciones a los ciudadanos.
8. _____ (vivir) con libertad.

Possible answers for 12-38.
1. *En un mundo perfecto, la gente no viviría . . .*
2. *. . . no tendríamos . . .* 3. *. . . las mujeres tendrían . . .* 4. *. . . el aire no estaría . . .* 5. *. . . no habría . . .* 6. *. . . todos los enfermos podrían . . .*
7. *. . . los tratamientos médicos no costarían . . .*
8. *. . . no sería . . .*

Supplemental activity.
Have students work in groups to prepare lists of things they would do as president: *Como presidente/a . . .*

Answers for 12-39.
1. *Nadie bailaría. Todos nos aburriríamos.* 2. *Todos estaríamos menos informados. Nadie escribiría en blogs.* 3. *Todos tendríamos menos estrés. Nadie sabría la hora.* 4. *Nadie podría vivir. Todos moriríamos.* 5. *Nadie tendría hambre. Todos tendríamos lo suficiente para vivir dignamente.* 6. *Todos seríamos iguales. Nadie sería extraordinario.*

Follow-up for 12-39.
Have students work in groups to think of similar questions for classmates to answer.

Answers for 12-40.
1. *En una democracia, no se arresta . . . Bajo un gobierno totalitario, se arrestaría . . .* 2. *En una democracia, no se censura . . . Bajo un gobierno totalitario, se censuraría . . .* 3. *En una democracia, se critica . . . Bajo un gobierno totalitario, no se criticaría . . .* 4. *En una democracia, se escriben . . . Bajo un gobierno totalitario, no se escribirían . . .* 5. *En una democracia, se cambia . . . Bajo un gobierno totalitario, no se cambiaría . . .* 6. *En una democracia, se respetan . . . Bajo un gobierno totalitario, no se respetarían los . . .* 7. *En una democracia, no se imponen . . . Bajo un gobierno totalitario, se impondrían . . .* 8. *En una democracia, se vive . . . Bajo un gobierno totalitario, no se viviría . . .*

📖 Repaso 2 Predicting what will happen: The future tense and the subjunctive in adverbial clauses

SAM: 12-36
to 12-37

12-41 ▶ Pronóstico del tiempo. Se presenta el pronóstico del tiempo en la tele. Complétalo con los verbos en el futuro o el subjuntivo.

Buenas noches, qué buen tiempo hizo hoy, pero todo (1) ___cambiará___ (cambiar) para peor mañana por la noche porque un frente frío muy fuerte (2) ___llegará___ (llegar) del noroeste trayendo lluvia y temperaturas más frescas. Hoy ha sido un día soleado y muy agradable con temperaturas máximas de 78 grados Fahrenheit, 26 grados centígrados y mínimas de 55 Fahrenheit y 13 centígrados. Mañana (3) ___hará___ (hacer) sol por la mañana y las primeras horas de la tarde y (nosotros) (4) ___tendremos___ (tener) una temperatura de aproximadamente 75 grados Fahrenheit, 24 centígrados, hasta que (5) ___llegue___ (llegar) el frente alrededor de las cinco de la tarde. Después del frente, (6) ___lloverá___ (llover) toda la noche y la temperatura (7) ___descenderá___ (descender) a alrededor de los 35 grados Fahrenheit, 2 centígrados. Ahora vamos a una pausa comercial, pero cuando (nosotros) (8) ___regresemos___ (regresar), (yo) les (9) ___tendré___ (tener) el pronóstico para los próximos siete días.

12-42 ▶ Suposiciones. Completa cada oración del siguiente reportaje de un noticiero con la terminación lógica entre paréntesis. Utiliza el verbo en el futuro.

Modelo   Con tantos escándalos en la capital, muchos congresistas . . . (estar seguros de su reelección, estar preocupados por su reelección).
Con tantos escándalos en la capital, muchos congresistas estarán preocupados por su reelección.

1. Con estas acusaciones de corrupción, los congresistas . . . (aceptar dinero a cambio de favores en el Congreso, tener que concentrarse más en los intereses de los electores).
2. Durante la investigación, los grupos de presión (*lobbyists*) . . . (tener menos influencia en la capital, tener más influencia en la capital).
3. Según los congresistas nombrados en los escándalos, las acusaciones . . . (ser verdad, ser falsas).
4. El Comité de Ética del Congreso está investigando la situación y seguramente (haber más detalles, ser todos los detalles) no conocidos hasta ahora.
5. Sabemos que ustedes (querer, no querer) mantenerse informados y les tendremos más información en nuestro noticiero de esta noche.

12-43 ▶ Opiniones. Con frecuencia se oyen las siguientes opiniones. Completa cada oración con el futuro o el subjuntivo de los verbos entre paréntesis. Luego, di si estás de acuerdo.

Modelo   No *habrá* (haber) paz (*peace*) mientras *haya* (haber) pobreza.
Estoy de acuerdo.

1. El mundo ___será___ (ser) mejor cuando las mujeres lo ___controlen___ (controlar).
2. ___Se acabará___ (acabarse) la violencia cuando ___se acabe___ (acabarse) la injusticia.
3. Cuando la posesión de armas ___sea___ (ser) ilegal en Estados Unidos, sólo los criminales ___tendrán___ (tener) armas.
4. No ___se resolverán___ (resolverse) los problemas ecológicos mientras cada uno no ___viva___ (vivir) una vida verde.
5. Mientras (nosotros) ___dependamos___ (depender) del petróleo como fuente de energía, nuestra economía ___será___ (ser) vulnerable.

Answers for 12-42.
1. Con estas acusaciones de corrupción, los congresistas tendrán que concentrarse más en los intereses de los electores. 2. Durante la investigación, los grupos de presión tendrán menos influencia en la capital. 3. Según los congresistas nombrados en los escándalos, las acusaciones serán falsas. 4. El Comité de Ética del Congreso está investigando la situación y seguramente habrá más detalles no conocidos hasta ahora. 5. Sabemos que ustedes querrán mantenerse informados y les tendremos más información en nuestro noticiero de esta noche.

Para **averiguar**

In the activities on this page, you will be reviewing the future tense and the subjunctive in adverbial clauses. Do you remember . . .

■ how you translate the future tense in English?
■ whether there are any differences in the stems of verbs in the future and the conditional?
■ what the endings used for all verbs in the future tense are?
■ what form of the verb you use after the conjunctions **antes que, cuando, después que, hasta que, mientras,** and **tan pronto como** when referring to the future?

For review, see pages 268 and 320, or refer to the verb charts in the appendix or in MySpanishLab.

Supplemental activities.
• Tell students: *Un candidato al Congreso hace promesas. ¿Dice que hará o no las siguientes cosas si quiere causarle una buena impresión al votante típico? Haz oraciones en el futuro. Modelo: reducir la tasa (rate) de desempleo > Reduciré la tasa de desempleo.* 1. *aumentar los impuestos;* 2. *ser honesto;* 3. *decir la verdad sobre todo;* 4. *ayudar a la clase media;* 5. *servir a los grupos de presión (lobbies)* ; 6. *escuchar a todos los ciudadanos;* 7. *imponer sanciones contra las compañías que contaminen;* 8. *hacer lo que los electores (constituents) me pidan;* 9. *aceptar contribuciones políticas de las grandes corporaciones*
• Have students say whether they think or doubt that the president or Congress will take the actions listed in the previous activity: *Di si crees que el presidente / el Congreso hará las cosas de la lista. Modelo: Sí, creo que reducirá la tasa de desempleo. / No, dudo que reduzca la tasa de desempleo.*
• Refer students back to activity 12–16 *El estado de la nación* and tell them that the president-elect is making promises about when he / she is president. Have them redo items 1–5 in the future, negating the logical verb. *Modelo: Cuándo sea presidente, mis asesores (advisers) y yo no perderemos (perder) tiempo y atacaremos (atacar) los problemas más serios de la nación.*
• Ask students: *¿En qué año serán las próximas elecciones presidenciales en Estados Unidos? ¿Cuáles serán los temas más importantes? En veinte años, ¿qué porcentaje de la población de Estados Unidos hablará español? ¿Cuándo tendremos el primer presidente hispano? En cincuenta años, ¿habrá universidades bilingües en Estados Unidos en que se den clases de matemáticas o de filosofía en español?*
• Have students work in groups to make predictions about the economy, politics, or society.

 **Repaso 3**

SAM: 12-38
to 12-39

Saying what progress has been made: The present perfect and the present perfect subjunctive

Para averiguar

In the activities on this page, you will be reviewing the present perfect and the present perfect subjunctive. Do you remember . . .

■ what auxiliary verb you use with a past participle to say what you have done? what its forms are?

■ where you place object or reflexive pronouns in the present perfect?

■ what the forms of the present perfect subjunctive are? when you use it?

For review, see pages 326, 328, and 334, or refer to the verb charts in the appendix or in MySpanishLab.

12-44 ▶ Estabilidad. Si hay estabilidad en una sociedad democrática, ¿han pasado las siguientes cosas este año?

Modelo   _____ (haber) protestas violentas.
No ha habido protestas violentas.

1. El Congreso _ha resuelto_ (resolver) los problemas económicos más graves.
2. El presidente y el Congreso _han colaborado_ (colaborar) sin paralización.
3. La economía _ha mejorado_ (mejorar).
4. La tasa (*rate*) de desempleo _no ha subido_ (subir) mucho.
5. El gobierno _no ha impuesto_ (imponer) restricciones a la libertad de expresión.
6. Los ciudadanos _se han expresado_ (expresarse) libremente.
7. _No ha habido_ (haber) muchos problemas.
8. _Ha sido_ (ser) un año tranquilo.

12-45 ▶ ¿Qué dicen los ecologistas? ¿Dirían los ecologistas típicos que han ocurrido las siguientes cosas o no?

Modelo   Muchos animales *han muerto* (morir) durante los últimos años debido a la contaminación.

1. El gobierno _no ha impuesto_ (imponer) suficientes restricciones sobre las emisiones de CO_2.
2. (Yo) _He dicho_ (decir) varias veces que necesitamos desarrollar industrias verdes.
3. Nosotros _no hemos hecho_ (hacer) lo necesario para proteger el medio ambiente.
4. La capa (*layer*) de ozono _se ha deteriorado_ (deteriorarse).
5. La atmósfera _se ha calentado_ (calentarse).
6. (Nosotros) _No hemos visto_ (ver) todos los efectos catastróficos del cambio climático.

12-46 ▶ Discursos políticos. Reacciona a las siguientes situaciones con la expresión lógica entre paréntesis.

Modelo   Mucha gente ha perdido su trabajo. (Me gusta que . . . Siento que . . .)
Siento que mucha gente haya perdido su trabajo.

1. El gobierno no ha podido controlar la inflación. (Me encanta que . . . , Me molesta que . . .)
2. Todos los candidatos han dicho siempre la verdad. (Estoy seguro/a de que . . . , Dudo que . . .)
3. El Congreso ha reducido el desempleo. (Estoy contento/a de que . . . , Estoy furioso/a de que . . .)
4. Varios congresistas han aceptado dinero de grupos de presión a cambio de su voto en el Congreso. (Me gusta que . . . , Estoy furioso/a de que . . .)
5. La economía ha mejorado. (Me alegro de que . . . , Temo que . . .)
6. El Congreso ha bajado los impuestos (*taxes*) sin recortar programas. (Tengo miedo de que . . . , Me sorprende que . . .)

Answers for 12-46.
1. *Me molesta que el gobierno no haya podido controlar la inflación.* 2. *Dudo que todos los candidatos hayan dicho siempre la verdad.* 3. *Estoy contento/a de que el Congreso haya reducido el desempleo.* 4. *Estoy furioso/a de que varios congresistas hayan aceptado dinero de grupos de presión a cambio de su voto en el Congreso.* 5. *Me alegro de que la economía haya mejorado.* 6. *Me sorprende que el Congreso haya bajado los impuestos sin recortar programas.*

📖 Repaso 4 Linking ideas: Relative clauses

SAM: 12-40
to 12-41

12-47 ▶ Hispanos famosos.

Completa las siguientes oraciones
con el nombre correcto de la lista
en el primer espacio en blanco
y el pronombre **que** o **quien** en
los demás.

Simón Bolívar	Frida Kahlo
César Chávez	José Martí
Salvador Dalí	Eva Perón
Che Guevara	

La persistencia de la memoria (Photograph © Topham/
The Image Works ©2004 Salvador Dalí, Gala-Salvador Dalí
Foundation/Artists Rights Society (ARS), New York)

Para averiguar

In the activities on this page, you
will be reviewing relative clauses.
Do you remember . . .

■ what a relative clause is? what a
relative pronoun is?

■ what the relative pronoun **que**
means?

■ when you use **quien** rather than
que to say *who(m)*?

■ when you use **lo que**?

■ when you use the indicative in a
relative clause? when you use the
subjunctive?

■ whether you use the indicative or the
subjunctive in a relative clause to
describe a nonexistent noun after
nadie, nada, and **ninguno/a**?

For review, see page 332.

1. _Salvador Dalí_ era el pintor español ___que___ pintó el famoso cuadro *La persistencia de la memoria*.

2. _Frida Kahlo_ era una pintora mexicana ___que___ pintó muchos autorretratos (*self-portraits*) y con ___quien___ estaba casado el pintor mexicano Diego Rivera.

3. _César Chávez_ era un activista estadounidense ___que___ luchó por los derechos de los inmigrantes.

4. _Eva Perón_ era la esposa de un presidente argentino ___que___ murió en 1952 a la edad de 33 años y a ___quien___ Madonna representó en la película *Evita*.

5. _José Martí_ era una revolucionario y poeta cubano ___que___ luchó por la independencia de Cuba y ___que___ escribió los *Versos sencillos*.

6. _Simón Bolívar_ era un revolucionario venezolano ___que___ luchó contra España por la independencia de varios países de Sudamérica y en honor de ___quien___ fue nombrado el país de Bolivia.

7. _Che Guevara_ era el revolucionario argentino marxista ___que___ se ve con frecuencia en camisetas.

12-48 ▶ ¿Es cierto? Un/a comentarista habla de política. Completa sus oraciones con la forma correcta de los verbos en el presente del subjuntivo o del indicativo.

1. Hay grupos de presión (*lobbies*) que ___tienen___ (tener) mucha influencia sobre los miembros del Congreso.

2. Los candidatos que ___dicen___ (decir) la verdad nunca ganan.

3. No hay nadie en Washington que siempre ___diga___ (decir) la verdad.

4. Se necesitan más representantes que ___sean___ (ser) ecologistas.

5. California es el estado que ___tiene___ (tener) más representantes en el Congreso en Washington.

6. No hay ningún candidato que ___haga___ (hacer) todo lo que promete hacer durante la campaña electoral.

7. Los representantes que ___sirven___ (servir) en Washington necesitan un aumento de salario.

8. No hay nadie en el gobierno que ___esté___ (estar) por encima de la ley.

Follow-up for 12-47.
Read the following statements about U.S. history
and have a contest to see who can give the most
correct answers. Have students write their
answers as you read each statement. (Or you
may give students the statements with blanks
instead of the relative pronouns and have
students fill them in.) Answers are given in
parentheses. 1. *Fue el presidente con quien
Lyndon Johnson sirvió como vicepresidente.*
(John Kennedy) 2. *Fue el candidato a presidente
de Estados Unidos en el año 2000 por quien más
personas votaron, pero que perdió la elección en
el colegio electoral. (Al Gore)* 3. *Fueron el primer
padre e hijo que sirvieron como presidentes de
Estados Unidos. (John Adams y John Quincy
Adams)* 4. *Fue el presidente que dejó la
presidencia por el escándalo del Watergate.
(Richard Nixon)* 5. *Fue el presidente que sucedió
al presidente acusado del escándalo del
Watergate. (Gerald Ford)* 6. *Es la ex senadora a
quien Barack Obama ofreció el puesto de
Secretaria de Estado después de ser rivales.
(Hilary Rodham Clinton)* 7. *Es el número de
representantes que hay en la Cámara de
Representantes de Estados Unidos. (435)* 8. *Es el
número de senadores que hay en el Senado de
Estados Unidos. (100)* 9. *Es el año en que
Abraham Lincoln fue asesinado. (1865)* 10. *Es el
año en que John Kennedy fue asesinado. (1963)*

Follow-ups for 12-48.
• Have students also say whether they think each
statement in the activity is true or false.
• Using the same cues as for 12-32 *Preferencias*,
have students say what kinds of new laws are
needed, picking one of the two options. *MODELO:*
reducir los impuestos / reducir la asistencia social >
Se necesitan más leyes que reduzcan los impuestos.
/ Se necesitan más leyes que reduzcan la asistencia
social. Then, have students work in groups to think
of other laws they think are needed.

• Tell students: *Completa las siguientes oraciones expresando tu opinión sobre los medios de comunicación locales, nacionales
o internacionales. MODELO: No creo todo lo que . . . leo en Internet / dicen en el periódico local / veo en . . . 1. No creo todo lo
que . . . 2. Generalmente, estoy de acuerdo con lo que . . . 3. A veces, me sorprende lo que . . . 4. A veces, no me gusta lo
que . . . 5. Lo que más me gusta ver en la televisión es / son . . . 6. Lo que más hago para informarme de las noticias es . . .*

Verb Charts

Regular Verbs: Simple Tenses

Infinitive Present Participle Past Participle	Indicative					Subjunctive		Imperative
	Present	Imperfect	Preterit	Future	Conditional	Present	Imperfect	Commands
hablar hablando hablado	hablo hablas habla hablamos habláis hablan	hablaba hablabas hablaba hablábamos hablabais hablaban	hablé hablaste habló hablamos hablasteis hablaron	hablaré hablarás hablará hablaremos hablaréis hablarán	hablaría hablarías hablaría hablaríamos hablaríais hablarían	hable hables hable hablemos habléis hablen	hablara hablaras hablara habláramos hablarais hablaran	habla (tú), no hables hable (usted) hablemos hablad (vosotros), no habléis hablen (Uds.)
comer comiendo comido	como comes come comemos coméis comen	comía comías comía comíamos comíais comían	comí comiste comió comimos comisteis comieron	comeré comerás comerá comeremos comeréis comerán	comería comerías comería comeríamos comeríais comerían	coma comas coma comamos comáis coman	comiera comieras comiera comiéramos comierais comieran	come (tú), no comas coma (usted) comamos comed (vosotros), no comáis coman (Uds.)
vivir viviendo vivido	vivo vives vive vivimos vivís viven	vivía vivías vivía vivíamos vivíais vivían	viví viviste vivió vivimos vivisteis vivieron	viviré vivirás vivirá viviremos viviréis vivirán	viviría vivirías viviría viviríamos viviríais vivirían	viva vivas viva vivamos viváis vivan	viviera vivieras viviera viviéramos vivierais vivieran	vive (tú), no vivas viva (usted) vivamos vivid (vosotros), no viváis vivan (Uds.)

Regular Verbs: Perfect Tenses

Indicative										Subjunctive		
Present Perfect		Past Perfect		Preterit Perfect		Future Perfect		Conditional Perfect		Present Perfect		Past Perfect
he	hablado	había	hablado	hube	hablado	habré	hablado	habría	hablado	haya	hablado	hubiera	hablado
has	comido	habías	comido	hubiste	comido	habrás	comido	habrías	comido	hayas	comido	hubieras	comido
ha	vivido	había	vivido	hubo	vivido	habrá	vivido	habría	vivido	haya	vivido	hubiera	vivido
hemos		habíamos		hubimos		habremos		habríamos		hayamos		hubiéramos	
habéis		habíais		hubisteis		habréis		habríais		hayáis		hubierais	
han		habían		hubieron		habrán		habrían		hayan		hubieran	

Irregular Verbs

Infinitive / Present Participle / Past Participle	Indicative					Subjunctive		Imperative
	Present	Imperfect	Preterit	Future	Conditional	Present	Imperfect	Commands
andar / andando / andado	ando	andaba	anduve	andaré	andaría	ande	anduviera	anda (tú),
	andas	andabas	anduviste	andarás	andarías	andes	anduvieras	no andes
	anda	andaba	anduvo	andará	andaría	ande	anduviera	ande (usted)
	andamos	andábamos	anduvimos	andaremos	andaríamos	andemos	anduviéramos	andemos
	andáis	andabais	anduvisteis	andaréis	andaríais	andéis	anduvierais	andad (vosotros),
	andan	andaban	anduvieron	andarán	andarían	anden	anduvieran	no andéis / anden (Uds.)
caer / cayendo / caído	caigo	caía	caí	caeré	caería	caiga	cayera	cae (tú),
	caes	caías	caíste	caerás	caerías	caigas	cayeras	no caigas
	cae	caía	cayó	caerá	caería	caiga	cayera	caiga (usted)
	caemos	caíamos	caímos	caeremos	caeríamos	caigamos	cayéramos	caigamos
	caéis	caíais	caísteis	caeréis	caeríais	caigáis	cayerais	caed (vosotros),
	caen	caían	cayeron	caerán	caerían	caigan	cayeran	no caigáis / caigan (Uds.)
dar / dando / dado	doy	daba	di	daré	daría	dé	diera	da (tú),
	das	dabas	diste	darás	darías	des	dieras	no des
	da	daba	dio	dará	daría	dé	diera	dé (usted)
	damos	dábamos	dimos	daremos	daríamos	demos	diéramos	demos
	dais	dabais	disteis	daréis	daríais	deis	dierais	dad (vosotros),
	dan	daban	dieron	darán	darían	den	dieran	no deis / den (Uds.)
decir / diciendo / dicho	digo	decía	dije	diré	diría	diga	dijera	di (tú),
	dices	decías	dijiste	dirás	dirías	digas	dijeras	no digas
	dice	decía	dijo	dirá	diría	diga	dijera	diga (usted)
	decimos	decíamos	dijimos	diremos	diríamos	digamos	dijéramos	digamos
	decís	decíais	dijisteis	diréis	diríais	digáis	dijerais	decid (vosotros),
	dicen	decían	dijeron	dirán	dirían	digan	dijeran	no digáis / digan (Uds.)

Irregular Verbs (continued)

Infinitive / Present Participle / Past Participle	Indicative					Subjunctive		Imperative
	Present	Imperfect	Preterit	Future	Conditional	Present	Imperfect	Commands
estar estando estado	estoy estás está estamos estáis están	estaba estabas estaba estábamos estabais estaban	estuve estuviste estuvo estuvimos estuvisteis estuvieron	estaré estarás estará estaremos estaréis estarán	estaría estarías estaría estaríamos estaríais estarían	esté estés esté estemos estéis estén	estuviera estuvieras estuviera estuviéramos estuvierais estuvieran	está (tú), no estés esté (usted) estemos estad (vosotros), no estéis estén (Uds.)
haber habiendo habido	he has ha hemos habéis han	había habías había habíamos habíais habían	hube hubiste hubo hubimos hubisteis hubieron	habré habrás habrá habremos habréis habrán	habría habrías habría habríamos habríais habrían	haya hayas haya hayamos hayáis hayan	hubiera hubieras hubiera hubiéramos hubierais hubieran	
hacer haciendo hecho	hago haces hace hacemos hacéis hacen	hacía hacías hacía hacíamos hacíais hacían	hice hiciste hizo hicimos hicisteis hicieron	haré harás hará haremos haréis harán	haría harías haría haríamos haríais harían	haga hagas haga hagamos hagáis hagan	hiciera hicieras hiciera hiciéramos hicierais hicieran	haz (tú), no hagas haga (usted) hagamos haced (vosotros), no hagáis hagan (Uds.)
ir yendo ido	voy vas va vamos vais van	iba ibas iba íbamos ibais iban	fui fuiste fue fuimos fuisteis fueron	iré irás irá iremos iréis irán	iría irías iría iríamos iríais irían	vaya vayas vaya vayamos vayáis vayan	fuera fueras fuera fuéramos fuerais fueran	ve (tú), no vayas vaya (usted) vamos, no vayamos id (vosotros), no vayáis vayan (Uds.)
oír oyendo oído	oigo oyes oye oímos oís oyen	oía oías oía oíamos oíais oían	oí oíste oyó oímos oísteis oyeron	oiré oirás oirá oiremos oiréis oirán	oiría oirías oiría oiríamos oiríais oirían	oiga oigas oiga oigamos oigáis oigan	oyera oyeras oyera oyéramos oyerais oyeran	oye (tú), no oigas oiga (usted) oigamos oíd (vosotros), no oigáis oigan (Uds.)

Irregular Verbs (continued)

Infinitive / Present Participle / Past Participle	Indicative — Present	Imperfect	Preterit	Future	Conditional	Subjunctive — Present	Imperfect	Imperative — Commands
poder pudiendo podido	puedo puedes puede podemos podéis pueden	podía podías podía podíamos podíais podían	pude pudiste pudo pudimos pudisteis pudieron	podré podrás podrá podremos podréis podrán	podría podrías podría podríamos podríais podrían	pueda puedas pueda podamos podáis puedan	pudiera pudieras pudiera pudiéramos pudierais pudieran	
poner poniendo puesto	pongo pones pone ponemos ponéis ponen	ponía ponías ponía poníamos poníais ponían	puse pusiste puso pusimos pusisteis pusieron	pondré pondrás pondrá pondremos pondréis pondrán	pondría pondrías pondría pondríamos pondríais pondrían	ponga pongas ponga pongamos pongáis pongan	pusiera pusieras pusiera pusiéramos pusierais pusieran	pon (tú), no pongas ponga (usted) pongamos poned (vosotros), no pongáis pongan (Uds.)
querer queriendo querido	quiero quieres quiere queremos queréis quieren	quería querías quería queríamos queríais querían	quise quisiste quiso quisimos quisisteis quisieron	querré querrás querrá querremos querréis querrán	querría querrías querría querríamos querríais querrían	quiera quieras quiera queramos queráis quieran	quisiera quisieras quisiera quisiéramos quisierais quisieran	quiere (tú), no quieras quiera (usted) queramos quered (vosotros), no queráis quieran (Uds.)
saber sabiendo sabido	sé sabes sabe sabemos sabéis saben	sabía sabías sabía sabíamos sabíais sabían	supe supiste supo supimos supisteis supieron	sabré sabrás sabrá sabremos sabréis sabrán	sabría sabrías sabría sabríamos sabríais sabrían	sepa sepas sepa sepamos sepáis sepan	supiera supieras supiera supiéramos supierais supieran	sabe (tú), no sepas sepa (usted) sepamos sabed (vosotros), no sepáis sepan (Uds.)
salir saliendo salido	salgo sales sale salimos salís salen	salía salías salía salíamos salíais salían	salí saliste salió salimos salisteis salieron	saldré saldrás saldrá saldremos saldréis saldrán	saldría saldrías saldría saldríamos saldríais saldrían	salga salgas salga salgamos salgáis salgan	saliera salieras saliera saliéramos salierais salieran	sal (tú), no salgas salga (usted) salgamos salid (vosotros), no salgáis salgan (Uds.)

Irregular Verbs (continued)

Infinitive / Present Participle / Past Participle	Indicative					Subjunctive		Imperative
	Present	Imperfect	Preterit	Future	Conditional	Present	Imperfect	Commands
ser / siendo / sido	soy eres es somos sois son	era eras era éramos erais eran	fui fuiste fue fuimos fuisteis fueron	seré serás será seremos seréis serán	sería serías sería seríamos seríais serían	sea seas sea seamos seáis sean	fuera fueras fuera fuéramos fuerais fueran	sé (tú), no seas sea (usted) seamos sed (vosotros), no seáis sean (Uds.)
tener / teniendo / tenido	tengo tienes tiene tenemos tenéis tienen	tenía tenías tenía teníamos teníais tenían	tuve tuviste tuvo tuvimos tuvisteis tuvieron	tendré tendrás tendrá tendremos tendréis tendrán	tendría tendrías tendría tendríamos tendríais tendrían	tenga tengas tenga tengamos tengáis tengan	tuviera tuvieras tuviera tuviéramos tuvierais tuvieran	ten (tú), no tengas tenga (usted) tengamos tened (vosotros), no tengáis tengan (Uds.)
traer / trayendo / traído	traigo traes trae traemos traéis traen	traía traías traía traíamos traíais traían	traje trajiste trajo trajimos trajisteis trajeron	traeré traerás traerá traeremos traeréis traerán	traería traerías traería traeríamos traeríais traerían	traiga traigas traiga traigamos traigáis traigan	trajera trajeras trajera trajéramos trajerais trajeran	trae (tú), no traigas traiga (usted) traigamos traed (vosotros), no traigáis traigan (Uds.)
venir / viniendo / venido	vengo vienes viene venimos venís vienen	venía venías venía veníamos veníais venían	vine viniste vino vinimos vinisteis vinieron	vendré vendrás vendrá vendremos vendréis vendrán	vendría vendrías vendría vendríamos vendríais vendrían	venga vengas venga vengamos vengáis vengan	viniera vinieras viniera viniéramos vinierais vinieran	ven (tú), no vengas venga (usted) vengamos venid (vosotros), no vengáis vengan (Uds.)
ver / viendo / visto	veo ves ve vemos veis ven	veía veías veía veíamos veíais veían	vi viste vio vimos visteis vieron	veré verás verá veremos veréis verán	vería verías vería veríamos veríais verían	vea veas vea veamos veáis vean	viera vieras viera viéramos vierais vieran	ve (tú), no veas vea (usted) veamos ved (vosotros), no veáis vean (Uds.)

Stem-Changing and Orthographic-Changing Verbs

Infinitive Present Participle Past Participle	Indicative					Subjunctive		Imperative
	Present	Imperfect	Preterit	Future	Conditional	Present	Imperfect	Commands
almorzar (z, c) almorzando almorzado	almuerzo almuerzas almuerza almorzamos almorzáis almuerzan	almorzaba almorzabas almorzaba almorzábamos almorzabais almorzaban	almorcé almorzaste almorzó almorzamos almorzasteis almorzaron	almorzaré almorzarás almorzará almorzaremos almorzaréis almorzarán	almorzaría almorzarías almorzaría almorzaríamos almorzaríais almorzarían	almuerce almuerces almuerce almorcemos almorcéis almuercen	almorzara almorzaras almorzara almorzáramos almorzarais almorzaran	almuerza (tú) no almuerces almuerce (usted) almorcemos almorzad (vosotros) no almorcéis almuercen (Uds.)
buscar (c, qu) buscando buscado	busco buscas busca buscamos buscáis buscan	buscaba buscabas buscaba buscábamos buscabais buscaban	busqué buscaste buscó buscamos buscasteis buscaron	buscaré buscarás buscará buscaremos buscaréis buscarán	buscaría buscarías buscaría buscaríamos buscaríais buscarían	busque busques busque busquemos busquéis busquen	buscara buscaras buscara buscáramos buscarais buscaran	busca (tú) no busques busque (usted) busquemos buscad (vosotros) no busquéis busquen (Uds.)
corregir (g, j) corrigiendo corregido	corrijo corriges corrige corregimos corregís corrigen	corregía corregías corregía corregíamos corregíais corregían	corregí corregiste corrigió corregimos corregisteis corrigieron	corregiré corregirás corregirá corregiremos corregiréis corregirán	corregiría corregirías corregiría corregiríamos corregiríais corregirían	corrija corrijas corrija corrijamos corrijáis corrijan	corrigiera corrigieras corrigiera corrigiéramos corrigierais corrigieran	corrige (tú) no corrijas corrija (usted) corrijamos corregid (vosotros) no corrijáis corrijan (Uds.)
dormir (ue, u) durmiendo dormido	duermo duermes duerme dormimos dormís duermen	dormía dormías dormía dormíamos dormíais dormían	dormí dormiste durmió dormimos dormisteis durmieron	dormiré dormirás dormirá dormiremos dormiréis dormirán	dormiría dormirías dormiría dormiríamos dormiríais dormirían	duerma duermas duerma durmamos durmáis duerman	durmiera durmieras durmiera durmiéramos durmierais durmieran	duerme (tú), no duermas duerma (usted) durmamos dormid (vosotros), no durmáis duerman (Uds.)
incluir (y) incluyendo incluido	incluyo incluyes incluye incluimos incluís incluyen	incluía incluías incluía incluíamos incluíais incluían	incluí incluiste incluyó incluimos incluisteis incluyeron	incluiré incluirás incluirá incluiremos incluiréis incluirán	incluiría incluirías incluiría incluiríamos incluiríais incluirían	incluya incluyas incluya incluyamos incluyáis incluyan	incluyera incluyeras incluyera incluyéramos incluyerais incluyeran	incluye (tú), no incluyas incluya (usted) incluyamos incluid (vosotros), no incluyáis incluyan (Uds.)

Stem-Changing and Orthographic-Changing Verbs (continued)

Infinitive / Present Participle / Past Participle	Indicative					Subjunctive		Imperative
	Present	Imperfect	Preterit	Future	Conditional	Present	Imperfect	Commands
llegar (g, gu) llegando llegado	llego llegas llega llegamos llegáis llegan	llegaba llegabas llegaba llegábamos llegabais llegaban	llegué llegaste llegó llegamos llegasteis llegaron	llegaré llegarás llegará llegaremos llegaréis llegarán	llegaría llegarías llegaría llegaríamos llegaríais llegarían	llegue llegues llegue lleguemos lleguéis lleguen	llegara llegaras llegara llegáramos llegarais llegaran	llega (tú), no llegues llegue (usted) lleguemos llegad (vosotros) no lleguéis lleguen (Uds.)
pedir (i, i) pidiendo pedido	pido pides pide pedimos pedís piden	pedía pedías pedía pedíamos pedíais pedían	pedí pediste pidió pedimos pedisteis pidieron	pediré pedirás pedirá pediremos pediréis pedirán	pediría pedirías pediría pediríamos pediríais pedirían	pida pidas pida pidamos pidáis pidan	pidiera pidieras pidiera pidiéramos pidierais pidieran	pide (tú), no pidas pida (usted) pidamos pedid (vosotros), no pidáis pidan (Uds.)
pensar (ie) pensando pensado	pienso piensas piensa pensamos pensáis piensan	pensaba pensabas pensaba pensábamos pensabais pensaban	pensé pensaste pensó pensamos pensasteis pensaron	pensaré pensarás pensará pensaremos pensaréis pensarán	pensaría pensarías pensaría pensaríamos pensaríais pensarían	piense pienses piense pensemos penséis piensen	pensara pensaras pensara pensáramos pensarais pensaran	piensa (tú), no pienses piense (usted) pensemos pensad (vosotros), no penséis piensen (Uds.)
producir (zc) produciendo producido	produzco produces produce producimos producís producen	producía producías producía producíamos producíais producían	produje produjiste produjo produjimos produjisteis produjeron	produciré producirás producirá produciremos produciréis producirán	produciría producirías produciría produciríamos produciríais producirían	produzca produzcas produzca produzcamos produzcáis produzcan	produjera produjeras produjera produjéramos produjerais produjeran	produce (tú), no produzcas produzca (usted) produzcamos producid (vosotros), no produzcáis produzcan (Uds.)
reír (i, i) riendo reído	río ríes ríe reímos reís ríen	reía reías reía reíamos reíais reían	reí reíste rio reímos reísteis rieron	reiré reirás reirá reiremos reiréis reirán	reiría reirías reiría reiríamos reiríais reirían	ría rías ría riamos riáis rían	riera rieras riera riéramos rierais rieran	ríe (tú), no rías ría (usted) riamos reíd (vosotros), no riáis rían (Uds.)

Stem-Changing and Orthographic-Changing Verbs (continued)

Infinitive / Present Participle / Past Participle	Indicative					Subjunctive		Imperative
	Present	Imperfect	Preterit	Future	Conditional	Present	Imperfect	Commands
seguir (i, i) (ga) siguiendo seguido	sigo sigues sigue seguimos seguís siguen	seguía seguías seguía seguíamos seguíais seguían	seguí seguiste siguió seguimos seguisteis siguieron	seguiré seguirás seguirá seguiremos seguiréis seguirán	seguiría seguirías seguiría seguiríamos seguiríais seguirían	siga sigas siga sigamos sigáis sigan	siguiera siguieras siguiera siguiéramos siguierais siguieran	sigue (tú), no sigas siga (usted) sigamos seguid (vosotros), no sigáis sigan (Uds.)
sentir (ie, i) sintiendo sentido	siento sientes siente sentimos sentís sienten	sentía sentías sentía sentíamos sentíais sentían	sentí sentiste sintió sentimos sentisteis sintieron	sentiré sentirás sentirá sentiremos sentiréis sentirán	sentiría sentirías sentiría sentiríamos sentiríais sentirían	sienta sientas sienta sintamos sintáis sientan	sintiera sintieras sintiera sintiéramos sintierais sintieran	siente (tú), no sientas sienta (usted) sintamos sentid (vosotros), no sintáis sientan (Uds.)
volver (ue) volviendo vuelto	vuelvo vuelves vuelve volvemos volvéis vuelven	volvía volvías volvía volvíamos volvíais volvían	volví volviste volvió volvimos volvisteis volvieron	volveré volverás volverá volveremos volveréis volverán	volvería volverías volvería volveríamos volveríais volverían	vuelva vuelvas vuelva volvamos volváis vuelvan	volviera volvieras volviera volviéramos volvierais volvieran	vuelve (tú), no vuelvas vuelva (usted) volvamos volved (vosotros), no volváis vuelvan (Uds.)

Spanish-English Glossary

The **Spanish-English Glossary** presents all active vocabulary presented in *Hoy día,* as well as all words used in the readings, except for exact cognates. Numbers following entries indicate the chapter where words are introduced. All translations separated by commas before a number are considered active in that chapter. Gender of nouns in Spanish is indicated by *(m)* for masculine and *(f)* for feminine. Nouns referring to people that have both masculine and feminine forms are indicated by *(m/f)*, and those that are generally used in the prural are followed by *(pl)*.

A

a to; **a causa de** because of; **a continuación** next; **a la derecha de** to the right of 2; **a la izquierda de** to the left of 2; **a la parrilla** grilled; **a la una, a las dos** at one o'clock, at two o'clock 2; **a pesar de que** despite, in spite of; **a petición** upon request 11; **A qué hora?** At what time? 2; **a través de** across; **a veces** sometimes 4; at times 2; **al** + *infinitivo* as soon as you + verb 7; **al** + *infinitivo* upon verb + *-ing* 7; **al aire libre** outdoors 2; **al este de** east of 2; **al fondo de** at the end of, at the back of 7; **al horno** baked; **al lado de** next to 2; **al norte de** north of 2; **al oeste de** west of 2; **al principio** at the beginning 8; **al sur de** south of 2; **al vapor** steamed
abajo down
abandonar abandon
abierto/a open 2, 4
abogado/a *(m/f)* lawyer 8
abono *(m)* fertilizer
abordar board 7
abrazar(se) hug (each other) 5
abrazo *(m)* hug
abrigo *(m)* coat; overcoat 5
abril April 5
abrir open 3
abrocharse el cinturón buckle your seatbelt 7
absolutamente absolutely
absurdo/a absurd 10
abuela *(f)* grandmother 3
abuelo *(m)* grandfather 3
abuelos *(mpl)* grandparents 3
aburrido/a bored 2, 4; boring 1
aburrirse get bored 5
abuso *(m)* abuse
acá here 5; **por acá** over / through here 5
acabar de have just
acampar camp 7
acceder accede
acceso *(m)* access 11

accesorio *(m)* accessory 4
accidente *(m)* accident 10
acción *(f)* action
acelerar accelerate, speed up
aceptar accept
acerca de about 8
aclarar clarify
acompañar accompany
aconsejar advise 10
acontecimiento *(m)* event 8
acostarse (ue) lie down, go to bed 5
acostumbrado/a accustomed
acostumbrar accustom
actitud *(f)* attitude
actividad *(f)* activity 2
activista *(m/f)* activist
activo/a active
actor *(m)* actor 8
actriz *(f)* actress 8
actualidad *(f)* current event
actualmente currently, presently
actuar act
acusación *(f)* accusation
adaptación *(f)* adaptation
adaptar adapt
adecuado/a appropriate
además besides 11
adentro inside
adicción *(f)* addiction
adicional additional
adicto/a *(m/f)* addict
Adiós. Good-bye. 1
adivinar guess
adjetivo *(m)* adjective
administración *(f)* administration; **administración de empresas** *(f)* business administration
administrador/a *(m/f)* administrator
admirador/a *(m/f)* admirer
admirar admire
admitir admit
adobado/a marinated
adolescencia *(f)* adolescence
adónde (to) where 2
adoptar adopt
adquisitivo/a purchasing

adulto/a *(m/f)* adult
adverbio *(m)* adverb
advertencia *(f)* warning
advertir warn
aerolínea *(f)* airline 7
aeropuerto *(m)* airport 7
afectar affect
afeitarse shave
afirmación *(f)* affirmation
africano/a African
afuera outside 4
afueras *(fpl)* outskirts 4
agencia *(f)* agency
agencia de viajes *(f)* travel agency 7
agente *(m/f)* agent
agitación *(f)* agitation 12
agosto August 5
agradable agreeable; pleasant, nice 4
agresivo/a aggressive
agrícolo/a agricultural
agricultor/a *(m/f)* farmer 8
agricultura *(f)* agriculture
agua *(f,* **el)** water 4
ahora now
ahorrar save 11
ahumado/a smoked
aire *(m)* air; **aire acondicionado** air conditioning; **al aire libre** outdoors 2
ajustarse a adjust to
alarma *(f)* alarm
alarmado/a alarmed
alcoba *(f)* bedroom
alcohólico/a alcoholic
aldredor de around
alegrarse de que be happy that 11
alemán *(m)* German
alergia *(f)* allergy 10
alertar alert
alfombra *(f)* rug 3, 4
alga *(f)* seaweed
álgebra *(f)* algebra
algo something 4
alguien someone 4
alguno/a(s) some, any 4
alimenticio/a nourishing
alimento *(m)* food

alinear align
aliviar alleviate
allí there
almorzar (ue) eat / have lunch 4
almuerzo (ligero) *(m)* (light) lunch 9
Aló. Hello. (on the telephone) 5
alojamiento *(m)* lodging
alojarse en stay at (on a trip), lodge at 7
alquilar rent 4
alquiler *(m)* rent 4
alternativo/a alternative
alto/a tall, high 3
alumno/a *(m/f)* pupil, student 8
ama de casa *(f, el)* housewife 8
amable lovable
amarillo/a yellow 4
ambiente *(m)* atmosphere;
   environment 11
amigo/a *(m/f)* friend; **mejor amigo/a** *(m/f)*
   best friend 1
amistoso/a friendly 3
amor *(m)* love
amueblado/a furnished
analgésico *(m)* analgesic
anaranjado/a orange 4
andar en bicicleta ride a bicycle 4
ángel *(m)* angel
animación *(f)* animation
animado/a lively 4
animal *(m)* animal 4
ánimo *(m)* courage; **dar ánimo a alguien**
   cheer someone up 10; **levantarle el**
   ánimo lift someone's spirits 10
anoche last night 7
anonimato *(m)* anonymity
anónimo/a anonymous
anotar note, write down
ansiedad *(f)* anxiety
antes before; **antes de** before 2; **lo antes**
   posible as soon as possible
antibióticos *(mpl)* antibiotics 10
anticipar anticipate
antidepresivo *(m)* antidepressant
antiguo/a old
antiinflamatorio *(m)* anti-inflammatory
antipático/a unpleasant 1
antónimo *(m)* antonym
anual annual
anualmente annually
anunciante *(m/f)* advertiser
anunciar announce, advertise
anuncio *(m)* advertisement
anuncio clasificado *(m)* classified ad
año *(m)* year 1; **al año** per year 1;
   tener . . . años be . . . years old 3
apagar turn off 11
aparecer appear
apartamento *(m)* apartment

apasionado/a passionate
apellido *(m)* last name 11
aplicación informática *(f)* software 6
aplicar apply
apoyo *(m)* support
apreciar appreciate
aprender learn (to) 3
aprendizaje *(m)* learning
apropriado/a appropriate
aproximadamente approximately
aproximar approximate
aquel / aquella (aquellos as) that (those)
   (over there) 5
aquí here 1
árbol *(m)* tree 4
archivador *(m)* filing cabinet 11
archivar file 11
archivero *(m)* filing cabinet
archivo *(m)* archive 6
área *(f)* area
área recreativa *(f)* recreation area
argentino/a *(m/f)* Argentine
armario *(m)* wardrobe, closet 4
armas *(fpl)* arms (military)
armoniosamente harmoniously
arqueológico/a archeological
arquitectura *(f)* architecture
arrastrar drag
arreglar fix, straighten out / up 4
arrestar arrest
arriba up
arroz *(m)* rice 9
arruinar ruin
arte *(m)* art
artículo *(m)* article; **artículos de oficina**
   (mpl) office supplies 11
artista *(m/f)* artist
artritis *(f)* arthritis 10
arvejas *(fpl)* peas
asado/a roasted
asalto *(m)* assault
ascender go up, climb
ascensor *(m)* elevator 7
asco *(m)* disgust, revulsion 9; **dar asco**
   be revolting, be unable to stand 9
asegurar assure
asesinar murder
así thus; **¡Así es!** that's right 9
asiento *(m)* seat 7
asignar assign
asistencia *(f)* assistance
asistente de vuelo *(m/f)* flight attendant 7
asistir (a) attend 3
asma *(f)* asthma
asociar associate
aspecto *(m)* aspect 11
aspecto físico physical appearance 3
aspirina *(f)* aspirin 10

asunto *(m)* matter, subject
asustado/a frightened, scared 8
ataque *(m)* attack
atención *(f)* attention
atender (ie) attend to, wait on 11
atentamente sincerely
aterrizar land 7
atlántico/A Atlantic
atleta *(m/f)* athlete
atmósfera *(f)* atmosphere
atracción *(f)* attraction
atractivo/a attractive
atraer attract
atún *(m)* tuna
audiencia *(f)* audience
aumentar increase
aumento *(m)* increase; raise 11
aún even
aunque although
ausente absent
autenticidad *(f)* authenticity
auténtico/a authentic
auto *(m)* automobile, auto, car
autobiográfico/a autobiographical
autobús *(m)* bus 4
autodisciplina *(f)* self-discipline
automáticamente automatically
automático/a automatic
automedicación *(f)* self-medication
automedicarse self-medicate
automóvil *(m)* automobile, auto, car
autor/a *(m/f)* author
autoridad *(f)* authority
autorretrato *(m)* self-portrait
avance *(m)* advance
aventurero/a adventurous
averiguar investigate
avión *(m)* airplane 7
ayer yesterday 7
ayuda *(f)* help; **ayuda alimentaria** *(f)*
   food assistance; **ayuda humanitaria**
   (f) humanitarian aid 12
ayudar(se) help (each other) 5
azúcar *(m)* sugar 9
azul blue 3, 4

B

bailar dance 2
baile *(m)* dance
bajar de get off / out of, get down from 7
bajar de peso lose weight 9
bajo/a short (in height), low 3
balcón *(m)* balcony 7
banana *(f)* banana
banano *(m)* banana
banca *(f)* banking 11
banco *(m)* bank 7

banquete (*m*) banquet
bañarse bathe, take a bath 5
baño (*m*) bathroom 4
bar (*m*) bar
barato/a inexpensive, cheap 5
barba (*f*) beard 3
barra de herramientas (*f*) tool bar
barrio (*m*) neighborhood 4
basar base
base de datos (*f*) database 11
básico/a basic
básquetbol (*m*) basketball
bastante enough
basura (*f*) trash 4
bebé (*m*) baby
bebedero (*m*) drinking fountain
beber drink 3
bebible drinkable
bebida (*f*) drink 9; **bebida alcohólica** (*f*) alcoholic drink 9
beige beige 4
béisbol (*m*) baseball 8
beisbolista (*m/f*) baseball player 8
bellas artes (*fpl*) fine arts
belleza (*f*) beautiful
bello/a beautiful
beneficiar benefit
beneficio (*m*) benefit 11
beneficioso/a beneficial
besar(se) kiss (each other) 5
beso (*m*) kiss
biblioteca (*f*) library 1
bicicleta (*f*) bicycle 4; **andar en bicicleta** ride a bicycle 4
bien well 1, 4; **muy bien** very well 1
bienes raíces (*mpl*) real estate
bienestar (*m*) well-being
bienvenido/a welcome 7
bigote (*m*) mustache 3
bilingüe bilingual
billete (*m*) bill 11; ticket 7
biología (*f*) biology
bistec (*m*) steak 9
blanco (*m*) space
blanco/a white 4
bloqueador solar (*m*) sunblock
blusa (*f*) blouse 5
boca (*f*) mouth 10
boda (*f*) wedding 8
bodega (*f*) wine shop
boleto (*m*) ticket 7
bolígrafo (*m*) pen
bolsa (*f*) purse 5
bombero/a (*m/f*) firefighter 8
bonito/a handsome / pretty 1
borrador eraser; delete button
bosque (*m*) woods, forest 7
botánico/a (*m/f*) herbalist
botas (*fpl*) boots 5

botella (*f*) bottle 9
botón button 6
botones (*m*) bellboy
Brasil Brazil
brazada (*f*) stroke (swimming)
brazo (*m*) arm 10
breve brief
brillante brilliant
brócoli (*m*) broccoli 9
bronquitis (*f*) bronchitis
brusco/a brusque
Buenas noches. Good evening. Good night. 1
Buenas tardes. Good afternoon. 1
bueno/a good 1
Buenos días. Good morning. 1
buscador (*m*) search engine
buscar look for 5; search
búsqueda (*f*) search; **motor de búsqueda** (*m*) search engine
buzón de voz (*m*) voice mailbox 11

C

cabeza (*f*) head 10
cada each 1
cada vez every time
cadena (*f*) chain; channel, chain
caer a fall into 8; **caerse** fall 10
café (*adj.*) brown 3
café (*m*) coffee 2; **café solo** (*m*) black coffee 9
cafeína (*f*) caffeine 9
cafetería (*f*) cafeteria 1
cajero/a (*m/f*) teller, cashier 11; **cajero automático** (*m*) ATM machine 11
cajón (*m*) drawer 11
calabacín (*m*) squash 9
calabaza (*f*) pumpkin, gourd
calcetines (*mpl*) socks 5
calculadora (*f*) calculator 1
calcular calculate 11
calendario (*m*) calendar
calentar(se) (ie) heat; *refl* get hot, warm up
calidad (*f*) quality
cálido/a warm
caliente hot
calificado/a qualified
callado/a quiet 4; silent 6
calle (*f*) street 4
calmado/a calm
calor (*m*) heat; **Hace (mucho) calor.** It's (very) hot. 5; **tener calor** be hot 3
calorías (*fpl*) calories 9
caluroso/a warm
cama (*f*) bed 1; **cama doble** (*f*) double bed 7

cámara (*f*) room; **cámara de comercio** (*f*) chamber of commerce
camarero/a (*m/f*) waiter
camarones (*mpl*) shrimp 9
cambiar change / exchange 7
cambio (*m*) change; **cambios climáticos** (*m*) climate change
camello (*m*) camel
caminar walk 10
camisa (*f*) shirt 5
camiseta (*f*) T-shirt 5
campaña (*f*) campaign
campeonato (*m*) championship 8
campo (*m*) country 4
campus (*m*) campus
Canadá Canada
canal (*m*) channel
cancelar cancel
cancha de tenis (*f*) tennis court
canción (*f*) song
candidato/a (*m/f*) candidate
canoso/a gray-haired, white-haired 3
cansado/a tired 4
cantante (*m/f*) singer 8
cantar sing 2
cantidad (*f*) quantity
capacidad (*f*) capacity
capítulo (*m*) chapter
captar capture
cara (*f*) face 10
carácter (*m*) character 3
característica (*f*) characteristics
carbohidratos (*mpl*) carbohydrates 9
cárcel (*f*) prison
cargar fotos take photographs
cargo (*m*) charge 11
Caribe Caribbean
caribeño/a Caribbean
cariñoso/a loving, affectionate 3
carne (*f*) meat 9
carne de cerdo (*m*) pork
caro/a expensive 4
carpeta (*f*) file (folder) 11
carpintería (*f*) carpentry
carpintero/a (*m/f*) carpenter
carrera (*f*) career; **hacer la carrera de . . .** get a degree in . . . 8
carretera (*f*) highway
carro (*m*) car 4
carta (*f*) letter; menu 9
casa (*f*) house; **en casa** at home 4
casado/a married 3, 4
casarse (con) marry, get married (to) 5
casi almost 2
caso (*m*) case
castaño brown 3
catarata (*f*) cataract; waterfall
catarro (*m*) cold 10
catedral (*f*) cathedral

categoría (f) category
católico/a Catholic
causar cause
cebolla (f) onion 9
celebración (f) celebration
celebrar celebrate
celular (m) cell phone
cena (f) dinner 2
cenar eat / have dinner 4
censo (m) census
censura (f) censure
centavo (m) cent 9
centígrado (m) centigrade
centralizado/a centralized
centrar center
céntrico/a central
centro (m) center, downtown 4; **centro comercial** (m) shopping center, mall 2; **centro comunitario** (m) community center
Centroamérica Central America
centroamericano/a (m/f) Central American
cerca (de) near 2
cercana/o close, near
cerdo/a (m/f) pig
cereales (mpl) cereal 9
cerebro (m) brain 10
ceremonia (f) ceremony
cerrado/a closed 2
cerrar (ie) close 4
cerveza (f) beer 9
césped (m) grass, lawn 4
chaqueta (f) jacket 5
chatear chat 6
Chau. Ciao, Bye. 5
chau see you later
chelo (m) cello
cheque de viaje (m) traveler's check 7
chequeo (m) checkup
chequera (f) checkbook 11
chica (f) girl
chícharos (mpl) peas 9
chico (m) boy
chile (m) chile pepper 9; **chile relleno** (m) stuffed pepper 9
chileno/a Chilean
chino (m) Chinese
chisme (m) gossip
chismoso/a gossipy 4
chiste (m) joke 5
chistoso/a funny, likes to joke around 3
choclo (m) corn
chuleta de cerdo (f) pork chop 9
cibercafé (m) cybercafé
cibernético/a cybernetic
cien(to) hundred
ciencia (f) science
ciencias políticas (fpl) political science

ciencias sociales (fpl) social sciences
científico/a (m/f) scientist 8
cierto/a certain; true
cifra (f) number, figure
cigarrillo (m) cigarette
cine (m) cinema 2
cinturón (m) belt 5; seat belt
circuito (m) circuit
circulación (f) circulation
circular circulate, drive
círculo (m) circle
circunstancia (f) circumstance
cirugía (f) surgery 10
cirujano/a (m/f) surgeon 10
cita (f) appointment 10; date
ciudad (f) city 2; **ciudad natal** (f) hometown
civilización (f) civilization
claramente clearly
claro/a clear
clase (f) class 1; **clase (de español)** (f) (Spanish) class 1; **compañero/a de clase** (m/f) classmate 1; **¿Qué clases tienes?** What classes do you have? 1; **salón de clase** (m) classroom 1
clásico/a classical 2
clasificados (mpl) classified ads
clasificar classify
claúsula (f) clause
cliente / clienta (m/f) customer 5
clientela (f) clientele
clima (m) climate
clóset (m) closet
club nocturno (m) night club 2
cobrar cash (a check), charge (a fee) 11
coche (m) car, automobile 3
cocina (f) kitchen 4
cocinar cook 2
código (m) code
cognado (m) cognate
coherente coherent
colapsar collapse
colega (m/f) colleague 11
colegio (m) college, school; high school 8
colesterol (m) cholesterol 9, 10
coliflor (m) cauliflower 9
colocar place, put
colombiano/a Colombian
colonizador/a (m/f) colonizer
coloquial colloquial
color (m) 4
columna (f) column
comando (m) order 6
combatir combat
combinación (f) combination
combinar combine
comedero (m) bird / animal feeder
comedia (f) comedy
comedor (m) dining room 4

comentar comment
comentario (m) commentary 6
comenzar (ie) begin, start 10
comer eat 2; **comer fuerte** eat heavily 9
comercial commercial
comercio (m) commerce
comestible edible
cometer commit
cómico/a comic
comida (f) food 1; meal 9; **comida basura** (f) junk food 9
comienzo (m) beginning
comisión (f) commission
comité (f) committee
¿cómo? how? 2; **¿Cómo es . . . ?** How is . . . ?, What's . . . like? 1; **¿Cómo está usted?** How are you? (form.) 1; **¿Cómo estás?** How are you? (fam.) 1; **cómo no** of course 5; **¿Cómo se dice . . . en inglés?** How do you say . . . in English? 1; **¿Cómo se escribe?** How is that written? 1; **¿Cómo se llama usted?** What is your name? (form.) 1; **¿Cómo te llamas?** What is your name? (fam.) 1
como like, as 1; **tan . . . como** as . . . as 4; **tan pronto como** as soon as 11; **tanto/a/os/as . . . como** as much . . . as, as many . . . as 4
cómoda (f) chest (of drawers) 4
cómodo/a comfortable
compañero/a (m/f) companion 1; **compañero/a de casa** (m/f) house-mate; **compañero/a de clase** (m/f) classmate 1; **compañero/a de cuarto** (m/f) roommate 1
compañía (f) company 11
comparación (f) comparison
comparar compare
compartimento (m) compartment
compartir share 3
compatibilidad (f) compatibility 11
compatriota (m/f) compatriot 12
competición (f) competition
competir compete
competitivo/a competitive
complejo (m) complex
complementar complement
complemento directo / indirecto (m) direct / indirect object
completamente completely
completar complete
completo/a full, complete 11
complicado/a complicated
cómplice (m/f) accomplice
componentes físicos (m) hardware 6
comprar buy 2
comprender understand 3; **No comprendo.** I don't understand. 1

comprensivo/a understanding 3
compresión (f) compression 6
comprometer commit
computación (f) computing
computador (m) computer
computadora (f) computer 1
común common 10
comunicación communication
comunicar(se) communicate (with each other) 5
comunidad (f) community; centro comunitario (m) community center
comunitario/a community (adj.)
con with 2; con / sin acento with / without an accent 1; con antelación in advance 7; con atención with attention 8; con cheque with a check 5; con frecuencia frequently 2; ¿con qué frecuencia? how often? 2; con regularidad regularly 10; con retraso with a delay, late 7; con tarjeta de crédito / débito with a credit / debit card 5; con vistas a . . . with a view of . . . , overlooking 7
concentración (f) concentration
concentrado/a concentrated
concentrarse concentrate 10
concepto (m) concept
concientización pública (f) public awareness
concierto (m) (classical music) concert 2
conciso/a concise
concreto/a concrete
concursante (m/f) contestant, competitor
concurso (m) game show, competition
condado (m) county
condenar condemn
condición (f) condition
condicional conditional
condicionar condition
condimento (m) condiment
conducir drive
conectar connect 8
conectividad (f) connectivity
conexión (f) connection
conferencia (f) conference
confesar confess
confianza (f) confidence
confiar have confidence in, trust
configurar configure
confirmación (f) confirmation
confirmar confirm
confundido/a confused 2, 4
confusión (f) confusion
congestión (f) congestion 10
congestionado/a congested 10
congresista (m/f) congressman/woman
Congreso (m) Congress 12
conjunción (f) conjunction

conmemorar commemorate
conmigo with me 2
connotación (f) connotation
conocer know, be familiar with, be acquainted with, meet 7; conocido/a known; No conozco a . . . I don't know . . . (a person) 4
conocimiento (m) knowledge
conquista (f) conquest
conquistar conquer
consecuencia (f) consequence
consejero/a (m/f) counselor 8
consejo (m) advice, counsel
conservador/a conservative 3
conservar conserve
consideradamente considerately
consistir consist
consonante (f) consonant
constantemente constantly
construcción (f) construction 8
consulado (m) consulate
consulta (f) consultation
consultar consult
consumerismo (m) consumerism
consumidor/a (m/f) consumer
consumo (m) consumption
contabilidad (f) accounting
contactar contact
contacto (m) contact
contador/a (m/f) accountant 8, 11
contaminación (f) contamination
contaminar contaminate
contar (ue) count, tell 4
contenador (m) container
contener contain
contenido (m) content
contento/a happy, glad 2; estar contento/a de que be happy that 11
contestar answer 2
contexto (m) context
contigo with you 3
continuar continue
contra against
contrario (m) contrary
contraseña (f) password
contraste (m) contrast
contratar hire 11
contribución (f) contribution
contribuir contribute
control de seguridad (m) security check 7
controlar control 10
conversación (f) conversation
convertir convert
cooperación (f) cooperation
copa (f) stemmed glass, wine glass 9
copia (f) copy; sacar una copia make a copy 11
copiar copy

corazón (m) heart 10
corbata (f) necktie 5
cordialmente cordially
corrección (f) correction
correcto/a right, correct 7
corregir correct
correo (m) mail; correo electrónico (m) e-mail 3; correo no deseado (m) spam 6; oficina de correos (f) post office 7
correr run 3
corresponder correspond
correspondiente corresponding
corriente running
corrupción (f) corruption
cortar(se) cut (oneself) 10; cortar el césped cut the grass 4; cortarse el pelo cut one's hair 7
corte (f) court
Corte Suprema (f) Supreme Court
cortesía (f) courtesy
corto/a short 3
cosa (f) thing 1
cosmopolito/a cosmopolitan
costa (f) coast
costar (ue) cost 4
costarricense Costa Rican
costo (m) cost
costo de vida (m) cost of living
costoso/a costly
costumbre (f) custom
crear create
creatividad (f) creativity
crecer grow
creciente growing
crédito (m) credit
creer (en / que) believe (in / that) 3
crema (f) cream 9
crimen (m) crime
criminalidad (f) crime (in general) 12
cristal crystal
criterios (mpl) criteria
criticar criticize
crítico/a (m/f) critic
cruce (m) intersection
cuaderno (m) notebook 1; cuaderno de ejercicios (m) workbook 1
cuadra (f) (city) block 7
cuál(es) which, what 2
cualidad (f) quality
cualquier any
¿cuándo? when? 2
¿cuánto/a? how much 2; ¿cuántos/as? how many 2; ¿Cuánto cuesta(n) . . . ? How much does it (do they) cost?
cuarto (m) 4; room 1
cuarto/a fourth
cubano/a Cuban
cubismo (m) cubism
cuchara (f) spoon 9

cuchillo (m) knife 9
cuello (m) neck 10
cuenta (f) account, bill 11; check 9;
   cuenta bancaria (f) bank account;
   cuenta corriente / de ahorros (f)
   checking / savings account 11
cuento (m) story, tale 8
cuerpo (m) body 10
cuestión (f) question
cuestionario (m) questionnaire
cuidado (m) care; cuidado de niños (m)
   childcare; cuidado prenatal (m)
   prenatal care 10; tener cuidado be
   careful 10
cuidar(se) take care of (oneself) 10
culinario/a culinary
cultivable arable
cultivar cultivate
cultivo (m) crop
cultura (f) culture
cultural cultural 4
cumpleaños (m) birthday 2
cumplido (m) compliment
cumplir turn (an age), carry out 8
curación (f) healing
curativo/a curative
curiosidad (f) curiosity 12; tener
   curiosidad be curious
currículum vitae (m) curriculum vitae,
   résumé 11
cursivo/a cursive
curso (m) course; curso universitario
   (m) university course
cursor (m) cursor 6

D

dama (f) lady
danza (f) dance
dar give 9; dar ánimo a alguien cheer
   someone up 10; dar asco be revolting,
   be unable to stand 9; dar hambre
   make hungry 9; dar la bienvenida
   welcome; dar miedo scare; dar sed
   make thirsty 9
datar de date from
datos (mpl) data; datos personales (mpl)
   personal data 11
de of, from 1; de . . . a . . . from . . . to . . .
   2; de carácter personality-wise 3; de
   compras shopping 5; ¿De dónde
   eres? Where are you from? (fam.) 1;
   ¿De dónde es usted? Where are you
   from? (form.) 1; de habla inglesa
   English-speaking; de la mañana in
   the morning 2; de la noche in the
   evening / night 2; de la tarde in the
   afternoon 2; de mediana edad

middle-aged 3; de niño/a as a child 8;
   de (no) fumadores (non-)smoking 7;
   de seguridad security 7; de tu madre
   / padre your mother's / father's side
   3; de última moda latest fashion; de
   vacaciones on vacation 7; ¿De veras?
   Really? 11; de vez en cuando once in
   a while
de compras: ir de compras go
   shopping 2
debatir debate
debajo de below, under 2
deber must / should 3
debido a due to
débil weak
debilitar debilitate
débito (m) debit
década (f) decade
decidir decide 7
décimo/a tenth
decir (i) say, tell 4; ¿Cómo se dice . . .
   en inglés? How do you say . . . in
   English? 1
decisión (f) decision
declarar declare
dedicación (f) dedication
dedicar dedicate; dedicarse a do (for a
   living), devote oneself to 8
dedos (mpl) fingers 10
deducir deduce
defender defend
déficit (m) deficit
definar define
definición (f) definition
definido/a defined
deforestación (f) deforestation 12
dejar leave (something somewhere) 4;
   dejar de (+ infinitive) stop . . . -ing 10
delante de ahead of, in front of 2
delantero/a front
delegación (f) delegation
delgado/a thin 3
delicioso/a delicious
demanda (f) demand
demás (mpl) the rest
demasiado too, too much 2, 5
demócrata (m/f) Democrat
democratización (f) democratization
demostrativo/a demonstrative
dentista (m/f) dentist 10
dentro de within
denunciar denounce
departamento (m) department 11
depender (de) depend
dependiente / dependienta salesclerk 5
deportes (mpl) sports 2
deportista athletic, fond of sports 8
deportista (m/f) athlete 8
depositar deposit 11

depósito (directo) (m) (direct) deposit 11
depresión (f) depression 10
deprimido/a depressed
derecha (f) right; a la derecha de to the
   right of 2
derecho (m) right
derivado (m) derivative
desafortunadamente unfortunately 4
desaparición (f) disappearance
desarrollar develop 10
desarrollo (m) development 11
desastre (m) disaster
desastroso/a disastrous
desayunar eat / have breakfast 4
desayuno (m) breakfast 4, 7
descafeinado/a decaffeinated
descansar rest 2
descarga (f) data transfer 6
descargar download 6
descender descend
descifrable decipherable
desconectado/a disconnected
desconectar disconnect
desconocer not to know
desconocido/a unknown 2
desconocido/a (m/f) stranger
describir describe
descripción (f) description
desde . . . hasta (starting) from . . . until
desear want; wish, desire 2
desempleado/a unemployed
desempleo (m) unemployment
desequilibrio (m) imbalance
desesperanza (f) despair 10
desfile (m) parade
deshonesto/a dishonest
desnutrición (f) malnutrition
desordenado/a disordered; messy 4
desorganizado/a disorganized
despacio slow, slowly
despedida (f) farewell
despedir (i, i) fire 11; despedirse (i) say
   goodbye
despegar take off 7
despejado/a clear 5
despejar clear 5
despertarse (ie) wake up 5
después (de) after 2
destacar highlight
destino (m) destination
destruir destroy
desventaja (f) disadvantage
detalle (m) detail
detener detain
deteriorarse deteriorate
determinante determining
detrás de behind 2
devastación (f) devastation
devolver (ue) return to 11

día (*m*) day 2; **Buenos días.** Good morning. 1; **días laborales** work days; **hoy día** nowadays; **mediodía** noon 2; **todo el día** all day; **todos los días** every day 2

diabetes (*f*) diabetes 10

diablo (*m*) devil

diagnosticar diagnose

diálogo (*m*) dialogue

diario/a daily 2

dibujar draw 11

dibujo (*m*) picture

dibujos animados (*mpl*) cartoon

diccionario (*m*) dictionary 1

diciembre December 5

diente (*m*) tooth

dieta (*f*) diet 9

diferencia (*f*) difference

diferente different

difícil difficult 1

dificultad (*f*) difficulty 10

digestión (*f*) digestion

dígito (*m*) digit

dimensión (*f*) dimension

dinámica (*f*) dynamic

dinero (*m*) money 4; **dinero en efectivo** (*m*) cash 11

dirección (*f*) address 4

directo/a direct

director/a (*m/f*) director 11

dirigir direct

disciplina (*f*) discipline

discoteca (*f*) discotheque

discretamente discreetly

discreto/a discreet

discriminatorio/a discriminatory

¡Disculpe! Excuse me! Pardon me! 7

discurso (*m*) speech

discusión (*f*) discussion

discutir discuss

diseñador/a (*m/f*) designer; **diseñador/a de software** (*m/f*) software designer 8; **diseñador/a gráfico/a** (*m/f*) graphic artist 11

diseñar design 11

diseño (*m*) design 6; **diseño de páginas web** (*m*) web page design 11; **diseño gráfico** (*m*) graphic design

disfrutar enjoy

disgustado/a disgusted 6

disidente (*m/f*) dissident

disminuir diminish

disparidad (*f*) disparity

disponibilidad (*f*) availability 7

disponible available 7, 11

distancia (*f*) distance

distinguido/a distinguished

distinto/a different, distinct

distribución (*f*) distribution

distribuir distribute 11

distrito (*m*) district

diversidad (*f*) diversity

diversión (*f*) diversion

divertido/a fun 1

divertir(se) (ie, i) amuse, entertain; *refl* have fun, amuse oneself 5

divisa (*f*) currency

divorciado/a divorced 3, 4

divorciarse (de) divorce, get divorced (from) 5

divorcio (*m*) divorce

doble double

doctorado (*m*) doctoral degree

documento (*m*) document 11

dólar (*m*) dollar 11

doler (ue) hurt, ache 9

dolor (*m*) pain, ache 10

dolorido/a sore 10

doméstico/a domestic

domingo Sunday 2

dominicano/a Dominican

dominio (*m*) domain

dónde where? 2

dormir (ue) sleep 4; **dormir (ue) una siesta** take a nap 4

dormitorio (*m*) bedroom 4

dosis (*f*) dose

droga (*f*) drug

ducha (*f*) shower 7

ducharse shower, take a shower 5

dudar doubt 10

dueño/a (*m/f*) owner

dulces (*mpl*) sweets 9

duración (*f*) length

durante during 3

durar last 7

E

ecológico/a ecological

economía (*f*) economy 12

económico/a economic

economista (*m/f*) economist

ecoturismo (*m*) ecotourism 7

edad (*f*) age 8

edificio (*m*) building 1

editar edit

educación (*f*) education

educado/a polite

educador/a (*m/f*) educator

educar educate

educativo/a educative

efectivo (*m*) cash 11

efectivo/a effective

efecto (*m*) effect

eficacia (*f*) efficacy

egoísta selfish 3

ejemplo (*m*) example

ejercicio (*m*) exercise 1; **cuaderno de ejercicios** (*m*) workbook 1

ejotes (*mpl*) green beans 9

él he

elección (*f*) election 12

electricidad (*f*) electricity

electrónico/a electronic

elegante elegant

elemento (*m*) element

elevador (*m*) elevator

eliminar eliminate

ella she

ellos/as they

elocuente eloquent

elote (*m*) corn

elusivo/a elusive

embarazada pregnant; **estar embarazada** be pregnant 10

embarazo (*m*) pregnancy 10

embarque (*m*) boarding

emergencia (*f*) emergency

emisión (*f*) emission

emoción (*f*) emotion 11

emocionado/a excited 8

emocional emotional

emocionante moving, exciting, thrilling

emoticono (*m*) emoticon 6

emperador (*f*) emperor

empezar (ie) start, begin 4

empleado/a (*m/f*) employee 11

empleador/a (*m/f*) employer

empleo (*m*) employment, job 10; **empleo a tiempo completo / parcial** (*m*) full-time / part-time job 11

empresa (*f*) company, enterprise, business 11

empresario/a (*m/f*) businessman / woman

en at, in, on 1; **en casa** at home 4; **en cuanto a** as for 9; **en efectivo** in cash; **en el trabajo** at work 2; **en ese caso** in that case 7; **en forma** in shape 10; **en general** in general; **en la calle . . .** on . . . Street 2; **en la oficina** at the office 2; **en línea** online; **¿En qué puedo servirle?** How may I help you? 5; **en seguida** right away; **en vez de** instead of 9; **en vías de desarrollo** developing; **en vivo** live

enamorado/a in love, enamored 6

enamorarse (de) fall in love (with) 5

encabezado heading, headline

encantador/a enchanting

encantar love 9

encargado/a (*m/f*) person in charge, employer 7

encender (ie) turn on 11

enchiladas (*fpl*) enchiladas 9

encierro (*m*) running of the bulls

encima de on top of 2
encontrar(se) (ue) find 4; *refl* get together, meet up 5
encuesta (*f*) survey
encuestador/a (*m/f*) surveyor
endorfina (*f*) endorphin
energía (*f*) energy 9
enero January 5
enfermarse become ill; get sick 10
enfermedad (*f*) illness 10
enfermero/a (*m/f*) nurse 8
enfermo/a sick, ill 1, 4
enfrentar face; **enfrentarse (con)** confront
enfrente de across from, facing 2
enlace (*m*) link
enojado/a angry 2
enojarse get angry 5
ensalada (*f*) salad 9
ensayo (*m*) essay, paper 3
enseguida right away
enseñar teach
entender (ie) understand 4
entero/a entire, whole 9
entonces so, then, next 2
entrada (*f*) entrance 7; entry
entre among, between
entrenar train 11
entretenemiento (*m*) entertainment 12
entrevista (*f*) interview 11
entrevistado/a (*m/f*) interviewee
entrevistador/a (*m/f*) interviewer
entrevistar interview
envejecimiento (*m*) aging
enviar send 6, 7
enzima (*f*) enzyme
epidemia (*f*) epidemic
episodio (*m*) episode
época (*f*) epoch
equilibrado/a balanced 9
equipado/a equipped
equipaje (*m*) luggage
equipar equip
equipo (*m*) equipment; team 8
equitativo/a equitable
equivalente equivalent
equivaler amount to, be equivalent to
equivocado/a wrong, mistaken 11
erradicación (*f*) eradication
escala (*f*) scale; stopover; **hacer escala** make a stopover 7
escalera (*f*) stairs, staircase 7
escalfado/a poached
escandalizar scandalize
escándolo (*m*) scandal
escandaloso/a scandalous
escanear scan 11
escáner (*m*) scanner 11
escena (*f*) scene
esclavo/a (*m/f*) slave

escribir write 3; **¿Cómo se escribe?** How is that written? 1
escritor/a (*m/f*) writer
escritorio (*m*) desk 1
escrupulosamente scrupulously
escuchar listen (to) 2
escuela (*f*) school 4; **escuela normal** (*f*) elementary school 11; **escuela primaria** (*f*) elementary school 8, 11; **escuela secundaria** (*f*) secondary school 8
ese / esa (esos / esas) that (those) 3, 5
esencial essential
eslogan (*m*) slogan
espacio (*m*) space 4
espaguetis (*mpl*) spaghetti
espalda (*f*) back 10
España Spain
español (*m*) Spanish 1
español/a Spanish
español/a (*m/f*) Spaniard
espárragos (*mpl*) asparagus 9
especial special
especialista (*m/f*) specialist 10
especializar specialize
especialmente especially
específico/a specific
espejo (*m*) mirror 4
esperar hope 10; wait (for) 7
espinacas (*fpl*) spinach 9
espíritu (*m*) spirit
espiritual spiritual
esposo/a (*m/f*) spouse
esquiar ski 2
esquina (*f*) corner 7
esta noche tonight
esta semana this week 2
estabilidad (*f*) stability
estabilizar stabilize
establecer establish
establecimiento (*m*) establishment
estación (*f*) season 5; station; **estación de servicio** (*f*) service station, gas station 7
estacionamiento (*m*) parking lot 4
estacionar park 4
estadio (*m*) stadium
estado (*m*) state
estados físicos (*mpl*) physical states 10
Estados Unidos (*mpl*) United States
estadounidense American
estampilla (*f*) stamp
estante (*m*) shelf 1, 4
estar be 1; **estar a disposición** be available; **estar contento/a de que** be happy that 11; **estar de acuerdo** agree; **estar de buen / mal humor** be in a good / bad mood 11; **estar de moda** be in fashion 5; **estar embarazada** be pregnant 10; **estar en ayunas** fast; **estar**

encargado/a de be in charge of 11; **estar seguro/a** be sure 10; **estar triste de que** be sad that 11
estatua (*f*) statue
estatura mediana medium height 3
este / esta (estos / estas) this 2; this (these) 5
este (*m*) east 2; **al este de** east of 2
estéreo (*m*) stereo 1
estereotipo (*m*) stereotype
esteroides (*mpl*) steroids
estilo (*m*) style
estimación (*f*) estimation
estimado/a esteemed
estimar estimate
estimulante stimulating
estimular stimulate
estímulo (*m*) stimulus
estómago (*m*) stomach 10
estornudar sneeze 10
estrategia (*f*) strategy
estrella (*f*) star
estrés (*m*) stress 10
estresante stressful
estricto/a strict 3
estructura (*f*) structure
estudiante (*m/f*) student 1
estudiar study 2
estudiar en el extranjero study abroad
estudio (*m*) study
estudios (*mpl*) studies
estufa (*f*) stove 4
estupendo/a stupendous
eterno/a eternal
ética (*f*) ethics
etiqueta (*f*) etiquette
étnico/a ethnic
europeo/a European
evaluación (*f*) evaluation
evaluar evaluate 11
evento (*m*) event 3; **evento deportivo** sports event 3
evidente evident
evitar avoid 9
exagerado/a exaggerate
examen (*m*) exam; **examen parcial** (*m*) mid-term exam
examinar examine 10
excelente excellent
excepcionalmente exceptionally
excesivamente excessively
excesivo/a excessive
exceso (*m*) excess
excursión (*f*) excursion; **ir de excursión** go on an outing, go on a hike 7
excusa (*f*) excuse
exhalar exhale
exhausto/a exhausted
existir exist

éxito *(m)* success; **tener éxito** be successful
exótico/a exotic
expansión *(f)* expansion
expedición *(f)* expedition
experiencia *(f)* experience; **experiencia profesional** *(f)* professional experience 11
experto/a *(m/f)* expert
explicación *(f)* explanation
explicar explain 9
explotación *(f)* exploitation
exposición exhibition
expresar express
expresión *(f)* expression
exquisito/a exquisite
extender extend
extendido/a extensive
extensión *(f)* extension 6
extracto *(m)* extract
extranjero/a foreign
extraño/a strange
extraordinario/a extraordinary
extrovertido/a outgoing, extroverted 1
exuberante exuberant

F

fábrica *(f)* factory
fabricar make, manufacture
fácil easy 1
facilidad *(f)* facility
facilitar facilitate
fácilmente easily
factura *(f)* bill
facturar el equipaje check one's luggage 7
facultad (de medicina) *(f)* school (of medicine)
falda *(f)* skirt 5
fallar fail, be down 11
falsamente falsely
falso/a false
falta *(f)* lack; **falta de concentración / de interés** *(f)* lack of concentration / of interest 10
faltar (a) be absent, be missing, be needed 8
fama *(f)* fame
familia *(f)* family
familiar family member, relative 3; pertaining to family
famoso/a famous 8
fanático/a fanatic
farmacia *(f)* pharmacy 7
fascinante fascinating
fastidiar bother, annoy
fatiga *(f)* fatigue
favorecer favor

favorito/a favorite
febrero February 5
fecha *(f)* date 5; **fecha de nacimiento** *(f)* birthday
feliz happy
feminino/a feminine
fenómeno *(m)* phenomenon
feo/a ugly 1
feria *(f)* festival
ferrocarril *(m)* railway
fervor *(m)* fervor
festivo/a festive
fibra *(f)* fiber 9; **fibra óptica** *(f)* fiber optic
ficticio/a fictitious
fiebre *(f)* fever 10
fiesta *(f)* party 3; **fiesta de cumpleaños** *(f)* birthday party 8; **hacer una fiesta** have a party 3
filosofía *(f)* philosophy
fin de semana *(m)* weekend 2
final *(m)* end
finalmente finally
financiación *(f)* financing
financiar finance
financiero/a financial
firma *(f)* signature, firm, company
firmante *(m/f)* signer
firmar sign 11
física *(f)* physics
físicamente physically 3
físico/a physical
flan *(m)* flan 9
flexible flexible 3
flor *(f)* flower 4
floreciente flourishing
fluido/a fluid
flúor *(m)* fluoride
folleto *(m)* brochure
fondo *(m)* end, back; **al fondo de**
forma *(f)* forma; **en forma** in shape 10
formación académica *(f)* education 11
formar form
formato *(m)* format
formulario *(m)* form
foro *(m)* forum
fortuna *(f)* fortune
fosfato *(m)* phosphate
foto *(f)* photograph; **sacar una foto** take a picture 5
fotocopiadora *(f)* photocopier 11
fotografía *(f)* photography
fracción *(f)* fraction
francés *(m)* French
franco/a frank
frase *(f)* phrase
frecuencia *(f)* frequency
frecuente frequent
frenético/a frenetic
fresas *(fpl)* strawberries 9

fresco/a cool; fresh; **Hace fresco.** It's cool. 5
frigorífico *(m)* refrigerator
frijoles *(mpl)* beans 9
frío *(m)* cold; **Hace (mucho) frío.** It's (very) cold; 5 **tener frío** be cold 3
frío/a cold 3
frito/a fried
frívolo/a frivolous
frontera *(f)* border
frustración *(f)* frustration
fruta *(f)* fruit 9
frutillas *(fpl)* strawberries
fuente *(f)* font; source
fuera outside
fuerte strong 8
fuerza *(f)* force 12; strength 10
fumador/a *(m/f)* smoker
fumar smoke 4
funcionamiento *(m)* functioning
funcionar function; work (for machines, plans, or systems) 4
fundar found
furioso/a furious
fútbol soccer (football) 2; **fútbol americano** football 2
futbolista *(m/f)* soccer player 8
futuro *(m)* future

G

gafas *(fpl)* glasses 3; **gafas de sol** *(fpl)* sunglasses
galería *(f)* gallery
galleta *(f)* cookie 9
galón *(m)* gallon
ganar earn; win 8
ganas *(fpl)*: **tener ganas de** feel like
garaje *(m)* garage 4
garantía *(f)* guarantee
garantizar guarantee
garganta *(f)* throat 10
gas *(m)* gas 4; **gasolina** *(f)* gasoline 7
gasolinera *(f)* service station, gas station 7
gastar spend (money) 5
gasto *(m)* expense
gástrico/a gastric
gastronomía *(f)* gastronomy
gato/a *(m/f)* cat
generación *(f)* generation
generalmente generally 2
generar generate
género *(m)* genre
generoso/a generous 3
genético/a genetic
genio/a *(m/f)* genius
gente *(f)* people 2

geografía (f) geography

gerente de fábrica (m/f) factory manager 8

gesto (m) gesture 8

gimnasio (m) gym(nasium) 1

globalización (f) globalization

globalizar globalize

gobernabilidad (f) governability

gobernador/a (m/f) governor

gobierno (m) government

gol (m) goal 8

golpear hit, strike 8

gordo/a fat 3

gorra (f) cap 5

gozar enjoy

grabación recording

grabar record

gracias thank you 1; **gracias a** thanks to

grado (m) degree; grade 8

graduación (f) graduation 8

graduarse graduate 8

gráfico (m) figure; **diseñador/a gráfico/a** (m/f) graphic artist 11; **diseño gráfico** (m) graphic design; graphic design program 11

grafiti (m) graffiti

gramática (f) grammar; grammatic

gramatical grammatical

gramo (m) gram

gran / grande big 1; large

grano (m) grain 9

grasa (f) fat 9

gratis free

gratuito/a free

grave serious, grave 10

gripe (f) flu

gris gray 3, 4

gritar yell

grupo (m) group

guapo/a good-looking, handsome 3

guardar keep; **guardar cama** stay in bed 10

guardia (m/f) guard

gubernamental governmental

guerillero/a (m/f) guerrilla 12

guerra (f) war

guía (f) guide; **guía (turística)** (f) (tourist) guidebook 7; **guía (turístico/a)** (m/f) (tourist) guide 7

guiar guide, drive

guineo (m) banana

guisantes (mpl) peas

guitarra (f) guitar 2

gustar be pleasing to, please 2; **Me gusta(n) . . .** I like; **Me gustaría(n)** I would like . . . 4; **(No) me gusta** (+ *singular noun*) I (don't) like . . . 1; **¿Te gusta** (+ *singular noun*)? Do you

like . . . ? 1; **¿Te gustan** (+ *plural noun*)? Do you like . . . ? 1

gusto (m) taste

H

habichuelas (mpl) beans

habilidad (f) ability

habitación (f) room 7; bedroom; **habitación sencilla/doble** (f) single / double room 7

habitante (m/f) inhabitant

hábito (m) habit; **hábitos alimenticios** (mpl) eating habits

hablador/a talkative, chatty 4

hablar speak, talk 2

hace . . . . . . ago 7

hacer do, make 2; **Hace buen / mal tiempo.** The weather's good / bad. 5; **Hace fresco.** It's cool. 5; **Hace (mucho) calor.** It's (very) hot. 5; **Hace (mucho) frío.** It's (very) cold. 5; **Hace sol.** It's sunny. 5; **Hace viento.** It's windy. 5; **hacer clic** click; **hacer ejercicio** exercise 2; **hacer escala** make a stopover 7; **hacer esquí acuático** waterski 2; **hacer la carrera de . . .** get a degree in . . . 8; **hacer la maleta** pack one's suitcase 7; **hacer sol** be sunny; **hacer una fiesta** have a party 3; **hacer una pregunta** ask a question 3; **hacer un viaje** take a trip 3

Haití (f) Haiti

hambre (f) hunger; **dar hambre** make hungry 9; **tener hambre** be hungry 3

hamburguesa (f) hamburger 9

harina (f) flour 9

hasta until 2; **desde . . . hasta** (starting) from . . . until; **Hasta luego.** See you later. 1; **Hasta mañana.** See you tomorrow. 1; **Hasta pronto.** See you soon.; **hasta que** until 11

hay there is, there are / is there, are there 1

hecho (m) fact

helado (de vainilla) (m) (vanilla) ice cream 9

hemisferio (m) hemisphere

herencia (f) heritage

hermana (f) sister 3

hermanastro/a (m/f) stepbrother/sister

hermano (m) brother 3

hermanos (mpl) siblings 3

herramienta (f) tool

híbrido/a hybrid

hidratación (f) hydration

hidrógeno (m) hydrogen

hierba (f) herb

hija (f) daughter 3

hijo (m) son 3

hijos (mpl) children 3

hinchado/a swollen 10

hispano/a (m/f) Hispanic

historia (f) history; story

histórico/a historical

hogar (m) household

hoja de cálculo (f) spreadsheet 11

Hola. Hi. 1

hombre (m) man; **hombre de negocios** (m) businessman/woman 8

homeopatía (f) homeopathy

homogeneización (f) homogenization

honesto/a honest

hora (f) hour, time; 2; **¿A qué hora?** At what time? 2; **horas de oficina** office hours

horario (m) schedule 2

hormona (f) hormone

horóscopo (m) horoscope

hospedar lodge

hospicio (m) hospice

hospitalidad (f) hospitality

hostal (m) hostel

hotel (m) hotel 7

hoy today 1, 2

hoy día nowadays

hueso (m) bone 10

huésped (m/f) guest 7

huevo (m) egg 9

humanidades (fpl) humanities

humanitario/a humanitarian

humano (m) human being

humor (m) mood; **estar de buen / mal humor** be in a good / bad mood 11

humorístico/a humorous

huracán (m) hurricane

I

icono (m) icon 6

ida (f) outward flight 7

idea (f) idea 2, 8

idéntico/a identical

identidad (f) identity

identificable identifiable

identificación (f) identification 7

identificar identify

idioma (m) language 11

idiomático/a idiomatic

iglesia (f) church 2

igual equal

igualdad (f) equality

Igualmente. Likewise. 1

ilegal illegal

ilógico/a illogical

ilustración (f) illustration 4

imagen (f) image
imaginar imagine
imaginario/a imaginary
imbécil (m/f) idiot
(im)paciente (im)patient 1
impacto (m) impact
impecable impeccable
imperfecto (m) imperfect tense
impermeable (m) raincoat 5
implicar imply
imponer impose
importancia (f) importance
importante important
importar be important, matter 9
imposible impossible 10
impresión (f) impression
impresionante impressive
impresora (f) printer 4, 11
imprimir print 11
impuestos (mpl) taxes 11
impulsar drive, propel
impulso (m) impulse
incendio (m) fire
incidente (m) incident
incluido/a included 7
incluir include
incluso even; including
incorporar incorporate
incorrecto/a incorrect
increíble incredible
incrementar increase
indefenso/a defenseless
independencia (f) independence
independiente independent
independizarse become independent
indicación (f) indication
indicador (m) indicator
indicar indicate
indicativo/a indicative
índice (m) index
indiferente indifferent
indígeno/a indigenous
indignación (f) indignation 12
individuo (m) individual
indocumentado/a undocumented
industria (f) industry
industrializar industrialize
infancia (f) childhood
infantil children's
infectado/a infected 10
infectar infect
infidelidad (f) infidelity
infiel (m/f) unfaithful person, infidel
infinitivo (m) infinitive
inflación (f) inflation
influencia (f) influence
influir (en) influence 10

información (f) information 11
informar(se) report, inform; refl inform
    oneself
informática (f) computer science;
    computing 11; information
    technology 6
informativo/a informative
informe (m) report
ingeniería (f) engineering
ingeniero/a (m/f) engineer 8
inglés (m) English
ingrediente (m) ingredient
inhalación (f) inhalation
inhumano/a inhumane
inicial initial
iniciar initiate; start
iniciativa (f) initiative
inicio (m) start
injusticia (f) injustice
inmediatamente immediately
inmersión (f) immersion
inmigración (f) immigration 12
inmigrante (m/f) immigrant 8
inmigrar immigrate
inmunológico/a immunological
innecesario/a unnecessary
inocente innocent
inquieto/a worried
insertar insert 6
insignificante insignificant
insistir (en) insist (on) 10
insomnio (m) insomnia 10
inspirar inspire
instalar install
instantáneamente instantaneously
instantáneo/a instantaneous
institución (f) institution
instituto (m) high school
instrucción (f) instruction
instrumento (m) instrument
insuficiente insufficient
insultar insult
integral whole-grain 9
intelectual (m) intellectual 1
inteligente intelligent 1
intención (f) intention
intenso/a intense
interacción (f) interaction
interactivo/a interactive
interactuar interact
intercambiar exchange
interés (m) interest
interesado/a interested (in)
interesante interesting 1
interesar interest 9
internacional international
interrogativo/a interrogative

interrogatorio (m) interrogation
interrupción (f) interruption
intervalo (m) interval
íntimo/a intimate
intriga (f) intrigue
introducir introduce
introducir datos input data 11
inundación (f) flood 12
inusual unusual
invasión (f) invasion 12
investigación (f) investigation, research
investigar investigate
invierno (m) winter 5
invitado/a (m/f) guest 5
invitar invite 8
inyección (f) injection 10; shot
ir go 2; ir a + infinitive be going to + verb
    2; ir de compras go shopping 2; ir de
    excursión go on an outing, go on a
    hike 7; ir de vacaciones go on
    vacation 7
irresponsable irresponsible 1
irritabilidad (f) irritability 10
irritar irritate
irse leave, go away 5
isla (f) island
italiano/a Italian
itinerante traveling
itinerario (m) itinerary 7
izquierda (f) left; a la izquierda de to the
    left of 2

J

jamón (m) ham 9
japonés (m) Japanese
jaqueca (f) migraine
jardín (m) garden, yard 4
jeans (mpl) jeans 5
jefe/a (m/f) boss 11
joven young 3
joven (m/f) youth
jubilación (f) retirement 8; pensión de
    jubilación (f) retirement pension 11
jubilarse retire 8
judías verdes (fpl) green beans
jueves Thursday 2
juez (m/f) justice, judge
jugar (ue) play 4
jugo (m) juice; jugo de naranja (m)
    orange juice 9
julio July 5
junio June 5
junto a next to 7
juntos/as together 2
justicia (f) justice 12
justo/a right, correct

K

kilo (*m*) kilogram 9

L

la the, it
laboral pertaining to work
laboratorio (*m*) laboratory; **laboratorio de biología** (*m*) biology laboratory; **laboratorio de lenguas** (*m*) language laboratory 1
lado (*m*) side; **al lado de** next to 2; **por todos lados** everywhere 4
lago (*m*) lake 2
lamentar lament
lámpara (*f*) lamp 4
lápiz (*m*) pencil 1
largo/a long 3
lasaña (*f*) lasagna
lastimar(se) hurt (oneself) 10
lateralmente sideways
latino/a (*m/f*) Latino
Latinoamérica Latin America
lavabo washbasin
lavadero laundry room
lavadora washing machine
lavandería (*f*) laundry, laundromat 4
lavaplatos dishwasher
lavar wash 4; **lavarse el pelo / la cara** wash one's hair / one's face 5; **lavarse los dientes** brush one's teeth 5
le (to, for) you (*sing. / form.*), him, her 6; **Le gusta(n)** . . . You like . . . ; He / She likes . . . 1; **Le gustaría** . . . He / She / You would like . . .
lección (*f*) lesson
leche (*f*) milk 9
lechuga (*f*) lettuce 9
lector/a (*m/f*) reader
lectura (*f*) reading
leer read 3
legislación (*f*) legislation
legumbres (*fpl*) legumes 9
lejos (de) far (from) 2
lengua (*f*) language
lenguaje (*m*) language
lentamente slowly
letra (*f*) letter
levantar lift, raise; **levantar pesas** lift weights 2; **levantarle el ánimo** lift someone's spirits 10; **levantarse** get up 5
ley (*f*) law 12
leyenda (*f*) legend
liberal liberal 3

liberar free
libertad (*f*) liberty, freedom
libre free
librería (*f*) bookstore 2
libro (*m*) book 1; **libro de texto** (*m*) textbook 3
licencia (*f*) license
licenciatura (*m*) degree
liceo (*m*) high school
líder (*m/f*) leader 6
liga (*f*) league
ligero/a light 9
limitar limit
limón (*m*) lemon 9
limonada (*f*) lemonade 9
limpiar clean 2
limpio/a clean 4
línea (*f*) line 11; **en línea** online
líquido (*m*) liquid
lista (*f*) list
listo/a ready 4
literatura (*f*) literature
litro (*m*) liter
llamada (*f*) call 7
llamado/a so-called
llamar(se) call; *refl* be named, called 3; **¿Cómo se llama usted?** What is your name? (*form.*) 1; **¿Cómo te llamas?** What is your name? (*fam.*) 1; **Me llamo** . . . My name is . . . 1
llave (*f*) key 7
llegada (*f*) arrival 7
llegar arrive 2
lleno/a full 4
llevar(se) take, carry, wear 5; *refl* take away 5; **llevarse bien (con)** get along well (with) 5
llorar cry 8
llover rain 5; **Llueve.** It rains. It's raining. 5
lluvia (*f*) rain
lo it; **lo antes posible** as soon as possible 11; **lo que** what, that which 8; **Lo siento.** I'm sorry. 4
localizar locate
loco/a crazy
lógica (*f*) logic
lógico/a logical
lograr achieve
los the 1; you, them; **los (lunes** . . . **)** on (Mondays) 1
luchar fight
luego next, then, later; **Hasta luego.** See you later. 1
lugar (*m*) place 4, 7
lunes Monday 2
luz (*f*) electricity, light 4

M

madrastra (*f*) stepmother
madre (*f*) mother 3
maestría (*f*) master's degree
maestro/a (*m/f*) teacher 8
magnífico/a magnificent
maíz (*m*) corn 9
mal bad(ly) 1
maleta (*f*) suitcase 7; **hacer la maleta** pack one's suitcase 7
malo/a bad 1
mamá (*f*) mama
mandato (*m*) command
mandón / mandona bossy 3
manejar drive 10; handle, manage
manera (*f*) way, manner
manga (*f*) sleeve
mango (*m*) mango 9
manicura (*f*) manicure
mano (*f*) hand 10
mantenamiento (*m*) maintenance
mantener(se) maintain 11; *refl* keep (oneself) 10
mantequilla (*f*) butter 9
manzana (*f*) apple 9
mañana (*f*) morning 2; tomorrow; **de la mañana** in the morning 2; **Hasta mañana.** See you tomorrow. 1; **por la mañana** in the morning 2
mapa (*m*) map
maquillarse put on make-up 5
mar (*m*) sea 7
maravilloso/a marvelous
marca (*f*) brand
marcar un gol score a goal 8
mareado/a dizzy, queasy 10
margen (*m*) margin
mariscos (*mpl*) seafood; shellfish 9
marrón (color café) brown 3
martes Tuesday 2
marxista Marxist
marzo March 5
más more, plus 1; **más** . . . **que** more . . . than 4; **más de** + *number* more than + *number* 7; **más tarde** later; **más vale que** . . . one had better . . . 10
masa (*f*) mass
masaje (*m*) massage
mascota (*f*) pet 3
masivo/a massive
masticar chew
matemática (*f*) mathematics
materia (*f*) material
material de oficina (*m*) office supplies 11
materialista materialistic
materno/a maternal

matrimonio *(m)* matrimony, marriage
máximo/a maximum
mayo May 5
mayor older, oldest 3
mayoría *(f)* majority
mayormente mostly
me me, myself; (to, for) me 6; **Me gusta(n)** . . . I like; **Me gustaría(n)** . . . I would like . . . 4; **No me gusta(n)** . . . I don't like . . . 1
media hermana *(f)* half sister
medianoche *(f)* midnight 2
mediante by means of
medicamiento *(m)* medicine, medication 7, 10
medicina *(f)* medicine; **medicina preventiva** *(f)* preventive medicine 10
médico/a medical
médico/a *(m/f)* doctor, physician 8, 10
medida *(f)* measure
medio/a half
medio ambiente *(m)* environment 12
medio hermano *(m)* half brother
medio oeste *(m)* the midwest
mediodía noon 2
medios de comunicación *(mpl)* means of communication 3
mediterráneo/a Mediterranean
medusa *(f)* jellyfish
megáfono *(m)* megaphone
mejor better, best 3; **mejor amigo/a** *(m/f)* best friend 1
melodramático/a melodramatic
melón *(m)* melon 9
memoria *(f)* memory
memorizar memorize
mencionar mention
menor younger, youngest 3
menor *(m/f)* minor
menos minus, less, except 1; till 2; **menos . . . que** less . . . than 4
mensaje *(m)* message 7
mensajería instantánea *(f)* instant messaging
mensual monthly
mentalidad *(f)* mentality
mente *(f)* mind
menú *(m)* daily specials; menu
mercado *(m)* market; **mercado de trabajo** *(m)* job market
mes *(m)* month 2; **al mes** per month 2
mesa *(f)* table 1
mesero/a *(m/f)* server 9
meticuloso/a meticulous
metódico/a methodical
método *(m)* method
métrico/a metric
metropolitano/a metropolitan

mexicano/a Mexican 2
México Mexico
mezquita *(f)* mosque 2
mí me 2
micrófono *(m)* microphone
microondas *(m)* microwave oven 4
miedo *(m)* fear; **dar miedo** scare, frighten; **tener miedo (de)** be afraid of, fear 3; **tener miedo de que** be afraid that 11
miel *(f)* honey
miembro *(m)* member
mientras as 8; while, as long as 8, 11; **mientras tanto** meanwhile
miércoles Wednesday 2
migraña *(f)* migraine
migratorio/a migratory
mil *(m)* thousand
militar *(m/f)* soldier
millonario/a *(m/f)* millionaire
millón *(m)* million
mínimo/a minimum 11
ministerio *(m)* ministry
minoría *(f)* minority
minuto *(m)* minute
mío/a mine 9
mirar look at, watch 2
mi(s) my 1, 3
misión *(f)* mission
mismo/a same 1
mitad *(f)* half
mixto/a mixed
mochila *(f)* bookbag, backpack 1
moda *(f)* fashion; **estar de moda** be in fashion 5
modalidad *(f)* modality
modelo *(m)* model
moderar moderate
modernidad *(f)* modernity
moderno/a modern 1
modificación *(f)* modification
molestar bother 9, 11
molestia *(f)* discomfort
molesto/a upset, bothered 2, 4
momentáneo/a momentary
momento *(m)* moment
moneda *(f)* coin, money 11
monitor *(m)* monitor 11
monolingüe monolingual
montaña *(f)* mountain 2
montar mount
monumento *(m)* monument
morado/a purple 4
moreno/a dark-complexioned 3
morir (ue, u) die 8
mortalidad *(f)* mortality
motivación *(f)* motivation
motivo *(m)* reason 11
moto *(f)* motorcycle 8
motociclista *(m/f)* biker 8

motor de búsqueda *(m)* search engine
mover mover
móvil mobile
movimiento *(m)* movement
muchacha *(f)* girl 2
muchacho *(m)* boy, guy 2
mucho/a/os/as much, many, a lot of 1; **Mucho gusto.** Pleased to meet you. 1
mudarse move (residence), relocate 8
muebles *(mpl)* furniture 4
muerte *(f)* death 8
muerto/a dead 4
mujer *(f)* woman; **mujer de negocios** *(f)* businesswoman; **mujer policía** *(m/f)* policewoman 8
muletas *(fpl)* crutches 10
multiplicar multiply
multitarea *(f)* multitasking
mundial worldwide 6
mundo *(m)* world
músculo *(m)* muscle
musculoso/a muscular
museo *(m)* museum 2
música *(f)* music 2
músico *(m/f)* musician 8
musulmán Muslim
mutarse mutate
muy very; **muy bien** very well 1

N

nacer be born 8
naciente nascent, new
nacimiento *(m)* birth, Nativity scene 8; **fecha de nacimiento** birthday
nación *(f)* nation
nacional national
nacionalidad *(f)* nationality
Naciones Unidas United Nations 12
nada nothing, (not) anything 3, 4; **nada en especial** nothing in particular, nothing special 3
nadar swim 2
nadie no one; nobody, (not) anyone 4
naranja *(f)* orange 9
narcotraficante *(m/f)* drug trafficker
narcotráfico *(m)* drug trafficking
nariz *(f)* nose 10
narración *(f)* narration 8
natal native
nativo/a native
naturaleza *(f)* nature 7
navegar navigate
Navidad *(f)* Christmas
necesario/a necessary
necesidad *(f)* necessity 7
necesitar need 2, 10
negativo/a negative

negligencia (f) negligence
negociación (f) negotiation
negocio (m) business
negro/a black 3, 4
nervioso/a nervous 2, 4
nevar snow 5; **Nieva.** It snows. It's
    snowing. 5
nevera (f) refrigerator 4
ni nor 2; **ni . . . ni . . .** neither . . . nor 4; **ni
    un/a solo/a** not a single 8
nicaragüense Nicaraguan
nicotina (f) nicotine
nieta (f) granddaughter 3
nieto (m) grandson 3
nietos (mpl) grandchildren 3
ninguno / ninguna (ningún) no, none,
    not any 4
niñez (f) childhood 8
niño/a (m/f) boy / girl; child
nivel (m) level
no fumador/a (m/f) non-smoker
noche (f) evening, night 2; **de la noche** in
    the evening/night 2; **por la noche** in
    the evening/night 2
nocturno/a nocturnal
no-hispano/a non-Hispanic
nombrar name
nombre (m) name 11
normal normal 3
normalmente normally
noroeste (m) northeast
norte (m) north; **al norte de** north of 2
norteamericano/a (m/f) (North)
    American
nos us; (to, for) us; ourselves, each other,
    one another 6
nosotros/as we
nota (f) note
notablemente notably
notar note
noticias (fpl) news
noticiero (m) news provider 12
novato/a (m/f) beginner
novela (f) novel
noveno/a ninth
noviembre November 5
novio/a (m/f) boyfriend/girlfriend;
    fiancé(e) 1
nublado/a cloudy 5
nuestro/a(s) our 3; ours 9
Nueva Jersey New Jersey
Nueva York New York
nuevo/a new 1
Nuevo México New Mexico
número (m) number; **número de
    seguridad social** (m) social security
    number; **número de teléfono** (m)
    telephone number
numeroso/a numerous

nunca never 2
nutrición (f) nutrition
nutricional nutritional

O

o or 4
obesidad (f) obesity
objetivo (m) objective
objetivo/a objective
objeto (m) object
obligación (f) obligation
obligar obligate
obligatorio/a obligatory
obra (f) work
obrero/a (m/f) worker; **obrero/a de
    fábrica** (m/f), factory worker 8;
    obrero/a de la construcción (m/f),
    construction worker 8
observar observe
obstáculo (m) obstacle
obstetra (m/f) obstetrician 10
obtener obtain 11
ocasión (f) occasion
ocio (m) leisure
octavo/a eighth
octubre October 5
ocupado/a busy 1
ocurrir occur
oeste (m) west; **al oeste de** west of 2
ofensivo/a offensive
oferta (f) offer; **oferta de empleo** (f) job
    offer 11
oficina (f) office 2, 11; **en la oficina** at the
    office 2; **horas de oficina** office hours;
    material de oficina (m) office supplies
    11; **oficina de correos** (f) post office 7
ofrecer offer 9
oído (m) inner ear 10
oír hear 3
Ojalá que . . . Let's hope that . . . 10
ojo watch out
ojo (m) eye 3
oliva (f) olive
onza (f) ounce
opción (f) option
operación (f) operation 10
opinar think, have an opinion
opinión (f) opinion
oportunidad (f) opportunity 11
oposición (f) opposition
optimista optimistic 1
oración (f) sentence 1
orden (m) order
ordenado/a neat, straightened up 4
ordenador (m) computer
ordenar order
ordinario/a ordinary

orégano (m) oregano
oreja (f) ear 10
organismo (m) body
organización (f) organization
organizar organize 11
orgullo (m) pride
orgulloso/a proud 8
orientación orientation
oriente (m) orient
origen (m) origin
originalmente originally
orquesta (f) orchestra; **orquesta sinfónica**
    (f) symphonic orchestra
ortografía (f) spelling
oscuro/a dark
ósmosis (m) osmosis
otoño (m) autumn, fall 5
otro/a other, another 1
oxígeno (m) oxygen
ozono (m) ozone

P

paciencia (f) patience
paciente patient 1
paciente (m/f) patient 10
padrastro (m) stepfather
padre (m) father 3
padres (mpl) parents 3
pagar pay 4
página (f) page; **página web** (f) web page
pago (m) pay 11
país (m) country
país extranjero (m) foreign country 7
palabra (f) word 1
palacio (m) palace
pan (m) bread 9
pandilla (f) gang
pánico (m) panic
pantalla (f) screen 11
pantalones (mpl) pants 5; **pantalones
    cortos** (mpl) shorts 5
papa (f) potato; **papa al horno / frita** (f)
    baked / fried potato 9; **papas fritas**
    (fpl) French fries
papel (m) (piece of) paper 1; role
papelera (f) waste basket
papitas (fpl) potato chips 9
paquete (m) package 7; packet
para for 1; by, in order to, to; in order to
    (+ infinitive) 8
parada de autobús (f) bus stop 4
paralización (f) paralysis
paramédico/a (m/f) paramedic 8
parcial partial 11
parecido/a similar
pared (f) wall 4
pareja (f) couple; pair

paréntesis *(m)* parenthesis(es)
parque *(m)* park
párquing parking
párrafo *(m)* paragraph
parrilla *(f)* grill; **a la parrilla** grilled
parte *(m)* part
participación *(f)* participation
participante *(m/f)* participant
participar participate 6
participio *(m)* participle
partido *(m)* game 2
partisano/a partisan 12
pasado/a past 7
pasaje *(m)* plane ticket 7
pasajero/a *(m/f)* passenger 7
pasaporte *(m)* passport 7
pasar happen 8; pass, spend (time) 2
pasatiempo *(m)* pastime 2
pasear walk, stroll
pasillo *(m)* aisle, hall 7
pasión *(f)* passion
paso *(m)* step
pastel (de chocolate) *(m)* (chocolate) cake 9
pastilla *(f)* tablet, pill 10
patata *(f)* potato
paterno/a paternal
pausa *(f)* pause
peatonal pedestrian
pecho *(m)* chest 10
pedir (i, i) ask for, order 4; order; request 10
pelea *(f)* fight
pelearse fight 5
película *(f)* film, movie 2
peligroso/a dangerous
pelirrojo/a red-haired 3
pelo *(m)* hair 3
peluquería *(f)* barber shop, hair salon 7
penicilina *(f)* penicillin
pensamiento thought
pensar (ie) think, intend 4; **pensar (en)** think (about) 4
pensativo/a pensive 6
pensión de jubilación *(f)* retirement pension 11
peor worse 4
pequeño/a little, small 1
percepción *(f)* perception
perder (ie) lose, miss 4
pérdida *(f)* loss
perdido/a lost
perezoso/a lazy 1
perfeccionar perfect
perfeccionista perfectionist
perfecto/a perfect 2
perfil *(m)* profile
periódico *(m)* newspaper 3; **periódico internacional** *(m)* international

newspaper 7; **quiosco de periódicos** *(m)* newsstand 7
periodista *(m/f)* journalist 12
permanecer remain
permanente permanent
permisivo/a permissive
permiso *(m)* permission 8
permitir permit, allow 7; **¿Me permite . . . ?** May I see . . . ? 7
pero but 1
perro/a *(m/f)* dog 3
persecución *(f)* persecution
persona *(f)* person 4
personaje *(m)* character
personalidad *(f)* personality
perspectiva *(f)* perspective
pertenecer belong; pertain
Perú Peru
pescado *(m)* fish 9
pescar fish 7
pesimista pessimistic 1
peso *(m)* peso 9
petróleo *(m)* petroleum
pie *(m)* foot 10; **pie de página** *(m)* footer
piel *(f)* skin 10
pierna *(f)* leg 10
pijama *(m)* pajamas 5
pimienta *(f)* pepper 9
pimiento verde *(m)* green pepper 9
pintar paint 11
pintor/a *(m/f)* painter 8
pintoresco/a picturesque
pintura *(f)* painting 4
piña *(f)* pineapple 9
pirámide *(f)* pyramid
piratería *(f)* piracy 6
piscina *(f)* pool; swimming pool 2
piso *(m)* floor
pizarra *(f)* blackboard 1; chalkboard
placa madre *(f)* motherboard 6
planear plan
planeta *(f)* planet
planificar plan
plano *(m)* map 7
planta *(f)* plant 1
planta baja *(f)* ground floor 7
plástico/a plastic
plátano *(m)* banana 9
plato *(m)* plate, dish 9; **plato hondo** *(m)* soup dish 9; **plato (llano)** *(m)* plate 9; **plato principal** *(m)* main dish, entrée 9; **plato regional** *(m)* regional dish 7
playa *(f)* beach 2
población *(f)* population
pobreza *(f)* poverty
poco *(m)* little, bit
poco/a/os/as little, few 1; **un poco cansado/a** a little tired 1
poder *(m)* power

poder (ue) be able to, can 4
poderoso/a powerful
poema *(m)* poem
policía / mujer policía *(m/f)* police officer 8
política *(f)* politics
político/a political
político/a *(m/f)* politician
pollo (asado) *(m)* (roasted) chicken 9
poner put, place, set 3; **poner la radio** turn on the radio 3; **ponerle una inyección a alguien** give someone a shot 10; **ponerse (la ropa)** put on (clothing)
popular popular 7
por for, on account of, because of, by, by way of, via, during; **por acá** over / through here 5; **por ciento** percent; **por ejemplo** for example; **por encima** above; **por eso** so, that's why, therefore, for that reason 8; **por favor** please 1; **por la mañana** in the morning 2; **por la noche** in the evening / night 2; **por la tarde** in the afternoon 2; **por parte de mi madre (padre)** on my mother's (father's) side 3; **por separado** separately; **por teléfono** on the telephone 11; **por todos lados** everywhere 4
¿por qué? why 2
porcentaje *(m)* percentage
porque because 2, 8
portarse behave 8
poseer possess
posesión *(f)* possession
posesivo/a possessive
posibilidad *(f)* possibility
posible possible 10
posición *(f)* position
positivo/a positive
posponer postpone
postal *(f)* postcard
postre *(m)* dessert 9
potencial potential
potenciar make possible
práctica *(f)* practice
prácticamente practically
practicar practice
práctico/a practical 4, 11
precaución *(f)* precaution
precio *(m)* price 5
precioso/a precious; lovely, beautiful
predador *(m)* predator
predeterminado/a predetermined
predicción *(f)* prediction
predominar predominate
preferencia *(f)* preference
preferible preferable 10
preferido/a favorite 9; preferred
preferir (ie, i) prefer 2, 4, 10

pregunta *(f)* question 3; **hacer una pregunta** ask a question 3
preguntar ask 9
prematuramente prematurely
prematuro/a premature
premio *(m)* prize
prender turn on
prensa *(f)* press
preocupado/a worried 8
preocupar(se) preoccupy; *refl* worry 10
prepa *(f)* high school
preparación *(f)* preparation
preparar prepare 2
preparativo *(m)* preparation
preparatoria *(f)* high school 11
presencia *(f)* presence
presentación *(f)* introduction; presentation
presentador/a *(m/f)* news anchor 12; presenter 12
presentar introduce; present; **presentarse** show up; be present; introduce oneself 5
presente indicativo *(m)* present indicative
presente progresivo *(m)* present progressive
preservación *(f)* preservation
presidente/a *(m/f)* president 12
presión *(f)* pressure; **presión arterial** *(f)* blood pressure 10
préstamo *(m)* loan 11
prestar lend 9
prestigio *(m)* prestige
presumido/a stuck-up 3
presupuestario/a estimated
pretendiente *(m/f)* suitor
pretérito *(m)* preterit tense
prevenir prevent
previamente previously
previo/a previous
primario/a primary
primavera *(f)* spring 5
primer(o)/a first; **Es (el) primero de . . .** It's the first of . . . 5
primo/a *(m/f)* cousin 3
principio *(m)* beginning; **al principio** at the beginning 8
prioridad *(f)* priority
prisa *(f)* hurry; **tener prisa** be in a hurry 3
privacidad *(f)* privacy 4
privado/a private
probabilidad *(f)* probability
probadores *(mpl)* fitting rooms 5
probar(se) (ue) try 7; *refl* try on 5
problema *(m)* problem
procesador de texto *(m)* word processor 6, 11
proceso *(m)* process
producción *(f)* production

producir produce
productividad *(f)* productivity
producto *(m)* product
productor/a *(m/f)* producer
profesión *(f)* profession
profesional professional 8
profesional *(m/f)* professional
profesor/a *(m/f)* professor
profundo/a deep 10; profound
programa *(m)* program; **programa de diseño gráfico** *(m)* graphic design program 11; **programa informática** *(f)* software 6
programación *(f)* programming
programador/a *(m/f)* programmer 8, 11
programar program 11
progreso *(m)* progress
prohibir forbid 10; prohibit
promedio *(m)* average
promedio/a average
prometador/a promising
prometer promise
prominente prominent
promoción *(f)* promotion
promocionar promote
promover promote
pronombre *(m)* pronoun 12
pronóstico del tiempo *(m)* weather forecast 12
pronto soon
pronunciar pronounce
propiedad *(f)* property
propio/a own 4
propósito *(m)* goal; resolution
propuesta *(f)* proposal 12
protección *(f)* protection
proteger protect
proteína *(f)* protein 9
protesta *(f)* protest
protocolo *(m)* protocol
proverbio *(m)* proverb
provocar provoke, cause
próximo/a next 1
proyecto *(m)* project
(p)sicología *(f)* psychology
psiquiatra *(m/f)* psychiatrist 10
psiquiatría *(f)* psychiatry
publicación publication
publicado/a published 11
públicamente publicly
publicar publish
publicidad *(f)* advertisement 11; advertising 11; publicity
publicitar publicize
público *(m)* public
público/a public; **concientización pública** *(f)* public awareness
pueblo *(m)* people
puerta *(f)* door 1; gate 7

puertorriqueño/a Puerto Rican
pues so 1; well
puesto *(m)* position 11
pulmones *(mpl)* lungs 10
pulmonía *(f)* pneumonia
punto *(m)* point
pupitre *(m)* student desk 1
puré purée(d), mashed
purificación *(f)* purification

Q

¿qué? what 2; **¿Qué clases tienes?** What classes do you have? 1; **¿Qué estudias?** What are you studying? 1; **¿Qué fecha es?** What is the date? 5; **¿Qué significa . . . en inglés?** What does . . . mean in English? 1; **¿Qué tal . . . ?** How is / are / was / were . . . ? 7; **¿Qué te pasa?** What's wrong with you? 10; **¿Qué tiempo hace?** What's the weather like? 5
que than; that 1
quedarse stay 5
quehacer *(m)* task; **quehacer doméstico** *(m)* chore 4
quemar(se) burn (oneself) 10
querer(se) (ie) love, want 2, 4, 10; *refl* love (each other) 5
Querido/a . . . Dear . . .
queso *(m)* cheese 9
quién(es) who, whom 2
química *(f)* chemistry
químico/a chemical
quinceañera *(f)* fifteenth birthday celebration
quinto/a fifth
quiosco de periódicos *(m)* newsstand 7
quizás perhaps, maybe 10

R

rábano *(m)* radish 9
radio *(f)* radio 3
radiografía *(f)* X-ray 10
raíz *(f)* root
ranchero/a *(m/f)* rancher
rápidamente rapidly
rapidez *(f)* rapidity
rápido/a rapid
raro/a weird 3
rato *(m)* while
ratón *(m)* mouse 11
ratos libres free time
razón *(f)* reason 3; **tener razón** be right 3
razonable reasonable 5
reacción *(f)* reaction 11
reaccionar react; reaction

realidad (f) reality
realista down-to-earth 3; realistic
realizarse come true; realize oneself
realmente really
recado (m) message 11
recámara (f) bedroom
recepción (f) front desk 7
recepcionista (m/f) receptionist 7
recesión (f) recession
receta (f) prescription 10
recetar prescribe 10
recibir receive 3
recibo de la luz (m) light bill 4
recién casados (mpl) newlyweds
reciente recent
recipiente (m/f) recipient
recíproco/a reciprocal
recoger pick up, gather 7
recomendación (f) recommendation
recomendar (ie) recommend 7, 10
recompensa (f) compensation
reconocer recognize
reconversión (f) reconversion
recordable memorable
recordar (ue) remember 4
recreo (m) recess 8; recreation
recuerdo (m) memory 8; souvenir 7
recurso (m) resource; **recursos humanos**
    (mpl) human resources 11
red (f) network; web 6
redacción (f) writing, composition
redactar write
reducción (f) reduction
reducir reduce
referencia (f) reference 11
referir refer
reflejar reflect
reflexión (f) reflection
reflexivo/a reflexive
reforma (f) reform
refresco (m) soft drink 9
refrigerador (m) refrigerator
refugio (m) refuge
regalar give as a gift 9
regalo (m) gift, present 2
reggaetón (m) reggae
régimen (m) regime
región (f) region
registrar register
regla (f) rule
regresar return 2
regulación (f) regulation
regular as usual 1
regularidad (f) regularity
regularmente regularly
relación (f) relationship
relacionar relate
relajado/a easy-going 3
relajarse relax 5

relativamente relatively
relatividad (f) relativity
relevante relevant
religioso/a religious
relleno/a stuffed
reloj (m) clock, watch 1
remedio (m) remedy
remedio casero (m) home remedy
rendir yield, give
renovable renewable
renovar renovate
renta (f) rent
rentar rent
reparación (f) repair
reparar repair
repasar review
repetir (i) repeat 4
repetitivamente repetitively
repetitivo/a repetitive
reportaje (m) report
reportero/a (m/f) reporter 12
represalia (f) reprisal
representante (m/f) representative
representar represent
reproducción (f) reproduction
reproductor de DVD (m) DVD player 4
República Dominicana (f) Dominican
    Republic
republicano/a (m/f) Republican
reputación (f) reputation
requerir (ie) require
reseña (f) review
reserva (f) reservation
reservado/a reserved 3; shy
reservar reserve 7
resfriado/a chilled, with a cold 10
resfriarse catch a cold 10
residencia (f) dormitory 1; residence hall 1
residente (m/f) resident
resistencia (f) resistance
resolución (f) resolution
resolver (ue) resolve 11
respaldo (m) back
respecto a with respect to
respetar respect
respeto (m) respect
respetuoso/a respectful
respirar breathe 10
respiratorio/a respiratory
responder respond
responsabilidad (f) responsibility 4
responsable responsible 1
responsable (m/f) person in charge 11
respuesta (f) answer, response 1
restaurante (m) restaurant 2, 9
resto (m) remainder, rest
restricción (f) restriction
resultado (m) result
resultar result

resumen (m) summary
retener retain
retirar remove; retire 11; withdraw 11
retiro (m) withdrawal 11
retraso (m) delay
retrato (m) portrait
reunir meet
revisar review
revisión dental (f) dental check-up 10
revista (f) magazine 3
revolución (f) revolution
revolucionario/a (m/f) revolutionary
rey (m) king
rezar pray 2
rico/a rich 6
ritmo (m) rhythm
robo (m) robbery
rodilla (f) knee 10
rojo/a red 3
rol (m) role
romántico/a romantic
romper(se) (el brazo) break (one's
    arm) 10
ropa (f) clothes 2, 5; **ponerse (la ropa)**
    put on (clothing)
rosa pink
rosado/a (rosa) pink 4
rubio/a blond 3
rueda (f) wheel
ruido (m) noise 4
ruidoso/a noisy 4
ruina (f) ruin
ruinas (fpl) ruins 7
rutina (f) routine; **rutina diaria** (f)
    daily routine 5

S

sábado Saturday 2
saber know, find out 7; **No sé.** I don't
    know. 1;
sacar take, take (out), get 7; **sacar una
    copia** make a copy 11; **sacar una foto**
    take a picture 5
sal (f) salt 9
sala (f) living room 4; room; **sala de chat**
    (f) chat room; **sala de espera** (f)
    waiting room; **sala de urgencia** (f)
    emergency room 10
salario (m) salary 11
salida (f) departure 7; outing
salir go out 2; leave 3; **salir en velero**
    go sailing 7
salmón (m) salmon
salón (m) hall, room; **salón de clase** (m)
    classroom 1
salsa (f) sauce
salteado/a sautéed
salud (f) health 9, 10

saludable healthy
saludar greet 8
saludo (*m*) greeting
salutación (*f*) salutation
salvadoreño/a Salvadoran
salvar save
salvo/a safe
sandalias (*f*) sandals 5
sangre (*f*) blood 10
sanidad (*f*) sanity
sano/a healthy 9
santo/a saintly 6
santo/a (*m/f*) saint
satisfacción (*f*) satisfaction
satisfacer satisfy
sazón (*m*) seasoning
se himself, herself, yourself, yourselves, themselves, each other, one another 5; to you, to him, to her, to you, to them 8; ¿**Cómo se dice ... en inglés?** How do you say ... in English? 1; ¿**Cómo se escribe?** How is that written? 1; ¿**Cómo se llama usted?** What is your name? (*form.*) 1; **Se escribe ...** It's written ... 1; **Se llama(n) ...** His / Her name is ... (Their names are ...); **se parece a ...** He / She looks like ... 3; **se puede** one can ... 6
sección (*f*) section
secretario/a (*m/f*) secretary 8
secreto (*m*) secret
secuencia (*f*) sequence
sed (*f*) thirst; **dar sed** make thirsty 9; **tener sed** be thirsty 3
seducir seduce
segmento (*m*) segment
seguir (i, i) follow, continue 9
según according to
segundo/a second
seguridad (*f*) security 7; **número de seguridad social** (*m*) social security number
seguro/a safe 4; secure; **estar seguro/a** be sure 10
seguro médico (*m*) medical insurance 11
seleccionar select
sello (*m*) stamp 7
semana (*f*) week 2; **fin de semana** (*m*) weekend 2; **la semana pasada** (*f*) last week 7; **la semana que viene** (*f*) the coming week 2
semanal weekly
semestre (*m*) semester
Senado (*m*) Senate
senador/a (*m/f*) senator
sencillo/a single
sensación (*f*) sensation
sensacional sensational
sentarse (ie) sit down 5

sentimiento (*m*) feeling; sentiment
sentir (ie, i) feel 5; **Lo siento.** I'm sorry. 4; **sentir que** be sorry that 11
señalar signal
señor Mr., sir 1
señora (Sra.) Mrs., Mme. 1
señorita (Srta.) Miss 1
separado/a separate; **por separado** separately
septiembre September 5
séptimo/a seventh
ser be 1; ¡**Así es!** that's right 9 ¿**Cómo es ... ?** How is ... ?, What's ... like? 1; ¿**Cuántos son en ... ?** How many are there in ... ?; ¿**De dónde eres?** Where are you from? (*fam.*) 2; ¿**De dónde es?** Where are you from? (*form.*) 2; **ser operado/a** be operated on, have an operation 10; **son** equals; **Son las dos (tres).** It's one (two) o'clock. 2; **Soy ...** I am, I'm ... 1; **Soy de ...** I'm from ... 1
serenidad (*f*) serenity
serie policíaca (*f*) police series
serio/a serious 1, 3
servicio (*m*) service
servicio técnico (*m*) technical service 11
servilleta (*f*) napkin 9
servir (i, i) help 5; serve 4; ¿**En qué puedo servirle?** How may I help you? 5
sesión session
sesionar meet, be in session
seudónimo (*m*) pseudonym
severo/a severe
sexismo (*m*) sexism
sexto/a sixth
sicología (*f*) psychology
siempre always 2, 4
siesta (*f*) nap
significado (*m*) significance
significar mean; ¿**Qué significa ... en inglés?** What does ... mean in English? 1
siguiente following 1
silla (*f*) chair 1, 4
símbolo (*m*) symbol
similitud (*f*) similarity
simpático/a nice 1; pleasant
simulación (*f*) simulation
simultáneamente simultaneously
sin without 2; **sin embargo** nevertheless; **sin hogar** homeless 12
sinagoga (*f*) synagogue 2
síndrome (*m*) syndrome
sinónimo (*m*) synonym
sinónimo/a synonymous
síntoma (*m*) symptom 10
sistema (*m*) system 11

sistemáticamente systematically
sitio (*m*) site; **sitio histórico / turístico** (*m*) historic / tourist site 7; **sitio web** (*m*) web site
situación (*f*) situation
situar situate, locate
sobre over, about, on 9; **sobre todo** above all 8
sobrevivir survive
sobrina (*f*) niece 3
sobrino (*f*) nephew 3
socializar socializar
socialmente socially
sociedad (*f*) society
sociología (*f*) sociology
sofá (*m*) sofa 4
sofisticado/a sophisticated
sol (*m*) sun; **gafas de sol** (*fpl*) sunglasses; **Hace sol.** It's sunny. 5
soleado/a sunny
solicitar request
solicitud de empleo (*f*) job application 11
solidaridad (*f*) solidarity 12
sólo only 1
solo/a alone 2, 4
solsticio (*m*) solstice
soltero/a single 3
solución (*f*) solution
sombrero (*m*) hat 5
sonrisa (*f*) smile 8
soñar (ue) con dream of / about 8
sopa (*f*) soup 9
sorprender surprise 11
sorprendido/a surprised 2, 4, 6
sorpresa (*f*) surprise
sospechoso/a (*m/f*) suspect
subir a get on / in, go up 7
su(s) your (*sing. / form.*), your (*pl.*), his, her, its, their 3
súbito/a sudden
subjuntivo (*m*) subjunctive
subrayar underline
suburbano/a suburban
sucesivamente succesively
sucio/a dirty 4
sucursal (*f*) branch office 11
sudadera (*f*) sweatshirt 5
Sudamérica South America
sueldo (*m*) wage, salary 11
suelo (*m*) ground, floor 4
sueño (*m*) dream 8; sleep; **tener sueño** be sleepy
suerte (*f*) luck; **tener suerte** be lucky 3
suéter (*m*) sweater 5
suficiente sufficient
sufrir suffer
sugerencia (*f*) suggestion
sugerir (ie, i) suggest 10
superar overtake

superior higher
supermercado (m) supermarket
supersticioso/a superstitious
supervisor/a (m/f) supervisor 11
suplemento (m) supplement
sur (m) south; **al sur de** south of 2; south
suspenso (m) suspense
sustancia (f) substance
sustantivo (m) noun 4
sustituir substitute
suyo/a his, hers, yours (pl.), yours
(form. / sing.) theirs 9

T

tabaco (m) tabacco
tabaquismo (m) smoking
tabla (f) table (graphic)
tal such; **¿Qué tal . . . ?** How is / are /
was / were . . . ? 7; **tal vez** maybe,
perhaps 10
talento (m) talent
talla (f) size 5
también also, too 1
tampoco neither 4
tan so; **tan . . . como** as . . . as 4; **tan
pronto como** as soon as 11
tanto so much 10
tanto/a/os/as . . . como as much . . . as, as
many . . . as 4
tarde late 2; **más tarde** later
tarde (f) afternoon 2; **de la tarde** in the
afternoon 2; **por la tarde** in the
afternoon 2
tarea (f) homework 1
tarifa (f) tariff
tarjeta (f) card; **tarjeta de débito** (f)
debit card; **tarjeta de embarque** (f)
boarding pass 7; **tarjeta telefónica** (f)
phone card 7
tasa (f) rate; **tasa de interés** (f) interest
rate 11
tatuaje (m) tatoo
taxi (m) taxi 7
taxista (m/f) taxi driver
taza (f) cup 9
te you, yourself (fam.) 1; **¿Te gusta
(+ singular noun)?** Do you like . . . ? 1;
¿Te gustan (+ plural noun)? Do you
like . . . ? 1; **¿Te parece bien?** Does
that seem okay to you? 2; **Te veo. . . .**
You look . . . to me. 10
té tea; **té helado / caliente** (m) iced / hot
tea 9
teatro (m) theater 2
teclado (m) keyboard 11
técnica (f) technique
técnico/a technical

tecnología (f) technology
telefonía telephony
telefónico/a telephonic
teléfono (m) telephone 2; **número de
teléfono** (m) telephone number; **por
teléfono** on the telephone 11; **teléfono
público** (m) public telephone 7
telenovela (f) soap opera
teletrabajar telecommute
teletrabajo (m) telecommuting
televidente (m/f) television viewer
televisión (f) television
televisión (tele) (f) television (TV) 2
televisor (m) television; television set 1, 4
tema (m) theme
temático/a thematic
temer (que) fear (that) 11
temperamental moody 3
temperatura (f) temperature 10
temporal temporary
temprano early 2
tendencia (f) tendency
tenedor (m) fork 9
tener have 3; **(No) tengo . . .** I (don't)
have . . . 1; **tener . . . años** be . . . years
old 3; **tener calor** be hot 3; **tener
cuidado** be careful 10; **tener curiosidad** be curious; **tener éxito** be successful; **tener frío** be cold 3; **tener ganas
de** feel like; **tener hambre** be hungry
3; **tener miedo (de)** be afraid of, fear 3;
tener miedo de que be afraid that 11;
tener prisa be in a hurry 3; **tener que**
have to, must; **tener razón** be right 3;
tener sed be thirsty 3; **tener sueño** be
sleepy; **tener suerte** be lucky 3; **Tengo
. . .** I have . . . 1
tenis (m) tennis
tenis (mpl) sneakers 5; tennis shoes
tenista (m/f) tennis player
teoría (f) theory
terapeuta (m/f) therapist 10
terapia (f) therapy 10; **terapia de grupo**
(f) group therapy 10
tercero/a third
terco/a stubborn 3
terminación (f) ending
terminar finish
término (m) term
terraza (f) terrace
terreno (m) land, terrain
territorio (m) territory
terrorismo (m) terrorism
terrorista (m/f) terrorist 12
testigo/a (m/f) witness
testimonio (m) testimony
texto (m) text
ti you 2
tía (f) aunt 3

tiempo (m) time; weather 5; **Hace buen /
mal tiempo.** The weather's good /
bad. 5; **pronóstico del tiempo** (m)
weather forecast; **tiempo completo** (m)
full-time 11; **tiempo libre** (m) free time
2; **tiempo parcial** (m) part-time 11;
tiempo verbal (m) verb tense
tienda (f) store 2
tierra (f) land
timbre postal (m) stamp
tímido/a shy, timid 1
tío (m) uncle 3
típico/a typical
tipo (m) type
titular (m) headline
título (m) title
tocar play (music, musical instruments) 2
todavía still
todavía no not yet 11
todo/a/os/as all, every 1; **por todos lados**
everywhere 4; **todo el día** all day 2;
todos everyone 4; **todos los días**
every day 2
Tokio Tokyo
tolerancia (f) tolerance
tomar drink, take 2; **tomar asiento** take a
seat; **tomar el sol** sunbathe 2; **tomar
una decisión** make a decision 10
tomate (m) tomato 9
tono (m) tone, beep 11
tonto/a foolish; stupid, silly 1
tortilla (de maíz / de harina) (f) corn /
flour tortilla 9
tos (f) cough 10
toser cough 10
totalitario/a totalitarian
totalmente totally
trabajador/a hardworking 1
trabajador/a social (m/f) social worker 8
trabajar work 2
trabajo (m) job, work 2; **en el trabajo** at
work 2
tradición (f) tradition
tradicional traditional
tradicionalismo (m) traditionalism
traducción (f) translation
traducir translate
traer bring 3
tráfico (m) traffic 4
tragedia (f) tragedy
traje (m) suit 5; **traje de baño** (m)
swimsuit 5
trámite (m) transaction 11
tranquilidad (f) tranquility
tranquilo/a calm 3
transformación (f) transformation
transformar transform
transición (f) transition
transmisión (f) transmission

transmitir transmit
transparente transparent
transporte *(m)* transportation
transporte público *(m)* public transportation 4
tratamiento *(m)* treatment 10
tratar (de) treat, try (to) 8
trato *(m)* dealings
travieso/a mischievous 8
tren *(m)* train
triángulo *(m)* triangle
tribunal *(m)* jury
trigo *(m)* wheat
trimestre *(m)* trimester
triste sad 2, 4, 10; **estar triste de que** be sad that 11
tristeza *(f)* sadness 10
trompeta *(f)* trumpet
tú you *(sing. / fam.)*
tu(s) your *(sing. / fam.)* 1, 3
tuna university band
tuno university band member
turbulencia *(f)* turbulence
turismo *(m)* tourism
turista *(m/f)* tourist
tuyo/a yours *(sing. / fam.)* 9

U

u or (before words beginning with o)
ubicación *(f)* location 11
último/a last, latest 7
un/a a, an 1
una vez once 2
unido/a united
uniforme *(m)* uniform
unión *(f)* union
universidad *(f)* university 1
universitario/a university 8
unos/as some 1
urbano/a urban
urgente urgent 10
usar use 2
usario/a *(m/f)* user
usted you *(sing. / form.)*
ustedes you *(pl.)*
útil useful 1
utilidad *(f)* utility
utilización *(f)* use, utilization
utilizar use
uvas *(fpl)* grapes 9

V

vacaciones *(fpl)* vacation, holiday; **ir de vacaciones** go on vacation 7
valor *(m)* value
valoración *(f)* valuation
valorar value
vapor *(m)*: **al vapor** steamed
variado/a varied
variedad *(f)* variety
varios/as several 1
varón male
vaso *(m)* glass 9
vecindario *(m)* neighborhood 7
vecino/a *(m/f)* neighbor 4
vegetariano/a vegetarian
vehículo *(m)* vehicle
velero *(m)* sailboat 7
velocidad *(f)* velocity
vendedor/a *(m/f)* seller
vender sell 3
venir come 3
venta *(f)* sale
ventaja *(f)* advantage
ventana *(f)* window 1, 4
ventanilla *(f)* counter window 11; window (of a vehicle or box office) 7
ver see 2
verano *(m)* summer 5
verbo *(m)* verb
verdad true
verdadero/a true
verde green 3, 4
verduras *(fpl)* vegetables 9
verificar verify
versátil versatile
versión *(f)* version
vestido *(m)* dress 5
vestigio *(m)* vestige
vestirse (i, i) get dressed 5
vez *(f)*: **en vez de** instead of 9
vía via
viajar travel 7
viaje *(m)* trip 3; **hacer un viaje** take a trip 3
viajero/a *(m/f)* traveler
viceversa vice versa
víctima *(f)* victim
victoria *(f)* victory
vida *(f)* life 8; **vida nocturna** *(f)* night life
videojuego *(m)* videogame

viejo/a old 1, 4
viento *(m)* wind; **Hace viento.** It's windy. 5
viernes Friday 2
vigilar watch, be vigilant
vinagre *(m)* vinegar
vino *(m)* wine; **vino tinto / blanco** *(m)* red / white wine 9
viñeta *(f)* comic strip
violencia *(f)* violence
virtuoso/a *(m/f)* virtuouso
visita *(f)* visit
visitante *(m/f)* visitor
visitar visit 7
vista *(f)* view
vitalidad *(f)* vitality
vitaminas *(fpl)* vitamins 9
vivienda *(f)* housing, dwelling
vivir live 3
vivo live; **en vivo** live
vocabulario *(m)* vocabulary
vocal *(f)* vowel
voluntariamente voluntarily
voluntario/a voluntary
voluntario/a *(m/f)* volunteer
volver (ue) (a) return, . . . again 4
vomitar vomit, throw up 10
vosotros/as you *(pl. / fam.)*
votante *(m/f)* voter
votar vote
voz *(f)* voice
vuelo *(m)* flight 7
vuelta *(f)* returning flight 7
vuestro/a(s) your *(pl./ fam.)* 3

Y

y and 4
ya already 7
ya no no longer, not any more 10
yo I
yogur *(m)* yogurt

Z

zanahoria *(f)* carrot 9
zapatillas de tenis *(mpl)* tennis shoes
zapatos *(mpl)* shoes 5
zona *(f)* zone

English-Spanish Glossary

The **English-Spanish Glossary** includes all active vocabulary presented in *Hoy día*, as well as other high frequency words. Numbers following entries indicate the chapter where words are introduced. All translations separated by commas before a number are considered active in that chapter. Gender of nouns in Spanish is indicated by *(m)* for masculine and *(f)* for feminine. Nouns referring to people that have both masculine and feminine forms are indicated by *(m/f)*, and those that are generally used in the plural are followed by *(pl)*.

A

a un/a 1
a lot of mucho/a/os/as 1
abandon abandonar
ability habilidad *(f)*
able: be able to poder (ue) 4, 7
about acerca de 8; sobre 9
above por encima
above all sobre todo 8
absent ausente; **be absent** faltar (a) 8
absolutely absolutamente
absurd absurdo/a 10
abuse abuso *(m)*
accede acceder
accelerate acelerar
accent acento 3; **with an accent** con acento 1; **without an accent** sin acento 1
accept aceptar
access acceso *(m)* 11
accessory accesorio *(m)* 4
accident accidente *(m)* 10
accompany acompañar
accomplice cómplice *(m/f)*
according to según
account cuenta *(f)* 11
accountant contador/a *(m/f)* 8, 11
accounting contabilidad *(f)*
accusation acusación *(f)*
accustom acostumbrar
accustomed acostumbrado/a
ache doler (ue) 9; dolor *(m)* 10
achieve lograr
across a través de; **across from** enfrente de 2
act actuar
action acción *(f)*
active activo/a
activist activista *(m/f)*
activity actividad *(f)* 2
actor actor *(m)* 8
actress actriz *(f)* 8
ad: classified ad anuncio clasificado *(m)*
adapt adaptar
adaptation adaptación *(f)*
addict adicto/a *(m/f)*

addiction adicción *(f)*
additional adicional
address dirección *(f)* 4
adjective adjetivo *(m)*
adjust to ajustarse a
administration administración *(f)*
administrator administrador/a *(m/f)*
admire admirar
admirer admirador/a *(m/f)*
admit admitir
adolescence adolescencia *(f)*
adopt adoptar
adult adulto/a *(m/f)*
advance avance *(m)*
advantage ventaja *(f)*
adventurous aventurero/a
adverb adverbio *(m)*
advertise anunciar
advertisement anuncio *(m)*; publicidad *(f)* 11
advertiser anunciante *(m/f)*
advertising publicidad *(f)* 11
advice consejo *(m)*
advise aconsejar 10
affect afectar
affectionate cariñoso/a 3
affirmation afirmación *(f)*
afraid: be afraid (of) tener miedo (de) 3; **be afraid that** tener miedo de que 11
African africano/a
after después 2; después (de) que 11
afternoon tarde *(f)* 2
afterwards después
again otra vez
against contra
age edad *(f)* 8
agency agencia *(f)*
agent agente *(m/f)*
aggressive agresivo/a
aging envejecimiento *(m)*
agitation agitación *(f)* 12
ago hace . . . 7
agree estar de acuerdo
agreeable agradable
agricultural agrícolo/a
agriculture agricultura *(f)*

ahead of delante de 2
air conditioning aire acondicionado *(m)*
airline aerolínea *(f)* 7
airplane avión *(m)* 7
airport aeropuerto *(m)* 7
aisle pasillo *(m)* 7
alarm alarma *(f)*
alarmed alarmado/a
alcoholic alcohólico/a
alcoholic drink bebida alcohólica *(f)* 9
alert alertar
algebra álgebra *(f)*
align alinear
all todo/a/os/as 1; **all day** todo el día 2
allergy alergia *(f)* 10
alleviate aliviar
allow permitir 10
almost casi 2
alone solo/a 2, 4
already ya 7
also también 1
alternative alternativo/a
although aunque
always siempre 2, 4
American estadounidense; (norte)americano/a *(m/f)*
among entre
amount to equivaler
amuse divertir
amuse yourself divertirse (ie, i) 5
an un/a
analgesic analgésico *(m)*
and y 4
angel ángel *(m)*
angry enojado/a 2
angry: get angry enojarse 5
animal animal *(m)*
animal feeder comedero *(m)*
animation animación *(f)*
announce anunciar
annoy fastidiar
annual anual
anonymity anonimato *(m)*
anonymous anónimo/a
another otro/a 1
answer contestar 2

answer respuesta (f) 1
antibiotics antibióticos 10
anticipate anticipar
antidepressant antidepresivo (m)
anti-inflammatory antiinflamatorio (m)
antonym antónimo (m)
anxiety ansiedad (f)
any alguno/a(s) 4; cualquier
apartment apartamento (m)
appear aparecer
apple manzana (f) 9
application aplicación (f) 6; **job application** solicitud de empleo (f) 11
apply aplicar
appointment cita (f) 10
appreciate apreciar
appropriate apropriado/a
approximate aproximar
April abril 5
arable cultivable
archeological arqueológico/a
architecture arquitectura (f)
archive archivo (m) 6
Are there . . . ? ¿Hay . . . ? 1
area área (f)
Argentine argentino/a (m/f)
arm brazo (m) 10
arms (military) armas (fpl)
around aldredor de
arrest arrestar
arrival llegada (f) 7
arrive llegar 2
art arte (m)
arthritis artritis (f) 10
article artículo (m)
artist artista (m/f)
as como 1; mientras 8; **as . . . as** tan . . . como 4; **as for** en cuanto a 9; **as long as** mientras 11; **as many . . . as** tanto/a/os/as . . . como 4; **as much . . . as** tanto/a . . . como 4; **as soon as** tan pronto como 11; **as soon as possible** lo antes posible 11; **as usual** regular 1
ask pedir (i, i) 10; preguntar 9; **ask a question** hacer una pregunta 3; **ask for** pedir (i, i) 4
asparagus espárragos 9
aspect aspecto (m) 11
aspirin aspirina (f) 10
assault asalto (m)
assign asignar
assistance asistencia (f); ayuda; **food assistance** ayuda alimentaria (f)
associate asociar
assure asegurar
asthma asma (f)
at en, a 1; **at the back of** al fondo de 7; **at**

the beginning al principio 8; **at the end of** al fondo de 7; **at times** a veces 2; **At what time?** ¿A qué hora? 2; **at work** en el trabajo 2
athlete atleta (m/f); deportista (m/f) 8
athletic deportista (adj.) 8
Atlantic atlántico/a
ATM cajero automático (m) 11
atmosphere ambiente (m); atmósfera (f)
attack ataque (m)
attend asistir (a) 3; **attend to** atender (ie) 11
attention atención (f)
attitude actitud (f)
attract atraer
attraction atracción (f)
attractive atractivo/a
audience audiencia (f)
August agosto 5
aunt tía (f) 3
authentic auténtico/a
authenticity autenticidad (f)
author autor/a (m/f)
authority autoridad (f)
autobiographical autobiográfico/a
automatic automático/a
automobile auto (m); automóvil (m); carro (m); coche (m)
autumn otoño (m) 5
availability disponibilidad (f) 7
available disponible 7, 11; **be available** estar a disposición
average promedio (m); promedio/a
avoid evitar 9
away: take away llevarse 5

B

baby bebé (m)
back espalda (f) 10; respaldo (m)
backpack mochila (f) 1
bad malo/a 1
bad(ly) mal 1
baked / fried potato al horno 9
balanced equilibrado/a 9
balcony balcón (m) 7
banana banana (f); banano (m); guineo (m); plátano (m) 9
bank banco (m) 7
bank account cuenta bancaria (f)
banking banca (f) 11
banquet banquete (m)
bar bar (m) 3
barber shop peluquería (f) 7
base basar
baseball béisbol (m) 8
baseball player beisbolista (m/f) 8
basic básico/a
basketball básquetbol (m)

bath: take a bath bañarse 5
bathe bañarse 5
bathroom baño (m) 4
be estar; ser 1; **be able to** poder (ue) 4, 7; **be absent** faltar (a) 8; **be acquainted with** conocer 7; **be afraid of** tener miedo (de) 3; **be afraid that** tener miedo de que 11; **be available** estar a disposición; **be born** nacer 8; **be called** llamarse 3; **be careful** tener cuidado 10; **be cold** tener frío 3; **be curious** tener curiosidad; **be down** fallar 11; **be equivalent** equivaler; **be familiar with** conocer 7; **be happy that** alegrarse de que 11; estar contento/a de que 11; **be hot** tener calor 3; **be hungry** tener hambre 3; **be important** importar 9; **be in a good / bad mood** estar de buen / mal humor 11; **be in a hurry** tener prisa 3; **be in charge of** estar encargado/a de 11; **be in fashion** estar de moda 5; **be in session** sesionar; **be lucky** tener suerte 3; **be missing** faltar 9; faltar (a); **be named** llamarse 3; **be needed** faltar 9; **be operated on** ser operado/a 10; **be pleasing to** gustar 2; **be pregnant** estar embarazada 10; **be revolting** dar asco 9; **be right** tener razón 3; **be sad (that)** estar triste de (que) 11; **be sleepy** tener sueño; **be sorry that** sentir (ie, i) que 11; **be successful** tener éxito; **be sunny** hacer sol; **be sure** estar seguro/a 10; **be thirsty** tener sed 3; **be unable to stand** dar asco 9; **be vigilant** vigilar; **be . . . years old** tener . . . años 3; **How is . . . ?** ¿Cómo es . . . ? 1
beach playa (f) 2
beans frijoles (mpl) 9; habichuelas (mpl)
beard barba (f) 3
beautiful bello/a; precioso/a
beauty belleza (f)
because porque 2, 8; **because of** a causa de, por
bed cama (f) 1
bedroom alcoba (f); dormitorio (m) 4; habitación (f); recámara (f)
beep tono (m) 11
beer cerveza (f) 9
before antes (de)
begin comenzar (ie) 10; empezar (ie) 4
beginner novato/a (m/f)
beginning comienzo (m)
behave portarse 8
behind detrás de 2
believe (in / that) creer (en / que) 3, 10
bellboy botones (m)
belong pertenecer

below debajo de 2
belt cinturón (m) 5
beneficial beneficioso/a
benefit beneficiar
benefit beneficio (m) 11
besides además 11
best mejor 3; **best friend** mejor
    amigo/a (m/f) 1
better mejor 3
between entre 1, 2
bicycle bicicleta (f) 4; **ride a bicycle**
    andar en bicicleta 4
big grande 1
biker motociclista (m/f) 8
bilingual bilingüe
bill billete (m) 11; cuenta (f) 9, 11; factura (f)
biology biología (f)
biology laboratory laboratorio de
    biología (m)
bird feeder comedero (m)
birth nacimiento (m) 8
birthday cumpleaños (m); fecha de
    nacimiento (f) 2; **birthday party**
    fiesta de cumpleaños (f) 8
bit poco (m)
black negro/a 3, 4
blackboard pizarra (f) 1
block (in a city) cuadra (f) 7
blond rubio/a 3
blood sangre (f) 10
blood pressure presión arterial (f) 10
blouse blusa (f) 5
blue azul 3, 4
board abordar 7
boarding embarque (m)
boarding pass tarjeta de embarque (f) 7
bodily corporal
body cuerpo (m) 10; organismo (m)
bone hueso (m) 10
book libro (m) 1
bookbag mochila (f) 1
bookstore librería (f) 2
boots botas (fpl) 5
border frontera (f)
bored aburrido/a 2, 4; **get bored**
    aburrirse 5
boring aburrido/a 1
boss jefe/a (m/f) 11
bossy mandón / mandona 3
bother fastidiar; molestar 9, 11
bothered molesto/a 2, 4
bottle botella (f) 9
boy chico (m); muchacho (m) 2; niño (m)
boyfriend novio/a (m/f) 1
brain cerebro (m) 10
branch office sucursal (f) 11
brand marca (f)
Brazil Brasil

bread pan (m) 9
break (one's arm) romper(se) (el brazo) 10
breakfast desayuno (m) 4
breathe respirar 10
brief breve
brilliant brillante
bring traer 3
broccoli brócoli (m) 9
brochure folleto (m)
bronchitis bronquitis (f)
brother (m) hermano (m) 3
brown café 3; castaño 3; marrón 3, 4
brush one's teeth lavarse los dientes 5
brusque brusco/a
buckle one's seatbelt abrocharse el
    cinturón 7
building edificio (m) 1
burn (onseself) quemar(se) 10
bus autobús (m) 4
bus stop parada de autobús (f) 4
business empresa (f); negocio (m)
business administration administración
    de empresas (f)
businessman/woman empresario/a (m/f);
    hombre / mujer de negocios (m) 8
busy ocupado/a 1
but pero 1
butter mantequilla (f) 9
button botón 6
buy comprar 2
by para; por; **by means of** mediante; **by**
    way of por
Bye. Chau.; Ádios. 5

C

café café (m) 2
cafeteria cafetería (f) 1
caffeine cafeína (f) 9
cake pastel (m) 9
calculate calcular 11
calculator calculadora (f) 1
calendar calendario (m)
call llamada (f) 7
call llamar
calm calmado/a; tranquilo/a 3
calories calorías 9
camel camello (m)
camp acampar 7
campaign campaña (f)
campus campus (m)
can poder (ue) 4, 7
Canada Canadá
cancel cancelar
candidate candidato/a (m/f)
cap gorra (f) 5
capacity capacidad (f)
capture captar

car auto (m); automóvil (m); carro (m) 4;
    coche (m) 3, 4
carbohydrates carbohidratos 9
care cuidado (m); **take care of (oneself)**
    cuidar(se) 10
career carrera (f)
careful: be careful tener cuidado 10
Caribbean caribeño/a
carpenter carpintero/a (m/f)
carpentry carpintería (f)
carpet alfombra (f)
carrot zanahoria (f) 9
carry llevar 5
carry out cumplir 8
cartoon dibujos animados (mpl)
case caso (m)
cash: in cash en efectivo 5
cash (a check) cobrar 11
cashier cajero/a (m/f) 11
cat gato/a (m/f)
cataract catarata (f)
category categoría (f)
cathedral catedral (f)
Catholic católico/a
cauliflower coliflor (m) 9
cause causar; provocar
celebrate celebrar
celebration celebración (f)
cell phone celular (m)
cello chelo (m)
censure censura (f)
census censo (m)
cent centavo (m) 9
center centro (m) 4
center centrar
centigrade centígrado (m)
central céntrico/a
Central America Centroamérica
Central American centroamericano/a (m/f)
centralized centralizado/a
cereal cereales 9
ceremony ceremonia (f)
certain cierto/a
chain cadena (f)
chair silla (f) 1, 4
chalkboard pizarra (f)
chamber of commerce cámara de
    comercio (f)
championship campeonato (m) 8
change cambio (m)
change cambiar
channel cadena (f); canal (m)
chapter capítulo (m)
character carácter (m) 3; personaje (m)
characteristic característica (f)
charge cargo (m) 11
charge (a fee) cobrar 11
chat chatear 6; **chat room** sala de chat (f)

chatty hablador/a 4
cheap barato/a 5
check cheque (m) 5; cuenta (f) 9
check one's luggage facturar el equipaje
checkbook chequera (f) 11
checking / savings account cuenta
   corriente / de ahorros (f) 11
checkup chequeo (m)
cheer someone up dar ánimo a alguien 10
cheese queso (m) 9
chemical químico/a
chemistry química (f)
chest pecho (m) 10
chest (of drawers) cómoda (f) 4
chew masticar
chicken pollo (m) 9
child niño/a (m/f); **as a child** de niño/a 8
childcare cuidado de niños (m)
childhood infancia (f); niñez (f) 8
children hijos (mpl) 3
children's infantil
chile pepper chile (m) 9
Chilean chileno/a
chilled resfriado/a 10
Chinese chino (m)
cholesterol colesterol (m) 10
chore quehacer doméstico (m) 4
Christmas Navidad (f)
church iglesia (f) 2
Ciao. Chau. 5
cigarette cigarrillo (m)
cinema cine (m) 2
circle círculo (m)
circuit circuito (m)
circulate circular
circulation circulación (f)
circumstance circunstancia (f)
city ciudad (f) 2
city map plano de la ciudad (m) 7
civilization civilización (f)
clarify aclarar
class clase (f) 1; **classmate** compañero/a
   de clase (m/f); **classroom** salón de
   clase (m) 1
classical clásico/a 2
classified ad anucio clasificado (m)
classify clasificar
clause claúsula (f)
clean limpio/a 4
clean limpiar
clear claro/a; despejado/a 5
clear despejar 5
click hacer clic
client cliente (m)
clientele clientela (f)
climate clima (m); **climate change**
   cambios climáticos (m)
climb ascender
clock reloj (m) 1

close cercana/o
close cerrar (ie) 4
closed cerrado/a 2
closet armario (m) 4; clóset (m)
clothing ropa (f) 2, 5
cloudy nublado/a 5
coast costa (f)
coat abrigo (m)
code código (m)
coffee café 3; **black coffee** café solo (m) 9
cognate cognado (m)
coherent coherente
coin moneda (f) 11
cold frío/a 3; frío (m); catarro (m) 10;
   be cold tener frío 3; **catch a cold**
   resfriarse 10; **It's (very) cold.** Hace
   (mucho) frío. 5
collapse colapsar
colleague colega (m/f) 11
college colegio (m)
colloquial coloquial
Colombian colombiano/a (m/f)
colonizer colonizador/a (m/f)
color color (m) 4; **What color is it?**
   ¿De qué color es?
column columna (f)
combat combatir
combination combinación (f)
combine combinar
come venir 3; **come true** realizarse
comedy comedia (f)
comfortable cómodo/a
comic cómico/a
comic strip viñeta (f)
command mandato (m)
commemorate conmemorar
comment comentar
commentary comentario (m) 6
commerce comercio (m); **chamber of**
   commerce cámara de comercio (f)
commercial comercial
commission comisión (f)
commit cometer; comprometer
committee comité (f)
common común 10
communicate (with each other)
   comunicar(se) 5
communication comunicación
community comunidad (f)
community (adj.) comunitario/a
community center centro comunitario (m)
companion compañero/a (m/f)
company compañía (f) 11; empresa (f) 11;
   firma (f)
compare comparar
comparison comparación (f)
compartment compartimento (m)
compatibility compatibilidad (f) 11
compatriot compatriota (m/f) 12

compensation recompensa (f)
compete competir
competition competición (f); concurso (m)
competitive competitivo/a
competitor concursante (m/f)
complement complementar
complete completo/a 11
complete completar
complex complejo (m)
complicated complicado/a
compliment cumplido (m)
composition redacción (f)
compression compresión (f) 6
computer computador (m);
   computadora (f) 1; ordenador (m)
computer science informática (f)
computing computación (f);
   informática (f) 11
concentrate concentrarse 10
concentrated concentrado/a
concentration concentración (f)
concept concepto (m)
concert concierto (m) 2
concise conciso/a
concrete concreto/a
condemn condenar
condiment condimento (m)
condition condición (f)
condition condicionar
conditional condicional
conference conferencia (f)
confess confesar
confidence confianza (f); **have**
   confidence in confiar
configure configurar
confirm confirmar
confirmation confirmación (f)
confront enfrentarse (con)
confused confundido/a 2
confusion confusión (f)
congested congestionado/a 10
congestion congestión (f) 10
Congress Congreso (m) 12
congressman/woman congresista (m/f)
conjunction conjunción (f)
connect conectar 8
connection conexión (f)
connectivity conectividad (f)
connotation connotación (f)
conquer conquistar
conquest conquista (f)
consequence consecuencia (f)
conservative conservador/a 3
conserve conservar
consist consistir
consonant consonante (f)
construction construcción (f) 8;
   construction worker obrero/a de la
   construcción (m/f) 8

consulate consulado (m)
consult consultar
consultation consulta (f)
consumer consumidor/a (m/f)
consumerism consumerismo (m)
consumption consumo (m)
contact contacto (m)
contact contactar
contain contener
container contenedor (m)
contaminate contaminar
contamination contaminación (f)
content contenido (m)
contestant concursante (m/f)
context contexto (m)
continue continuar; seguir (i, i)
contrary contrario (m)
contrast contraste (m)
contribute contribuir
contribution contribución (f)
control controlar 10
conversation conversación (f)
convert convertir
cook cocinar 2
cookie galleta (f) 9
cool fresco/a; **It's cool.** Hace fresco. 5
cooperation cooperación (f)
copy copiar; **make a copy** sacar una copia 11
cordially cordialmente
corn choclo (m); elote (m); maíz (m) 9
corn / flour tortilla tortilla (de maíz / de harina) (f) 9
corner esquina (f) 7
correct correcto/a; justo/a 7
correct corregir
correction corrección (f)
correspond corresponder
corresponding correspondiente
corruption corrupción (f)
cosmopolitan cosmopolito/a
cost costo (m); **cost of living** costo de vida (m)
cost costar (ue) 4
Costa Rican costarricense
costly costoso/a
cough tos (f) 10
cough toser 10
counsel consejo (m)
counselor consejero/a (m/f) 8
count contar (ue) 4
country campo (m) 4; país (m)
county condado (m)
couple pareja (f)
course curso (m)
court corte (f)
courtesy cortesía (f)
cousin primo/a (m/f) 3
crazy loco/a

cream crema (f) 9
create crear
creativity creatividad (f)
credit crédito (m)
credit card tarjeta de crédito (f)
crime crimen (m); criminalidad (f) (in general) 12
criteria criterios (mpl)
critic crítico/a (m/f)
criticize criticar
crop cultivo (m)
crutches muletas (fpl) 10
cry llorar 8
crystal cristal
Cuban cubano/a
cubism cubismo (m)
culinary culinario/a
cultivate cultivar
cultural cultural 4
culture cultura (f)
cup taza (f) 9
curative curativo/a
curiosity curiosidad (f) 12
curious: be curious tener curiosidad
currency divisa (f)
current event actualidad (f)
currently actualmente
curriculum vitae currículum vitae (m) 11
cursive cursivo/a
cursor cursor (m) 6
custom costumbre (f)
customer cliente / clienta (m/f) 5
cut cortar; **cut one's hair** cortarse el pelo 7; **cut the grass** cortar el césped 4; **cut (yourself)** cortar(se) 10
cybercafé cibercafé (m)
cybernetic cibernético/a

D

daily diario/a 2
daily routine rutina diaria (f) 5
daily specials menú (m)
dance baile (m); danza (f)
dance bailar 2
dangerous peligroso/a
dark oscuro/a
dark-complexioned moreno/a 3
data datos (mpl)
data transfer descarga (f) 6
database base de datos (f) 11
date cita (f); fecha (f) 5; **What is the date?** ¿Qué fecha es? 5
date from datar de
daughter hija (f) 3
day día (m) 2; **all day** todo el día 2; **every day** todos los días 2; **work days** días laborales

dead muerto/a 4
dealings trato (m)
Dear . . . Querido/a . . .
death muerte (f) 8
debate debatir
debilitate debilitar
debit débito (m)
debit card tarjeta de débito 5; tarjeta de débito (f)
decade década (f)
decaffeinated descafeinado/a
December diciembre 5
decide decidir 7
decipherable descifrable
decision decisión (f); **make a decision** tomar una decisión 10
declare declarar
dedicate dedicar
dedication dedicación (f)
deduce deducir
deep profundo/a 10
defend defender
defenseless indefenso/a
deficit déficit (m)
define definar
defined definido/a
definition definición (f)
deforestation deforestación (f) 12
degree grado (m); licenciatura (m); **get a degree in . . .** hacer la carrera de . . . 8
delay retraso (m) 7
delegation delegación (f)
delete button borrador (m)
delicious delicioso/a
demand demanda (f)
Democrat demócrata (m/f)
democratization democratización (f)
demonstrative demonstrativo/a
denounce denunciar
dental check-up revisión dental (f) 10
dentist dentista (m/f) 10
department departamento (m) 11
departure salida (f) 7
depend depender (de)
deposit depositar 11
deposit depósito (m) 11
depressed deprimido/a
depression depresión (f) 10
derivative derivado (m)
descend descender
describe describir
description descripción (f) 4
design diseño (m) 6; **graphic design** diseño gráfico (m); **graphic design program** programa de diseño gráfico (m) 11
design diseñar 11
designer diseñador/a (m/f)
desire desear 2

desk escritorio *(m)* 1; pupitre *(m)*
despair desesperanza *(f)* 10
despite a pesar de que
dessert postre *(m)* 9
destination destino *(m)*
destroy destruir
detail detalle *(m)*
detain detener
deteriorate deteriorarse
determining determinante
devastation devastación *(f)*
develop desarrollar 10
developing en vías de desarrollo
development desarrollo *(m)* 11
devil diablo *(m)*
devote oneself to dedicarse a 8
diabetes diabetes *(f)* 10
diagnose diagnosticar
dialogue diálogo *(m)*
dictionary diccionario *(m)* 1
die morir (ue, u) 8
diet dieta *(f)* 9
difference diferencia *(f)*
different diferente; distinto/a
difficult difícil 1
difficulty dificultad *(f)* 10
digestion digestión *(f)*
digit dígito *(m)*
dimension dimensión *(f)*
diminish disminuir
dining room comedor *(m)* 4
dinner cena *(f)* 2
direct directo/a
direct dirigir
direct deposit depósito directo *(m)* 11
direct / indirect object complemento
    directo / indirecto *(m)*
direction dirección *(f)*
director director/a *(m/f)* 11
dirty sucio/a 4
disadvantage desventaja *(f)*
disappearance desaparición *(f)*
disaster desastre *(m)*
disastrous desastroso/a
discipline disciplina *(f)*
discomfort molestia *(f)*
disconnect desconectar
discotheque discoteca *(f)*
discreet discreto/a
discreetly discretamente
discriminatory discriminatorio/a
discuss discutir
discussion discusión *(f)*
disgusted disgustado/a 6
dish plato *(m)*
dishonest deshonesto/a
dishwasher lavaplatos
disordered desordenado/a

disorganized desorganizado/a
disparity disparidad *(f)*
dissident disidente *(m/f)*
distance distancia *(f)*
distinct distinto/a
distinguished distinguido/a
distribute distribuir 11
distribution distribución *(f)*
district distrito *(m)*
diversion diversión *(f)*
diversity diversidad *(f)*
divorce divorcio *(m)*; **get divorced from**
    divorciarse (de) 5
divorced divorciado/a 3, 4
dizzy mareado/a 10
do hacer 2; **do (for a living)** dedicarse
    a 8
doctor médico/a *(m/f)* 8, 10
doctoral degree doctorado *(m)*
document documento *(m)* 11
dog perro/a *(m/f)* 3
dollar dólar *(m)*
domain dominio *(m)*
domestic doméstico/a
Dominican dominicano/a
Dominican Republic República
    Dominicana *(f)*
door puerta *(f)*
dormitory residencia *(f)* 1
dose dosis *(f)*
double doble; **double bed** cama doble *(f)*
    7; **double room** habitación doble *(f)* 7
doubt dudar 10
down abajo; **get down from** bajar de 7
download descargar 6
down-to-earth realista 3
downtown centro *(m)* 4
drag arrastrar
draw dibujar 11
drawer cajón *(m)* 11
dream sueño *(m)* 8; **dream of / about**
    soñar (ue) con 8
dress vestido *(m)* 5; **get dressed** vestirse
    (i, i) 5
drink bebida *(f)* 9
drink beber 3; tomar 2
drinkable bebible
drinking fountain bebedero *(m)*
drive circular; conducir; guiar; impulsar;
    manejar 10
drug droga *(f)*
drug trafficker narcotraficante *(m/f)*
drug trafficking narcotráfico *(m)*
due to debido a
during durante 3; por
DVD player reproductor de DVD *(m)* 4
dwelling vivienda *(f)*
dynamic dinámica *(f)*

E

each cada 1
ear oreja *(f)* 10
ear (inner) oído *(m)* 10
early temprano 2
earn ganar
easily fácilmente
east este; **east of** al este de 2
easy fácil 1
easy-going relajado/a 3
eat comer 2; **eat / have breakfast** desayu-
    nar 4; **eat / have dinner** cenar 4; **eat /
    have lunch** almorzar (ue) 4; **eat
    heavily** comer fuerte 9
eating habits hábitos alimenticios *(mpl)*
ecological ecológico/a
economic económico/a
economist economista *(m/f)*
economy economía *(f)* 12
ecotourism ecoturismo *(m)* 7
edible comestible
edit editar
educate educar
education educación *(f)*; formación
    académica *(f)* 11
educative educativo/a
educator educador/a *(m/f)*
effect efecto *(m)*
effective efectivo/a
efficacy eficacia *(f)*
egg huevo *(m)* 9
eighth octavo/a
election elección *(f)* 12
electricity electricidad *(f)*; luz *(f)* 4
electronic electrónico/a
elegant elegante
element elemento *(m)*
elementary school escuela primaria *(f)* 8
elevator ascensor *(m)* 7; elevador *(m)*
eliminate eliminar
eloquent elocuente
elusive elusivo/a
e-mail correo electrónico *(m)* 3
emergency emergencia *(f)*
emergency room sala de urgencia *(f)* 10
emission emisión *(f)*
emoticon emoticono *(m)* 6
emotion emoción *(f)* 11
emotional emocional
emperor emperador *(f)*
employee empleado/a *(m/f)*
employer empleador/a *(m/f)*; encar-
    gado/a *(m/f)* 7
employment empleo *(m)* 10
enamored enamorado/a 6
enchanting encantador/a
end final *(m)*

ending terminación (f)
endorphine endorfina (f)
energy energía (f) 9
engineer ingeniero/a (m/f) 8
engineering ingeniería (f)
English inglés (m); **English-speaking** de habla inglesa
enjoy disfrutar; gozar
enough bastante
enterprise empresa (f) 11
entertain divertir
entertainment entretenemiento (m) 12
entire entero/a 9
entrance entrada (f) 7
entrée plato principal (m) 9
entry entrada (f)
environment ambiente (m) 11; medio ambiente (m) 12
enzyme enzima (f)
epidemic epidemia (f)
episode episodio (m)
epoch época (f)
equal igual
equality igualdad (f)
equip equipar
equipment equipo (m)
equipped equipado/a
equitable equitativo/a
equivalent: be equivalent equivaler; equvalente
eradication erradicación (f)
eraser borrador
especially especialmente
essay ensayo (m) 3
essential esencial
establish establecer
establishment establicimiento (m)
esteemed estimado/a
estimate estimar
estimated presupuestario/a
estimation estimación (f)
eternal eterno/a
ethics ética (f)
ethnic étnico/a
etiquette etiqueta (f)
European europeo/a
evaluate evaluar 11
evaluation evaluación (f)
even aún; incluso
evening noche (f) 2
event acontecimiento (m) 8; evento (m) 3
every todo/a/os/as 1
every day todos los días 2
every time cada vez
everyone todos 4
everywhere por todos lados 4
evident evidente
exaggerate exagerado/a

exam examen (m); **mid-term exam** examen parcial (m)
examine examinar 10
example ejemplo (m)
excellent excelente
except menos 1, 2
exceptionally excepcionalmente
excess exceso (m)
excessive excesivo/a
excessively excesivamente
exchange cambiar 7; intercambiar
excited emocionado/a 8
exciting emocionante
excursion excursión (f)
excuse excusa (f)
Excuse me! ¡Disculpe! 7
exercise ejercicio (m); **cuaderno de ejercicios** workbook 1
exercise hacer ejercicio 2
exhale exhalar
exhausted exhausto/a
exhibition exposición
exist existir
exotic exótico/a
expansion expansión (f)
expedition expedición (f)
expense gasto (m)
expensive caro/a 4
experience experiencia (f)
expert experto/a (m/f)
explain explicar 9
explication explicación (f)
exploitation explotación (f)
express expresar
expression expresión (f)
exquisite exquisito/a
extend extender
extension extensión (f) 6
extensive extendido/a
extract extracto (m)
extraordinary extraordinario/a
extroverted extrovertido/a 1
exuberant exuberante
eye ojo (m) 3

F

face cara (f) 10
face enfrentarse (con) 7
facilitate facilitar
facility facilidad (f)
facing enfrente de 2
fact hecho (m)
factory fábrica (f)
factory manager gerente de fábrica (m/f) 8
factory worker obrero/a de fábrica (m/f) 8
fail fallar 11
fall otoño (m) 5

fall caer(se) 10; **fall into** caer a 8
fall in love (with) enamorarse (de) 5
false falso/a (m)
fame fama (f)
familiar: be familiar with conocer 7
family familia (f)
family member familiar 3
famous famoso/a 8
fanatic fanático/a
far (from) lejos (de) 2
farewell despedida (f)
farmer agricultor/a (m/f) 8
fascinating fascinante
fashion moda (f); **latest fashion** de última moda
fast estar en ayunas
fat gordo/a 3
fat grasa (f) 9
father padre (m) 3
fatigue fatiga (f)
favor favorecer
favorite favorito/a; preferido/a
fear temer 11; tener miedo (de) 3; **fear that** temer que 11
fear miedo (m)
February febrero 5
feel sentirse (ie, i) 5; **feel like** tener ganas de
feeling sentimiento (m)
feminine feminino/a
fertilizer abono (m)
fervor fervor (m)
festival feria (f)
festive festivo/a
fever fiebre (f) 10
few poco/a/os/as 1
fiancé(e) novio/a (m/f)
fiber fibra (f) 9; **fiber optic** fibra óptica
fictive ficticio/a
fifth quinto/a
fight pelea (f)
fight luchar; pelearse 5
figure cifra (f); gráfico (m)
file archivar 11
file (folder) carpeta (f) 11
filing cabinet archivador (m) 11; archivero (m)
film película (f)
finally finalmente
finance financiar
financial financiero/a
financing financiación (f)
find encontrar (ue) 4
find out saber 7
fine arts bellas artes (fpl)
fingers dedos 10
finish terminar
fire despedir (i, i) 11; incendio (m)
firefighter bombero/a (m/f) 8

firm firma (f)

first primer(o)/a; **It's the first of . . .** Es (el) primero de . . . 5

fish pescado (m) 9

fish pescar 7

fit en forma

fitting rooms probadores (mpl) 5

fix arreglar 4

flexible flexible 3

flight vuelo (m) 7

flight attendant asistente de vuelo (m/f) 7

flood inundación (f) 12

floor piso (m); suelo (m) 4

flour harina (f)

flourishing floreciente

flower flor (f) 4

flu gripe (f)

fluid fluido/a

fluoride flúor (m)

follow seguir (yo sigo) 9

following siguiente 1

font fuente (f)

food alimento (m); comida (f) 2, 9; **food assistance** ayuda alimentaria (f)

foolish tonto/a

foot pie (m) 10

football fútbol americano 2

footer pie de página (m)

for para 1; por; **for that reason** por eso

for example por ejemplo

for that reason por eso

forbid prohibir 10

force fuerza (f) 10, 12

forecast pronóstico (m)

foreign extranjero/a

foreign country país extranjero (m) 7

forest bosque (m) 7

fork tenedor (m) 9

form forma (f); formulario (m)

form formar

format formato (m)

fortune fortuna (f)

forum foro (m)

found fundar

fourth cuarto/a

fraction fracción (f)

frank franco/a

free gratis; gratuito/a; libre

free liberar

free time ratos libres; tiempo libre (m) 2

freedom libertad (f)

French francés (m)

French fries papas fritas (fpl)

frenetic frenético/a

frequency frecuencia (f)

frequent frecuente

frequently con frecuencia 2

fresh fresco/a

Friday viernes 2

fried frito/a

friend amigo/a (m/f)

friendly amistoso/a 3

frightened asustado/a 8

frivolous frívolo/a

from de 1; **from . . . to** de . . . a . . . 2; **from . . . until** desde . . . hasta; **I'm from . . .** Soy de . . . 1

front delantero/a

front desk recepción (f) 7

fruit fruta (f) 9

frustration frustración (f)

full completo/a 11; lleno/a 4

full-time job empleo a tiempo completo (m) 11

fun divertido/a 1; **have fun** divertirse (ie, i) 5

function funcionar

functioning funcionamiento (m)

funny chistoso/a 3

furious furioso/a

furnished amueblado/a

furniture muebles (mpl) 4

future futuro (m)

gallery galería (f)

gallon galón (m)

game partido (m) 2

game show concurso (m)

gang pandilla (f)

garage garaje (m) 4

garden jardín (m) 4

gas station estación de servicio (f) 7; gasolinera (f) 7

gasoline gas (m) 4; gasolina (f) 7

gastric gástrico/a

gastronomy gastronomía (f)

gate puerta (f) 7

gather recoger 7

general: in general en general

generally generalmente 2

generate generar

generation generación (f)

generous generoso/a 3

genetic genético/a

genius genio/a (m/f)

genre género (m)

geography geografía (f)

German alemán (m)

gesture gesto (m) 8

get obtener, sacar 7; **get a degree in . . .** hacer la carrera de . . . 8; **get along well (with)** llevarse bien (con) 5; **get angry** enojarse 5; **get bored** aburrirse 5; **get divorced from** divorciarse (de) 5; **get down from** bajar de 7; **get dressed** vestirse (i, i) 5; **get hot** calentarse (ie); **get married (to)** casarse (con) 5; **get off / out of** bajar de 7; **get on / in** subir a 7; **get sick** enfermarse 10; **get together** encontrarse (ue) 5; **get up** levantarse 5

gift regalo (m) 2

girl chica (f); muchacha (f) 2; niña (f)

girlfriend novia (m/f) 1

give dar 9; rendir; **give as a gift** regalar 9; **give someone a shot** ponerle una inyección 10

glad contento/a 2

glass copa (f) 9; vaso (m) 9

glasses gafas (fpl) 3; **sunglasses** gafas de sol (fpl) 3

globalization globalización (f)

globalize globalizar

go ir 2; **go away** irse 5; **go on a hike** ir de excursión 7; **go on an outing** ir de excursión 7; **go on vacation** ir de vacaciones 7; **go out** salir; **go sailing** salir en velero 7; **go shopping** ir de compras 2; **go to bed** acostarse (ue) 5; **go up** ascender; subir a 7

goal gol (m) 8; propósito (m)

going to + verb ir a + infinitive 5; **It's going to rain / snow.** Va a llover / nevar. 5

good bueno/a

Good afternoon. Buenas tardes. 1

Good evening. Buenas noches. 1

Good morning. Buenos días. 1

Good night. Buenas noches. 1

Good-bye. Adiós. 1

good-looking guapo/a 3

gossip chisme (m)

gossipy chismoso/a 4

gourd calabaza (f)

governability gobernabilidad (f)

government gobierno (m)

governmental gubernamental

governor gobernador/a (m/f)

grade grado (m) 8

graduate graduarse 8

graduation graduación (f) 8

graffiti grafiti (m)

grain grano (m) 9

gram gramo (m)

grammar gramática (f)

grammatical gramatical

grandchildren nietos (mpl) 3

granddaughter nieta (f) 3

grandfather abuelo (m) 3

grandmother abuela (f) 3

grandparents abuelos (mpl) 3

grandson nieto (m) 3

grapes uvas 9

graphic artist diseñador/a gráfico/a (m/f) 11

graphic design diseño gráfico (m)

graphic design program programa de diseño gráfico (m) 11

grass césped (m) 4

grave grave 10

gray gris 3, 4

gray-haired canoso/a 3

green verde 3, 4

green beans ejotes (mpl); judías verdes (fpl)

greet saludar 8

greeting saludo (m)

grill parrilla (f); **grilled, on the grill** a la parrilla

ground suelo (m) 4

ground floor planta baja (f) 7

group grupo (m)

group therapy terapia de grupo (f) 10

grow crecer

growing creciente

guarantee garantía (f)

guarantee garantizar

guard guardia (m/f)

guerrilla guerillero/a (m/f) 12

guess adivinar

guest huésped (m/f) 7; invitado/a (m/f) 5

guide guía (f); guiar

guitar guitarra (f) 2

guy muchacho (m) 2

gym(nasium) gimnasio (m) 1

H

habit hábito (m)

hair pelo (m) 3

hair salon peluquería (f) 7

Haiti Haití (f)

half medio/a; mitad (f)

half brother medio hermano (m)

half sister media hermana (f)

hall pasillo (m) 7; salón (m)

ham jamón (m) 9

hamburger hamburguesa (f) 9

hand mano (f) 10

handle manejar

handsome bonito/a; guapo/a 3

happen pasar 8

happy contento/a 2; feliz; **be happy that** alegrarse de que 11; estar contento/a de que 11

hardware componentes físicos (m) 6

hard-working trabajador/a 1

harmoniously armoniosamente

hat sombrero (m) 5

have tener 3; **have a party** hacer una fiesta 3; **have an opinion** opinar; **have confidence in** confiar; **have fun** divertirse (ie, i) 5; **have just** acabar de; **have to** tener que ; **He has a mustache /**

beard. Tiene bigote / barba.; **He / She has glasses.** Tiene gafas. 3; **I have . . .** tengo . . . 1; **What classes do you have?** ¿Qué clases tienes? 1

he él

head cabeza (f) 10

heading encabezado (m)

headline encabezado (m); titular (m)

healing curación (f)

health salud (f) 9, 10

healthy saludable; sano/a 9

hear oír 3

heart corazón (m) 10

heat calentar (ie); calor (m)

height estatura 3; **medium height** estatura mediana 3

Hello. (on the telephone) Aló. 5

help ayuda (f)

help ayudar; servir (i) 5; **help (each other)** ayudar(se) 5; **How may I help you?** ¿En qué puedo servirle? 5

hemisphere hemisferio (m)

her ella 2; la; su(s) 1, 3; **(to, for) her** le, se

herb hierba (f)

herbalist botánco/a (m/f)

here acá; aquí 1; **over here** por acá

heritage herencia (f)

hers suyo/a 9

herself se 6

Hi. Hola. 1

high alto/a 3

high school colegio (m) 8; instituto (m); liceo (m); prepa (f); preparatoria (f) 11

higher superior

highlight destacar

highway carretera (f)

him él 1; lo; **(to, for) him** le, se

himself se 6

hire contratar 11

his su(s) 1; suyo/a 9

Hispanic hispano (m/f)

historic / tourist site sitio histórico / turístico (m) 7

historical histórico/a

history historia (f)

hit golpear 8

holiday vacaciones

home remedy remedio casero (m)

homeless sin hogar 12

homeopathy homeopatía (f)

hometown ciudad natal (f)

homework tarea (f) 1

homogenization homogeneización (f)

honest honesto/a

honey miel (f)

hope esperar 10

hormone hormona (f)

horoscope horóscopo (m)

hospice hospicio (m)

hospitality hospitalidad (f)

hostel hostal (m)

hot caliente; **be hot** tener calor 3; **get hot** calentarse (ie) **It's (very) hot.** Hace (mucho) calor. 5

hotel hotel (m) 7

hour hora (f) 2

house casa (f) 4

household hogar (m)

housemate compañero/a de casa (m/f)

housewife ama de casa (f) 8

housing vivienda (f)

How? ¿Cómo? 2; **How are you?** (fam.) ¿Cómo estás? 1; **How are you?** (form.) ¿Cómo está usted? 1; **How do you say . . . in English?** ¿Cómo se dice . . . en inglés? 1; **How is / are / was / were . . . ?** ¿Qué tal . . . ? 7; **How is . . . ?** ¿Cómo es . . . ? 1; **How is it going?** ¿Qué tal?; **How is that written?** ¿Cómo se escribe? 1; **How many?** ¿Cuántos/as? 2; **How may I help you?** ¿En qué puedo servirle? 5; **How much?** ¿Cuánto/a? 2; **How often?** ¿Con qué frecuencia? 2

hug abrazo (m)

hug (each other) abrazar (se) 5

human being humano (m)

human resources recursos humanos (mpl) 11

human rights derechos humanos (mpl)

humanitarian humanitario/a

humanitarian aid ayuda humanitaria (f) 12

humanities humanidades (fpl)

humorous humorístico/a

hundred cien(to)

hunger hambre (f)

hungry be hungry tener hambre 3; **make hungry** dar hambre 9

hurricane huracán (m)

hurry: be in a hurry tener prisa 3

hurt doler (ue) 9; **hurt (yourself)** lastimar(se) 10

hybrid híbrido/a

hydration hidratación (f)

hydrogen hidrógeno (m)

I

I yo; **I (don't) have . . .** (no) tengo . . . 1; **I don't know** No conozco a 4; **I don't know.** No sé. 1; **I (don't) like . . .** (No) me gusta / (+ singular noun) 1; (No) me gustan / (+ plural noun) 1; **I don't understand.** No comprendo. 1; **I have . . .** tengo . . . 1; **I like** Me gusta(n) **I need . . .** Necesito . . . 1;

I would like . . . Me gustaría(n) . . . 4;
I'm doing very well, thank you.
Estoy muy bien, gracias.; **I'm from . . .**
Soy de . . . 1; **I'm sorry.** Lo siento. 4;
I'm studying . . . Estudio . . . 1
ice cream helado (m) 9
icon icono (m) 6
idea idea (f) 2, 8
identical idéntico/a
identifiable identificable
identification identificación (f) 7
identify identificar
identity identidad (f)
idiomatic idiomático/a
idiot imbécil (m/f)
ill enfermo/a 1, 4; **become ill** enfermarse
illegal ilegal
illness enfermedad (f) 10
illogical ilógico/a
illustration ilustración (f) 4
image imagen (f)
imaginary imaginario/a
imagine imaginar
imbalance desequilibrio (m)
immediately inmediatamente
immersion inmersión (f)
immigrant inmigrante (m/f) 8
immigrate inmigrar
immigration inmigración (f) 12
immunological inmunológico/a
impact impacto (m)
impatient impaciente 1
impeccable impecable
imperfect tense imperfecto (m)
imply implicar
importance importancia (f)
important importante; **be important**
importar 9
impose imponer
impossible imposible 10
impression impresión (f)
impressive impresionante
impulse impulso (m)
in en 1, 2; **in advance** con antelación 7;
in cash en efectivo; **in front of**
delante de 2; **in general** en general;
in love enamorado/a 6; **in order to**
para + infinitive 8; **in spite of** a pesar
de que; **in that case** en ese caso 7
in order to para
in shape en forma 10
in that case en ese caso 7
incident incidente (m)
include incluir
included incluido/a 7
including incluso
incorporate incorporar
incorrect incorrecto/a
increase aumento (m)

increase aumentar; incrementar
incredible increíble
independence independencia (f)
independent independiente; **become**
independent independizarse
independently independientemente
index índice (m)
indicate indicar
indication indicación (f)
indicative indicativo/a
indicator indicador (m)
indifferent indiferente
indigenous indígeno/a
indignation indignación (f) 12
individual individuo (m)
industrialize industrializar
industry industria (f)
inexpensive barato/a
infect infectar
infected infectado/a 10
infidel infiel (m/f)
infidelity infidelidad (f)
infinitive infinitivo (m)
inflation inflación (f)
influence influencia (f)
influence influir (en) 10
inform informar; **inform oneself**
informarse
information información (f) 11
information technology informática (f) 6
informative informativo/a
ingredient ingrediente (m)
inhabitant habitante (m/f)
inhalation inhalación (f)
inhumane inhumano/a
initial inicial
initiate iniciar
initiative inciativa (f)
injection inyección (f) 10
injustice injusticia (f)
innocent inocente
input data introducir datos 11
insert insertar 6
inside adentro
insignificant insignificante
insist (on) insistir (en) 10
insomnia insomnio (m) 10
inspire inspirar
install instalar
instant messaging mensajería
instantánea (f)
instantaneous instantáneo/a
instead of en vez de 9
institution institución (f)
instruction instrucción (f)
instrument instrumento (m)
insufficient insuficiente
insult insultar
insurance seguro (m) 11

intellectual intelectual 1
intelligent inteligente 1
intend pensar (ie) 4
intense intenso/a
intention intención (f)
interact interactuar
interaction interacción (f)
interactive interactivo/a
interest interés (m)
interest interesar 9
interest rate tasa de interés (f) 11
interested (in) interesado/a
interesting interesante 1
international internacional
interrogation interrogatorio (m)
interrogative interrogativo/a
interruption interrupción (f)
intersection cruce (m)
interval intervalo (m)
interview entrevista (f) 11
interview entrevistar
interviewee entrevistado/a (m/f)
interviewer entrevistador/a (m/f)
intimate íntimo/a
intrigue intriga (f)
introduce introducir; presentar;
introduce oneself presentarse 5
introduction presentación (f)
invasion invasión (f) 12
investigate averiguar; investigar
investigation investigación (f)
invite invitar 8
irresponsible irresponsable 1
irritability irritabilidad (f) 10
irritate irritar
Is there . . . ? ¿Hay . . . ? 1
island isla (f)
it lo, la; **It rains. It's raining.** Llueve. 5; **It**
snows. **It's snowing.** Nieva. 5; **It's**
cool. Hace fresco. 5; **It's going to rain /**
to snow. Va a llover / nevar. 5; **It's**
sunny. Hace sol. 5; **It's the first of . . .**
Es (el) primero de . . . 5; **It's (very)**
cold. Hace (mucho) frío. 5; **It's (very)**
hot. Hace (mucho) calor. 5; **It's windy.**
Hace viento. 5
Italian italiano/a
itinerary itinerario (m) 7
its su(s) 3

jacket chaqueta (f) 5
January enero 5
Japanese japonés (m)
jeans jeans (mpl) 5
jellyfish medusa (f)
job empleo (m) 11; trabajo (m) 2; **full-**

time job empleo a tiempo completo (*m*) 11; **job application** solicitud de empleo (*f*) 11; **job market** mercado de trabajo (*m*); **job offer** oferta de empleo (*f*) 11; **part-time job** empleo a tiempo parcial (*m*) 11
joke chiste (*m*) 5
journalist periodista (*m/f*) 12
judge juez (*m/f*)
juice jugo (*m*)
July julio 5
June junio 5
junk food comida basura (*f*) 9
jury tribunal (*m*)
justice juez (*m/f*); justicia (*f*) 12

K

keep guardar; **keep (yourself)** mantenerse 10
key llave (*f*) 7
keyboard teclado (*m*) 11
kilogram kilo (*m*) 9
king rey (*m*)
kiss beso (*m*)
kiss (each other) besar (se) 5
kitchen cocina (*f*) 4
knee rodilla (*f*) 10
knife cuchillo (*m*) 9
know conocer 7; saber 7; **I don't know.** No conozco a 4; **I don't know.** No sé. 1
knowledge conocimiento (*m*)
known conocido/a

L

laboratory laboratorio (*m*); **biology laboratory** laboratorio de biología (*m*); **language laboratory** laboratorio de lenguas (*m*)
lack falta (*f*); **lack of concentration / of interest** falta de concentración / de interés (*f*) 10
lady dama (*f*)
lake lago (*m*) 2
lament lamentar
lamp lámpara (*f*) 4
land terreno (*m*); tierra (*f*)
land aterrizar 7
language idioma (*m*) 11; lengua (*f*); lenguaje (*m*)
large grande
lasagna lasaña (*f*)
last último/a 7
last durar 7
last name apellido (*m*) 11
last night anoche 7

last week semana pasada (*f*) 7
late con retraso 7; tarde 2
later luego; más tarde
latest último/a
Latin America Latinoamérica
Latino latino/a (*m/f*)
laundromat lavandería (*f*) 4
laundry lavandería (*f*)
laundry room lavadero
law ley (*f*) 12
lawn césped (*m*) 4
lawyer abogado/a (*m/f*) 8
lazy perezoso/a 1
leader líder (*m/f*) 6
league liga (*f*)
learn (to) aprender 3
learning aprendizaje (*m*)
leave dejar 4; irse 5; salir 3
left: to the left of a la izquierda de 2
leg pierna (*f*) 10
legend leyenda (*f*)
legislation legislación (*f*)
legumes legumbres (*fpl*) 9
leisure ocio (*m*)
lemon limón (*m*) 9
lemonade limonada (*f*) 9
lend prestar 9
length (*time*) duración (*f*)
less menos 1; **less . . . than** menos . . . que 4
lesson lección (*f*)
Let's hope that . . . Ojalá que . . . 10
letter carta (*f*); letra (*f*)
lettuce lechuga (*f*) 9
level nivel (*m*)
liberal liberal 3
liberty libertad (*f*)
library biblioteca (*f*) 1
license licencia (*f*)
lie down acostarse (ue) 5
life vida (*f*) 8
lift someone's spirits levantarle el ánimo 10
lift weights levantar pesas 2
light ligero/a 9
light luz (*f*)
like: I (don't) like . . . (No) me gusta (+ singular noun) 1; (No) me gustan (+ plural noun) 1; **I would like . . .** Me gustaría(n) . . . 4
like como 1
likes to joke around chistoso/a 3
Likewise. Igualmente. 1
limit limitar
line línea (*f*) 11
link enlace (*m*)
liquid líquido (*m*)
list lista (*f*)
listen (to) escuchar 2
liter litro (*m*)

literature literatura (*f*)
little poco/a/os/as 1; **a little** poco (*m*)
little pequeño/a 1
live vivo; en vivo
live vivir 3
lively animado/a 4
living room sala (*f*) 4
loan préstamo (*m*) 11
locate localizar; situar
location ubicación (*f*) 11
lodge alojarse 7; hospedar
lodging alojamiento (*m*)
logic lógica (*f*)
logical lógico/a
logically lógicamente
long largo/a 3
look: look at mirar 2; **look for** buscar 5
lose perder (ie) 4
lose weight bajar de peso 9
loss pérdida (*f*)
lost perdido/a
love encantar 9; 11; **love (each other)** amor (*m*); querer (se) (ie) 5 querer (ie) 10; **in love** enamorado/a 6
lovable amable
lovely precioso/a
loving cariñoso/a 3
low bajo/a 3
luck: suerte (*f*)
lucky: be lucky tener suerte 3;
luggage equipaje (*m*)
lunch almuerzo (*m*) 9
lungs pulmones 10

M

magazine revista (*f*) 3
magnificent magnifico/a
mail correo
main dish plato principal (*m*) 9
maintain mantener 11
maintenance mantenimiento (*m*)
majority mayoría (*f*)
make fabricar; hacer 2; **make a copy** sacar una copia 11; **make a decision** tomar una decisión 10; **make a stopover** hacer escala 7; **make hungry** dar hambre 9; **make possible** potenciar; **make thirsty** dar sed 9
male varón
mall centro comercial (*m*) 2
malnutrition desnutrición (*f*)
mama mamá (*f*)
man hombre (*m*)
manage manejar
mango mango (*m*) 9
manicure manicura (*f*)
manner manera (*f*)

manufacture fabricar
many mucho/a/os/as 1
map mapa (*m*); plano (*m*)
March marzo 5
margin margen (*m*)
marinated adobado/a
market mercado (*m*) 9; **job market** mercado de trabajo (*m*)
marriage matrimonio (*m*)
married casado/a 3, 4
marry: get married (to) casarse (con) 5
marvelous maravilloso/a
Marxist marxista
mashed puré
mass masa (*f*)
massage masaje (*m*)
massive masivo/a
master's degree maestría (*f*)
material materia (*f*)
materialistic materialista
maternal materno/a
mathematics matemática (*f*)
matrimony matrimonio (*m*)
matter asunto (*m*)
matter importar 9
maximum máximo/a
May mayo 5
May I see . . . ? Me permite . . . ? 7
maybe quizás 10; tal vez 10
me me; mí 2
meal comida (*f*) 9
mean significar; **What does . . . mean in English?** ¿Qué significa . . . en inglés?
meanwhile mientras tanto
measure medida (*f*)
meat carne (*f*) 9
medical médico/a
medical insurance seguro médico (*m*) 11
medication medicamento (*m*) 10
medicine medicamento (*m*) 7; medicina (*f*)
medios de comunicación means of communication 3
Mediterranean mediterráneo/a
medium height estatura mediana 3
meet conocer 7; reunir; sesionar; **meet up** encontrarse (ue) 5
megaphone megáfono (*m*)
melodramatic melodramático/a
melon melón (*m*) 9
member miembro (*m*)
memorable recordable
memorize memorizar
memory memoria (*f*); recuerdo (*m*) 8
mental states estados mentales (*m*) 10
mentality mentalidad (*f*)
mention mencionar
menu carta (*f*) 9
message mensaje (*m*) 7; recado (*m*) 11
messy desordenado/a 4

method método (*m*)
methodical metódico/a
meticulous meticuloso/a
metric métrico/a
metropolitan metropolitano/a
Mexican mexicano/a 2
Mexico México
microphone micrófono (*m*)
microwave oven microondas (*m*) 4
middle-aged de mediana edad 3
midnight medianoche (*f*) 2
mid-term exam examen parcial (*m*)
midwest medio oeste (*m*)
migraine jaqueca (*f*); migraña (*f*)
migratory migratorio/a
milk leche (*f*) 9
million millón (*m*)
millionaire millonario/a (*m/f*)
mind mente (*f*)
mine mío/a 9
minimum mínimo/a 11
ministry ministerio (*m*)
minor menor (*m/f*)
minority minoría (*f*)
minus menos 1, 2
minute minuto (*m*)
mirror espejo (*m*) 4
mischievous travieso/a 8
miss perder (ie) 4
Miss señorita (Srta.) 1
missing: be missing faltar (a) 9
mission misión (*f*)
mistaken equivocado/a 11
mixed mixto/a
Mme. señora (Sra.) 1
mobile móvil
modality modalidad (*f*)
model modelo (*m*)
moderate moderar
modern moderno/a 1
modernity modernidad (*f*)
modification modificación (*f*)
moment momento (*m*)
momentary momentáneo/a
Monday lunes 2
money dinero (*m*) 4; moneda (*f*) 11; **(money in) cash** (dinero en) efectivo (*m*) 11
monitor monitor (*m*) 11
monolingual monolingüe
month mes 2; **per month** al mes 2
monthly mensual
monument monumento (*m*)
mood humor 11; **be in a good / bad mood** estar de buen / mal humor 11
moody temperamental 3
more más; **more . . . than** más . . . que 4; **more than** + *number* más de + *number* 7

morning mañana (*f*) 2; **in the morning** de / por la mañana 2
mortality mortalidad (*f*)
mosque mezquita (*f*) 2
mostly mayormente
mother madre (*f*) 3
motherboard placa madre (*f*) 6
motivation motivación (*f*)
motor motor (*m*)
motorcycle moto (*f*) 8
mount montar
mountain montaña (*f*) 2
mouse ratón (*m*) 11
mouth boca (*f*) 10
move mover
move (residence) mudarse 8
movement movimiento (*m*)
movie película (*f*) 2
moving emocionante
Mr. señor 1
Mrs. señora (Sra.) 1
much mucho/a/os/as 1; **as much . . . as** tanto/a/ . . . como 4
multiply multiplicar
multitasking multitarea (*f*)
murder asesinar
muscle músculo (*m*)
muscular musculoso/a
museum museo (*m*) 2
music música (*f*) 2
musician músico (*m/f*) 8
Muslim musulmán
must deber 3; tener que
mustache bigote (*m*) 3
mutate mutarse
my mi(s) 1, 3; **My name is . . .** Me llamo . . . 1
myself me 6

N

name nombre (*m*) 11
name nombrar; **What is your name?** (*fam.*) ¿Cómo te llamas? 1; **What is your name?** (*form.*) ¿Cómo se llama usted? 1
nap siesta (*f*); **take a nap** dormir (ue) una siesta 4
napkin servilleta (*f*) 9
narration narración (*f*) 8
nascent naciente
nation nación (*f*)
national nacional
nationality nacionalidad (*f*)
native natal; nativo/a
Nativity scene nacimiento (*m*)
nature naturaleza (*f*) 7
navigate navegar

near cerca; cerca de 2; cercana/o
neat ordenado/a 4
necessary necesario/a
necessity necesidad (f)
neck cuello (m) 10
necktie corbata (f) 5
need necesitar 2; **I need . . .** Necesito . . . 1
needed: be needed faltar 9
negative negativo/a
negligence negligencia (f)
negotiation negociación (f)
neighbor vecino/a (m/f) 4
neighborhood barrio (m) 4;
    vecindario (m) 7
neither tampoco 4; **neither . . . nor** ni . . .
    ni . . . 4
nephew sobrino (f) 3
nervous nervioso/a 2, 4
network red (f)
never nunca 2
nevertheless sin embargo
new naciente; nuevo/a 1
New Jersey Nueva Jersey
New Mexico Nuevo México
New York Nueva York
newlyweds recién casados
news noticias (fpl)
news anchor presentador/a (m/f) 12
news provider noticiero (m) 12
newspaper periódico (m) 3
newsstand quiosco de periódicos (m) 7
next a continuación; entonces; luego 8;
    próximo/a 1; **next to** al lado de 2;
    junto a 7
Nicaraguan nicaragüense
nice agradable 4; simpático/a 1
nicotine nicotina (f)
niece sobrina (f) 3
night noche (f); **last night** anoche 7
night club club nocturno (m) 2
night life vida nocturna (f)
ninth noveno/a
no no; ninguno / ninguna (ningún) 1
no longer ya no 10
no one nadie
nobody nadie 4
nocturnal nocturno/a
noise ruido (m) 4
noisy ruidoso/a 4
none ninguno / ninguna (ningún) 4
non-Hispanic no-hispano/a
non-smoker no fumador/a (m/f)
noon mediodía 2
nor ni 2
normal normal 3
normally normalmente
north norte; **north of** al norte de 2
(North) American
    norteamericano/a (m/f)

northeast noroeste (m)
nose nariz (f) 10
not no; **not a single** ni un/a solo/a 8; **not
    . . . any** ningún / ninguna 1, 4; **not any
    more** ya no 10; **not a single** ni un/a
    solo/a 8; **not yet** todavía no 11
not to know desconocer
notably notablemente
note anotar; notar
note nota (f)
notebook cuaderno (m) 1
nothing nada 3, 4; **nothing in particular**
    nada en especial 3; **nothing special**
    nada en especial 3
noun nombre (m) 4; sustantivo (m)
nourishing alimenticio/a
novel novela (f)
November noviembre 5
now ahora
nowadays hoy día
number cifra (f); número (m)
numerous numeroso/a
nurse enfermero/a (m/f) 8
nutrition nutrición (f)
nutritional nutricional

O

obesity obesidad (f)
object objeto (m)
objective objetivo (m)
objective objetivo/a
obligate obligar
obligation obligación (f)
obligatory obligatorio/a
observe observar
obstacle obstáculo (m)
obstetrician obstetra (m/f) 10
obtain obtener 11
occasion ocasión (f)
occur ocurrir
October octubre 5
of de 1
of course cómo no 5
offensive ofensivo/a
offer oferta (f); **job offer** oferta de
    empleo (f) 11
offer ofrecer 9
office oficina (f) 2, 11; **at the office** en la
    oficina 2; **office hours** horas de oficina;
    office supplies artículos de oficina
    (mpl) 11; material de oficina (m) 11
often: How often? ¿Con qué frecuencia? 2
old antiguo/a; viejo/a 1, 4
older mayor 3
oldest mayor 3
olive oliva (f)
on en 1, 2; sobre 9

on account of por
on top of encima de 2
once una vez 2
once in a while de vez en cuando
one had better . . . más vale que . . . 10
oneself se 6
onion cebolla (f) 9
online en línea
only solamente; sólo 1
open abierto/a 2, 4
open abrir 3
operation operación (f) 10
opinion: have an opinion opinar;
    opinión (f)
opportunity oportunidad (f) 11
opposition oposición (f)
optimistic optimista 1
option; opción (f)
or o 4; u
orange anaranjado/a 4; naranja (f) 9
orange juice jugo de naranja (m) 9
orchestra orquesta (f)
order comando (m) 6; orden (m);
    in order to para
order ordenar; pedir (i, i) 4
ordinary ordinario/a
oregano orégano (m)
organization organización (f)
organize organizar 11
orient oriente (m)
orientation orientación
origin origen (m)
originally originalmente
osmosis ósmosis (m)
other otro/a 1
ounce onza (f)
our nuestro/a(s) 3
ours nuestro/a(s) 9
ourselves nos 6
outdoors al aire libre 2
outgoing extrovertido/a 1
outing salida (f)
outside afuera 4; fuera
outskirts afueras (m/f) 4
outward flight ida (f) 7
over sobre 9
over here por acá 5
overcoat abrigo (m) 5
overlooking con vistas a . . . 7
overtake superar
own propio/a 4
owner dueño/a (m/f)
oxygen oxígeno (m)
ozone ozono (m)

P

pack one's suitcase hacer la maleta 7
package paquete (m) 7

packet paquete *(m)*
page página *(f)* 1
pain dolor *(m)* 10
paint pintar 11
painter pintor/a *(m/f)* 8
painting pintura *(f)* 4
pair pareja *(f)*
pajamas pijama *(m)* 5
palace palacio *(m)*
panic pánico *(m)*
pants pantalones *(mpl)* 5
paper ensayo *(m)* 3; *(piece of)* papel *(m)* 1
parade desfile *(m)*
paragraph párrafo *(m)*
paralysis paralización *(f)*
paramedic paramédico/a *(m/f)* 8
Pardon me! ¡Disculpe! 7
parenthesis(es) paréntesis *(mpl)*
parents padres *(mpl)* 3
park parque *(m)*
park estacionar 4
parking párquing
parking lot estacionamiento *(m)* 4
part parte *(m)*
partial parcial 11
participant participante *(m/f)*
participate participar 6
participation participación *(f)*
participle participio *(m)*
partisan partisano/a 12
part-time tiempo parcial *(m)* 11
part-time job empleo a tiempo parcial *(m)* 11
party fiesta *(f)* 3; **birthday party** fiesta de cumpleaños *(f)* 8; **have a party** hacer una fiesta 3
pass pasar 2
passenger pasajero/a *(m/f)* 7
passion pasión *(f)*
passionate apasionado/a
passport pasaporte *(m)* 7
password contraseña *(f)*
past pasado/a 7
pastime pasatiempo *(m)* 2
paternal paterno/a
patience paciencia *(f)*
patient paciente *(m/f)* 10
patient paciente
pause pausa *(f)*
pay pago *(m)* 11
pay pagar 4
peas arvejas *(fpl)*; chícharos *(mpl)* 9; guisantes *(mpl)*
pedestrian peatonal
pen bolígrafo *(m)* 1
pencil lápiz *(m)* 1
penicillin penicilina *(f)*
pensive pensativo/a 6

people gente *(f)* 2; pueblo *(m)*
pepper pimienta *(f)* 9; pimiento *(m)* 9
per month / per year al mes / al año 2
percent por ciento
percentage porcentaje *(m)*
perception percepción *(f)*
perfect perfeccionar; perfecto/a 2
perfectionist perfeccionista
perfectly perfectamente
perhaps quizás 10; tal vez 10
permanent permanente
permission permiso *(m)* 8
permissive permisivo/a
permit permitir 7, 10
persecution persecución *(f)*
person persona *(f)* 4
person in charge encargado/a *(m/f)* 7; responsable *(m/f)* 11
personal data datos personales *(mpl)* 11
personality personalidad *(f)*
personality-wise de carácter 3
perspective perspectiva *(f)*
pertain pertenecer
Peru Perú
peso peso *(m)* 9
pessimistic pesimista 1
pet mascota *(f)* 3
petroleum petróleo *(m)*
pharmacy farmacia *(f)* 7
phenomenon fenómeno *(m)*
philosophy filosofía *(f)*
phone card tarjeta telefónica *(f)* 7
phosphate fosfato *(m)*
photocopier fotocopiadora *(f)* 11
photograph foto *(f)*
photographs; take photographs cargar fotos, sacar fotos
photography fotografía *(f)*
phrase frase *(f)*
physical físico/a
physical appearance aspecto físico 3
physical states estados físicos *(mpl)* 10
physically físicamente 3
physician médico/a *(m/f)* 8
physics física *(f)*
pick up recoger 7
picture dibujo *(m)*; **take a picture** sacar una foto 5
picturesque pintoresco/a
pig cerdo/a *(m/f)*
pill pastilla *(f)* 10
pineapple piña *(f)* 9
pink rosa; rosado/a (rosa) 4
piracy piratería *(f)* 6
place colocar; lugar *(m)* 4, 7; poner 3
plan planear; planificar
plane ticket pasaje; boleto *(m)* 7
planet planeta *(f)*

plant planta *(f)* 1
plastic plástico/a
plate plato *(m)* 9
play jugar 4; *(music)* tocar
pleasant agradable 4; simpático/a
please por favor 1
please, be pleasing to gustar 2
Pleased to meet you. Mucho gusto. 1
plus más 1
pneumonia pulmonía *(f)*
poached escalfado/a
poem poema *(m)*
point punto *(m)*
police officer policía / mujer policía *(m)* 8
police series serie policíaca *(f)*
polite educado/a
political político/a
political science ciencias políticas *(fpl)*
politician político/a *(m/f)*
politics política *(f)*
pool piscina *(f)*
popular popular 7
population población *(f)*
pork carne de cerdo *(m)*
pork chop chuleta de cerdo *(f)* 9
portrait retrato *(m)*
position posición *(f)*; puesto *(m)* 11
positive positivo/a
possess poseer
possession posesión *(f)*
possessive posesivo/a
possibility posibilidad *(f)*
possible posible 10; **make possible** potenciar
postcard postal *(f)*
post office oficina de correos *(f)* 7
postpone posponer
potato patata *(f)*
potato chips papitas *(fpl)* 9
potential potencial
poverty pobreza *(f)*
power poder *(m)*
powerful poderoso/a
practical práctico/a 4, 11
practice práctica *(f)*
practice practicar
pray rezar 2
precaution precaución *(f)*
precious precioso/a
predator predador *(m)*
predetermined predeterminado/a
prediction predicción *(f)*
predominate predominar
prefer preferir (ie, i) 2, 4, 10
preferable preferible 10
preference preferencia *(f)*
preferred preferido/a 9
pregnancy embarazo *(m)* 10

pregnant embarazada; **be pregnant** estar embarazada 10
premature prematuro/a
prenatal care cuidado prenatal (m) 10
preoccupy preocupar
preparation preparación (f)
prepare preparar 2
prescribe recetar 10
prescription receta (f) 10
presence presencia (f)
present presentar; regalo (m) 2
present indicative presente indicativo (m)
present progressive presente progresivo (m)
presentation presentación (f)
presenter presentador/a (m/f) 12
presently actualmente
preservation preservación (f)
president presidente/a (m/f) 12
press prensa (f)
pressure presión (f)
prestige prestigio (m)
preterit tense pretérito (m)
pretty bonito/a 1
prevent prevenir
preventive medicine medicina preventiva (f) 10
previous previo/a
price precio (m) 5
pride orgullo (m)
primary primario/a
primary school escuela normal (f) 11; escuela primaria (f) 11
print imprimir 11
printer impresora (f) 4, 11
priority prioridad (f)
prison cárcel (f)
privacy privacidad (f) 4
private privado/a
prize premio (m)
probability probabilidad (f)
problem problema (m)
process proceso (m)
produce producir
producer productor/a (m/f)
product producto (m)
production producción (f)
productivity productividad (f)
profession profesión (f)
professional profesional (m/f) 8
professional experience experiencia profesional (f) 11
professor profesor/a (m/f)
profile perfil (m)
profound profundo/a
profoundly profundamente
program programa (m); programar 11

programmer programador/a (m/f) 8, 11
programming programación (f)
progress progreso (m)
prohibit prohibir 10
project proyecto (m)
prominent prominente
promise prometer
promising prometedor/a
promote promocionar; promover
promotion promoción (f)
pronoun pronombre (m)
pronounce pronunciar
propel impulsar
property propiedad (f)
proposal propuesta (f) 12
protect proteger
protection protección (f)
protein proteína (f) 9
protest protesta (f)
protocol protocolo (m)
proud orgulloso/a 8
proverb proverbio (m)
provoke provocar
pseudonym seudónimo (m)
psychiatrist psiquiatra (m/f) 10
psychiatry psiquiatría (f)
psychology (p)sicología (f)
public público (m)
public público/a
public awareness concientización pública (f)
public transportation transporte público (m) 4
publication publicación
publicity publicidad (f)
publicize publicitar
publicly públicamente
publish publicar
published publicado/a 11
Puerto Rican puertorriqueño/a
pumpkin calabaza (f)
pupil alumno/a (m/f) 8
purchasing adquisitivo/a
purée(d) puré
purification purificación (f)
purple morado/a 4
purse bolsa (f) 5
put colocar; poner 3; **put on (clothing)** ponerse (la ropa); **put on make-up** maquillarse 5; **put on (one's clothes)** ponerse (la ropa) 5
pyramid pirámide (f)

qualified calificado/a
quality calidad (f); cualidad (f)
quantity cantidad (f)

queasy mareado/a 10
question cuestión (f); pregunta (f) 3
questionnaire cuestionario (m)
quiet callado/a 4

radish rábano (m) 9
railway ferrocarril (m)
rain lluvia (f)
rain llover 5; **It rains. It's raining.** Llueve. 5; **It's going to rain / snow.** Va a llover / nevar. 5
raincoat impermeable (m) 5
raise aumento (m) 11
rancher ranchero/a (m/f)
rapid rápido/a
rapidity rapidez (f)
rapidly rápidamente
rate tasa (f)
react reaccionar
reaction reacción (f) 11
read leer 3
reader lector/a (m/f)
reading lectura (f)
ready listo/a 4
real estate bienes raíces (mpl)
realistic realista
reality realidad (f)
realize oneself realizarse
Really? ¿De veras? 11
really realmente
reason motivo (m) 11
reasonable razonable 5
receipt recibo (m) 4
receive recibir 3
recent reciente
recently recientemente
receptionist recepcionista (m/f) 7
recess recreo (m) 8
recession recesión (f)
recipient recipiente (m/f)
reciprocal recíproco/a
recognize reconocer
recommend recomendar (ie) 7, 10
recommendation recomendación (f)
reconversion reconversión (f)
record grabar
recording grabación
recourse recurso (m)
recreation recreo (m)
recreation area área recreativa (f)
red rojo/a 3, 4
red-haired pelirrojo/a 3
reduce reducir
reduction reducción (f)
refer referir
reference referencia (f) 11

reflect reflejar

reflection reflexión (f)

reflexive reflexivo/a

reform reforma (f)

refrigerator frigorífico; nevera (f) 4; refrigerador (m)

refuge refugio (m)

reggae reggaetón (m)

regime régimen (m)

region región (f)

regional dish plato regional (m) 7

register facturar; registrar

regularity regularidad (f)

regularly con regularidad 10; regularmente

regulation regulación (f)

relate relacionar

relation relación

relationship relación (f)

relative familiar 3

relatively relativamente

relativity relatividad (f)

relax relajarse 5

relevant relevante

religious religioso/a

relocate mudarse

remain permanecer

remainder resto (m)

remedy remedio (m)

remember recordar (ue) 4

remove retirar

renewable renovable

renovate renovar

rent alquiler (m) 4; renta (f)

rent alquilar 4; rentar

repair reparación (f)

repair reparar

repeat repetir (i) 4

repetitive repetitivo/a

repetitively repetitivamente

report informe (m); reportaje (m)

report informar

reporter reportero/a (m/f) 12

represent representar

representative representante (m/f)

reprisal represalia (f)

reproduction reproducción (f)

Republican republicano/a (m/f)

repulse dar asco 9

reputation reputación (f)

request pedir (i, i) 10; solicitar

require requerir

research investigación (f)

reservation reserva (f)

reserve reservar 7

reserved reservado/a 3

residence hall residencia 1

resident residente (m/f)

resistance resistencia (f)

resolution propósito (m); resolución (f)

resolve resolver (ue) 11

respect respetar; respeto (m)

respectful respetuoso/a

respiratory respiratorio/a

respond responder

responsability responsabilidad (f)

response respuesta (f) 1

responsibility responsabilidad (f) 4

responsible responsable

rest (los) demás; resto (m)

rest descansar 2

restaurant restaurante (m) 2, 9

restriction restricción (f)

result resultado (m)

result resultar

résumé currículum vitae (m) 11

retain retener

retire jubilarse 8; retirar 11

retirement jubilación (f) 8

retirement pension pensión de jubilación (f) 11

return devolver (ue) 11; regresar 2; volver (ue) 4

returning flight vuelta (f) 7

review repasar; revisar

review reseña (f)

revolution revolución (f)

revolutionary revolucionario/a (m/f)

revulsion asco (m) 9

rhythm ritmo (m)

rice arroz (m) 9

rich rico/a 6

ride a bicycle andar en bicicleta 4

right correcto/a 7; justo/a; **be right** tener razón 3; **to the right of** a la derecha de 2

right away enseguida

right (legal) derecho (m)

roasted asado/a

robbery robo (m)

role papel (m); rol (m)

romantic romántico/a

room cuarto (m) 1, 4; sala (f); salón (m); **double room** habitación doble (f); **single room** habitación sencilla (f)

roommate compañero/a de cuarto (m/f)

root raíz (f)

rope ropa (f)

routine rutina (f)

rug alfombra (f) 4

ruin arruinar; ruina (f)

ruins ruinas 7

rule regla (f)

run correr 3

running corriente

running of the bulls encierro (m)

S

sad triste 2, 4, 10; **be sad that** estar triste de que 11

sadness tristeza (f) 10

safe salvo/a; seguro/a 4

sailboat velero (m) 7

saint santo/a (m/f)

saintly santo/a 6

salad ensalada (f) 9

salary salario (m) 11; sueldo (m) 11

sale venta (f)

salesclerk dependiente / dependienta 5

salmon salmón (m)

salt sal (f) 9

salutation salutación (f)

Salvadoran salvadoreño/a

same mismo/a 1

sandals sandalias (f) 5

sanity sanidad (f)

satisfaction satisfacción (f)

satisfy satisfacer

Saturday sábado 2

sauce salsa (f)

sautéed salteado/a

save ahorrar 11; salvar

say decir (i) 4; **How do you say . . . in English?** ¿Cómo se dice . . . en inglés? 1

saying goodbye despedidas

scale escala (f)

scan escanear 11

scandal escándolo (m)

scandalize escandalizar

scandalous escandaloso/a

scanner escáner (m) 11

scare dar miedo

scared asustado/a 8

scene escena (f)

schedule horario (m) 2

school colegio (m); escuela (f) 4

school of medicine facultad de medicina (f)

science ciencia (f)

scientist científico/a (m/f) 8

score a goal marcar un gol 8

screen pantalla (f) 11

scrupulously escrupulosamente

sea mar (m) 7

seafood mariscos (mpl)

search buscar; búsqueda (f)

search engine buscador (m); motor de búsqueda (m)

seasoning sazón (m)

seasons estaciones (fpl) 5

seat asiento (m) 7; **take a seat** tomar asiento

seat belt cinturón (m)

seaweed alga (f)

second segundo/a

secondary school escuela secundaria (f) 8

secret secreto (m)

secretary secretario/a (m/f) 8

section sección (f)

secure seguro/a

security seguridad (f) 7

security check control de seguridad (m) 7

seduce seducir

see ver 2

See you later. Chau.; Ádios.; Hasta luego. 1

See you soon. Hasta pronto.

See you tomorrow. Hasta mañana. 1

seem parecer 2

segment segmento (m)

select seleccionar

self-discipline autodisciplina (f)

selfish egoísta 3

self-medicate automedicarse

self-medication automedicación (f)

self-portrait autorretrato (m)

sell vender 3

seller vendedor/a (m/f)

semester semestre (m)

Senate Senado (m)

senator senador/a (m/f)

send enviar 6, 7

sensation sensación (f)

sensational sensacional

sentence oración (f) 1

sentiment sentimiento (m)

separate separado/a; separar

separately por separado

September septiembre 5

sequence secuencia (f)

serenity serenidad (f)

serious grave 10; serio/a 1, 3

serve servir (i, i) 4, 5

server mesero/a (m/f) 9

service servicio (m)

service station estación de servicio (f) 7; gasolinera (f) 7

session sesión

set poner 3

seventh séptimo/a

several varios/as 1

severe severo/a

sexism sexismo (m)

share compartir 3

shave afeitarse

she ella

shelf estante (m) 1, 4

shellfish mariscos 9

shirt camisa (f) 5

shoes zapatos (mpl) 5

shopping de compras 5

shopping center centro comercial (m) 2

short corto/a 3

short (in height), low bajo/a 3

shorts pantalones cortos (mpl) 5

shot inyección (f) 10

shower ducha (f) 7

shower ducharse 5; **take a shower** ducharse 5

shrimp camarones 9

shy reservado/a; tímido/a 1

siblings hermanos (mpl) 3

sick enfermo/a 1, 4; **get sick** enfermarse 10

side lado (m); **on my mother's / father's side** por parte de mi madre / padre 3

sideways lateralmente

sign firmar 11

signal señalar

signature firma (f)

signer firmante (m/f)

significance significado (m)

silent callado/a 6

silly tonto/a 1

similar parecido/a

similarity similitud (f)

simple sencillo/a

simulation simulación (f)

simultaneously simultáneamente

sincerely atentamente

sing cantar 2

singer cantante (m/f) 8

single sencillo/a; soltero/a 3

sir señor 1

sister hermana (f) 3

sit down sentarse (ie) 5

site sitio (m)

situate situar

situation situación (f)

sixth sexto/a

size talla (f) 5

ski esquiar 2

skin piel (f) 10

skirt falda (f) 5

slave esclavo/a (m/f)

sleep sueño (m)

sleep dormir (ue) 4

sleepy: be sleepy tener sueño

sleeve manga (f)

slogan eslogan (m)

slow despacio

slowly lentamente, despacio

sluggishly perezosamente

small pequeño/a 1

smile sonrisa (f) 8

smoke fumar 4

smoked ahumado/a

smoker fumador/a (m/f)

smoking tabaquismo (m)

sneakers tenis (mpl) 5

sneeze estornudar 10

snow nevar 5; **It snows. It's snowing.** Nieva. 5; **It's going to snow.** Va a nevar. 5

so pues 1; entonces 2; por eso 8; tan

so much tanto 10

soap opera telenovela (f)

so-called llamado/a

soccer (football) fútbol 2

soccer player futbolista (m/f) 8

sociable sociable 3

social sciences ciencias sociales (fpl)

social security number número de seguridad social (m)

social worker trabajador/a social (m/f) 8

socialize socializar

socially socialmente

society sociedad (f)

sociology sociología (f)

socks calcetines (mpl) 5

sofa sofá (m) 4

soft drink refresco (m) 9

software aplicación informática (f) 6; programa informática (f) 6

software designer diseñador/a de software (m/f) 8

soldier militar (m/f)

solidarity solidaridad (f) 12

solstice solsticio (m)

solution solución (f)

some alguno/a(s) 4; unos/as 1

someone alguien 4

something algo 2, 4

sometimes a veces 2, 4

son hijo (m) 3

song canción (f)

soon pronto

sophisticated sofisticado/a

sore dolorido/a 10

sorry: be sorry that sentir (ie, i) que 11; **I'm sorry.** Lo siento. 4

soup sopa (f) 9

soup dish plato hondo (m) 9

source fuente (f)

south sur (m); **south of** al sur de 2

South America Sudamérica

souvenir recuerdo (m) 7

space blanco (m); espacio (m) 4

spaghetti espaguetis (mpl)

Spain España

spam correo no deseado (m) 6

Spaniard español/a (m/f)

Spanish español (m) 1

Spanish español/a

Spanish class clase de español (f) 1

speak hablar 2

special especial

specialist especialista (m/f) 10

specialize especializar

specific específico/a
speech discurso (m)
speed up acelerar
spelling ortografía (f)
spend (money) gastar 5
spend (time) pasar 2
spinach espinacas (f) 9
spirit espíritu (m)
spiritual espiritual
spoon cuchara (f) 9
sports deportes (mpl) 2; **fond of sports** deportista (adj.) 8; **sports event** evento deportivo 3
spouse esposo/a (m/f)
spreadsheet hoja de cálculo (f) 11
spring primavera (f) 5
squash calabacín (m) 9
stability estabilidad (f)
stabilize estabilizar
stadium estadio (m)
staircase escalera (f) 7
stairs escalera (f) 7
stamp estampilla (f); sello (m) 7; timbre postal (m)
star estrella (f)
start comenzar (ie) 10; empezar (ie); iniciar
start inicio (m)
state estado (m)
station estación (f)
statue estatua (f)
stay quedarse 5; **stay at (on a trip)** alojarse en 7; **stay in bed** guardar cama 10
steak bistec (m) 9
steamed al vapor
stemmed glass copa (f) 9
step paso (m)
stepbrother hermanastro (m)
stepfather padrastro (m)
stepmother madrastra (f)
stepsister hermanastra (f)
stereo estéreo (m) 1
stereotype estereotipo (m)
steroids esteroides (mpl)
still todavía
stimulate estimular; estímulo (m)
stimulating estimulante
stomach estómago (m) 10
stop . . . -ing dejar de + infinitive 10
stopover escala (f); **make a stopover** hacer escala 7
store tienda (f) 2
story cuento (m) 8; historia (f)
stove estufa (f) 4
straighten out / up arreglar 4
straightened up ordenado/a 4
strange extraño/a
stranger desconocido/a (m/f)
strategy estrategia (f)
strawberries fresas 9; frutillas (fpl)

street calle (f) 4
street map plano de la ciudad (m) 7
strength fuerza (f) 10
stress estrés (m) 10
stressful estresante
strict estricto/a 3
strike golpear 8
stroke (swimming) brazada (f)
stroll pasear
strong fuerte 8
structure estructura (f)
stubborn terco/a 3
stuck-up presumido/a 3
student alumno/a (m/f) 8; estudiante (m/f)
student desk pupitre (m) 1
studies estudios (mpl)
study estudiar 2; **I'm studying . . .** Estudio . . . 1; **study abroad** estudiar en el extranjero; **What are you studying?** ¿Qué estudias? 1
study estudio (m)
stuffed relleno/a
stuffed pepper chile relleno (m) 9
stupendous estupendo/a
stupid tonto/a 1
style estilo (m)
subject asunto (m)
subjunctive subjuntivo (m)
substance sustancia (f)
substitute sustituir
suburban suburbano/a
succesively sucesivamente
success éxito (m)
successful: be successful tener éxito
sudden súbito/a
suffer sufrir
sufficient suficiente
sugar azúcar (m) 9
suggest sugerir (ie, i) 10
suggestion sugerencia (f)
suit traje (m) 5
suitcase maleta (f) 7
suitor pretendiente (m/f)
summary resumen (m)
summer verano (m) 5
sun sol (m)
sunbathe tomar el sol 2
sunblock bloqueador solar (m)
Sunday domingo 2
sunglasses gafas de sol (fpl)
sunny soleado/a; **be sunny** hacer sol; **It's sunny.** Hace sol. 5
supermarket supermercado (m)
superstitious supersticioso/a
supervisor supervisor/a (m/f) 11
supplement suplemento (m)
support apoyo (m)
Supreme Court Corte Suprema (f)
sure seguro/a; **be sure** estar seguro/a 10

surgeon cirujano/a (m/f) 10
surgery cirugía (f) 10
surprise sorpresa (f)
surprise sorprender 11
surprised sorprendido/a 2, 4, 6
survey encuesta (f)
surveyor encuestador/a (m/f)
survive sobrevivir
suspect sospechoso/a (m/f)
suspense suspenso (m)
suyo/a their
sweater suéter (m) 5
sweatshirt sudadera (f) 5
sweets dulces 9
swim nadar 2
swimming pool piscina (f) 2
swimsuit traje de baño (m) 5
swollen hinchado/a 10
symbol símbolo (m)
symphonic orchestra orquesta sinfónica (f)
symptom síntoma (m) 10
synagogue sinagoga (f) 2
syndrome síndrome (m)
synonym sinónimo (m)
synonymous sinónimo/a
system sistema (m) 11
systematically sistemáticamente

T

tabacco tabaco (m)
table mesa (f) 1
table (graphic) tabla (f)
tablet pastilla (f) 10
take llevar 5; sacar; tomar 2; **take a bath** bañarse 5; **take a nap** dormir (ue) una siesta 4; **take a picture** sacar una foto 5; **take a seat** tomar asiento; **take a shower** ducharse 5; **take a trip** hacer viaje 3; **take away** llevarse 5; **take care of (yourself)** cuidar(se) 10; **take off** despegar 7; **take photographs** cargar fotos, sacar fotos
tale cuento (m) 8
talent talento (m)
talk hablar 2
talkative hablador/a 4
tall alto/a 3
tariff tarifa (f)
task quehacer (m)
taste gusto (m)
tattoo tatuaje (m)
taxes impuestos (mpl) 11
taxi taxi (m) 7
taxi driver taxista (m/f)
tea té 9; **hot tea** té caliente (m) 9; **iced tea** té helado (m)
teach enseñar

teacher maestro/a (m/f) 8
team equipo (m) 8
technical técnico/a
technical service servicio técnico (m) 11
technique técnica (f)
technology tecnología (f)
telecommute teletrabajar
telecommuting teletrabajo (m)
telephone teléfono (m) 2; on the telephone
    por teléfono 11; public telephone
    teléfono público (m) 7; telephone
    number número de teléfono (m)
telephonic telefónico/a
telephony telefonía
television (TV) televisión (tele) (f);
    televisor (m)
television set televisor (m) 1, 4
television viewer televidente (m/f)
tell contar (ue) 4; decir (i) 4
teller cajero/a (m/f) 11
temperature temperatura (f) 10
temporary temporal
tendency tendencia (f)
tennis tenis (m)
tennis court cancha de tenis (f)
tennis player tenista (m/f)
tennis shoes tenis (mpl); zapatillas de
    tenis (mpl)
tenth décimo/a
term término (m)
terrace terraza (f)
terrain terreno
territory territorio (m)
terrorism terrorismo (m)
terrorist terrorista (m/f) 12
testimony testimonio (m)
text texto (m)
textbook libro de texto (m) 3
than que
thank you gracias 1
thanks to gracias a
that que 1; that (those) ese / esa (esos /
    esas) 3; that (those) (over there)
    aquel / aquella (aquellos / as) 5; that
    which lo que 8; that's right así es 9;
    that's why por eso 8
the el, la, los, las
theater teatro (m) 2
their su(s) 3
theirs suyo/a 9
them ellos / ellas 2; les, se; los, las 6
thematic temático/a
theme tema (f); tema (m)
themselves se 6
then entonces 2; luego 8
theory teoría (f)
therapist terapeuta (m/f) 10
therapy terapia (f) 10
there allí, allá

there is, there are hay 1
therefore por eso 8
they ellos/as 1
thin delgado/a 3
thing cosa (f) 1
think opinar; think (about) pensar (ie)
    (en) 4
third tercero/a
thirsty: be thirsty tener sed 3; make
    thirsty dar sed 9
this (these) este / esta (estos / as) 5
thought pensamiento
thousand mil (m)
thrilling emocionante
throat garganta (f) 10
through here por acá
throw up vomitar 10
Thursday jueves 2
thus así
ticket billete (m) 7; boleto (m) 7;
    pasaje (m) 7
till menos; hasta 2
time hora (f) 2; tiempo (m)
times: at times a veces
timid tímido/a 1
tired cansado/a 1, 4
title título (m)
to para
to where adónde
today hoy 1, 2
together juntos/as 2; get together
    encontrarse (ue) 5
Tokyo Tokio
tolerance tolerancia (f)
tomato tomate (m) 9
tomorrow mañana
tone tono (m) 11
tonight esta noche
too demasiado 2, 5; también 1
too much demasiado 2, 5
tool herramienta (f)
tool bar barra de herramientas (f)
tooth diente (m)
totalitarian totalitario/a
totally totalmente
tourism turismo (m)
tourist turista (m/f)
tourist guide guía (turístico/a) (m/f) 7
tourist guidebook guía (turística) (f) 7
tradition tradición (f)
traditional tradicional
traditionalism tradicionalismo (m)
traffic tráfico (m) 4
tragedy tragedia (f)
train tren (m)
train entrenar 11
tranquility tranquilidad (f)
transaction trámite (m) 11
transform transformar

transformation transformación (f)
transition transición (f)
translate traducir
translation traducción (f)
transmission transmisión (f)
transmit transmitir
transparent transparente
transportation transporte (m)
trash basura (f) 4
travel viajar 7
travel agency agencia de viajes (f) 7
traveler viajero/a (m/f)
traveler's check cheque de viaje (m)
traveling itinerante
treat tratar (de) 8
treatment tratamiento (m) 10
tree árbol (m) 4
triangle triángulo (m)
trimester trimestre (m)
trip viaje (m) 3; take a trip hacer viaje 3
true cierto/a; verdad; verdadero/a
trumpet trompeta (f)
trust confiar
try probar (ue) 7; tratar (de) 8; try on
    probarse (ue) 5
T-shirt camiseta (f) 5
Tuesday martes 2
tuna atún (m)
turbulence turbulencia (f)
turn (an age) cumplir 8
turn off apagar 11
turn on encender (ie) 11; poner 3; prender
type tipo (m)
typical típico/a
typically típicamente

U

ugly feo/a 1
ultimately últimamente
uncle tío (m) 3
under debajo de 2
underline subrayer
understand comprender 3; entender (ie) 4;
    I don't understand. No comprendo. 1
understanding comprensivo/a 3
undocumented indocumentado/a
unemployed desempleado/a
unemployment desempleo (m)
unfaithful person infiel (m/f)
unfortunately desafortunadamente 4
uniform uniforme (m)
union unión (f)
united unido/a
United Nations Naciones Unidas (mpl) 12
United States Estados Unidos (mpl)
university universidad (f)
university (adj.) universitario/a

university band tuna
university band member tuno
university course curso universitario (m)
unknown desconocido/a 2
unnecessary innecesario/a
unpleasant antipático/a 1
until hasta 2; hasta que 11
unusual inusual
up arriba
upon: a; upon . . . ing al + *infinitive* 7;
    upon request a petición 11
upset molesto/a 2, 4
urban urbano/a
urgent urgente 10
us nos 6; nosostros/as 2
use usar 2; utilizar
use utilización (f)
useful útil 1
user usario/a (m/f)
utility utilidad (f)
utilization utilización (f)

V

vacation: on vacation de vacaciones 7
valuation valoración (f)
value valor (m); valorar
varied variado/a
variety variedad (f)
vegetables verduras (fpl) 9
vegetarian vegetariano/a
vehicle vehículo (m)
velocity velocidad (f)
verb verbo (m)
verb tense tiempo verbal (m)
verify verificar
versatile versátil
version versión (f)
very muy; very well muy bien 1
vestige vestigio (m)
via por; vía
vice versa viceversa
victim víctima (f)
victory victoria (f)
videogame videojuego (m)
view vista (f)
view of . . . vistas a . . . 7
vigilant: be vigilant vigilar
vinegar vinagre (m)
violence violencia (f)
virtuouso virtuoso/a (m/f)
visit visita (f); visitar 7
visitor visitante (m/f)
vitality vitalidad (f)
vitamins vitaminas 9
vocabulary vocabulario (m)
voice voz (f)
voice mailbox buzón de voz (m) 11

voluntarily voluntariamente
voluntary voluntario/a
volunteer voluntario/a (m/f)
vomit vomitar 10
vote votar
voter votante (m/f)
vowel vocal (f)

W

wage sueldo (m) 11
wait esperar 7; wait on atender (ie) 11
waiter camarero/a (m/f); mesero/a (m/f)
waiting room sala de espera (f)
wake up despertarse (ie) 5
walk caminar 10; pasear
wall pared (f) 4
want desear; querer 2; querer (ie) 4, 10
war guerra (f)
wardrobe armario (m) 4
warm cálido/a; caluroso/a
warm up calentar; calentarse (ie)
warn advertir
warning advertencia (f)
wash lavar 4; wash one's hair / one's
    face lavarse el pelo / la cara 5
washbasin lavabo
washing machine lavadora
waste basket papelera (f)
watch reloj (m) 1
watch mirar, ver 2; vigilar
watch out ojo
water agua (f, el) 4
waterfall catarata (f)
waterski hacer esquí acuático 2
way manera (f)
we nosotros/as
weak débil
wear llevar 5
weather tiempo (m) 5; The weather's
    good / bad. Hace buen / mal tiempo.
    5; What's the weather like? ¿Qué
    tiempo hace? 5
weather report pronóstico del tiempo
    (m) 12
web red (f) 6
web page página web (f)
web page design diseño de páginas web
    (m) 11
web site sitio web (m)
wedding boda (f) 8
Wednesday miércoles 2
week semana (f) 2; last week semana
    pasada (f) 7
weekend fin de semana (m) 2
weekly semanal
weird raro/a 3
welcome bienvenido/a 7

welcome dar la bienvenida
well bien 1, 4; pues; I'm doing very well,
    thank you. Estoy muy bien, gracias.
well-being bienestar (m)
west oeste (m); west of al oeste de 2
What? ¿Cuál(es)? 2; ¿Qué? 2; What are
    you studying? ¿Qué estudias? 1;
    What classes do you have? ¿Qué
    clases tienes? 1; What color is it? ¿De
    qué color es?; What does . . . mean in
    English? ¿Qué significa . . . en inglés?;
    What is the date? ¿Qué fecha es? 5;
    What is your name? (fam.) ¿Cómo te
    llamas? 1; What is your name?
    (form.); ¿Cómo se llama usted? 1;
    What's . . . like? ¿Cómo es . . . ? 1;
    What's the weather like? ¿Qué
    tiempo hace? 5; What's wrong with
    you? ¿Qué te pasa? 10
wheat trigo (m)
wheel rueda (f)
When? ¿Cuándo? 2
Where? ¿Dónde? 2; Where are you
    from? (fam.) ¿De dónde eres? 1;
    Where are you from? (form.) ¿De
    dónde es usted? 1
Which? ¿Cuál(es)? 2
while mientras 8, 11
while rato (m)
white blanco/a 4
white-haired canoso/a 3
Who? ¿Quién(es)? 2
whole entero/a 9
whole-grain integral 9
Whom? ¿Quién(es)? 2
Why? ¿Por qué?
win ganar 8; win the heart of enamorar
wind viento (m)
window ventana (f) 1, 4; counter window
    ventanilla (f) 11; window (of a vehicle
    or box office) ventanilla (f) 7
windy: It's windy. Hace viento. 5
wine vino (m) 3; red / white wine vino
    tinto / blanco (m) 9
wine glass copa (f) 9
wine shop bodega (f)
winter invierno (m) 5
wish desear 2, 10
with con 1, 2; with an accent con acento 1;
    with attention con atención 8; with me
    conmigo 2; with respect to respecto a;
    with you contigo 3
withdraw retirar 11
withdrawal retiro (m) 11
within dentro de
without sin; without an accent sin
    acento 1
witness testigo/a (m/f)

woman mujer *(f)*; **businesswoman** mujer de negocios *(m)* 8; **policewoman** mujer policía *(m)* 8
woods bosque *(m)* 7
word palabra *(f)* 1
word processor procesador de texto *(m)* 6, 11
work obra *(f)*; trabajo *(m)* 2
work funcionar 4; trabajar
work days días laborales
workbook cuaderno de ejercicios *(m)* 1
worker: construction worker obrero/a de la construcción *(m/f)* 8; **factory worker** obrero/a de fábrica *(m/f)* 8; **social worker** trabajador/a social *(m/f)* 8
world mundo *(m)*
worldwide mundial 6
worried inquieto/a; preocupado/a 8
worry preocupar(se) 10
worse peor 4
write anotar; escribir 3; redactar; **How is that written?** ¿Cómo se escribe? 1

writer escritor/a *(m/f)*
writing redacción *(f)*
wrong equivocado/a 11

X-ray radiografía *(f)* 10

yard jardín *(m)* 4
year año *(m)*; **be . . . years old** tener . . . años 3; **per year** al año 2
yell gritar
yellow amarillo/a 4
yesterday ayer 7
yield rendir
yogurt yogur *(m)*
you *(pl.)* ustedes
you *(pl. / fam.)* vosotros/as
you *(sing. / fam.)* (to/for) **you** ti 2

you *(sing. / fam.)* tú; **How are you?** *(fam.)* ¿Cómo estás? 1; **You like . . .** Te gusta(n) . . . 2; **You look . . . to me.** Te veo . . . 10
you *(sing. / form.)* usted; **How are you?** *(form.)* ¿Cómo está usted? 1
young joven 3
younger menor 3
youngest menor 3
your *(pl. / fam.)* vuestro/a(s) 3
your *(sing. / fam.)* tu(s) 1, 3
your *(sing. / form./; pl.)* su(s) 3
yours *(pl.)*, **yours** *(sing. / form.)* suyo/a 9
yours *(pl./fam.)* vuestro/a 9
yours *(sing./fam.)* tuyo/a 9
youth joven *(m/f)*

zone zona *(f)*

Credits

Photo Credits

VOLUME I COVER: Murat Taner / Getty Images, Inc. - Photographer's Choice; Tom Merton / Getty Images Inc. RF; Peter Adams / Getty Images/ Digital Vision; Nick White / Getty Images/ Digital Vision; Masterfile Royalty Free Division; MalibuBooks/Shutterstock; Stephen Coburn / Shutterstock; Jose Luis Pelaez Inc. / Getty Images, Inc. - Blend Images.

VOLUME 1: p. 2 © GoGo Images / Jupiter Images Royalty Free; **p. 4 (top)** © Peter Menzel / Peter Menzel Photography; **(middle)** © Photos.com **(bottom)** © Michael Jung / Shutterstock; **p. 6 (left)** © Juan Silva / Getty Images Inc.-Image Bank **(right)** © Terry Vine / Getty Images Inc.-Stone Allstock; **p. 21** © Rudi Von Briel / PhotoEdit Inc.; **p. 28 (top)** © Photolibrary.com; **(left)** © Providence College; **(right)** © Providence College; **p. 30 (top)** © GoldPitt LLC; **(middle)** © GoldPitt LLC; **(bottom)** © GoldPitt LLC; **p. 34** © Juice Images/Fotolia, LLC-Royalty Free; **p. 41** © Robert Fried / Robert Fried Photography; **p. 62 (top)** © GoldPitt LLC; **(middle)** © Jupiter Unlimited; **(bottom)** © GoldPitt LLC; **p. 66** © Monkey Business Images / Shutterstock; **p. 75** © PureStockX; **p. 81** © Losevsky Pavel / Shutterstock; **p. 84** © Jupiter Unlimited; © Rob Lewine / Rob Lewine Photography; **p. 92 (top left)** © Hoby Finn / Getty Images, Inc.-Photodisc / Royalty Free; **(top right, left)** © ColorBlind Images / Jupiter Images; **(top right, right)** © EyeWire Collection / Gettty Images, Inc.-Photodisc-Royalty Free; **(bottom)** © Jose Carrillo / PhotoEdit Inc.; **p. 94 (top)** © GoldPitt LLC; **(middle)** GoldPitt LLC; **(bottom)** GoldPitt LLC; **p. 98** © Jupiter Unlimited; **p. 101** © Spike / Getty Images, Inc.-Photodisc/ Royalty Free; **p. 111** © faberfoto / Shutterstock; **p. 116** © Image Source / Jupiter Images Royalty Free; **p. 117** © Getty Images, Inc.-Stockbyte, Royalty Free; **p. 122** © Jupiter Unlimited; **p. 124** © Lucas Jackson / CORBIS-NY; **p. 126 (top)** © GoldPitt LLC; **(bottom)** © GoldPitt LLC; **p. 130** © Photos.com; **p. 139** © Jupiter Unlimited; **p. 143** © Jupiter Unlimited; **p. 145** © Alvaro de Leiva / AGE Fotostock America, Inc.; **p. 148 (left)** © Jupiter Unlimited; **(right)** © Jeff Greenberg / Omni-Photo Communications, Inc.; **p. 151** © Ken Welsh / AGE Fotostock America, Inc.; **p. 158 (top)** ©

GoldPitt LLC; **(middle)** © GoldPitt LLC; **(bottom)** © GoldPitt LLC; **p. 162** © Jupiter Unlimited; **p. 164** © Microsoft Corporation; **p. 165** © Terry Vine / Getty Images, Inc.-Blend Images; **p. 168** © Jose Luis Pelaez, Inc. / Getty Images, Inc.-Blend Images; **p. 169** © Peter Byron / PhotoEdit Inc.; **p. 170 (top)** © Photos.com; **(bottom)** Pearson Education / PH College; **p. 171** © Jupiter Unlimited; **p. 174** © Turba / Corbis RF; **p. 175** © Jupiter Unlimited; **p. 176 (top right)** © El Pais New Service; **p. 178** © Colin Anderson / Jupiter Images-PictureArts Corporation / Brand X Pictures Royalty Free; **p. 179 (left)** © Jupiter Unlimited; **(right)** © Jupiter Unlimited; **p. 180 (left)** © Jupiter Unlimited; **(right)** © Jupiter Unlimited; **p. 181** © Jupiter Unlimited; **p. 182** © Jupiter Unlimited; **p. 183** © Keith Bendis / Getty Images / Stock Illustration Source-Royalty Free; **p. 184** © Imagezoo/Images.com / Getty Images / Stock Illustration Source-Royalty Free; **p. 186** © Jupiter Unlimited.

VOLUME II COVER: Murat Taner / Getty Images, Inc. - Photographer's Choice; Tom Merton / Getty Images Inc. RF; Peter Adams / Getty Images/ Digital Vision; Nick White / Getty Images/Digital Vision; Masterfile Royalty Free Division; MalibuBooks / Shutterstock; Stephen Coburn / Shutterstock; Jose Luis Pelaez Inc. / Getty Images, Inc. - Blend Images.

VOLUME II: p. 188 © Jose Fusta Raga / AGE Fotostock America, Inc.; **p. 190 (top)** © Cosmo Condina / Creative Eye / MIRA.com; **(middle)** © Demetrio Carrasco / Dorling Kindersley Media Library; **(bottom)** © Peter Bowater / Photo Researchers, Inc.; **p. 191 (top)** © Adalberto Rios / Getty Images, Inc.-Photodisc / Royalty Free; **(bottom)** © Jupiter Unlimited; **p. 193 (left)** © Frank Herholdt / Getty Images, Inc.-Stone Allstock; **(right)** © Hans Weisenhoffer / Getty Images, Inc.-Photodisc / Royalty Free; **p. 194** © Robert Fried / Robert Fried Photography; **p. 199 (bottom)** © David Young-Wolff / PhotoEdit Inc.; **p. 207** © Nuria Alonso García; **p. 209 (top)** © Suzanne Murphy Larronde; **(bottom)** © Patricia Rush; **p. 214** © Robert Fried / Robert Fried Photography; **p. 215 (bottom left)** © Photos.com; **(bottom middle)** © Michael G Smith / Shutterstock; **(bottom right, top)**

© Emiliano Rodriguez / Shutterstock; **(bottom right, bottom)** © Radovan / Shutterstock; **p. 216 (top)** © GoldPitt LLC; **(middle)** GoldPitt LLC; **(bottom)** © GoldPitt LLC; **p. 220** © Todd Warnock / Jupiter Images Royalty Free; **p. 222 (top left)** © Andresr / Shutterstock; **(top right)** © Felix Mizioznikov / Shutterstock; **(bottom left)** © Lee Morris / Shutterstock; **(bottom right)** © Monkey Business Images / Shutterstock; **p. 227** © iStockphoto; **p. 228 (top left)** © CC Studio / Science Photo Library / Photo Researchers, Inc.; **(top right)** © Tony Freeman / PhotoEdit Inc.; **(bottom left)** © Tony Freeman / PhotoEdit Inc.; **(bottom right, top)** © Spencer Grant / PhotoEdit Inc.; **(bottom right, bottom)** © Brand X Pictures / Fotosearch.com, LLC / Royalty Free; **p. 240 (top left)** © A. Ramey / PhotoEdit Inc.; **(top middle)** © Michael Newman / PhotoEdit Inc.; **(top right)** © David Young-Wolff / PhotoEdit ; **(middle left)** © Bob Daemmrich / The Image Works; **(middle middle)** Lynton Gardiner © Dorling Kindersley; **(middle right)** © Juan Carlos Ulate / REUTERS / Archive Photos; **(bottom left)** © Ljupco Smokovski / Shutterstock; **(bottom right)** © Walter Hodges / Getty Images Inc. / Stone Allstock; **p. 244** © Photos.com; **p. 247** © Jack Hollingsworth / Corbis / Royalty Free; **p. 248 (top)** © GoldPitt LLC; **(middle)** © GoldPitt LLC; **(bottom)** © GoldPitt LLC; **p. 252** © John Neubauer / PhotoEdit Inc.; **p. 259** © Jupiter Unlimited; **p. 263** © Photos.com; **p. 266 (top left)** © Jupiter Unlimited; **(top right)** © Dave King / Dorling Kindersley Media Library; **(middle left)** © Sian Irvine / Dorling Kindersley Media Library; **(middle middle)** © Dave Rudkin / Dorling Kindersley Media Library; **(middle right)** © Tim Ridley / Dorling Kindersley Media Library; **(bottom left)** © Tim Ridley / Dorling Kindersley Media Library; **(bottom right)** © Roger Phillips / Dorling Kindersley Media Library; **p. 276** © Jupiter Unlimited; **p. 278** © Jenny Mills / Photolibrary.com; **p. 280 (top)** © GoldPitt LLC; **(middle)** © GoldPitt LLC; **(bottom)** © GoldPitt LLC; **p. 284** © Photos.com; **p. 286 (top left)** © Jupiter Images Royalty Free; **(top right)** © Dorling Kindersley; **(bottom)** © Andy Crawford and Steve Gorton / Dorling Kindersley Media Library; **p. 287** © Jupiter Unlimited; **p. 292 (top left)** © Andy Crawford / Dorling Kindersley Media Library; **(top middle)** ©

Jupiter Unlimited; (top right) © Jupiter Unlimited; **(middle left)** © Jupiter Images Royalty Free; **(middle middle)** © Jupiter Images Royalty Free; **(middle right)** Jupiter Images Royalty Free; **(bottom left)** © Dorling Kindersley / Dorling Kindersley Media Library; **(bottom right)** © Dorling Kindersley / Dorling Kindersley Media Library; **p. 293** © Jupiter Unlimited; **p. 297** © Alexander Raths / Shutterstock; **p. 298** © Yuri Arcurs / Shutterstock; **p. 299** © Jupiter Unlimited; **p. 301** © Andy Crawford / Dorling Kindersley Media Library; **p. 303** © Jupiter Unlimited; **p. 304 (top left)** © Dorling Kindersley / Dorling Kindersley Media Library; **(top right)** © Steve Gorton / Dorling Kindersley Media Library; **(bottom left)** © Jupiter Images Royalty Free; **(bottom right)** © Andy Crawford / Dorling Kindersley Media Library; **p. 305** © Jupiter Images Royalty Free; **p. 309** © Rob Marmion / Shutterstock; **p. 310** © Will & Deni McIntyre / Getty Images Inc.-Stone Allstock; **p. 311** © Imcsike / Shutterstock; **p. 312 (top)** © GoldPitt LLC; **(middle)** © GoldPitt LLC; **(bottom)** © GoldPitt LLC; **p. 316** © Shutterstock; **p. 318** © Jupiter Unlimited; **p. 321** © Jupiter Unlimited; **p. 323 (left)** © Steve Gorton / Dorling Kindersley Media Library; **(right)** © Dorling Kindersley /Dorling Kindersley Media Library; **p. 324 (top left)** © Sarah Ashun / Dorling Kindersley Media Library; **(top right)** © Dorling Kindersley / Dorling Kindersley Media Library; **(bottom left)** © jamalludin / Shutterstock; **(bottom right)** © Steve Gorton / Dorling Kindersley Media Library; **p. 327** © Jupiter Unlimited; **p. 330 (top left)** © PBJ Pictures / Getty Images, Inc.-Stone Allstock; (top middle) © AVAVA / Shutterstock; (top right) © vgstudio / Shutterstock; (bottom left) © Elena Rooraid / PhotoEdit Inc.; (bottom middle) © Edw / Shutterstock; (bottom right) © Michael Newman / PhotoEdit Inc.; **p. 331** © Andresr / Shutterstock; **p. 335** © Mike Cohen / Shutterstock; **p. 336 (left)** © Jupiter Images Royalty Free; **(right)** © Jupiter Images; **p. 337 (top)** © Jeff Banke / Shutterstock; **(bottom)** © Jupiter Unlimited; **p. 340** © Jupiter Unlimited; **p. 342 (left)** © iofoto / Shutterstock; **(right)** © Gautier Willaume / Shutterstock; **p. 344 (top)** © GoldPitt LLC; **(middle)** © GoldPitt LLC; **(bottom)** © GoldPitt LLC; **p. 348** © Mikhail Zahranichny / Shutterstock; **p. 350 (top left)** ©

Index

Mar Cantábrico

Golfo de Vizcaya

FRANCIA

La Coruña
Avilés • Gijón
• Oviedo Santander
ASTURIAS CANTABRIA
Lugo
GALICIA
Bilbao San Sebastián
PAÍS VASCO
Pamplona
ANDORRA
CORDILLERA CANTÁBRICA
León
NAVARRA
Andorra la Vella
PIRINEOS

Pontevedra
Vigo
Orense
Logroño
Río Ebro
CATALUÑA

CASTILLA Y LEÓN
Burgos
LA RIOJA
Lérida
Costa Brava

Palencia
Zaragoza
Barcelona

Braga
Oporto
Zamora
Valladolid
Río Duero
ARAGÓN
Tarragona

Segovia

Salamanca
Ávila
Madrid
SIERRA DE GUADARRAMA
COMUNIDAD DE MADRID

Menorca

Coimbra
Río Tajo
Castellón
Palma de Mallorca

PORTUGAL
EXTREMADURA
Toledo
ESPAÑA
Mallorca

Cáceres
Río Júcar
Valencia
ISLAS BALEARES

CASTILLA LA MANCHA
VALENCIA

Lisboa
Mérida
Río Guadiana
Ibiza
Mar Mediterráneo

Setúbal
Badajoz
Ciudad Real
Albacete
Formentera

Almadén
SIERRA MORENA
Linares
Alicante

OCÉANO ATLÁNTICO
Río Guadalquivir
Córdoba
Jaén
Murcia
MURCIA

Huelva
ANDALUCÍA
Granada
Cartagena

Sevilla
SIERRA NEVADA
Almería

Málaga
Costa del Sol

Jerez de la Frontera
Cádiz

Algeciras
Ceuta (Esp.)
Tánger
Estrecho de Gibraltar

Melilla (Esp.)
ÁFRICA

ÁFRICA

Santa Cruz de la Palma
Lanzarote
La Palma
Santa Cruz
Arrecife
Gomera
Tenerife
Puerto del Rosario
Hierro
Gran Canaria
Las Palmas
Fuerteventura

ISLAS CANARIAS (ESPAÑA)
ÁFRICA
OCÉANO ATLANTICO

CAMERÚN
Malabo
GUINEA ECUATORIAL
OCÉANO ATLANTICO
GABÓN

España y África

Mar Caribe

OCÉANO ATLÁNTICO

Barranquilla
Cartagena
Maracaibo
Caracas
Barquisimeto
Río Orinoco
VENEZUELA
Medellín
Manizales
CORDILLERA DE LOS ANDES
Salto Ángel
GUYANA
Georgetown
Paramaribo
SURINAM
Cayenne
GUAYANA FRANCESA (Francia)
Cali
Bogotá
COLOMBIA
Quito
ECUADOR
Ecuador
Guayaquil
Cuenca
Iquitos
Río Amazonas
Manaus
Belém
Islas Galápagos (Ec.)
Fortaleza
Cajamarca
Trujillo
Río Branco
PERÚ
BRASIL
Recife
Lima
Machu Picchu
Cuzco
Ayacucho
BOLIVIA
Salvador
Arequipa
Lago Titicaca
La Paz
Brasília
OCÉANO PACÍFICO
I. Pinta
I. Fernandina
I. Marchena
I. San Salvador
Santa Cruz
I. Santa Cruz
I. Isabela
Puerto Ayora
Puerto Villamil
I. San Cristóbal
Puerto Baquerizo Moreno
ISLAS GALÁPAGOS (ECUADOR)
Cochabamba
Santa Cruz
Arica
Sucre
Potosí
Belo Horizonte
Iquique
Desierto de Atacama
PARAGUAY
Antofagasta
Salta
Asunción
São Paulo
Salto Iguazú
Santos
Trópico de Capricornio
CHILE
San Miguel de Tucumán
OCÉANO PACÍFICO
Cabo Norte
Volcán Katiki
Hanga Roa
Cabo Cumming
Mataveri
ISLA DE PASCUA (CHILE)
ARGENTINA
Coquimbo
Córdoba
Pôrto Alegre
Río Paraná
Rivera
Valparaíso
Mendoza
Rosario
Río Uruguay
URUGUAY
Santiago
Buenos Aires
Montevideo
La Plata
Río de la Plata
Concepción
OCÉANO ATLÁNTICO
Bahía Blanca
Puerto Montt
CORDILLERA DE LOS ANDES
OCÉANO PACÍFICO
Estrecho de Magallanes
Islas Malvinas (Br.)
Punta Arenas
TIERRA DEL FUEGO
Cabo de Hornos

América del Sur

ESTADOS
UNIDOS

Mexicali
Tijuana

Nogales

Ciudad
Juárez

Río Bravo del Norte

Río Grande

Nuevo Laredo

Golfo de
México

Baja California

Golfo de California

SIERRA MADRE OCCIDENTAL

Monterrey

MÉXICO

SIERRA MADRE ORIENTAL

Mérida

Península
de
Yucatán

Guadalajara

México, D.F.
⍟

Comala

Veracruz

Taxco

Palenque

Be

Acapulco

Oaxaca

Tikal

Belm
⍟
BEL

GUATEMALA

Cop

Quetzaltenango

Guatemala
⍟

Volcán Izalco

San
Salvad

OCÉANO

PACÍFICO

EL
SALVADOR

*Islas
Galápagos
(Ec.)*

México, América Central y el Caribe